积极应对人口老龄化战略研究报告◆2022

建设共富共享的老龄社会

林　宝　主编

中国社会科学院应对人口老龄化研究中心
中国社会科学院大学黄埔高等研究院

中国社会科学出版社

图书在版编目（CIP）数据

建设共富共享的老龄社会 / 林宝主编 . —北京：中国社会科学出版社，2022.11
ISBN 978-7-5227-0973-4

Ⅰ.①建… Ⅱ.①林… Ⅲ.①人口老龄化—研究—中国 Ⅳ.①C924.24

中国版本图书馆 CIP 数据核字（2022）第 203401 号

出 版 人	赵剑英
责任编辑	王 衡
责任校对	朱妍洁
责任印制	王 超

出　　版	中国社会科学出版社
社　　址	北京鼓楼西大街甲 158 号
邮　　编	100720
网　　址	http://www.csspw.cn
发 行 部	010-84083685
门 市 部	010-84029450
经　　销	新华书店及其他书店
印　　刷	北京明恒达印务有限公司
装　　订	廊坊市广阳区广增装订厂
版　　次	2022 年 11 月第 1 版
印　　次	2022 年 11 月第 1 次印刷
开　　本	710×1000　1/16
印　　张	22
插　　页	2
字　　数	328 千字
定　　价	116.00 元

凡购买中国社会科学出版社图书，如有质量问题请与本社营销中心联系调换
电话：010-84083683
版权所有　侵权必究

前　言

中国已正式进入中度老龄化阶段，实施积极应对人口老龄化国家战略的重要意义更加凸显。2021年11月发布的《中共中央 国务院关于加强新时代老龄工作的意见》中明确提出，要"走出一条中国特色积极应对人口老龄化道路"。顾名思义，中国特色积极应对人口老龄化道路必然首先是基于中国国情的、符合社会主义制度要求的道路。由于共同富裕是社会主义的本质要求，因而这条道路的最终目标指向必然是实现全体人民共同富裕，实现全体人民不分年龄、人人共享。因此，我们将2022年战略研究报告的主题确定为：建设共富共享的老龄社会。

本年度报告分为三个部分。第一部分是总论，主要阐述建设共富共享的老龄社会的深刻内涵，由两章构成。第一章在总结共同富裕基本特征和内涵的基础上，深入分析了人口老龄化对实现共同富裕的两个基本环节——经济增长和收入分配的影响，进而提出积极应对人口老龄化，建设共同富裕的老龄社会的建议。第二章在梳理联合国"建立不分年龄人人共享的社会"的基本内涵和发展历程的基础上，系统总结了建设人人共享的老龄社会的中国实践，并对当前存在的问题和未来发展方向进行了深入的探讨。第二部分是分论，主要是围绕党的十九大报告提出的"在幼有所育、学有所教、劳有所得、病有所医、老有所养、住有所居、弱有所扶上不断取得新进展"的要求，按照构建覆盖全民全生命周期社会福利体系的思路，分七章分别讨论了"七有"方面发展的现状、问题及政策建议。第三部分为研究综述和政策文件概览，分两章分别对社会福利体系建设的相关经验和研究及过去

前　言

一年中央层面应对人口老龄化的相关政策文件进行了梳理。各章撰稿人如下：林宝（第一章），杜鹏、吴赐霖（第二章），杨舸（第三章），张立龙、韩晓静（第四章），封永刚（第五章），韩笑（第六章），李志宏、李芳云（第七章），金浩然、钟庭军（第八章），王美艳、李青原（第九章），朱金鸣（第十章），张妍（第十一章）。非常感谢杜鹏教授领衔的各位专家的大力支持！各位专家的辛勤工作使本报告得以如期付梓，各位专家的专业见解使本报告大为增色。

本年度报告的出版一如既往地得到了多方支持和帮助。中国社会科学院国家高端智库首席专家蔡昉研究员对选题和总体框架提出了有益的意见和建议；中国社会科学院应对人口老龄化研究中心和中国社会科学院大学黄埔高等研究院的各位领导积极推动了项目立项和实施；中国社会科学出版社在较短时间内完成了报告的编辑、出版等工作，提出了许多宝贵的意见。特致以诚挚的谢意！

林　宝

2022年9月19日

目　录

第一部分　总论

第一章　建设共同富裕的老龄社会 …………………………（3）
　一　共同富裕的基本内涵 ………………………………………（3）
　二　人口老龄化对实现共同富裕的影响 ………………………（19）
　三　积极应对人口老龄化，建设共同富裕的老龄社会 ………（37）

第二章　建设人人共享的老龄社会 …………………………（46）
　一　"建立不分年龄人人共享的社会"的内涵与
　　　发展历程 ………………………………………………………（47）
　二　建设人人共享的老龄社会的中国实践 ……………………（59）
　三　当前面临的挑战与未来的发展方向 ………………………（68）

第二部分　分论

第三章　幼有所育：健全婴幼儿发展政策 …………………（77）
　一　"幼有所育"的理论和思路转变 …………………………（77）
　二　"幼有所育"具体政策梳理 ………………………………（82）
　三　"幼有所育"面临的问题 …………………………………（94）
　四　构建婴幼儿发展支持体系 …………………………………（100）

目 录

第四章 学有所教：建设高质量教育体系 …………………（107）
  一 高质量教育体系的内涵 ………………………………（108）
  二 高质量教育体系建设面临的挑战 ……………………（112）
  三 建设高质量教育体系的政策建议 ……………………（122）

第五章 劳有所得：促进就业和优化收入分配格局 …………（134）
  一 就业形势与收入分配格局 ……………………………（135）
  二 实现高质量就业与收入分配改革面临的问题
    和挑战 …………………………………………………（151）
  三 推进高质量就业和优化收入分配格局的对策 ………（158）

第六章 病有所医：健全全民医保制度 ………………………（165）
  一 中国医疗保障制度体系的现状与问题 ………………（166）
  二 医疗保障制度改革的国际经验 ………………………（173）
  三 健全全民医保制度的政策建议 ………………………（183）

第七章 老有所养：完善养老保障和服务体系 ………………（194）
  一 养老保障和服务体系建设的举措和成效 ……………（194）
  二 养老保障和服务体系建设面临的主要问题 …………（204）
  三 完善养老保障和服务体系的建议 ……………………（213）

第八章 住有所居：多途径满足住房需求 ……………………（222）
  一 住有所居在实现共同富裕中的重要地位和作用 ……（223）
  二 1998年以来住房制度历史演变以及取得的成就 ……（228）
  三 在实现共同富裕进程中房地产行业发展亟待
    解决的问题 ……………………………………………（241）
  四 实现住有所居的政策建议 ……………………………（249）

第九章 弱有所扶：健全社会救助体系 ………………………（257）
  一 社会救助制度的基本框架 ……………………………（258）

二　社会救助制度的实施状况和面临的挑战 …………………（268）
三　完善社会救助制度的政策建议 ………………………………（282）

第三部分　文献综述和政策概览

第十章　社会福利体系建设经验及研究综述 ……………………（289）
　　一　社会福利相关概念辨析 ………………………………………（289）
　　二　国际社会福利体系建构经验 …………………………………（292）
　　三　中国社会福利体系发展 ………………………………………（307）
　　四　总结与展望 ……………………………………………………（320）

第十一章　积极应对人口老龄化相关政策文件概览 ……………（323）
　　一　综合政策和规划 ………………………………………………（324）
　　二　养老服务与养老环境 …………………………………………（326）
　　三　老年健康和医养结合 …………………………………………（331）
　　四　社会保障 ………………………………………………………（336）
　　五　生育支持 ………………………………………………………（339）
　　六　经济转型和促进就业 …………………………………………（341）
　　七　教育和职业培训 ………………………………………………（344）

第一部分　·总论·

第一章　建设共同富裕的老龄社会*

中国人口老龄化正在深入发展，截至 2021 年年底，我国 60 岁及以上人口共 26736 万人，占全国总人口的 18.9%；其中 65 岁及以上人口 20056 万人，占全国总人口的 14.2%①，正式迈入中度老龄化阶段。与此同时，中国现在已经到了扎实推动共同富裕的历史阶段②。2020 年 10 月党的十九届五中全会提出了"实施积极应对人口老龄化国家战略"，并将"全体人民共同富裕取得更为明显的实质性进展"列为 2035 年远景目标的重要内容③。党的二十大再次强调了"实施积极应对人口老龄化国家战略"和"扎实推进共同富裕"，反映出积极应对人口老龄化和推动共同富裕已经成为新发展阶段的重要任务。今后一个时期，必须统筹推进实施积极应对人口老龄化国家战略和推动共同富裕两大任务，建设共同富裕的老龄社会。

一　共同富裕的基本内涵

2021 年 8 月中央财经委员会第十次会议指出，我们正在向第二个

---

* 本章作者为林宝。作者简介：林宝，中国社会科学院人口与劳动经济研究所研究员，兼任中国社会科学院应对人口老龄化研究中心副主任、首席专家。研究方向为人口老龄化与养老保障、人口与公共政策、社会影响评价等。
① 《中华人民共和国 2021 年国民经济和社会发展统计公报》，国家统计局官网，http://www.stats.gov.cn/tjsj/zxfb/202202/t20220227_1827960.html。
② 习近平：《扎实推动共同富裕》，《求是》2021 年第 20 期。
③ 《中共中央关于制定国民经济和社会发展第十四个五年规划和二〇三五年远景目标的建议》，中国政府网，http://www.gov.cn/zhengce/2020-11/03/content_5556991.htm。

第一部分 总论

百年奋斗目标迈进,适应我国社会主要矛盾的变化,更好满足人民日益增长的美好生活需要,必须把促进全体人民共同富裕作为为人民谋幸福的着力点,不断夯实党长期执政基础,并系统阐述了推动共同富裕的意义、内涵、原则、思路和路径等问题①。此后关于共同富裕的研究如雨后春笋,出现了爆发式增长,一大批学者从不同角度对共同富裕问题进行了广泛而深入的讨论,进一步深化了理论界和学术界对此问题的认识。概括起来,我们可以从十大基本特征和三个基本层面来理解共同富裕。

(一)共同富裕的十大基本特征

共同富裕是人类社会的理想追求,但在不同历史阶段人们对共同富裕有不同的理解和追求,具有不同的时代内涵,表现出时代性。在中国文化中,共同富裕的思想渊源可以追溯至古代关于"天下大同""均贫富"等思想。2000多年前《礼记》中就提出了关于"大同"社会的构想:"大道之行也,天下为公。选贤与能,讲信修睦,故人不独亲其亲,不独子其子,使老有所终、壮有所用、幼有所长,矜寡孤独废疾者,皆有所养。男有分,女有归。货恶其弃于地也,不必藏于己;力恶其不出于身也,不必为己。是故谋闭而不兴,盗窃乱贼而不作,故外户而不闭,是谓大同。"长期以来,中国人民在反封建斗争中希望出现一个能够实现政治平等和财产平均的"太平"社会,"均贫富"是历代农民起义时打出的旗号②。在西方文化中,无论是柏拉图的"理想国",还是空想社会主义者的"乌托邦",都体现了对理想社会的追求和对共同富裕的向往。但是,历史上的各种关于理想社会的构想和对共同富裕的向往由于历史条件的约束,注定无法实现而只能停留在空想阶段。共产主义是实现共

---

① 《习近平主持召开中央财经委员会第十次会议》,中国政府网,http://www.gov.cn/xinwen/2021-08/17/content_5631780.htm? jump = true。
② 韩喜平、王思然:《共同富裕:人类的追求与中国的实践》,《毛泽东邓小平理论研究》2022年第1期。

同富裕的最高境界①。中国共产党自成立以来，将实现全体人民共同富裕作为重要目标，把马克思主义基本原理同中国具体实际相结合、同中华优秀传统文化相结合，不断深化对共同富裕的理解和探索实现共同富裕的路径，赋予了共同富裕新的时代内涵。

共同富裕是社会主义的本质要求，是中国式现代化的重要特征。建设中国特色社会主义现代化强国必须实现共同富裕，表现出内在必然性。共同富裕是社会主义的本质要求主要体现在两个方面。一方面，共同富裕是社会主义与资本主义两种制度的本质区别。社会主义的本质就是发展生产力，消除两极分化，实现共同富裕，与资本主义发展生产力是为了资本家占有剩余价值和社会财富的目的截然不同②。另一方面，实现共同富裕必须坚持中国特色社会主义道路。必须坚持马克思主义和中国共产党的领导，必须坚持基本经济制度，坚持公有制为主体、多种所有制经济共同发展，坚持按劳分配为主体、多种分配方式并存的分配制度。共同富裕与社会主义是内在统一、相辅相成的，要实现共同富裕就必须坚持社会主义道路，否则，共同富裕就找不到实现路径从而沦为"空想"；而要坚持社会主义道路就必然要求逐步实现共同富裕，否则，社会主义就得不到人民群众广泛支持从而丧失根基③。中国式现代化道路，是中国特色社会主义现代化建设和发展道路。我们要实现的现代化，是人口规模巨大的现代化，是全体人民共同富裕的现代化，是物质文明和精神文明相协调的现代化，是人与自然和谐共生的现代化，是走和平发展道路的现代化④。因此，共同富裕已经内化为中国式现代化的基本特征，在实现中国式现代化的过程中必须实现共同富裕。

共同富裕是为人民谋幸福的着力点，实现共同富裕必须坚持以人民为中心的发展思想，表现出人民性。党的十九大报告指出，"中国共产

---

① 王春光：《共同富裕的思想渊源、基本定律与实践路径》，《新视野》2022年第3期。

② 王伟光：《共同富裕是中国特色社会主义的本质要求和战略目标》，《中国纪检监察》2022年第6期。

③ 高长武：《共同富裕是社会主义的本质要求》，《党建研究》2021年第8期。

④ 习近平：《把握新发展阶段，贯彻新发展理念，构建新发展格局》，《求是》2021年第6期。

第一部分 总论

党人的初心和使命，就是为中国人民谋幸福，为中华民族谋复兴……全党同志一定要永远与人民同呼吸、共命运、心连心，永远把人民对美好生活的向往作为奋斗目标"[①]。推动共同富裕已经成为为人民谋幸福的着力点，是不忘初心、牢记使命的必然要求和具体体现。党的十九大报告同时指出，"坚持以人民为中心。人民是历史的创造者，是决定党和国家前途命运的根本力量。必须坚持人民主体地位，坚持立党为公、执政为民，践行全心全意为人民服务的根本宗旨，把党的群众路线贯彻到治国理政全部活动之中，把人民对美好生活的向往作为奋斗目标，依靠人民创造历史伟业"[②]。习近平总书记在论述推动共同富裕总的思路时强调"坚持以人民为中心的发展思想"。党的二十大报告再次强调了这一点。坚持以人民为中心的发展思想，就是发展为了人民、发展依靠人民、发展成果由人民共享。具体到推动共同富裕，就是要始终坚持为人民谋幸福的初心，紧紧依靠全体人民的共同奋斗，实现全体人民共同富裕。为此，要时刻把人民群众的获得感、幸福感作为评判共同富裕进程和成效的重要依据。

共同富裕是指人民群众物质生活和精神生活都富裕，具有全面性。共同富裕语境下的"富裕"是指"人民群众物质生活和精神生活都富裕"，是全方位的富裕。物质生活富裕与精神生活富裕具有相互促进、相互依存的关系。如果没有物质生活的富裕，就没有坚实的物质基础来保障人们有足够的时间和财力创造丰富的文化产品，从而满足精神生活的需要；如果仅仅是物质生活的富裕，没有充实的精神生活，民众不可能有真正的获得感和幸福感。因此，共同富裕涵盖了人们追求美好生活需要的物质层面和精神层面，只有全方位地实现各个层面的富裕，才是真正的共同富裕。在一些情况下，共同富裕很容易被理解为仅仅是物质生活的富裕，必须特别强调精神生活富裕的重要性。精神生活共同富裕主要表现为：人民群众文化获得感、满足感倍增，国民素质和社会文明

[①] 习近平：《决胜全面建成小康社会 夺取新时代中国特色社会主义伟大胜利——在中国共产党第十九次全国代表大会上的报告》，人民出版社2017年版，第1页。

[②] 习近平：《决胜全面建成小康社会 夺取新时代中国特色社会主义伟大胜利——在中国共产党第十九次全国代表大会上的报告》，人民出版社2017年版，第21页。

程度达到新高度，全社会凝聚力和向心力极大提升，全党全国各族人民文化自信显著提升①。要积极落实经济建设、政治建设、文化建设、社会建设和生态文明建设五位一体的总体布局，坚持物质文明和精神文明建设一起抓，在创造更多物质财富的同时，积极创造丰富的精神文化产品和不断完善制度文明成果，为人民群众精神生活富裕提供良好的条件。"要强化社会主义核心价值观引领，加强爱国主义、集体主义、社会主义教育，发展公共文化事业，完善公共文化服务体系，不断满足人民群众多样化、多层次、多方面的精神文化需求。"②

共同富裕是全体人民共同富裕，不是少数人的富裕，具有整体性。马克思主义语境下的共同富裕从来都是全体人民的共同富裕，而不是部分群体或少数人的富裕。马克思和恩格斯指出，未来社会的"生产将以所有的人富裕为目的"③，"所有人共同享受大家创造出来的福利"④。毛泽东指出，"这个富，是共同的富，这个强，是共同的强，大家都有份"⑤。邓小平指出，"社会主义不是少数人富起来、大多数人穷，不是那个样子。社会主义最大的优越性就是共同富裕，这是体现社会主义本质的一个东西"⑥。习近平总书记强调，共同富裕"是全体人民共同富裕""不是少数人的富裕"⑦。由是推之，共同富裕绝不是少数地区、少数人的富裕，甚至也不仅仅是多数地区、多数人的富裕，而是要在全国范围内、全体人民中实现共同富裕。在脱贫攻坚和建设全面小康社会的过程中我们特别强调了"一个都不能少"，不让任何一个人掉队，不让任何一个区域落下。在推动共同富裕的过程中，同样也需要"一个都不能少"。为此，必须提高发展的均衡性、协调性和包容性，不断缩小人群、城乡和地区发展差距，促进社会公平、城乡融合和区域均衡。

---

① 刘东超：《精神生活共同富裕是共同富裕的重要内容》，《党建》2022年第2期。
② 习近平：《扎实推动共同富裕》，《求是》2021年第20期。
③ 《马克思恩格斯文集》第8卷，人民出版社2009年版，第20页。
④ 《马克思恩格斯文集》第1卷，人民出版社2009年版，第689页。
⑤ 《毛泽东文集》第6卷，人民出版社1999年版，第495页。
⑥ 《邓小平文选》第3卷，人民出版社1993年版，第364页。
⑦ 习近平：《扎实推动共同富裕》，《求是》2021年第20期。

第一部分 总论

共同富裕不是整齐划一的平均主义，有先富后富之分，表现为非同步性。共同富裕的非同步性是由我国社会主义初级阶段的分配制度决定的。当前，我国实施的是以按劳分配为主体、多种分配方式并存的分配制度，这是适合现阶段发展水平和发展实际，能够最大程度激发人民群众创造力和积极性的分配制度。由于劳动能力和资源禀赋存在差异，以按劳分配为主体、多种分配方式并存的分配制度必然导致二者存在结果上的差异，正是这种差异的存在使人们能够各尽所能、奋勇争先，积极参与创造社会财富的各项活动，最终使社会得以发展、财富得以积累。平均主义、大锅饭不利于调动个体的积极性，严重影响生产效率，不利于社会财富的创造，因而也就有损于共同富裕。所以，共同富裕是承认差别的共同富裕，不是我国历史上的"均贫富"，也不是要回到改革开放之前一度存在的平均主义①。共同富裕的非同步性也是由我国当前发展的不平衡性决定的。我国人口众多、幅员辽阔，人群差异、地区差异、城乡差异特征明显，起点不同、发展条件不同，必然也就决定了发展水平、发展速度的差异，难以做到整齐划一、同步富裕。因此，必然出现不同个人致富能力有大有小，不同地区发展有快有慢，不同人群、地区致富时间有先有后，不可能实现同步富裕。让一部分人、一部分地区先富起来，先富带动后富，最终走向共同富裕就是一条必然的路径。

共同富裕是一个逐步实现的过程，必须一步一个脚印，不可能一蹴而就，表现为渐进性。首先，社会财富的创造和积累是一个渐进的过程。要实现共同富裕，必须不断提高发展水平，增加社会财富总量，使共同富裕具备坚实的物质基础。但是，发展水平的提高和社会财富的积累并不是一夜之间实现的，而是要通过全体人民共同奋斗，克服一个又一个困难、取得一个又一个成就，是日积月累的结果。从个体层面来看，财富积累并不是直线型的，经常会出现波折和反复；从一个国家或是地区的层面来看，并不能保证发展始终一帆风顺，从低收入阶段向高收入阶段的发展过程中，往往需要跨越"低水平均衡陷阱"

---

① 李培林：《准确把握共同富裕的是与不是》，《探索与争鸣》2021年第11期。

和"中等收入陷阱",稍有不慎就可能徘徊不前。其次,社会利益格局的调整也具有艰巨性和复杂性,往往也是一个渐进的过程。在人类社会历史上,除了朝代更迭、暴力革命等激烈的形式,社会各群体之间的利益格局调整总是相对温和、渐进的。这是因为,社会利益格局一旦形成,必然产生维护当前社会利益格局的强大力量,任何利益调整都面临多方博弈,要想维持相对稳定的发展局面,利益格局调整只能以相对温和、渐进的方式推进。最后,制度的完善也是一个渐进的过程。共同富裕不可能自然而然地实现,必须在适当的制度安排下有序推进。但由于受认知、条件、路径依赖等因素的影响,制度本身也是一个逐渐完善的过程。

共同富裕是社会经济发展的长期任务,而非短期内需要达到的具体目标,具有长期性。习近平总书记在关于《中共中央关于制定国民经济和社会发展第十四个五年规划和二〇三五年远景目标的建议》的说明中强调:"促进全体人民共同富裕是一项长期任务,但随着我国全面建成小康社会、开启全面建设社会主义现代化国家新征程,我们必须把促进全体人民共同富裕摆在更加重要的位置,脚踏实地,久久为功,向着这个目标更加积极有为地进行努力。"① 共同富裕的长期性由以下三个方面决定。一是由实现共同富裕这一任务的艰巨性决定的。正是由于共同富裕具有全面性、整体性、渐进性等特征,表明实现共同富裕是一项艰巨的任务,需要全体人民通过长期不懈的奋斗才能实现。有研究认为,从共同富裕所要实现的定量目标、现实的富裕和共享程度、改革任务的艰巨性等方面都表明,实现共同富裕需要一个长期的过程②。二是由实现共同富裕这一任务的重要性决定的。实现共同富裕不仅关系到社会主义现代化建设的成败,同时也关系到能否凝聚广大人民群众的集体力量为实现中华民族伟大复兴的中国梦而奋斗,因此必须作为长期任务加以坚持。三是由社会主义建设事业的

---

① 中国共产党第十九届中央委员会:《中共中央关于制定国民经济和社会发展第十四个五年规划和二〇三五年远景目标的建议》,人民出版社2020年版,第55页。
② 李实:《充分认识实现共同富裕的长期性》,《治理研究》2022年第3期。

长期性决定的。实现共同富裕是社会主义的本质要求。社会主义建设事业将是一个长期的过程,对共同富裕的要求也将是不断升华的,决定了实现共同富裕将是贯穿整个社会主义阶段的长期主题。

推动共同富裕要着重解决当前发展中的不平衡不充分问题,应对新一轮科技革命和产业变革带来的负面影响,有很强的现实针对性。党的十九大报告指出,"中国特色社会主义进入新时代,我国社会主要矛盾已经转化为人民日益增长的美好生活需要和不平衡不充分的发展之间的矛盾"①。推动共同富裕就是要解决我国发展中的不平衡不充分问题,满足人民日益增长的美好生活需要。在改革开放过程中,一方面实现了经济快速增长,另一方面也出现居民收入差距、城乡差异拉大的趋势。近年来通过调节收入分配、城乡融合发展等措施,虽然在一定程度上缩小了差距,但总体上仍然差距较大,需要在推动共同富裕的过程中继续不断缩小。此外,东西部之间、各省份之间甚至是其内部差异仍然十分明显,发展不均衡、不协调的问题十分突出。同时,"新一轮科技革命和产业变革有力推动了经济发展,也对就业和收入分配带来深刻影响,包括一些负面影响,需要有效应对和解决"②。解决当前发展中的不平衡不充分问题和应对新一轮科技革命和产业变革的负面影响,是建设中国特色社会主义现代化国家的伟大征程中必须面对的现实问题,不仅关系到社会和谐稳定,也关系到能否更好激发中国未来的发展潜力。在这样的背景下强调扎实推动共同富裕具有很强的现实针对性和重要的现实意义。

推动共同富裕已经明确了分阶段目标,要实现这些目标必须马上行动,具有时间上的紧迫性。尽管实现共同富裕是一项长期任务,但是推动共同富裕则是当前的一项紧迫任务。习近平总书记指出,"要深入研究不同阶段的目标,分阶段促进共同富裕:到'十四五'末,全体人民共同富裕迈出坚实步伐,居民收入和实际消费水平差距逐步

---

① 习近平:《决胜全面建成小康社会 夺取新时代中国特色社会主义伟大胜利——在中国共产党第十九次全国代表大会上的报告》,人民出版社 2017 年版,第 11 页。
② 习近平:《扎实推动共同富裕》,《求是》2021 年第 20 期。

缩小。到2035年，全体人民共同富裕取得更为明显的实质性进展，基本公共服务实现均等化。到本世纪中叶，全体人民共同富裕基本实现，居民收入和实际消费水平差距缩小到合理区间"①。"十四五"时期是我国全面建成小康社会之后的第一个五年计划时期，必须在全面小康的基础上提出更高的社会发展目标，"十四五"期末必须达到的共同富裕阶段性目标将对这一时期的社会经济工作提出明确的要求，要在具体政策和相关工作中加以贯彻和落实。当前"十四五"时期已经度过接近两年，任务非常紧迫。2035年是我国基本实现社会主义现代化的关键节点，共同富裕要取得实质性进展；21世纪中叶我国将建成富强民主文明和谐美丽的社会主义现代化强国，共同富裕基本实现。这两个阶段性目标都需要付出艰苦卓绝的努力，必须从现在开始，只争朝夕，沿着正确的道路前进才有可能实现。因此，每个阶段的任务都非常艰巨、时间都非常紧迫。

（二）共同富裕的三个基本层面

第一个基本层面是"富裕"②。共同富裕语境下的"富裕"是过程和结果的结合。在共同富裕作为一个建设社会主义现代化强国的重要目标提出时，首先是指要不断创造社会财富，推动社会发展，达到富裕的状态或是水平。因此在推动共同富裕的语境下，富裕是不断追求财富积累的过程和社会财富比较充足的状态的结合，本质上是社会发展水平不断提高的过程和结果。共同富裕语境中的"富裕"实际上反映了社会财富的充足性和增长可持续性问题。充足性是判断某一时点是否处于富裕状态的依据；可持续性反映了某一时期的变化趋势，预示着未来的富裕状态。富裕是个相对的概念，是从纵向和横向的比较中进行界定的，在不同的历史时期，对富裕的划分标准会有所不同，表现出动态变化的特征。以世界银行对于高收入国家（地区）的划分

---

① 习近平：《扎实推动共同富裕》，《求是》2021年第20期。
② 共同富裕是指物质生活和精神生活都富裕，但由于精神生活富裕还没有比较公认的测度指标，下文中我们主要以物质生活富裕来进行论述。

标准而言，就是处于不断调整之中，最新的变化是将标准从2020年人均国民收入超过12535美元提高到2021年的超过12695美元①。

"富裕"是共同富裕的基本前提。没有富裕，共同富裕就无从谈起。从过程上看，只有不断创造财富，从较低的富裕状态走向更高的富裕状态，才能为全体人民提供更多的财富，扩大每个人的平均占有份额，也就是人们常说的只有不断做大蛋糕才能分好蛋糕。从结果上看，只有社会总体上达到了富裕状态，实现全体人民的共同富裕才能成为可能。简单来说，社会总体上达到富裕状态一般是指平均水平达到了富裕状态，而全体人民共同富裕则要求实现所有人的富裕，在前者尚未达到的情况下，后者显然无法实现。中国在创造社会财富的征程中已经取得了巨大的成就，特别是改革开放以来，经济长时间保持高速和中高速增长，发展水平迅速提升，人均国内生产总值从1980年的不足200美元增长到2021年超过1.2万美元（见图1-1），即将进入高收入国家行列，经济总量已经高居世界第二位，社会财富实现了极大增长。但与发达国家相比（见表1-1），中国经济发展水平

(美元，当年价)

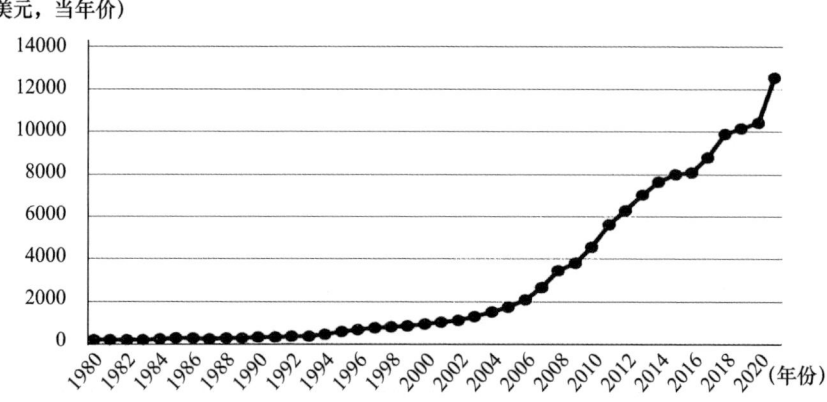

图1-1　中国人均国内生产总值（1980—2021年）

资料来源：世界银行数据库，https://data.worldbank.org/indicator。

---

① New World Bank Country Classifications by Income Level：2021-2022，https://blogs.worldbank.org/opendata/new-world-bank-country-classifications-income-level-2021-2022.

还存在较大差距,同时随着全球经济的发展,富裕标准也将水涨船高。因此,中国仍然面临继续发展经济从而做大蛋糕的艰巨任务。为此,必须继续坚持发展是第一要务,保持经济较快增长,不断增加社会财富总量,缩小与发达国家之间的差距,努力提升绝对和相对富裕水平,在高质量发展中实现共同富裕。

表1-1　主要发达国家2021年的人均国内生产总值　　　　（美元,当年价）

国　　家	人均国内生产总值	国　　家	人均国内生产总值
德　国	50802	美　国	69288
英　国	47334	加拿大	52051
法　国	43519	日　本	39285
意大利	35551	澳大利亚	59934

资料来源:世界银行数据库,https://data.worldbank.org/indicator。

第二个基本层面是"共富"。共同富裕最鲜明的特征是"共同"[①]。"共同"成为"富裕"的限定词,意味着这个富裕是有条件的富裕,是有着独特内涵的富裕,决不能抛开"共同"而仅谈富裕。必须明确,尽管共同富裕不是同步富裕、不是平均主义、不是一蹴而就,但也绝不意味着毫不作为、消极等待、放任自流。共同富裕要求将全体人民的财富差距和收入差距等保持在合理的范围之内,不能出现贫富悬殊和过度贫富分化。因此,必须以全体人民共同富裕为目标,逐步缩小人群、地区和城乡等差异,增强制度公平性,提高发展的平衡性、协调性、包容性。

中国当前存在居民收入差距、城乡差异和地区发展差距过大的问题,需要在推进共同富裕的过程中加以解决。2003年以来,中国居民收入的基尼系数总体上处于高位,最低年份也保持在0.46以上。2003年基尼系数为0.479,到2008年上升至0.491,达到最高点,随后下降

---

① 向汉庆、唐斌:《劳动解放与共同富裕——一个分配正义的视角》,《浙江理工大学学报》(社会科学版)2022年第1期。

至2015年的0.462，近年来又略有回升，2020年为0.468。以基尼系数0.2—0.4的理想区间来衡量，中国居民收入的贫富差距显然仍然过大，发展的包容性需要进一步提高。从城乡收入比来看，在2002—2009年达到了历史高位，持续超过了3，近年来虽有所下降，到2020年仍然达到了2.56（见图1-2）。城乡收入比呈下降趋势显然是可喜的，但以城乡融合发展的战略要求和消灭城乡差别的远景目标来衡量，当前的城乡收入差异仍然需要大幅缩小。从地区发展差距来看，改革开放40年，中国地区经济差距总体呈现先缩小后扩大再缩小的变动趋势①。2020年，经济最发达的北京、上海的人均地区生产总值均超过了15万元，而最低的甘肃人均地区生产总值则不足4万元，黑龙江、河北、贵州、广西等也只是在4万—5万元②，仍然存在较大的发展差距。

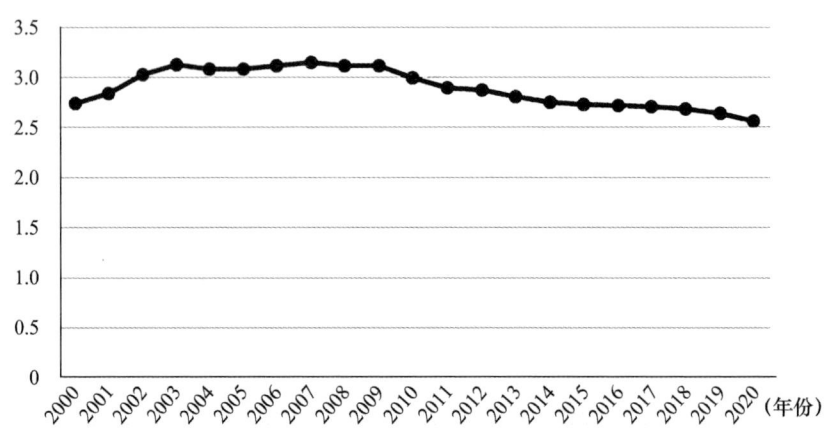

图1-2　中国城乡收入比的变化（2000—2020年）

资料来源：根据《中国统计年鉴》（2021）城乡居民人均可支配收入数据计算。

推进共同富裕的关键是要优化收入分配格局。在国民收入分配中，依次存在初次分配、再分配和第三次分配。优化分配格局必须要

---

①　吕承超、索琪、杨欢：《"南北"还是"东西"地区经济差距大？——中国地区经济差距及其影响因素的比较研究》，《数量经济技术经济研究》2021年第9期。
②　根据《中国统计年鉴》（2021）的相关数据计算。

处理好效率与公平的关系。党的十八大报告明确指出："初次分配和再分配都要兼顾效率和公平，再分配更加注重公平。"言下之意，就是在初次分配和再分配环节都需要处理好公平与效率的关系，但在这两次分配中效率和公平所处地位应有所不同。在初次分配中，由于是市场机制对资源配置起决定性作用，因而在收入分配时也主要是由市场通过竞争性原则来进行分配，需要效率优先；在再分配环节，政府则需要强制建立社会保障制度、社会救助制度等保障民众基本收入和基本生活水平，还需要通过税收、转移支付等措施来调节居民收入差距和地区发展差距等，因为主要通过国家强制力来实施，必须更加注意公平。但在这两次分配中，绝不是只讲效率或只讲公平的问题，而是谁更优先、谁更重点的问题，整体上必须实现效率与公平兼顾。第三次分配近年来在中央重要文件中得到反复强调，反映出其在整个收入分配格局中具有越来越重要的地位。第三次分配是社会主体或社会力量基于自愿原则和道德准则，以慈善捐赠（包括募集、捐赠和资助等）或志愿服务（包括义工、技能或知识传授等）等社会公益方式对其所属资源、收入和财富进行的一种分配①。实际上，在第三次分配中，也存在妥善处理效率与公平关系的问题，特别是对于官方性质的慈善事业这一点显得格外重要。

从公共政策的角度来看，尽管政府调节收入分配的主要着力点在再分配环节，但并不是说政府在初次分配和三次分配领域无所作为，而是恰恰相反，政府可以通过加强对初次分配和三次分配的政策引导，从而使收入分配格局更加优化。在初次分配过程中，各种要素在收入分配中的谈判能力并不均衡，劳动者处于相对弱势地位，因此我国初次分配中劳动报酬份额一直处于较低水平，为此党的十八大报告提出了"劳动报酬增长和劳动生产率提高同步""提高劳动报酬在初次分配中的比重"的明确要求。在《中华人民共和国国民经济和社会发展第十四个五年规划和二〇三五年远景目标纲要》中再次强调了

---

① 刘荣军：《马克思财富哲学视域中的共同富裕与三次分配》，《深圳大学学报》（人文社会科学版）2022年第1期。

这一政策要求。显然，单靠市场机制是不能实现这一点的，必须通过制度化安排，如"健全工资决定、合理增长和支付保障机制，完善最低工资标准和工资指导线形成机制，积极推行工资集体协商制度"。第三次分配尽管是自愿原则，但也需要政策的规范和引导，例如可以通过税收政策引导人们积极为慈善事业捐款。

第三个基本层面是"共享"。"共享"是共同富裕的本质和要求。共同富裕语境中的"共享"首先可以理解为结果的"共享"。杨文圣和李旭东认为，中国特色社会主义的"共享"指的是共建主体在社会主义初级阶段基本分配制度下，通过劳动和各种生产要素获取报酬，共同享有发展成果[1]。蔡昉认为，在高质量发展中促进全体人民共同富裕在经济学的语境中就是共享生产率提高的成果。他认为，初次分配是生产率得以不断提升的激励和效率保障机制，因此在三个分配领域中具有基础性的地位；再分配是改善收入分配状况和提高人民福祉不可或缺的途径，需要因应发展阶段的变化不断提高实施力度；以企业社会责任为核心的第三次分配领域，存在着大量的"助推"机会，将其激发起来可以更好地实现生产率提高与共享的统一[2]。其次，共同富裕语境下的"共享"也可以理解为结果和过程相结合的"共享"，既关注共享发展成果，也关注共享参与机会，是"共建"与"共享"的结合，是权利与义务的结合，是共创财富和共享财富的结合。

坚持共享发展理念是推动共同富裕的基本要求。共享发展是新发展理念的重要内容，党的十八届五中全会确立了创新、协调、绿色、开放、共享的新发展理念，明确指出共享是中国特色社会主义的本质要求。必须坚持发展为了人民、发展依靠人民、发展成果由人民共享，作出更有效的制度安排，使全体人民在共建共享发展中有更多获得感，增强发展动力，增进人民团结，朝着共同富裕方向稳步前进。"共享理念实质就是坚持以人民为中心的发展思想，体现的是逐步实

---

[1] 杨文圣、李旭东：《共有、共建、共享：共同富裕的本质内涵》，《西安交通大学学报》（社会科学版）2022年第1期。
[2] 蔡昉：《共享生产率成果——高质量发展与共同富裕关系解析》，《中共中央党校（国家行政学院）学报》2022年第3期。

现共同富裕的要求。"① 坚持共享发展理念和推动共同富裕都强调坚持以人民为中心的发展思想，体现了二者的内在一致性。

共享发展注重解决社会公平正义问题。当代中国的共享发展，就是要在制度建构中建立起形式公正体系，并确保这一体系具有实质公正的内涵，最终实现起点公平、程序公平和结果公平的统一，要建立和优化公平的社会制度，以制度正义作为共享发展的制度保障②。因此，建立公平保障机制和制度是实现共享的关键。当前，我国仍然存在发展不均衡、区域分割、兜底保障不完善、年龄性别歧视等问题，导致公平性问题仍然比较突出，进一步完善相关制度机制是保证社会公平、正义的必要之举。必须以完善相关立法和执法为抓手，以权利平等为基础，以实现基本公共服务均等化和构建普惠性的社会福利体系为目标，优化资源配置，加强普惠性公共服务供给和制度保障，消除一切年龄、性别、地域、身份等歧视因素，实现教育、就业等机会公平和推动收入、生活水平等结果公平。

基本公共服务均等化是共享的重要表现。基本公共服务均等化包含城乡、地区、人群等多个维度。收入层面的公平并不一定意味着真正实现了共享，由于公共服务供给不均衡，导致在不同地区、不同人群之间获得某项服务的成本、质量存在较大差异，因此即便是同等收入仍然可能存在较大的不公平，没有实现真正的共享，从而也不可能实现真正的共同富裕。中国虽然近年来在推进基本公共服务均等化方面取得了明显的进展，但与实现共同富裕的要求仍然有较大差距。以教育为例，如果说各地区之间义务教育水平差异大还能以发展水平差距来进行一些解释的话，那么一些城市内部（甚至同一城区、同一学区）义务教育学校之间仍然存在巨大差异则显然并不正常。因此，从教育共享发展的角度，要兜底线、上水平、畅渠道，努力让全体人民

---

① 习近平：《在省部级主要领导干部学习贯彻党的十八届五中全会精神专题研讨班上的讲话》，人民出版社2016年版，第25页。
② 刘军：《马克思主义公平理论与当代中国的共享发展》，《人民论坛》2017年第20期。

第一部分　总论

享有更高质量、更加公平的教育，奠定社会公平的基础①。基本公共服务是实现共享的三大要素——能力、机会和保障的有效连接点②，因此，实现基本公共服务均等化至关重要。李实和杨一心认为，推动基本公共服务均等化需要动态满足群众基本公共服务需求、扩大并优化配置各类资源、持续推动服务供给方式创新、降低服务享有的户籍关联度、发挥法治和数字化改革引领作用③。

普惠性的社会福利体系是共享的重要保障。在狭义社会福利范畴内，社会福利的对象是因年老、疾病、生理或心理缺陷而丧失劳动能力从而出现生活困难的特殊人群，社会福利的标准是维持其最基本的生活需求；在广义社会福利范畴内，社会福利的对象是全体社会成员，标准则是提高生活质量，促进人的全面发展等④。由于共同富裕是指全体人民共同富裕，要实现全体人民共享，因此必须建立普惠性的社会福利体系，覆盖全体公民的全生命周期，形成基本保障，为全民共享和共同富裕奠定坚实基础。中国的社会福利体系建设正在从注重兜底性保障向普惠性转变，要尽快提升社会福利体系的覆盖面和保障水平。当然，中国的社会福利体系建设，仍然要遵循尽力而为和量力而行的原则，着眼于社会福利水平与发展阶段之间的适应、公平与效率之间的统一、短期管用和长期可持续性之间的平衡⑤。

因此，推动共同富裕实际上是在全国人民共同努力下，不断创造更多社会财富，同时优化制度安排，缩小人群、地区、城乡等差别，逐步实现社会财富共享的过程。在此过程中，要实现公平与效率的有机统一，既要充分激发全体人民的积极性，克服发展过程中的各类挑战，实现社会财富的较快增长；又要坚守公平正义，保障民众基本权

---

① 袁贵仁：《落实共享发展理念　大力促进教育公平》，《紫光阁》2016年第6期。
② 王立胜：《以共享发展促共同富裕：理念、挑战与路径》，《当代世界与社会主义》2021年第6期。
③ 李实、杨一心：《面向共同富裕的基本公共服务均等化：行动逻辑与路径选择》，《中国工业经济》2022年第2期。
④ 孔伟艳：《社会福利与社会保障的概念辨析》，《中共天津市委党校学报》2011年第5期。
⑤ 蔡昉：《社会福利的竞赛》，《社会保障评论》2022年第2期。

利和基本福利，形成合理收入分配格局和基本公共服务均等化，实现发展机会和发展成果的全民共享。

二 人口老龄化对实现共同富裕的影响

人口老龄化将是中国贯穿 21 世纪的基本国情，对社会经济发展的影响具有基础性、全局性、复杂性和长期性特点[①]，因而也必然会对推进共同富裕产生深刻影响。中国已经进入中度老龄化阶段，并正在继续深入发展，将在 21 世纪中叶进入极度老龄化阶段，并将在此后长期保持高位运行。因此，应对人口老龄化的挑战将是推动共同富裕过程中面临的长期课题。人口老龄化一方面将从供给侧和需求侧对财富积累即经济增长产生直接影响，从而影响"富裕"；另一方面人口老龄化将通过税收和社会保障制度等直接影响收入分配，从而影响"共同"富裕，并对资源配置和公共服务供给带来新的挑战，从而影响实质上的"共享"。

（一）中国人口老龄化的发展趋势

从联合国最新发布的《世界人口展望 2022》的人口预测结果中可以判断中国人口老龄化发展的基本趋势[②]。《世界人口展望 2022》的人口预测采用了多个方案，各个方案之间主要是生育水平的差异。其中，对中国人口预测采用的生育水平如下。低方案的总和生育率在整个预测期（2022—2100 年）均保持在 1.0 以下，其中 2027—2051 年在 0.9 以下，其他年份为 0.9—1.0；固定生育率方案总和生育率保持在 1.18；中方案的总和生育率则是从 1.18 开始在整个预测期保持缓慢上升，到 2033 年达到 1.3，到 21 世纪末接近 1.5；高方案的总和生育率则是从 1.43 开始，然后到 2033 年提升到 1.8，到 21 世纪末接近 2。分析几个

---

① 林宝：《积极应对人口老龄化：内涵、目标和任务》，《中国人口科学》2021 年第 3 期。
② 相关预测数据参见 https://population.un.org/wpp/Download/Standard/Population/。

第一部分　总论

方案的生育水平，高、低方案显然是两种较为极端的情况，固定生育率方案实际上是假定保持现有生育水平不变，考虑到中国当前已经在采取系列措施促进生育，生育率实现适度回升还是可以期望的，而中方案的生育水平设定正是在现有生育水平基础上实现一定程度的提升，这里主要是以中方案来分析中国人口老龄化的发展趋势，然后以此为参照讨论低方案和高方案的情形。根据中方案预测结果，21世纪内中国人口老龄化将达到极高的程度。根据老龄化和高龄化程度来划分，21世纪内中国人口老龄化发展大体呈四个阶段[①]。

第一阶段（当前至2033年），是中度老龄化阶段。这个时期，中国65岁及以上老年人口占总人口的比重还保持在21%以下。具体特征包括：中国总人口规模开始负增长，但仍然保持在14亿人以上；60岁及以上人口规模将自2033年超过4亿人，占总人口的比重将到28.92%；65岁及以上老年人口净增近1亿人，到2033年接近3亿人的规模，占总人口的比重达到了20.68%，65岁及以上老年人口抚养比上升至30%以上；80岁及以上老年人口占总人口的比重则上升到4.41%，占60岁及以上老年人口的比重上升至21.34%。这一时期，也将是人口老龄化速度最快的时期，60岁及以上人口占总人口的比重每年的增速都在3%以上，最高年份超过了5%；65岁及以上老年人口占总人口的比重的增速分两个阶段——2027年以前的增速为1%—4%，波动较大；2028年以后则均在4%以上，2028年、2029年的增速甚至接近6%。

第二阶段（2034—2045年），是重度老龄化阶段。这个时期，中国65岁及以上老年人口占总人口的比重为21%—28%。具体特征表

---

① 关于人口老龄化发展的阶段性，国际上较通行的分法是老龄化社会（Ageing Society）、老龄社会（Aged Society）和超老龄社会（Super-aged Society），但从中国人口老龄化未来发展趋势来看，这种划分还不够细致，因为进入超老龄社会以后，人口老龄化程度还将有可能出现翻番的情况。笔者曾使用中度老龄化（65岁及以上老年人口比例超过14%）、重度老龄化（65岁及以上老年人口比例超过21%）、极度老龄化（65岁及以上老年人口比例超过28%）的划分。参见林宝《应对人口老龄化并非朝夕之功》，《群言》2019年第12期。现在看来，对极度老龄化阶段也仍然有必要进行更细致的划分，这里在极度老龄化阶段之后引入极度高龄化阶段。

现为：中国总人口规模从14亿人以上下降至13.5亿人左右；到2045年，60岁及以上人口规模将攀升至4.73亿人，占总人口的比重将上升至35%；65岁及以上人口规模比重将从期初的3.15亿人上升至期末的3.75亿人，占总人口的比重则从21.60%上升至27.84%，老年人口抚养比从32.15%上升至45.69%；80岁及以上老年人口占总人口的比重从4.73%上升至7.90%，占60岁及以上老年人口的比重从21.90%上升至28.37%。从老龄化速度上看，这一时期有所下降，60岁及以上人口占比增速为1%—3%，且大多数年份为1%—2%；65岁及以上老年人口占比增速从4.5%以上快速回落至1.5%以下。2035年是中国基本实现社会主义现代化的关键节点，刚好处于这一阶段。这一年中国总人口将下降至14亿人，60岁及以上人口占总人口的比重将达到30.31%，65岁及以上人口占总人口的比重将达到22.52%，80岁及以上老年人口占总人口的比重将达到5.06%。

第三阶段（2046—2069年），是极度老龄化阶段。这个阶段与上一个阶段的划分标准是以65岁及以上人口占总人口的比重达到28%来判断的，而与下一个阶段的划分标准主要是以80岁及以上老年人口占总人口的比重翻番来确定的。在中国65岁及以上人口占总人口的比重超过28%时，80岁及以上人口占总人口的比重刚好超过8%，所以极度老龄化阶段和极度高龄化阶段以80岁及以上人口占总人口的比重达到16%为界。这一时期的具体特征表现为：总人口规模继续下降，到2069年将下降至11亿人以下；60岁及以上人口规模将经历先上升后下降的发展过程，将从期初的4.8亿人上升至2053年接近5.2亿人的高峰后缓慢下降至期末的4.81亿人，占总人口的比重则从35.7%一直上升至43.86%；65岁及以上人口规模则从期初的3.8亿人持续上升，到2057年前后达到4.3亿人的峰值后下降，到期末为4.03亿人，占总人口的比重则从期初的28.24%持续上升至期末的36.73%，老年人口抚养比则从46.72%上升到68.38%；80岁及以上老年人口占总人口的比重从期初的8.37%上升至期末的15.75%，占60岁及以上人口的比重从29.63%上升至42.89%。这个时期的老龄化速度继续下降，60岁及以上人口占总人口的比重的

第一部分 总论

增速从2053年开始下降至1%以下；65岁及以上人口占总人口的比重的增速从2058年开始下降至1%以下。2050年是中国建成富强、民主、文明、和谐、美丽的社会主义现代化强国的关键节点，这一年中国总人口将下降至13.13亿人，60岁及以上人口占总人口的比重将达到38.81%，65岁及以上人口占总人口的比重将达到30.09%，80岁及以上老年人口占总人口的比重将达到10.31%。

第四阶段（2070—2100年），是极度高龄化阶段。这个时期，80岁及以上老年人口占总人口的比重已经超过了16%。具体特征表现为：总人口规模将持续萎缩，从期初的10.85亿人下降至21世纪末的7.67亿人；60岁及以上人口规模从4.8亿人逐渐下降至3.62亿人，占总人口的比重则在44%和48%之间波动；65岁及以上人口规模从4亿人下降至3.13亿人，占总人口的比重则呈现先上升后下降的趋势，从期初的37%上升至2085年的42.18%后下降，到21世纪末为40.93%；老年人口抚养比也呈先升后降趋势，在2085年达到最高峰（89.11%），然后缓慢下降至21世纪末的83.01%；80岁及以上老年人口占总人口的比重从16.36%上升至21世纪末的23.01%，占60岁及以上人口的比重从44.34%上升至56.22%。从人口老龄化速度看，整体增速较低，60岁及以上人口占总人口的比重的增速在2081—2095年为负，65岁及以上人口比重的增速则从2086年开始为负。

从《世界人口展望2022》的预测可知，如果中国不能实现生育水平较大幅度的提升，中国未来的人口老龄化形势将非常严峻，如图1-3和表1-2所示。如果能够使生育率沿着《世界人口展望2022》的高方案发展，人口老龄化形势将大为缓解。根据高方案预测结果，中国进入重度老龄化阶段的时间不会改变，进入极度老龄化阶段的时间将延迟到2050年，不会进入极度高龄化阶段，且65岁及以上老年人口占总人口的比重的峰值将比中方案预测结果峰值低9.88个百分点，80岁及以上老年人口占总人口的比重的峰值将比中方案预测结果峰值低7.61个百分点。当然，如果中国不能扭转生育率下降趋势，如《世界人口展望2022》低方案那般，总和生育率长期跌落到1以下，那么人口老龄化将可能成为中国不可承受之重。根据低方案预测结果，将在2033年进入重度老龄化社会，2042年进入极度老龄化社会，2066年进入极度高龄化社会，且65岁及以上老年人口比重的峰值将比中方案预测结果峰值高15.07个百分点，80岁及以上老年人口比重的峰值将比中方案预测结果峰值高13.13个百分点，严重程度难以想象，这应该是中国未来极力避免的状况。

表1-2 《世界人口展望2022》关于中国人口总量和老龄化的中方案预测结果

年份	总人口（亿）	60岁及以上人口比例（%）	65岁及以上人口比例（%）	80岁及以上人口比例（%）	80岁及以上/60岁及以上（%）	65岁及以上/15-64岁（%）
2034	14.03	29.69	21.60	4.73	21.90	32.15
2035	14.00	30.31	22.52	5.06	22.48	33.87
2046	13.43	35.70	28.24	8.37	29.63	46.72
2050	13.13	38.81	30.09	10.31	34.26	51.47
2070	10.85	44.24	36.89	16.36	44.34	68.90
2100	7.67	47.17	40.93	23.01	56.22	83.01

资料来源：根据《世界人口展望2022》对中国人口预测的中方案结果整理。

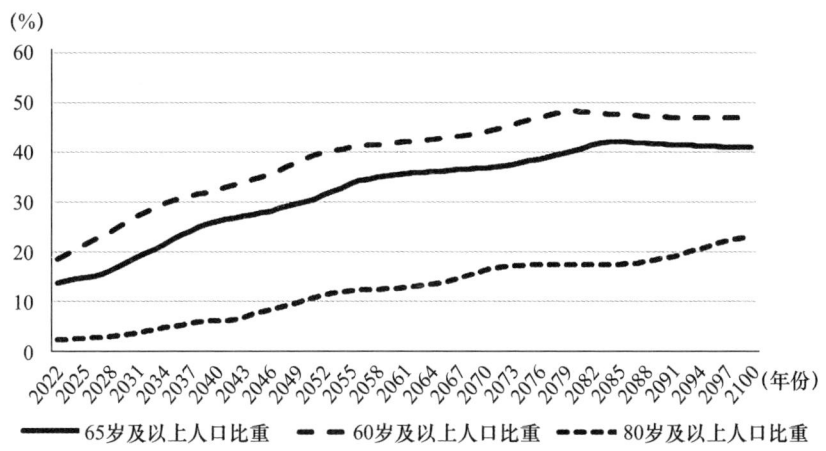

图1-3 中国人口老龄化与高龄化趋势

资料来源：根据《世界人口展望2022》对中国人口预测的中方案结果整理。

（二）人口老龄化对经济增长的冲击

人口老龄化对经济增长能够产生影响的根本原因在于，人在经济活动中具有既是生产者也是消费者的基本属性，使人不仅是经济活动的主体，而且是经济发展的重要资源。因此，人口老龄化将通过生产和消费等途径从供给侧和需求侧对经济增长产生重要影响。在供给侧，人口老龄化主要影响劳动力供给、资本积累（国民储蓄）和技术进步，从而影响经济增长潜力；在需求侧，人口老龄化则主要影响消费需求，从而影响经济增长活力[1]。

人口老龄化对劳动力供给的影响相对直观。劳动力对经济增长的供给效应概括为劳动力供给的"水平效应"和人力资本积累的"垂直效应"两种。其中，劳动力供给的"水平效应"是指劳动力规模扩张和就业人口的增加对经济增长的影响；人力资本积累的"垂直效应"指通过教育等人力资本投资导致的劳动效率提高[2]。而人口老龄化对劳动力供给和人力资本积累都会产生影响。人口老龄化会导致劳动年龄人口占比甚至规模逐渐减少、劳动力老化和劳动参与率下降[3]，从而引起劳动力供给增速甚至规模下降。近年来，中国 15—64 岁劳动年龄人口比例自 2010 年以后就开始下降，2010—2020 年下降了约 6 个百分点；15—64 岁劳动年龄人口规模则从 2013 年以后开始下降，2013—2020 年下降了 4170 万人；就业人员数量也从 2014 年以后开始下降，2014—2020 年下降了 1258 万人。根据《世界人口展望 2022》的中方案预测结果，未来中国 15—64 岁人口规模和占比都将快速下降，将在 2047 年前后规模降至 8 亿人，占比降至 60% 以下；将在 2079 年规模降至 6 亿人以下，占比降至 50% 以下；到 21 世纪末，规

---

[1] 李军、刘生龙：《人口老龄化对经济增长的影响——理论与实证分析》，中国社会科学出版社 2017 年版，第 10—11 页。
[2] 中国经济增长与宏观稳定课题组、张平、刘霞辉等：《劳动力供给效应与中国经济增长路径转换》，《经济研究》2007 年第 10 期。
[3] 谢雪燕、朱晓阳：《人口老龄化、技术创新与经济增长》，《中国软科学》2020 年第 6 期。

模将降至3.78亿人，占比约为49.31%（见图1-4）。长期来看，中国劳动力供给规模将进入持续的下降通道，必将对经济增长产生深远的影响。

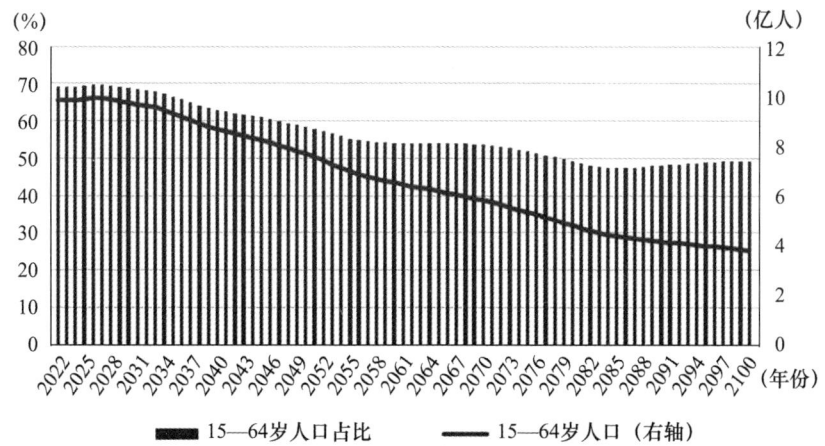

图1-4 中国15—64岁人口及其占比的变化趋势（2022—2100年）

资料来源：根据《世界人口展望2022》对中国人口预测的中方案结果整理。

人口老龄化对人力资本积累会产生正负两方面的效应。一些研究认为，人口老龄化对人力资本积累的正效应主要表现在成熟劳动力的增加会提升有工作经验劳动力的比例，同时生育率的降低会提升年轻人受教育水平，促进人力资本积累，进而对经济增长产生正效应；负效应则主要表现在人口老龄化可能会对教育资源形成挤出效应，资源更多流向养老项目，可能削弱财政对公共教育投入的支持①。正因为人口老龄化对人力资本积累存在正、负两种效应，所以在不同地区、不同发展阶段会表现出不同的净效应。昌忠泽等采用中国各省份宏观数据，分析老年抚养比与公共人力资本投资之间的关系，结果表明二者之间成倒"U"形关系，同时采用中国家庭追踪调查（CFPS）数

---

① 刘玉飞、汪伟：《人口老龄化对人力资本积累影响的研究评述》，《西北人口》2016年第1期。

第一部分　总论

据分析老龄化和公共人力资本投资对私人人力资本投资的影响，发现地区人口老龄化水平不会对私人人力资本投资产生显著影响，而家庭人口结构老龄化会对私人人力资本投资产生显著的抑制作用，但公共人力资本投资会对私人人力资本投资产生替代作用[1]。赵春燕等基于中国2000—2018年的省级面板数据分析发现，中国人口老龄化对人力资本积累的净效应为负值[2]。

人口老龄化对国民储蓄的影响机制较为复杂。从生命周期理论出发，一般认为人们在劳动年龄时期的收入大于消费，而在其他生命阶段则是消费大于收入，所以人口老龄化与储蓄率存在负向关系；而从预防性储蓄理论出发，则认为未来收入的不确定因素越强，人们的储蓄动机越强，越有可能增加储蓄以用作老年期的消费，因此认为人口老龄化与储蓄率正相关[3]。由此可见，从不同的角度看人口老龄化与储蓄的关系可能有不同的结论。对中国人口老龄化与储蓄率关系的相关研究也反映出这种复杂性。一些研究发现，人口老龄化会降低储蓄率。王德文等对1982—2002年中国国民储蓄率与老年抚养比的关系进行分析，发现老年抚养比的提高会降低国民储蓄率[4]。陈彦斌等预测并分析了未来20年人口老龄化对中国国民储蓄率的影响，发现人口老龄化虽然是拉低中国国民储蓄率的最主要因素但尚不足以彻底改变中国的高储蓄特征[5]。蔡昉和都阳认为，老年人口的迅速增加以及劳动年龄人口的快速减少，成为推动抚养比上升的主要因素，也是导致储蓄率下行的重要推手，研究发现人口抚养比变化表现出对国民储

---

[1] 昌忠泽、姜珂、冯扬：《人口老龄化对人力资本投资的影响及贡献研究》，《当代经济科学》2021年第5期。

[2] 赵春燕、吕昭河、李帆：《人口老龄化对人力资本积累的双边效应——基于双边随机前沿模型的测算》，《人口与发展》2021年第4期。

[3] 孟令国、马静燕：《人口老龄化对各类储蓄率的影响机制及其效应》，《广东财经大学学报》2020年第1期。

[4] 王德文、蔡昉、张学辉：《人口转变的储蓄效应和增长效应——论中国增长可持续性的人口因素》，《人口研究》2004年第5期。

[5] 陈彦斌、郭豫媚、姚一旻：《人口老龄化对中国高储蓄的影响》，《金融研究》2014年第1期。

蓄率的显著负影响①。另一些研究发现，人口老龄化会提高储蓄率。汪伟和艾春荣的研究则发现，由寿命延长带来的"未雨绸缪"的储蓄动机既能解释中国储蓄率在时间上的上升趋势，也能解释区域间的梯度差异，而老龄人口负担上升并没有对储蓄率产生明显的负效应，也对储蓄率在时间和区域间的变化均没有解释力②。李超和罗润东利用中国家庭追踪调查2010—2014年面板数据，分析发现人口老龄化对中国微观家庭储蓄率的净效应为正，说明家庭由于老龄化产生的预防动机大于生命周期消费模式对储蓄率的负效应③。还有一些研究则发现，人口老龄化对储蓄率的影响存在城乡、人群等差异。胡翠和许召元的研究发现，农村家庭储蓄率随着老龄人口比重的上升而下降，但城镇家庭储蓄率却随着老龄人口比重的上升而上升④。周晓慧的研究发现，除了个别年龄组，户主年龄越大的群组储蓄率随年龄增加而降低的效果越显著⑤。尽管人口老龄化对储蓄率的影响还有待进一步研究，但是长期来看，随着人口老龄化程度不断提高，储蓄率总体上还是呈现下降趋势。当前中国储蓄率处于下降趋势十分明显，已经从最高时超过50%下降至目前的45%左右。

人口老龄化对技术进步的影响则存在较大争议。汪伟和姜振茂梳理了人口老龄化对技术进步影响的研究进展，从个人、企业和国家及地区层面综述了国内外关于人口老龄化对技术进步影响的理论和实证研究，发现人口老龄化究竟对技术进步具有积极影响还是消极影响，目前学界尚未达成共识。从现有的研究结论看，人口老龄化既可能通

---

① 蔡昉、都阳：《中国的储蓄率变化、决定因素和影响》，《新金融评论》2020年第3期。

② 汪伟、艾春荣：《人口老龄化与中国储蓄率的动态演化》，《管理世界》2015年第6期。

③ 李超、罗润东：《老龄化、预防动机与家庭储蓄率——对中国第二次人口红利的实证研究》，《人口与经济》2018年第2期。

④ 胡翠、许召元：《人口老龄化对储蓄率影响的实证研究——来自中国家庭的数据》，《经济学》（季刊）2014年第4期。

⑤ 周晓慧：《中国人口老龄化与居民储蓄率研究——基于组群分析的视角》，《经济研究参考》2016年第14期。

第一部分 总论

过减弱劳动者的身体脑力机能和工作动机、影响劳动者人力资本积累、威胁企业的创新活动、加大企业用工成本及增加国家养老支出等方式，阻碍技术进步；也可能促使人们重视人力资本投资、转变经济增长方式，从而促进技术进步[①]。近年来，关于中国人口老龄化对技术进步的影响，仍然在持续这些争论。翟振武等的研究认为，人口老龄化并不必然导致国家技术创新水平的下降，国际经验和中国定量分析结果也发现，人口老龄化与技术创新之间并没有显著相关[②]。王笳旭和王淑娟利用中国1997—2014年的省际面板数据，发现老龄化通过"资本—劳动"要素结构改善和人力资本要素质量提升两种途径推动了技术创新[③]。邓翔和张卫基于中国2000—2014年省际动态面板数据，研究发现人口老龄化对技术进步具有明显的正向促进作用[④]。还有一些研究则发现，人口老龄化对技术进步的影响则明显表现出阶段性。黄乾等使用1997—2014年的省级面板数据和工业企业数据分析发现，老龄化与创新的关系并不是简单的线性关系，而是呈现倒"U"形关系，随着我国老龄化水平的加深，老龄化将对我国创新产生显著的负面影响[⑤]。随淑敏和何增华将地级市的人口普查数据和微观工业企业数据库相匹配，研究发现，现阶段低水平的人口老龄化显著促进了中国企业创新，但长远来看，当人口老龄化超过一定的拐点值时，将抑制企业创新[⑥]。沈可和李雅凝采用2000—2018年中国31个省份的动态面板数据，分析发现人口老龄化与科技创新、根本性创

[①] 汪伟、姜振茂：《人口老龄化对技术进步的影响研究综述》，《中国人口科学》2016年第3期。

[②] 翟振武、金光照、张逸杨：《人口老龄化会阻碍技术创新吗?》，《东岳论丛》2021年第11期。

[③] 王笳旭、王淑娟：《人口老龄化、技术创新与经济增长——基于要素禀赋结构转变的视角》，《西安交通大学学报》（社会科学版）2017年第6期。

[④] 邓翔、张卫：《人口老龄化会阻碍技术进步吗——来自中国2000—2014年的经验证据》，《华中科技大学学报》（社会科学版）2018年第3期。

[⑤] 黄乾、李修彪、李竞博：《人口老龄化对创新的影响：基于中国宏观与微观数据的实证研究》，《现代经济探讨》2018年第12期。

[⑥] 随淑敏、何增华：《人口老龄化对企业创新的影响——基于人口普查数据与微观工业企业数据的实证分析》，《人口研究》2020年第6期。

新及渐进性创新之间均成驼峰形关系,即老龄化先促进后抑制创新水平;相较于渐进性创新,人口老龄化对根本性创新的负面效应将更早显现①。杨校美对 G20 国家 1985—2016 年面板数据的分析也发现,人口老龄化与技术创新呈显著的倒"U"形关系,其临界值为老年抚养比(65 岁及以上人口/15—64 岁人口)达到 14.61% 左右,当人口老龄化程度低于该临界值时,它能促进技术创新;当人口老龄化程度高于该临界值时,它又会抑制技术创新。根据阶段性相关研究结论,随着人口老龄化程度的加深,人口老龄化对技术进步的抑制作用将越发明显。

人口老龄化对劳动力供给、储蓄和技术进步等的影响最终会体现为对经济增长的影响。尽管在影响机制上还需要进一步研究,但人口老龄化将对经济增长带来巨大挑战则是一个不争的事实。OECD 的一项研究曾经评估了人口老龄化对宏观经济的影响,发现如果要素生产率增长没有持续改善或劳动力参与率没有变化,经合组织的产出增长可能在未来几十年放缓。其中,对日本的影响最为显著,GDP 增长率到 2040 年将下降到每年 0.25%;欧盟的增长率下降得略缓,但 2030—2040 年平均每年 GDP 增长率不到 0.5%②。刘生龙和郭炜隆收集了 OECD 34 个国家和金砖四国 1980—2010 年的跨国面板数据的研究表明,人口老龄化对经济增长产生了显著的负向影响③。中国人口老龄化对经济增长的影响也已经得到一些事实和研究的证实。中国国内生产总值的增长率自 2012 年开始下降至 8% 以下,2016 年开始下降至 7% 以下,明显进入了减速过程,与劳动力供给状况变化具有时间上的相继性,表明人口老龄化可能正在影响中国经济增长。一些研究也发现,中国人口老龄化对经济增长的影响正在发生。胡鞍钢等利

---

① 沈可、李雅凝:《中国的人口老龄化如何影响科技创新?——基于系统 GMM 方法与动态面板门槛模型的经验证据》,《人口研究》2021 年第 4 期。

② Turner D., Giorno C., De Serres A., et al., "The Macroeconomic Implications of Ageing in a Global Context", *OECD Economics Department Working Papers*, No. 193, 1998, OECD Publishing, Paris.

③ 刘生龙、郭炜隆:《人口老龄化与经济增长——基于 OECD 与金砖四国跨国面板数据的实证结果》,《老龄科学研究》2013 年第 7 期。

用中国 1990—2008 年的省级面板数据,研究发现人口老龄化将要对中国的长期经济增长潜力产生不利影响[①]。汪伟的研究也发现,在中国的现实参数下,人口老龄化已经对经济增长产生了负面影响[②]。根据都阳和封永刚的估算,仅仅由于人口快速老龄化,中国 2020—2025 年的经济增长速度平均每年将会放缓 1.07 个百分点[③]。

长期来看,人口老龄化将对中国经济增长带来持久的挑战,导致经济增长潜力持续下降。陆旸和蔡昉的研究发现,由于人口结构变化,中国未来的潜在增长率将迅速降低,并将在 2050 年下降至 4% 左右[④]。李军和刘生龙的模拟测算结果则显示,在不改变经济增长模式的情况下,人口老龄化因素将显著降低中国经济增长率,中国未来经济年均增长率将从 2016—2020 年的 6% 以上下降至 2046—2050 年的 1% 左右[⑤]。需要指出的是,上述两项研究对中国未来人口老龄化形势的估计都比较乐观,前一项研究是基于郭志刚 2013 年的预测结果,后一项研究则是基于南开大学"老龄化对中国经济发展的影响及应对策略研究"课题组的中方案预测结果。前些年的人口预测结果显然无法预估到中国生育水平近年来出现的快速下降,所以可以看成更乐观的估计。因此,如果中国生育率不能实现显著提升,人口老龄化形势如《世界人口展望 2022》中方案预测结果揭示的基本趋势发展,未来人口老龄化对中国经济潜在增长率的负向影响将更为严重。

(三) 人口老龄化对收入分配的影响

人口老龄化不仅通过影响经济增长而对财富的创造过程和结果产

[①] 胡鞍钢、刘生龙、马振国:《人口老龄化、人口增长与经济增长——来自中国省际面板数据的实证证据》,《人口研究》2012 年第 3 期。
[②] 汪伟:《人口老龄化、生育政策调整与中国经济增长》,《经济学》(季刊) 2017 年第 1 期。
[③] 都阳、封永刚:《人口快速老龄化对经济增长的冲击》,《经济研究》2021 年第 2 期。
[④] 陆旸、蔡昉:《人口结构变化对潜在增长率的影响:中国和日本的比较》,《世界经济》2014 年第 1 期。
[⑤] 李军、刘生龙:《人口老龄化对经济增长的影响——理论与实证分析》,中国社会科学出版社 2017 年版,第 129—130 页。

生影响，同时还因为改变了不同人群的结构关系，而对财富的分配过程和结果产生了影响。简单来看，仅仅由于老年人口增多，如果要确保每个老年人分配所得的社会财富份额不受影响，必然会扩大老年人口总体的分配份额，从而降低劳动年龄人口的分配份额；如果保持老年人口分配的总体份额不变，则必然导致每个老年人分配的份额降低，从而降低老年人的相对收入水平。因此，人口老龄化带来收入分配格局的改变是必然的结果。更进一步，由于不同个体、群体、地区在面对老年期或是应对人口老龄化的能力和条件不同，人口老龄化将对个体、群体获取收入和地区发展的状况带来影响，从而改变收入分配格局。

研究显示，人口老龄化对收入分配的结果有重要的影响。Goldstein 和 Lee 从三个方面分析了人口老龄化对经济不平等的影响，分别是生育率下降导致的人口增长放缓、随之而来的人口结构变化以及寿命延长。其中，人口增长率通过对经济资本密集度的影响来影响不平等；人口年龄结构变化有可能影响不平等的总体衡量标准，因为不平等会随着年龄的增长而增加；寿命延长通过经济生命周期的变化对不平等产生更长期的影响。分析发现，总体而言人口老龄化对经济不平等有显著的影响[①]。朱琪对现有文献梳理时总结人口老龄化对收入分配的直接影响包括两个方面。一是人口老龄化使组内收入不平等随年龄的增加而扩大；二是人口老龄化使整体收入分配不平等加剧[②]。如对日本的研究发现，20 世纪 80 年代，日本整个经济消费中的不平等一半是由人口老龄化造成的，而这其中又有 1/3 是由于组内效应[③]；将日本 1980—2000 年的收入、消费不平等分解为宏观经济因素与人口老龄化两个部分所影响的变动，发现宏观经济因素与人口老龄化都

---

① Joshua R. Goldstein, Ronald D. Lee, "How Large are the Effects of Population Aging on Economic Inequality?", *Vienna Yearbook of Population Research*, Vol. 12, 2014, pp. 193–209.
② 朱琪:《人口老龄化对收入分配的影响述评》，《社会科学家》2016 年第 1 期。
③ Angus Deaton, Christina Paxson, "Intertemporal Choice and Inequality", *Journal of Political Economy*, Vol. 102, No. 3, 1994, pp. 437–467.

第一部分 总论

会影响收入、消费不平等的扩大①。关于中国人口老龄化与不平等之间关系的研究也证实,前者对后者有重要的影响,尽管早期有研究②发现,人口老龄化对不平等影响很小,但近期的研究大多发现中国人口老龄化会扩大了不平等。王筇旭等利用中国30个省份2000—2014年的面板数据分析发现,城乡人口老龄化系数比对城乡收入不平等具有显著的正向作用,并且城乡人口老龄差异对城乡收入不平等的影响存在显著的区域差距,经济发展水平越高的地区,人口老龄化对城乡收入不平等扩大的影响效应越大③。文建东和谢聪用1998—2014年省级面板数据分析发现,各省域居民收入不平等具有显著的空间正相关性,人口老龄化会显著地拉大收入不平等,并且这种影响主要来自顶部老龄化,因为不同年龄群体内的收入不平等随着年龄的增加而扩大④。孙晔和吕康银利用2010年宏观和微观投入产出表及联合国人口预测结果,模拟了人口老龄化对收入的长期影响。模拟结果表明,在人口老龄化的背景下,居民的收入不平等现象呈现上升趋势;与中国其他地区相比,西部老年家庭的收入不平等现象最为严重;来自不同区域的组间不平等差距随着老龄化的趋势,不平等现象在逐步扩大⑤。姚玉祥利用中国1990—2018年的省级面板数据分析发现,人口老龄化从整体上恶化了中国城乡收入不平等,人口老龄化是中国城乡收入不平等扩大的一个重要驱动因素,并且在人口老龄化影响城乡收入不平等过程中,人力资本效应、劳动力禀赋效应以及居民储蓄效应均存

---

① Tomoaki Yamada, "Income Risk, Macroeconomic and Demographic Change, and Economic Inequality in Japan", *Journal of Economic Dynamics and Control*, No.36, 2012, pp.63-84.
② 曲兆鹏、赵忠:《老龄化对我国农村消费和收入不平等的影响》,《经济研究》2008年第12期。
③ 王筇旭、冯波、王淑娟:《人口老龄化加剧了城乡收入不平等吗——基于中国省际面板数据的经验分析》,《当代经济科学》2017年第4期。
④ 文建东、谢聪:《人口老龄化对收入不平等的影响——基于省域数据的空间计量模型分析》,《南京审计大学学报》2017年第4期。
⑤ 孙晔、吕康银:《人口老龄化对收入不平等的影响——基于多区域动态CGE模型的研究》,《辽宁大学学报》(哲学社会科学版)2019年第2期。

在显著的正向中介效应①。由此可见,随着中国人口老龄化进一步加深,收入不平等显现有可能加剧,必须密切关注其变化,及时在政策上作出反应。

人口老龄化对收入再分配的重要手段——税收和社会保障等也有重要的影响。人口老龄化对税收的影响主要表现在收支两个方面。在收入方面,人口老龄化引起的劳动年龄人口下降和经济增长减速,二者共同作用将使税基增长减缓或是税基减小;在支出方面,人口老龄化引起的老年人口规模增长将要求增加老年福利支出和相关设施建设,从而对税收支出结构产生影响。王晓洁等认为,人口老龄化改变了消费需求进而影响流转税税基;导致劳动参与率降低进而影响个人所得税税基;会带来劳动力成本上升进而影响企业所得税税基,会导致与养老相关的财政支出压力加大。也即人口老龄化一方面带来税收收入减少,另一方面又造成公共财政支出压力加大,会给公共财政保障带来双重压力②。龚锋和余锦亮采用代际账户核算方法研究发现,如果保持当前财税制度和社会保障体制不变,未来代的净税收负担要明显高于现存代,中国存在较为严重的代际财政不平等问题,而且未来人口老龄化的进程越快,代际财政不平等程度就越高③。而在龚锋和余锦亮稍早的一项研究中则发现,人口老龄化程度与财政可持续性成"U"形关系。当老年人商品税负低于某个临界点时,人口老龄化对财政可持续性产生不利影响;当老年人商品税负超过临界点时,人口老龄化对财政可持续性具有正向影响④。这一研究启示我们,发展"银发经济"也许是未来增加税收收入的一条途径,但老年商品税负增长实际上也面临一些条件的制约,这方面还有待进一步研究。

---

① 姚玉祥:《人口老龄化如何影响城乡收入不平等》,《现代经济探讨》2021年第4期。

② 王晓洁、陈肖肖、李昭逸:《实施积极应对人口老龄化的税收政策:挑战与实现机制》,《税务研究》2021年第12期。

③ 龚锋、余锦亮:《人口老龄化与代际财政不平等——基于代际账户核算法的模拟分析》,《统计研究》2018年第1期。

④ 龚锋、余锦亮:《人口老龄化、税收负担与财政可持续性》,《经济研究》2015年第8期。

第一部分 总论

人口老龄化对与其密切相关的养老保险、医疗保险和长期护理保险等社会保障制度均有重要的影响。关于人口老龄化对养老保险制度的影响，一般有三个视角①。第一个视角是从养老金收益的角度出发，多利用世代交叠模型，分析现收现付制和基金积累制谁的收益性更好，从而判定在人口变化的条件下两种养老金模式的适用性问题。这种视角分析得出的结论是，各种养老金模式的收益性与人口老龄化的程度有关，在人口老龄化程度较低时，现收现付制可行，当人口老龄化上升到一定程度后，基金积累制更有利。第二个视角则是从养老金支付的角度出发，大多利用现收现付制和基金积累制的养老金平衡公式，分析人口老龄化与养老金资金平衡的关系，进而分析人口老龄化对不同养老金模式的影响。这种分析视角的一般结论是，与传统的现收现付制相比，基金积累制更有助于应对人口老龄化的挑战，因为在现收现付的体制下，依靠在职者的缴费来支付当期退休者的养老金，随着人口老龄化的发展，制度内赡养率的提高，势必会出现支付危机，要求提高缴费率；而在基金积累制下，由于退休者的养老金依赖于其在职时缴费的积累，所以就不会发生支付危机。第三个视角则是从养老金制度对老人的实际保障水平角度出发，将年轻人和老年人的代际分配关系看作对产品的分配，进而分析在人口老龄化情况下不同养老金模式对于保障老年收入水平的差异。从这一视角出发得出的分析结论是，现收现付制与基金积累制在应对人口老龄化时面临的风险并没有本质的区别。综合以上几种视角的分析可以发现，各种视角其实都承认人口老龄化会给养老保障体制带来一定的冲击，只不过对制度风险的认识有些差异。第一种视角和第二种视角得到的结论都认为，当人口老龄化发展到一定程度时，人口老龄化将对现收现付制造成较大的影响。而第三种视角得到的结论则认为，其实现收现付制和基金积累制在应对人口老龄化时并没有本质的区别。

中国当前的基本养老保险制度包含城镇职工基本养老保险制度和

---

① 林宝：《人口老龄化与城镇基本养老保险制度的可持续性》，中国社会科学出版社2014年版，第14—18页。

城乡居民基本养老保险制度，人口老龄化对两种制度都会产生影响。对于城镇基本养老保险制度而言，一方面，人口老龄化将带来制度赡养率（养老金领取者和缴费者之比）不断攀升，从而影响社会统筹部分的财务可持续性。另一方面，在个人账户部分，在计发月数长期未做调整的情况下，预期寿命不断延长将使个人养老金缺口会越来越大。对于城乡居民养老保险制度而言，人口老龄化的主要影响是导致养老金领取者数量增加从而增加财政支出。从长期来看，随着人口老龄化深入发展，基本养老保险制度面临的压力将进一步加大。由于人口老龄化将导致养老金制度中的制度赡养率（领取者和缴费者之比）一直上升，因此在其他因素不变的情况下将要求缴费率一路上升，即便考虑到其他因素对人口老龄化影响的干预，城镇职工基本养老保险制度的可持续性也存在问题[1]。郑秉文等测算了2019—2050年的养老金平衡状况，发现全国城镇企业职工基本养老保险基金最终到2050年当期结余坠落到-11.28万亿元，如果不考虑财政补助，当期结余到2050年为-16.73万亿元[2]。曾益等的研究认为，当没有其他政策干预，2019年实施的降费政策最多持续5年；实施征缴体制改革后，如果征缴率从61.59%提高至70%—100%，降费政策可持续6—17年；当进一步延迟退休并引入外源性融资，降费政策至少可持续31年[3]。这里仍然需要指出，之前所有测算的人口预测数据现在看来都是一个相对乐观的结果，人口老龄化对养老保险制度的影响将更为严重。

人口老龄化对基本医疗保障制度的影响更为复杂。对于城镇职工基本医疗保险而言，由于退休人员参加基本医疗保险，个人不缴纳基本医疗保险费，因此存在人口老龄化导致制度赡养率（退休人员与职

---

[1] 林宝：《人口老龄化对企业职工基本养老保险制度的影响》，《中国人口科学》2010年第1期。

[2] 郑秉文：《中国养老金精算报告2019—2050》，中国劳动社会保障出版社2019年版。

[3] 曾益、李晓琳、石晨曦：《降低养老保险缴费率政策能走多远？》，《财政研究》2019年第6期。

工之比）上升的问题。除此之外，人口老龄化还因为不同年龄人群患病率的差异而对医疗支出水平产生明显影响。对于城乡居民基本医疗保险而言，由于参保者全员缴费，人口老龄化的影响主要体现在参保者年龄结构变化带来的支出变化。长期来看，由于人口老龄化将继续深入发展，由其带来的制度赡养率上升和疾病负担增加具有长期趋势，将对基本医疗保险制度带来持久的压力。杨昕等的测算发现，如果不考虑经济发展、技术进步、消费偏好等其他因素的影响，按照日历年龄计算，65 岁及以上老年人口 2010—2050 年的卫生费用可能从 1.45 万亿元上升到 3.32 万亿元，增加 129.26%；其中 80 岁及以上高龄老年人口的费用将从 1833.58 亿元上升到 7944.60 亿元，上升幅度高达 333.28%[1]。中国基本医疗保险已经接近人群全覆盖，未来卫生费用的变化趋势也大体上可以反映医保支出水平的变化趋势。

中国的长期护理保险制度尚处于试点阶段，但建立全国性的长期护理保险制度已经成为未来的必然选择。长期护理保险制度一般也是采用现收现付制的筹资模式，因此也存在人口老龄化引起制度赡养率上升的问题，与此同时，由于长期护理保险制度与老年人自理状况有关。利用第六次全国人口普查数据对中国老年人口不能自理状况的分析表明，老年人口中不能自理的比例随年龄增长而逐步提高，无论是男性老年人口，还是女性老年人口，都呈现随年龄增长不能自理比例逐渐提高的趋势，特别是 80—90 岁是老年人口不能自理比例提高最快的时期[2]。如果借鉴人口年龄金字塔的方法，以年龄为纵轴、以不能自理比例为横轴，将男女的分年龄不能自理比例表现出来，明显表现出一个"倒金字塔"形。利用第七次全国人口普查数据也会发现类似的结果（见图 1-5）。这表明，中国不能自理老年人口比例的年龄模式具有较强的稳定性，呈现出随年龄增长而上升的趋势。正因为这个特点的存在，可以预见，人口老龄化过程中的高龄化趋势将带来

---

[1] 杨昕、左学金、王美凤：《前瞻年龄视角下的人口老龄化及其对我国医疗费用的影响》，《人口研究》2018 年第 2 期。
[2] 林宝：《中国不能自理老年人口的现状及趋势分析》，《人口与经济》2015 年第 4 期。

老年人口不能自理比例的上升。根据此前相对乐观的预测，中国不能自理老年人口比例将在2034年前后超过3%[①]。由于人口老龄化带来赡养率和老年人口不能自理比例双双上升，可以预见，人口老龄化将导致未来长期护理保险制度的支付压力持续加大。

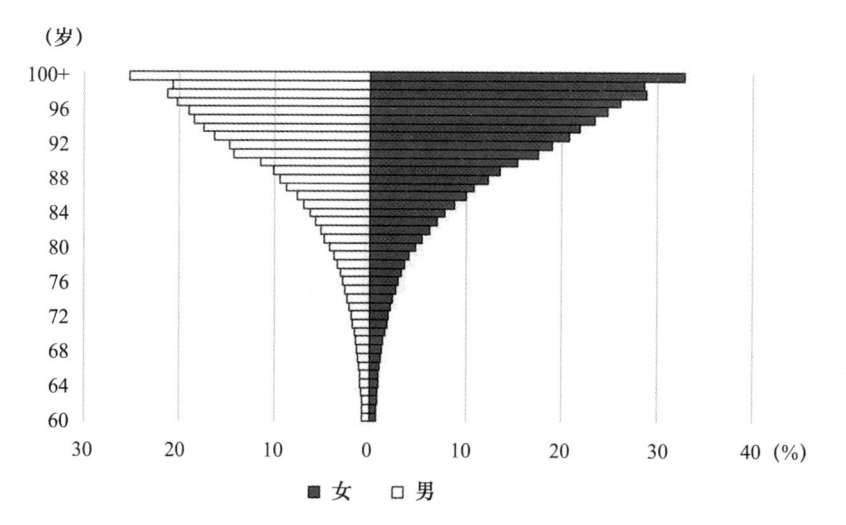

图1-5　中国2020年不能自理老年人口比例

资料来源：根据《中国人口普查年鉴2020》表8-2的相关数据计算。

三　积极应对人口老龄化，建设共同富裕的老龄社会

人口老龄化是21世纪中国面临的基本国情，是建设社会主义现代化强国和实现中华民族伟大复兴的时代背景。共同富裕是社会主义的本质要求，积极应对人口老龄化对财富创造和财富分配的负面冲击，是推动共同富裕过程中必须处理好的重大问题。为此，建议以建设共同富裕的老龄社会为目标；以积极应对人口老龄化国家战略统筹各项工作；以发展为第一要务，不断创造社会财富；以建设覆盖全民

[①] 林宝：《中国不能自理老年人口的现状及趋势分析》，《人口与经济》2015年第4期。

全生命周期的社会福利体系为着手点，保障民众基本福利，为共同富裕提供制度保障。

（一）以建设共同富裕的老龄社会为目标

中国已经进入中度老龄化阶段，并将在21世纪相继经历重度老龄化、极度老龄化和极度高龄化等阶段，长期处于老龄社会将是中国社会的典型特征。《中共中央　国务院关于加强新时代老龄工作的意见》指出，"走出一条中国特色积极应对人口老龄化道路"。这个中国特色，一方面固然与中国独特的人口老龄化发展路径和传统文化有关，另一方面也与中国特色的社会主义制度有关。这表明，中国的老龄社会一定会是体现社会主义本质要求——共同富裕的老龄社会。因此，建设共同富裕的老龄社会必然成为积极应对人口老龄化的目标指向。

如前所述，人口老龄化不仅将通过影响劳动力供给、资本积累和技术进步等因素进而影响经济增长，而且将影响税收、社会保障制度等再分配手段进而影响收入分配。中国未来人口老龄化超预期的发展趋势，将持续降低经济增长潜力，影响社会财富的创造过程和结果，并将可能改变代际收入分配格局，对税收产生冲击，对社会保障制度的财务可持续性带来极大挑战，影响社会财富的分配过程和结果，对共同富裕所包含的三个基本层面——富裕、共富和共享带来实质性的影响。因此，积极应对人口老龄化是实现共同富裕的必然要求和路径。

以建设共同富裕的老龄社会为目标实际上是要把积极应对人口老龄化和推动共同富裕两大战略任务有机结合起来。在积极应对人口老龄化的过程中紧扣共同富裕这个目标，使积极应对人口老龄化的各项政策最终有利于推动共同富裕；在推动共同富裕时始终基于中国人口老龄化快速发展这一基本国情，从而使推动共同富裕的各项政策也有利于积极应对人口老龄化，实现二者相互推动、相互配合的良好局面。

以建设共同富裕的老龄社会为目标需要把共同富裕的渐进性与

人口老龄化的阶段性结合起来。共同富裕是一个逐步实现的过程，不可能一蹴而就，而是表现为渐进性。人口老龄化也不是直线发展，在不同发展阶段表现出不同的特征，对财富创造和财富分配的影响也存在差异，表现出阶段性。在统筹推进共同富裕和积极应对人口老龄化的过程中，要根据各阶段不同的人口老龄化形势和社会经济发展基础制定阶段性的共同富裕目标，通过分阶段目标的逐步实现，最终推动共同富裕的水平不断提升。不可超越发展阶段提出不切实际的目标，更不能忽视人口老龄化的趋势和影响而制定脱离基本国情的目标。

建设共同富裕的老龄社会具有时间上的紧迫性，要抓紧时机进行战略部署和制度安排。时间上的紧迫性是积极应对人口老龄化和推动共同富裕的共同特征。从中国人口老龄化的发展趋势来看，2034年前后就将进入重度老龄化阶段，如果把这之前看作应对人口老龄化的战略机遇期，那么现在这个战略机遇期已经仅剩十余年的时间，必须抓紧时间利用好这个机遇期。推动共同富裕方面也指出，到2035年，全体人民共同富裕取得更为明显的实质性进展，基本公共服务实现均等化。因此，在未来十余年的时间，将是对建设共同富裕的老龄社会十分关键的时期，必须有时间上的紧迫感，要抓紧完善相关战略措施和政策安排，力争在2035年之前，建立基本完备的积极应对人口老龄化和推动共同富裕的制度体系，为建设共同富裕的老龄社会和建成社会主义现代化强国、实现中华民族伟大复兴奠定坚实基础。

建设共同富裕的老龄社会，本质上就是要建设一个"不分年龄、人人共享"的富裕老龄社会。在此社会中，社会成员各展其才、各尽所能，共同致力于推动经济发展和社会进步，社会财富相对富足，不分年龄、不分种族、不分地区均可享受有尊严、有质量的生活，法治昌明、社会和谐，实现共富共享。

（二）以实施积极应对人口老龄化国家战略来统筹

党的十九届五中全会指出，"实施积极应对人口老龄化国家战

第一部分　总论

略"，这是基于中国人口形势和社会经济形势变化作出的重大战略决策。积极应对人口老龄化国家战略是一项全局性、综合性的战略。本质上，积极应对人口老龄化国家战略的战略目标可以理解为一个综合的目标体系，可以分为不同的层次，表现为一定的圈层结构。在核心圈层，积极应对人口老龄化国家战略聚焦人口老龄化过程本身，战略目标是实现积极老龄化；在中间圈层，积极应对人口老龄化聚焦人口发展过程，战略目标是促进人口长期均衡发展；在外围圈层，积极应对人口老龄化关注人口与其他要素之间的关系，战略目标是实现可持续发展，在现阶段表现为追求高质量发展[①]。因此，可以实施积极应对人口老龄化国家战略来统筹各项相关工作，建设共同富裕的老龄社会。

当前正处于实施积极应对人口老龄化国家战略的起步阶段，应尽快明确这一战略在推进共同富裕和国家现代化中的重要地位。在党的十九届五中全会提出"实施积极应对人口老龄化国家战略"时，以及在随后颁布的《中华人民共和国国民经济和社会发展第十四个五年规划和二〇三五年远景目标纲要》中，在实施积极应对人口老龄化国家战略的相关条目之下，主要内容仍然是生育、养老等"一老一小"的内容，所以相关政策也主要集中在这些领域。但如果我们从人口老龄化影响的全面性和深远性来看，特别是从人口老龄化对共同富裕的影响来看，实施积极应对人口老龄化国家战略必须涵盖经济、社会、人口等各个领域，要将与共同富裕相关的各项工作，纳入实施积极应对人口老龄化国家战略的视野，充分考虑人口老龄化对各领域的影响，并结合推进共同富裕的目标，采取针对性的政策和行动。

发挥积极应对人口老龄化国家战略的统筹作用，必须建立推进国家战略实施的统筹协调机制。当前，积极应对人口老龄化的各项工作分属不同部门，尽管有部际联席会议等机制，也有各部委联合发文等方式，但是因为积极应对人口老龄化国家战略的重要性、全面性和综

---

① 林宝：《积极应对人口老龄化：内涵、目标和任务》，《中国人口科学》2021年第3期。

合性，现有协调机制在发挥国家战略的统筹作用方面仍然有所不足。现有机制最大的问题在于，这些机制仍然是单领域、一事一议的，不利于统筹各项相关工作，也不利于持续推进工作，所以必须建立强有力的统筹协调机制。建议继续发挥全国老龄工作委员会的作用，加强其统筹协调职能，作为综合协调机构，负责推进实施积极应对人口老龄化国家战略，统筹中央各部门的积极应对人口老龄化工作。各级地方老龄工作委员会负责统筹实施本地区的积极应对人口老龄化工作。确保实施积极应对人口老龄化国家战略在中央有专门机制统筹谋划，在地方有专门机制统筹实施。

发挥积极应对人口老龄化国家战略的统筹作用，必须建立战略实施的综合评估体系。要推动积极应对人口老龄化国家战略的实施，必须在明确其战略任务的基础上，将各项任务量化为分阶段的目标，并建立相应的指标体系，综合评估国家战略的实施进展情况，及时发现问题，采取相应行动。综合评估指标体系可以由全国老龄工作委员会牵头制定，具体评估工作可以委托第三方开展。可以按照不同周期，定期开展评估，以评估推动各项工作的实施。

（三）以发展为第一要务

党的十九大报告指出，"实现'两个一百年'奋斗目标、实现中华民族伟大复兴的中国梦，不断提高人民生活水平，必须坚定不移地把发展作为党执政兴国的第一要务"[①]。党的二十大报告再次强调了"发展是党执政兴国的第一要务"[②]。在积极应对人口老龄化和推动共同富裕的过程中必须把发展放在首要位置，以发展为第一要务，为建设共同富裕的老龄社会奠定坚实的基础。

以发展为第一要务是由积极应对人口老龄化和共同富裕的根本需要决定的。应对人口老龄化的关键是要为更少的劳动力创造更多的社

---

① 习近平：《决胜全面建成小康社会 夺取新时代中国特色社会主义伟大胜利——在中国共产党第十九次全国代表大会上的报告》，人民出版社2017年版，第29页。
② 习近平：《高举中国特色社会主义伟大旗帜 为全面建设社会主义现代化国家而团结奋斗——在中国共产党第二十次全国代表大会上的报告》，人民出版社2022年版，第28页。

| 第一部分 总论

会财富，而共同富裕的基本前提是要实现富裕，二者均要求不断创造社会财富，本质上就是要推动社会发展。正因为如此，《国家积极应对人口老龄化中长期规划》中提出五项具体任务中的第一项就是"夯实应对人口老龄化的社会财富储备"，并要求通过扩大总量、优化结构、提高效益，实现经济发展与人口老龄化相适应。也正因为如此，习近平总书记强调，"幸福生活都是奋斗出来的，共同富裕要靠勤劳智慧来创造。要坚持在发展中保障和改善民生，把推动高质量发展放在首位"[①]。

当前中国已经从高速发展阶段进入高质量发展阶段，要实现的发展是高质量发展。党的十九届六中全会通过的《中共中央关于党的百年奋斗重大成就和历史经验的决议》强调，必须实现创新成为第一动力、协调成为内生特点、绿色成为普遍形态、开放成为必由之路、共享成为根本目的的高质量发展，推动经济发展质量变革、效率变革、动力变革。人口老龄化是影响中国未来发展的重要因素，要实现高质量发展，一方面要努力解决当前面临的人口问题，促进人口长期均衡发展，创造有利于实现高质量发展的人口条件；另一方面，要形成与人口老龄化相适应的经济发展模式，实现增长方式从粗放式向集约式转变、增长动力从要素驱动向创新驱动转变以及产业结构升级和生产效率提升[②]。

中国正构建以国内大循环为主体、国内国际双循环相互促进的新发展格局，经济发展面临需求收缩、供给冲击、预期转弱三重压力，提振国内消费是构建国内大循环和促进经济发展的关键。中国面临的挑战在于，以总人口到达峰值为特征的第二个人口转折点，对居民消费需求也会产生显著的负面影响，要把政策重点落在挖掘居民消费潜力方面，通过稳定和扩大需求因素，提高需求侧潜在增长率，以保障实际经济增长率与供给侧潜在增长能力相符[③]。随着人口老龄化不断

---

① 习近平：《扎实推动共同富裕》，《求是》2021年第20期。
② 林宝：《积极应对人口老龄化：内涵、目标和任务》，《中国人口科学》2021年第3期。
③ 蔡昉、王美艳：《如何解除人口老龄化对消费需求的束缚》，《财贸经济》2021年第5期。

发展，老年人口规模和占比越来越高，老年消费越来越在居民消费中具有举足轻重的地位。党的十九届五中全会指出，"积极开发老龄人力资源，发展银发经济"，《中共中央 国务院关于加强新时代老龄工作的意见》指出，"积极培育银发经济"，就是要在应对人口老龄化过程中寻找新的经济增长点，下一步应在加强老年收入保障的基础上加大对银发经济发展的扶持力度。

（四）以社会福利体系建设为抓手

积极应对人口老龄化、建设共同富裕的老龄社会必须为全体公民提供基本福利，使人们能够保持基本的生活质量。当前应以建设覆盖全民、全生命周期的社会福利体系为抓手，尽快完善相关制度设计，为积极应对人口老龄化和推动共同富裕提供制度保障。党的十九大报告指出要"在幼有所育、学有所教、劳有所得、病有所医、老有所养、住有所居、弱有所扶上不断取得新进展"[1]，表明这"七有"已经成为社会福利体系建设的重要目标。党的二十大报告也强调在"七有"方面持续用力。要实现"七有"目标，重点是要围绕这些目标进一步完善制度机制，形成一套适合中国国情的普惠性社会福利政策，如婴幼儿发展政策、教育政策、社会保障制度、基本养老服务制度、社会救助制度、住房供应和保障体系等，为全体公民享受社会福利提供制度机制保障。这也是本报告研究的重点。

在实现"幼有所育"上，重点是要在全社会建立起有利于婴幼儿成长的社会环境，要进一步健全婴幼儿发展政策，从多个领域着力，建立婴幼儿发展支持体系，解决育龄夫妇面临的生育养育难题。一方面，要加大婴幼儿发展投入力度，要加强婴幼儿相关基础设施、医疗保健资源、照料资源、教育资源、家庭支持等方面的投入力度，尽快优化婴幼儿发展政策支持体系，切实减轻婴幼儿家庭负担；另一方面，要加快发展婴幼儿服务体系，坚持普惠性和多样性相结合的方

---

[1] 习近平：《决胜全面建成小康社会 夺取新时代中国特色社会主义伟大胜利——在中国共产党第十九次全国代表大会上的报告》，人民出版社2017年版，第23页。

针,在大力发展普惠性服务的基础上,鼓励社会力量加入,提供多层次、多样性的婴幼儿服务,满足不同家庭的个性化需求。

在实现"学有所教"上,重点是要建设高质量的教育体系,使人民群众不断增长的教育需求得到满足,并为建设社会主义现代化强国和实现中华民族伟大复兴提供源源不断的合格人才。建设高质量教育体系,必须进一步推动教育改革,增强普惠性和公平性,办让人民满意的教育。一方面,要继续推动基础教育均衡发展,实现基本公共教育均等化。要从学区、县区等基本单元开始,逐步推动义务教育资源均衡,逐步缩小城乡、区域间义务教育资源差距。另一方面,要大力提高教育质量。逐步增加普通高中招生比例,给孩子充分成长空间,延迟普职分流时间;职业教育要与经济发展需要紧密结合,培养符合产业结构需求的人才;高等教育要注重进一步拓宽知识视野和创新能力培养,增强培养国际一流人才的能力。

在实现"劳有所得"上,重点是要实现高质量就业和优化收入分配格局,使人民群众有充足的就业机会和获得合理的劳动报酬。实现高质量就业一方面有赖于经济持续增长创造新的就业机会;另一方面也需要继续实施就业优先战略,把充分就业放在宏观调控目标的重要位置,在政策制定、实施过程中加强就业效应评估,千方百计地促进就业。优化收入分配格局的关键是通过初次分配和再分配过程中的系列制度设计,使劳动者获得与其付出相适应的报酬,努力实现居民收入增长和经济发展同步、劳动报酬增长和劳动生产率提高同步。同时,合理调节收入差距,使城乡、地区、人群之间的收入差距不断缩小。

在实现"病有所医"上,重点是要健全全民医保制度。要进一步深化医疗保障制度改革,增强公平性、法治化、安全性、智能性、协同性、适老性。要积极推进两个基本医疗保险制度之间的融合;深化支付方式和医药价格形成机制改革,提高医保基金使用效能;进一步完善大病保险制度,加强基本医疗保险、大病保险、医疗救助三重制度之间的衔接,增强大病保障能力;更加注重发挥商业医疗保险作用,引导商业保险机构创新完善保障内容,开展产品和服务创新,成为构建全民医保制度和建设多层次医疗保险体系的重要一环。

在实现"老有所养"上，重点是要加强老年收入保障和服务保障，使老年人能享受有尊严、有质量的生活。为此，必须进一步推动养老金制度改革，实施全民参保计划，提升基本养老保险覆盖面；进一步推动两个基本养老保险制度的衔接与整合；通过参数改革，进一步提高养老保险制度的可持续性；完善职业年金和企业年金制度，规范个人养老金发展，形成多层次、多支柱的养老保险体系。要加快建设社会养老服务体系，实现养老服务高质量发展。应尽快总结长期护理保险制度试点的经验，出台全国性的城乡统一、普惠性、强制性的长期护理保险制度。

在实现"住有所居"上，重点是要加快推进住房保障和供应体系建设，满足群众基本住房需求。一方面，要在坚持"房住不炒"基本方针的基础上，促进房地产市场健康发展，使大多数广大人民群众可以通过市场化的方式，通过租赁、购买等方式满足住房需求。另一方面，还要继续加大力气完善住房保障体系，通过大力发展保障性租赁住房、共有产权房等政策性住房来保障低收入人群的住房需求。与此同时，还需要加大老旧小区的改造力度，改善人民群众居住条件和居住环境。

在实现"弱有所扶"上，重点是要筑牢社会安全网，为社会弱势群体的基本生活建立兜底机制。要进一步健全城乡最低生活保障机制，提高保障水平，与贫困线标准实现对接；进一步完善临时救助的人群识别机制和救助措施，提高各项专项救助的精准度和资金利用效率；实现社会救助和社会保障的有机衔接，充分发挥社会救助的兜底保障功能。

第二章　建设人人共享的老龄社会*

2021年联合国国际老年人日的主题为"不分年龄人人共享数字平等",这一主题指出老年人需要获取数字技术并有意义地参与数字世界,是对在数字技术高速发展渗透到生产生活方方面面的今天,特别是新冠肺炎疫情后日益凸显的年龄数字鸿沟现象的回应。这是联合国对于建设人人共享的老龄社会的最新号召,自联合国将"建立不分年龄人人共享的社会"(Towards a Society for All Ages)作为1999年国际老年人年的主题已经过去了二十多年,如今随着我国正式进入老龄社会阶段①,积极应对人口老龄化国家战略正在全面实施,在此种背景下,回顾联合国所提出的"建立不分年龄人人共享的社会"的发展历程,厘清其理念含义,审视其在中国的实践情况,总结不足并展望未来发展方向具有重要意义。温故而知新,虽然"建立不分年龄人人共享的社会"的提出是在20世纪,但在人口老龄化持续发展的今天,年龄数字鸿沟等新现象表明这一目标仍未实现,这一理念依然具有强大的生命力,兼具理念意义和实践指导价值,与我国政府所提出的共同富裕、积极应对人口老龄化、建设年龄友好环境等目

---

* 本章作者为杜鹏、吴赐霖。作者简介:杜鹏,中国人民大学副校长,老年学研究所所长,社会与人口学院教授。吴赐霖,中国人民大学社会与人口学院博士研究生。

① 国际上通行的划分人口老龄化阶段的标准是,当一个国家或地区60岁及以上老年人口占人口总数的10%,或65岁及以上老年人口占人口总数的7%,即意味着这个国家或地区的人口处于"老龄化社会"(Ageing Society)阶段,当这两个指标翻倍到20%和14%后,即达到"老龄社会"(Aged Society)的标准,当65岁及以上人口占比超过20%则进入"超老龄社会"(Super-aged Society)。这里的老龄社会与第一章所指的中度老龄化阶段相对应。

标相契合。

本章聚焦于联合国提出的"建立不分年龄人人共享的社会"这一理念，从其产生背景出发阐释其内涵，并依照历年来国际老年人日的主题和期间联合国老龄领域重大会议和文件的脉络梳理这一理念的发展过程，同时立足中国视角，从政府关注、学界探讨和政策实践三个领域总结中国在"建立不分年龄人人共享的社会"上所取得的成就、面临的挑战和未来的发展方向。

一 "建立不分年龄人人共享的社会"的内涵与发展历程

"建立不分年龄人人共享的社会"的提出具有深厚的历史背景，作为这一理念标志性的载体——国际老年人日（10月1日）和国际老年人年（1999年），分别于1990年和1992年经联合国大会确立，其理念的雏形最早在1995年召开的社会发展问题世界首脑会议上被提出，最终于1997年经联合国大会批准确定"建立不分年龄人人共享的社会"为国际老年人年的主题①，而背后推动这一系列国际政治事件发展的则是世界人口老龄化的大趋势。

中国情境下"建立不分年龄人人共享的社会"的基本内涵是在人口老龄化不断发展的背景下，个人、家庭、社区和社会经济政策协调配合，共同营造代际和谐、互惠互利、平等尊重的社会发展环境，推动积极应对人口老龄化国家战略和共同富裕等目标的实现，从组成要素上包括微观的个体生命历程、中观的家庭和社区以及宏观的代际关系和公共政策。这是基于联合国关于"不分年龄人人共享的社会"相关阐述的总结提炼："人人共享的社会可以被视为一个根据所有人的需求和能力调整其结构和运作以及政策和计划的社会，从而释放所有人的潜力并造福所有人。""不分年龄将使几代人能够在互惠和公

---

① 本刊编辑部：《构建中国特色的"不分年龄、人人共享"的社会》，《人口研究》1999年第1期。

平双重原则下相互投资并共享成果。"① 经过二十多年的发展，随着人口形势、科学技术、国际环境的变化，从一年一度的国际老年人日的主题演变中能看出，"建立不分年龄人人共享的社会"的内涵也在不断丰富。

（一）产生背景

"建立不分年龄人人共享的社会"理念的产生主要受两个方面的影响。一是全世界范围内人口年龄结构、家庭结构的发展趋势；二是老龄世界大会和联合国大会等重大政治事件的推动。

1. 全世界的人口老龄化情况与发展趋势

联合国筹备国际老年人年的秘书长报告对 20 世纪后半段世界人口预期寿命快速增长、家庭结构转变等情况进行了总结，并展望了 21 世纪的世界人口发展形势，指出个人生活和社会环境都越来越受到人口变动的影响，以此作为提出"建立不分年龄人人共享的社会"的依据，具体而言，站在 20 世纪末的时间节点上对世界人口老龄化与老龄问题形势作出的概括如下。

一是平均预期寿命快速提高，20 世纪下半叶增加了近二十岁。全世界的平均预期寿命从 1950 年的约 46.5 岁增长到 2000 年的约 66.5 岁②，受益于战争的结束和世界经济的快速发展，平均预期寿命快速增长是一个日益突出的现象，而大量人口能够活到如此之高的寿命还未成为人们的普遍认知，人们对于生命历程各个阶段之间的关系尚未形成整体认知。二是家庭结构发生急剧变化，特别是代际结构。在世界范围内，传统的"金字塔形"的由许多年轻人和少数老年人组成的家庭结构，逐渐被可能只有一个小孩、两个父母、四个祖父母

---

① *Raising Awareness*: *The Society for All Ages*, https://www.un.org/development/desa/ageing/resources/international-year-of-older-persons-1999/operational-framework/raising-awareness-the-society-for-all-ages.html.

② *World Population Prospects* 2022, United Nations, Department of Economic and Social Affairs, Population Division, https://population.un.org/wpp/. 后文相关人口数据如无特殊标注均来源于此。

和若干曾祖父母的倒"金字塔形"结构的家庭所取代,多代同堂现象更加普遍,两代和更多代人的年龄跨度可能超过60岁。三是21世纪全世界人口老龄化将加速发展,将有接近1/3的人口超过60岁。发达地区国家到2045年将会达到这一比例,而全世界到2100年也将接近这一比例。四是发展中国家的人口老龄化速度比发达国家更快,而其资源却较少。1950年时还有超过46%的老年人居住在发达地区,到20世纪末大多数老年人(61.8%)住在发展中地区,每5个老年人之中有1个住在中国,而到2050年,居住在欠发达地区的老年人将接近80%。五是老年人口的高龄化。20世纪末60岁及以上人口之中约有10%已经属于80岁及以上的高龄,高龄老年人的占比在2050年之前将增多至20%。六是老年人中女性占多数。20世纪末她们占60岁及以上年龄组的55%,高龄老年人中女性占比更高达到65%。七是大多数老年人都住在城市地区。1999年时有超过一半的老年人居住在城市中,且呈现增长趋势。

2. 一系列政治事件推动

联合国在充分审视人口老龄化的现实状况和发展趋势后,通过一系列政治活动推动了"建立不分年龄人人共享的社会"理念的提出。

国际老年人日的确立是一个标志性的事件。1982年,联合国召开的第一次老龄问题世界大会通过了《维也纳老龄问题国际行动计划》(以下简称《维也纳行动计划》),同年该计划被联合国核准通过,这份计划提出,发达地区和发展中地区应当协同合作促进老年人的活动、安全和福利的提升,在全体人民充分参与发展过程并公平分配所得利益的基础上改善全体人民的生活,使不同年龄组的人平等地分享社会资源、权利,并平等地承担责任[①],可以看到这份早期文件中就已经有了"不分年龄人人共享"理念的雏形。1990年,联合国第45届大会确定每年的10月1日为国际老年人日,通过周期性的国际节日保持对老龄议题的持续关注,对《维也纳行动计划》中所提

---

① 联合国:《维也纳老龄问题国际行动计划》,1982年,https://www.un.org/chinese/esa/ageing/vienna.htm。

出的计划进行周期性的倡议,更重要的是提高各国政府和社会对老龄事务的重视与认识,并借此庆祝老年人为社会所作出的贡献,提高老年人的形象。国际老年人日为之后国际老年人年的确立作出了铺垫。1991年,联合国第46届大会通过《联合国老年人原则》,明确了"独立、参与、照料、自我实现和尊严"四个方面的原则,具体包括老年人应始终与社会融合,老年人应享有家庭和社区照护、医疗保健、社会和法律服务,老年人应能追寻充分发挥自己潜力的机会,老年人应能享用社会的教育、文化、精神和文娱资源等①,显示出联合国对于老年人共享社会发展成果一以贯之的强调和重视。

国际老年人年日期和主题的确定。1992年,联合国第47届大会通过了《1992年至2001年解决人口老龄化问题的全球目标》和《世界老龄宣言》,并决定将1999年定为"国际老年人年"。1995年,在哥本哈根召开的社会发展首脑会议通过了《社会发展问题世界首脑会议行动纲领》;1997年,联合国第52届大会通过了《1999年国际老年人年的行动框架》,并确立"建立不分年龄人人共享的社会"为国际老年人年涵盖一切的主题。1998年10月1日,在联合国举办的国际老年人年发起大会上,时任联合国秘书长科菲·安南宣布:"将20世纪的最后一年(1999)定为'国际老年人年',并将'建立不分年龄人人共享的社会'作为该年的主题是合适的。'不分年龄人人共享的社会'是一个不将老年人看作病患和养老金领取者,而是社会发展进步的主体和受益人的社会。"② 至此"建立不分年龄人人共享的社会"成为联合国在老龄领域的重要理念和号召,并经过二十多年的发展延续至今。

(二)具体内涵

"建立不分年龄人人共享的社会"在内涵上继承了联合国诸多老

---

① 联合国:《联合国老年人原则》,1991年,https://www.un.org/chinese/esa/ageing/principle.htm。

② The UN, *A "Society for All Ages" Honours Traditional Leadership Role of Elders, Secretary-general Says, Opening International Year of Older Persons*, 1998, https://www.un.org/press/en/1998/19981001.sgsm6728.html.

龄文件和宣言中保障老年人独立自主和基本权利的内容，同时沿袭了《社会发展问题世界首脑会议行动纲领》提出的"人人共享的社会"的理念，冠以"不分年龄"的前缀，强调从家庭、代际、社会的整合视角营造年龄友好的氛围，保障老年人的生存权和发展权，最终促进代际和谐互融共荣。从具体内容上"建立不分年龄人人共享的社会"可以分为对全生命周期进行投资和建设年龄友好的家庭、社区、代际和社会环境两个部分，下文将先阐释该理念是如何继承和发展先前理论的，之后对其两方面的内容进行详细阐述。

1. "不分年龄"与"人人共享的社会"的有机结合

在核心理念上"建立不分年龄人人共享的社会"与《维也纳行动计划》《联合国老年人原则》等早期国际老龄文件是一脉相承的，强调在尊重老年人独立自主前提下提供必要的保障，在如何尊重老年人的独立自主权、如何提供全方位的保障等议题上进行了更深入的探讨。例如，老年人除了要共享发展成果，在发展机会和资源上也应该被公平对待；除了在老年期提供保障，还要在生命历程的其他阶段为老年期做好准备；老年人除了作为受社会照顾的福利待遇享受者，也能够为社会发展作出贡献；除了保证老年人基本的健康、收入得到保障外，还需要关注老年人学习、娱乐等权利。

1995 年的《社会发展问题世界首脑会议行动纲领》[①] 是"建立不分年龄人人共享的社会"的重要理念源头。其在"社会融合"章节提出社会融合的目的是创造"人人共享的社会"，这种社会被阐述为"每个人都有权利和责任，每个人都能发挥积极的作用"，这种社会的基础是"尊重所有的人权和基本自由、文化与宗教差异、脆弱及处境不利群体的社会正义和特殊需要、民主参与和法治"。

联合国指出，虽然在推动非殖民化、消除种族隔离、普及民主、尊重人权、扩大教育机会等方面，全世界各国政府共同努力取得了一

---

① 联合国社会发展问题世界首脑会议：《社会发展问题世界首脑会议行动纲领》，中国妇女研究网，1995 年，https://www.wsic.ac.cn/index.php?m=content&c=index&a=show&catid=45&id=206。

第一部分 总论

定成就,但依然存在严重的社会两极化和分裂、贫富差距不断扩大、环境恶化、局部战争及针对妇女、儿童、老年人的歧视和暴力等不利于构建"人人共享的社会"因素。因此联合国提出,建设"人人共享的社会"迫切需要"人民能在平等的基础上拥有透明、负责而响应大家需要的公共机构;人人有机会参与公共生活的各个方面;维持社会稳定和促进社会公正与进步;倡导不歧视和容忍,并相互尊重和珍惜多样性;促进机会公平与均等和社会流动;为创造人人能参与的社会而消除有形的和社会的障碍,特别强调要采取措施以满足和争取那些在充分参与社会方面有障碍的人的需要与利益"。同时提出了配套的"关心人民的政府和对社会的充分参与"等7大类11条行动措施。但在具体表述上,联合国除了号召保护基本的人权和民主自由,更多强调的是对妇女和儿童弱势群体的保护,只是简单地提到了让老年人能对社会作出最大贡献并在社区内充分发挥作用。这份文件为"人人共享的社会"搭好了框架,但尚未特别重视人口老龄化的影响,缺乏年龄和代际的视角。

《1999年国际老年人年的行动框架》正式提出将"不分年龄人人共享的社会"作为国际老年人年的主题,以促进《联合国老年人原则》的推广和实施。这是联合国文件中首次提出这一概念,沿袭"人人共享的社会"依然将促进社会融合作为基本目标,旨在让社会中所有享有权利和责任的成员能够积极发挥作用,"不分年龄"作为"人人共享的社会"的前提,使得这一策略的覆盖面更广,内涵更加丰富,将关注点从性别平等、种族平等转换到更为普遍的代际关系上。这同时也是"不分年龄"这一概念首次在联合国的文件中出现,过去常见于联合国文件的是不分性别、不分种族、不分地域、不分大小国家等,这种变化表明人类社会对于人口老龄化的认识更加深入,开始着力于消除年龄歧视和年龄差异导致的不公平现象[①]。

构建不分年龄人人共享的社会可以从多个角度进行探讨,在这里

---

① 本刊编辑部:《构建中国特色的"不分年龄、人人共享"的社会》,《人口研究》1999年第1期。

主要讨论联合国着重强调,同时也是最为核心的两个方向——全生命周期的投资和建设年龄友好的环境。

2. 对全生命周期进行投资

在老龄社会中,将个体从幼年到老年的生命历程视为统一的整体和相互关联、彼此重叠的连续性阶段至关重要,强调在整个生命周期中持续为老年期做准备不仅是对个人有意义的,也对当下不同年龄阶层达成共识具有帮助,同时也是"建立不分年龄人人共享的社会"实现社会融合的关键。越来越多的研究发现早年的经历会对晚年的生活产生重要影响,比如有研究发现老年人陷入贫困的促动力根植于早年的生活经历[1],还有研究者指出生命历程早期的家庭环境差异会导致区域性的老年期的健康不平等[2],因此在全生命周期中为老年期或者说长寿做投资具有重要意义。在年轻世代中普及长寿的基本认识,树立积极的老龄观,也能够减少代际的冲突,减少年龄歧视现象。

人口老龄化时代的老年期被联合国形容为"重新描述生命",寿命的延长使得老年人群拥有前所未有的差异性和复杂性,在保障基本生存权利的基础上,为老年人提供学习和发展的机会十分重要。现代社会中家庭和社会身份不再与年龄严格对应,祖辈的年龄可能是中年人,也可能是百岁老人,孙辈则从呱呱坠地的婴儿到刚刚领取养老金的退休者都有可能。诞生于工业化时代的退休制度使得老年人面临剧烈的身份角色转变,有将老年人推向社会生活边缘地位的趋势,因此也形成了将老年人视作领取退休金和花费医保的被供养者的成见。现代社会给予了老年人更多的灵活性,政府和社会通过消除贫困、推广终身教育、发展技术等手段,帮助老年人更好地在晚年寻找新的社会角色和人生价值,实现老有所为、老有所乐。

成年期和中年期是"构筑资本和进行调整的时期",成年期需要

---

[1] 徐静、徐永德:《生命历程理论视域下的老年贫困》,《社会学研究》2009 年第 6 期。

[2] 杜本峰、曹桂、盛见:《生命早期家庭环境因素对老年健康贡献的区域异质性》,《人口研究》2022 年第 3 期。

第一部分 总论

为老年期积累经济、社会资本，同样重要的是积累健康资本，中年期则是进入老年的重要过渡时期，处理和应对生理、心理、家庭和社会身份的转变是关键。成年期是个体建立家庭和开创事业的重要时期，在这一时期内，保证经济的高质量发展、确保良好稳定的就业工作环境、实施有效的家庭政策是政府的首要责任。"996"式牺牲健康、换取经济收入的工作方式显然是不值得提倡的，在个体生理机能和认知能力达到巅峰的成年时期，过度地消耗很可能会导致老年期生理和认知能力过快地衰退。35岁就辞退的行业风气也不利于个体获得长久稳定的职业生涯，使其无法为老年期积累足够的经济资本。现代社会持续学习的能力至关重要，成年期也应保持人力资本的增长。在个体精力最旺盛的时期应当保证个体在工作、家庭、教育、健康等方面协调发展，防止陷入"上半辈子用健康换钱，下半辈子用钱换健康"的窘境。中年期是整理分配成年期的积累和规划设计晚年期生活的过渡期，这一时期寻求有效的指导和学习可以更好地完成角色身份的转变和晚年的财务安排，最大化利用成年期积累的各类资源，为老年期形成健康的生活方式。

青年和孩童时期则被认为是"长寿的开端和摇篮"，成长时期的营养缺乏和教育机会的缺失，可能会导致中年和老年期脆弱的健康状况和极高的贫穷风险，同时青少年乃至婴幼儿时期也是树立积极的年龄观念的关键时期。受教育水平对于个人工作机会、经济收入、社会地位的影响无须赘述，还有证据表明更高的受教育水平能够有效地减缓认知受损，从而降低失智症的产生。祖父母极有可能是个体最早接触的老年人，成为关于老年人和老年期的最初印象，对其年龄观念的形成有极大影响，为祖父母提供照料技术的培训，为隔代照料提供良好的环境都有利于从小建立融洽的代际关系和年龄认同。

3. 建设年龄友好的家庭、社区和社会环境

毫无疑问，"建立不分年龄人人共享的社会"需要建设年龄友好的环境，这个环境包括提供经济、情感和照料支持的家庭环境；邻里互助、利害相共的社区环境和将老年人纳入发展大局的社会环境，每一个都影响着个体老年期的生活质量，而且互相关联进而影响着"不

分年龄"的社会共融的实现。

家庭在大多数社会中是为老年人提供照料护理的基本单位，家庭是个体生命历程中最基础的资源和最后的依托——幼年生活的依靠和跳板以及晚年生活的落脚点，因此维持家庭对老年人的保护，以及让老年人在家庭中发挥更多作用十分重要。老年人在家庭中的角色越发复杂，既是被照料者，又在隔代照料中成为照料者[1]，单纯将老年人视作负担是片面的，支持老年人在家庭中扮演更积极的角色是必要的。随着少子化和高龄化的发展，需要照顾的儿童越来越少，而需要照顾的老年人特别是面临更高失能、失智风险的高龄老年人越来越多，女性作为家庭照料的主要提供者需要更多的支持和培训，更多的早期干预和预防也能减轻家庭照料的负担，类似长期护理保险等能分担家庭照料风险的手段值得推广。

社区是家庭的延续也是个体生活特别是老年期最主要的活动区域，老龄社会需要更多建设和改造拥有无障碍基础设施的社区，促进老年人的社区融入和社会参与，也应当避免形成代际隔离的"老人区""青年区"，在社区层面推动老年人和其他年龄层次的人群以个体或社会组织的形式进行交流合作，塑造年龄平等、爱亲敬老的年龄友好氛围。

这里的社会环境指的是地区、国家、世界的宏观社会政策、发展策略等，联合国对怎么样建设年龄友好的社会环境作出了很多阐述，总结起来就是将老年人纳入发展大局，2021年中共中央、国务院印发的《关于加强新时代老龄工作的意见》中所讲到的"把积极老龄观、健康老龄化理念融入经济社会发展全过程"是更具战略意义的政策导向。老年人作为规模持续增长的群体，政策的倾斜是必然的，但必须注重对其他年龄群体利益的保护和协调，尽量减少牺牲一代人供养另一代人情况的出现，这有赖于加强对科学技术的投资以提高全社

---

[1] 郑杨、张艳君：《独立与依赖："隔代抚育"中代际关系的平衡与失衡》，《贵州社会科学》2021年第6期；王海漪：《被照料的照料者：隔代照料与子代行孝互动研究》，《人口学刊》2021年第4期。

会的生产力和效率、保障女性的劳动权利扩大劳动力规模、开发老龄人力资源等手段。

(三) 相关理念的发展

在将"建立不分年龄人人共享的社会"作为1999年国际老年人年的主题之后,联合国长期宣传和秉持这一理念,在以《马德里老龄问题国际行动计划》为代表的国际文件中持续推动目标的实现,并在每年的国际老年人日以不同侧重点的主题持续进行宣传和推广,在这个过程中其理念也在不断丰富和发展。

2000年第55届联合国大会作出决定,在1982年维也纳第一次世界老龄大会召开20周年之际于马德里召开联合国第二次老龄问题世界大会,审查《维也纳行动计划》的执行情况,同时出台新的计划。2002年,联合国第二次老龄问题世界大会通过了《马德里老龄问题国际行动计划》(下文简称《马德里行动计划》),这一计划旨在应对21世纪的人口老龄化挑战,推动不分年龄人人共享的社会的建设。《马德里行动计划》主要围绕三个互相衔接的主题展开——老龄政策与发展议程不可分割;要想"建立不分年龄人人共享的社会",赋予老年人权力并充分认识他们的权利和潜力至关重要;社会和决策者应该一分为二地看待老龄问题,既是挑战,也是机遇[①]。《马德里行动计划》在如何构建"不分年龄人人共享的社会"上提出很多切实的建议,包括以下几点:为老年人提供经济收入保障,预防和减少老年贫困,为老年人提供更多工作的机会,消除劳动市场的年龄壁垒,减少任何形式的年龄歧视,建设广覆盖、优质可持续的卫生健康体系,改善社区的适老化水平,等等。

马德里大会最重要的共识是认可并充分发挥老年人的潜力是"建立不分年龄人人共享的社会"的关键,正如《马德里政治宣言》第10条所说:"老年人的潜力是未来发展的强大基础,这使社会能够越

---

① [俄]谢尔盖·泽列涅夫、郭建业:《建设"不分年龄人人共享的社会":迎接挑战还是坐失良机》,《国际社会科学杂志》(中文版)2007年第4期。

来越多地依赖老年人的技能、经验和智慧，不仅是为了让他们在改善自身福祉方面发挥主导作用，也是为了让他们积极参与整个社会的改善。"①

从联合国为历年国际老年人日所确定的主题（见表2-1），可以清晰地看到"建立不分年龄人人共享的社会"的理念是如何丰富发展的。2010年以前的主题基于"人人共享"的理念深入探讨了代际社会、老年贫困、老年人权利等问题，并积极推动将理念融入《联合国全球战略》《千年发展计划》等国际行动计划。2010年以后，国际老年人日的主题内容更加丰富，向更多的领域扩张，更加强调"不分年龄"的重要意义，开始讨论长寿如何塑造未来，重视老年人自身对未来的看法，旗帜鲜明地反对年龄歧视、倡导年龄平等并鼓励老年人为人权而奋斗，同时也顺应时代发展引入了更多的讨论内容，包括城市环境的年龄包容、新冠肺炎疫情对老龄社会的影响、信息时代的数字平等。这些主题极大地扩展了"建立不分年龄人人共享的社会"的边界，推动其成为一种共识，在不断涌现出的新问题、新领域中生根发芽。

表2-1　　　　国际老年人日历年主题（1998—2022年）

年份	主题中文	主题英文
2022	变化世界中老年人的复原力	Resilience of Older Persons in a Changing World
2021	不分年龄人人共享数字平等	Digital Equity for All Ages
2020	疫情是否改变应对年龄和老龄化的方式	Pandemics: Do They Change How We Address Age and Ageing
2019	迈向年龄平等之路	The Journey to Age Equality
2018	庆祝老年人权卫士	Celebrating Older Human Rights Champions
2017	迈向未来：挖掘老年人在社会中的才能、贡献和参与	Stepping into the Future: Tapping the Talents, Contributions and Participation of Older Persons in Society

---

① 联合国：《马德里政治宣言》，2002年，https://www.un.org/chinese/esa/ageing/declaration.htm。

续表

年份	主题中文	主题英文
2016	反对年龄歧视	Take a Stand Against Ageism
2015	城市环境的可持续性和年龄包容性	Sustainability and Age Inclusiveness in the Urban Environment
2014	不抛弃任何人：促进人人共享的社会	Leaving No One Behind: Promoting a Society for All
2013	我们期望的未来：老年人的心声	The Future We Want: What Older Persons are Saying
2012	长寿：塑造未来	Longevity: Shaping the Future
2011	启动马德里+10：全球老龄化的机遇与挑战日增	Launch of Madrid+10: The Growing Opportunities & Challenges of Global Ageing
2010	老年人和实现千年发展目标	Older Persons and the Achievement of the MDGs (Millennium Development Goals)
2009	庆祝国际老年人年十周年：建立不分年龄人人共享的社会	Celebrating the 10th Anniversary of International Year of Older Persons: Towards a Society for All Ages
2008	老年人的权利	Rights of Older Persons
2007	应对老龄化的挑战和机遇	Addressing the Challenges and Opportunities of Ageing
2006	提高老年人的生活质量：推进联合国全球战略	Improving the Quality of Life for Older Persons: Advancing UN Global Strategies
2005	新千年的老龄化：关注贫困、老年妇女和发展问题	Ageing in the New Millennium. Focus on Poverty, Older Women and Development
2004	代际社会中的老年人	Older Persons in an Intergenerational Society
2003	将老龄议题主流化：在《马德里老龄问题行动计划》和千年发展目标之间建立联系	Mainstreaming Ageing Forging Links Between the Madrid Plan of Action on Ageing and the Millennium Development Goals
2002	迎接老龄化的挑战：我们何去何从	Meeting the Challenges of Ageing: Where do we go from here
2001	第二次老龄世界大会的挑战：建立不分年龄人人共享的社会	The Challenge for the Second World Assembly on Ageing: Building a Society for All Ages
2000	建立不分年龄人人共享的社会：继续国际老年人年的使命	"Towards a Society for All Ages": Continuing the Mission of the International Year of Older Persons
1998	建立不分年龄人人共享的社会	Towards A Society for All Ages

资料来源：笔者根据联合国国际老年人日主题页面收集整理，https://www.un.org/development/desa/ageing/international-day-of-older-persons-homepage.html。

二 建设人人共享的老龄社会的中国实践

国家统计局数据显示,2021年我国65岁及以上人口超过2亿人,占全国总人口的比重为14.2%,标志着我国已经正式迈入老龄社会阶段①。联合国提出"建立不分年龄人人共享的社会"之时恰逢我国即将进入老龄化社会的前夕。彼时我国政府和学界对这一理念都表达了充分的认可和关注,其核心目标与我国政府提出的实施积极应对人口老龄化国家战略、脱贫攻坚、共同富裕等不谋而合。在二十多年的具体政策实践中取得了消灭绝对贫困、建立健全社会保障体系等巨大成就,走出了一条有中国特色的、建设人人共享的老龄社会之路。

(一)政府关注

我国政府对于老龄事务的关注远早于我国迈入老龄化社会的时间,在早期便积极参与老龄事务的国际讨论,到1999年"建立不分年龄人人共享的社会"被联合国正式提出之际,我国正好即将迈入老龄化社会,中央对老龄事业给予了充分的关注,也催生了延续至今的我国老龄事务最高协调决策机构——全国老龄工作委员会。

1982年为参加第一届维也纳老龄世界大会,中国政府成立"老龄问题世界大会中国委员会",同年10月,在参加完世界老龄大会后,鉴于中国也将进入人口老龄化社会,经国务院同意将"老龄问题世界大会中国委员会"改名为"中国老龄问题全国委员会",作为常态化的研究老龄问题的社会团体。1994年我国第一部老龄工作中长期规划——《中国老龄工作七年发展纲要(1994—2000)》出台,对推动老龄事业全面发展具有重要意义。1996年,标志着我国老龄政策正式迈向法治化新道路的《中华人民共和国老年人权益保障法》出台。

---

① 王萍萍:《人口总量保持增长 城镇化水平稳步提升》,国家统计局官网,2022年,http://www.stats.gov.cn/tjsj/sjjd/202201/t20220118_1826538.html。

第一部分 总论

在联合国将1999年确定为"不分年龄人人共享"为主题的国际老年人年后,我国也随之开展了一系列行动。1998年重阳节之际,时任国家副主席胡锦涛就庆祝国际老年人年[①]向全国发表了电视讲话,他讲道:"在即将到来的二十一世纪,人口老龄化将达到历史上前所未有的规模和程度。我国是世界上老年人口最多的国家。目前60岁以上的老年人已有1.2亿,预计到2000年将达到1.3亿,下世纪中叶可能达到4亿左右。我国人口寿命普遍提高,老年人比重日益增长,这从一个方面反映出我国经济、科技、教育、文化、卫生事业的蓬勃发展和人民生活水平的明显提高。同时,人口老龄化也给家庭结构和社会生活带来新的变化,对经济和社会发展产生重大影响。对于这样一个重大的社会问题,全国上下都要有充分的认识,并积极研究制定相应的政策。"[②]

在讲话中胡锦涛强调,尊老敬老是中华民族的传统美德,要大力弘扬这一传统美德,在全社会倡导充分理解和尊重老年人,热情关心和照顾老年人,认真落实《中华人民共和国老年人权益保障法》,维护老年人权益,切实解决他们的问题,保证他们同其他社会成员一起共享改革开放和现代化建设的成果,使他们老有所养、老有所医、老有所为、老有所乐,进一步形成老少共融、代际和谐的良好风尚,以推动我国社会主义物质文明和精神文明建设更好地向前发展。

随后我国老龄工作进入加速发展时期。1999年,全国老龄工作委员会正式成立。2000年中共中央、国务院印发的《关于加强老龄工作的决定》明确指出,老龄问题是关系国计民生和国家长治久安的一个重大社会问题。2006年,《中华人民共和国国民经济和社会发展第十一个五年规划纲要》首次提出积极应对人口老龄化,具体政策内容聚焦老年人群的权益和生活质量。随后的"十二五"和"十三五"规划均对积极应对人口老龄化作出安排。随着人口老龄化程度的提升,党和政府意识到必须从更长远规划、更全面领域对积极应对人口

---

① 国际老年人年从1998年10月1日开始,1998年重阳节为10月28日,此时已是国际老年人年期间。

② 《庆祝一九九九年国际老年人年 胡锦涛向全国发表电视讲话》,《人民日报》1998年10月29日第1版。

老龄化作出战略安排,2019年,中共中央、国务院印发《国家积极应对人口老龄化中长期规划》,从社会财富储备、劳动力有效供给、养老服务和产品供给体系、科技创新能力以及社会环境五个方面部署应对人口老龄化的具体任务。2020年党的十九届五中全会正式将积极应对人口老龄化上升为国家战略。2021年,中共中央、国务院发布的《关于加强新时代老龄工作的意见》指出,"坚持应对人口老龄化和促进经济社会发展相结合,坚持满足老年人需求和解决人口老龄化问题相结合"和"让老年人共享改革发展成果、安享幸福晚年"。我国政府将"建立不分年龄人人共享的社会"的理念在一系列的政策文件中都做了充分吸纳。

(二)学术探讨

"建立不分年龄人人共享的社会"理念一经提出,国内学术界便对此展开了热烈的讨论,《人口研究》在1999年1月刊上设置了专栏发表几位专家学者的观点。邬沧萍教授从共融、共建、共享三个方面对理念进行了辨析,共融是多个代际互相尊重、相互支持、融洽共生,这是一个社会能够顺利实现世代交替和文明成果传承与创新的前提,共建是共享的必然要求,个人需要在全生命周期中为老年做准备,其中终身教育扮演着重要的角色,共享是追求的理想目标,这是老年人的权利而非"恩赐",重在发掘老年人的潜力。时任中国老龄协会会长的张文范指出,"共享"具有丰富的内涵,既是生存资源,也是发展机会和社会成果的共享,实现这一目标是综合性的工作,是全社会的共同责任。李建民提出了七项基本的老年人共享权,包括社会尊重、社会保障、社会和政治权利、经济活动权利、家庭生活、社会和社区服务、科学技术和产业发展成果,实现不分年龄人人共享是社会发展的重要目标。穆光宗指出,"不分年龄人人共享"目标的实现需要结合具体国家和地区的实际情况,走出富有特色的合适道路[①]。

[①] 转引自本刊编辑部《构建中国特色的"不分年龄、人人共享"的社会》,《人口研究》1999年第1期。

第一部分 总论

如何"建立不分年龄人人共享的社会"也被广泛讨论。洪国栋和牟新渝提出要把建立共享纳入长远规划以实现持续共享[①]。还有学者认为不分年龄人人共享的社会是应对人口老龄化社会冲击的选择，需要首先对退休制度和养老保险制度进行改革，并做好大家庭向小家庭转变的应对，发展社区加强对老年人的支持[②]。促进健康老龄化对于建设健康中国，实现不分年龄人人健康具有重要意义[③]。针对近年来愈发凸显的年龄数字鸿沟现象，学者提出要将"建设不分年龄人人共享的智慧老龄社会"作为我国积极应对人口老龄化的重要目标，实施数字产品普及工程、数字能力提升计划、数字应用无障碍工程，积极推动智慧养老发展，实现养老服务供给智能化[④]。

关于"建立不分年龄人人共享的社会"的学术探讨在联合国刚提出之时有过一次高潮，近年来有增多的趋势，其间并不算是学术领域的热门话题。这并非因为中国学者对于联合国的号召无动于衷，而是这一理念所涵盖的内容异常丰富，总括概述性的讨论难度大、频率低，但其核心的观点如加强社会保障、减少贫困、反对年龄歧视、促进社会参与、增加教育和发展机会等一直都是国内学界的热点问题，近年来又有学者关注到数字平等、健康平等等具体领域的问题，这与联合国为国际老年人日设置集中关注某一领域主题的倾向也是一致的。

（三）政策实践

1. 脱贫攻坚取得全面胜利，全面建成小康社会

老年人是贫困风险最高的群体，也是最难消除贫困的群体，我国通过脱贫攻坚消除了绝对贫困和区域性整体贫困，全面建成小康社

[①] 洪国栋、牟新渝：《国际老年人年的主题——建立不分年龄人人共享的社会》，《中国社会保险》1999年第9期。

[②] 田雪原：《人口老龄化的社会冲击与决策选择——建立不分年龄人人共享的社会》，《东岳论丛》1999年第6期。

[③] 穆光宗：《不分年龄、人人健康：增龄视角下的健康老龄化》，《人口与发展》2018年第1期。

[④] 林宝：《建设不分年龄人人共享的智慧老龄社会》，《金融博览》2021年第2期。

会，在保障老年人的基本生存权利上取得了巨大成就，这是迈向"不分年龄人人共享的社会"和共同富裕的一大步。

贫困具有生命周期特征①，在生命的不同阶段个人的致贫风险不同，当人们步入老年时，由于生理功能的退化和社会角色的转变，个体陷入贫困的风险更大，脱离贫困的难度更高。老年人是最弱势的群体之一，生命末期由于收入来源的减少极易陷入贫困，人口老龄化将导致贫困率快速上升②。叠加少子化趋势，老年人可能比其他任何人群都更易遭遇贫困，在包括中国在内的、老龄化步伐很快却尚未做好准备的发展中国家中尤其如此③。

我国的脱贫工作成效显著，特别是2015年中共中央、国务院出台《关于打赢脱贫攻坚战的决定》后，在减少贫困人口数上取得了巨大成果。2020年11月23日，贵州省宣布最后9个深度贫困县"摘帽"，标志着国务院扶贫办确定的832个国家级贫困县全部脱贫，至此中国再无贫困县，现行标准下农村贫困人口全部脱贫，消除了绝对贫困和区域性整体贫困。按照2011年人均纯收入2300元的贫困标准，1978年我国农村贫困人口超过7.7亿人④，到2012年已经减少到约0.99亿人⑤，再到2020年实现这近1亿的农村贫困人口全部脱贫，提前10年实现《联合国2030年可持续发展议程》的减贫目标⑥。这是自党的十八大提出"全面建成小康社会"以来，党和政府将脱贫攻坚摆在治国理政突

---

① 宋嘉豪、吴海涛、郑家喜：《城乡老年人多维贫困测度、分解与比较》，《统计与决策》2020年第19期。

② Meyer B. D., Sullivan J. X., "Identifying the Disadvantaged: Official Poverty, Consumption Poverty, and the New Supplemental Poverty Measure", *Journal of Economic Perspectives*, 2012, Vol. 26, No. 3, pp. 111 – 136.

③ 杨菊华：《后小康社会的贫困：领域、属性与未来展望》，《中共中央党校（国家行政学院）学报》2020年第1期。

④ 白永秀、刘盼：《全面建成小康社会后我国城乡反贫困的特点、难点与重点》，《改革》2019年第5期。

⑤ 李小云、许汉泽：《2020年后扶贫工作的若干思考》，《国家行政学院学报》2018年第1期。

⑥ 顾仲阳：《书写人类反贫困史上的中国奇迹》，《人民日报》2021年1月2日第2版。

出位置，组织实施长达 8 年的脱贫攻坚战所取得的来之不易的成果，为实现全面建成小康社会的目标作出了巨大贡献。

具体到老年人，《人类减贫的中国实践》①指出我国政府采取特殊政策，加大帮扶力度，持续改善老年人等特殊群体的生存权利和发展机会，贫困老年人生活和服务保障显著改善，经济困难的高龄、失能等老年人补贴制度全面建立，惠及 3689 万老年人。实施老年健康西部行项目，在西部贫困地区开展老年健康宣传教育，组织医务人员、志愿者开展义诊和健康指导服务，促进西部老年人健康素养和健康水平提高。建立农村留守老年人关爱服务制度，推动贫困老年人医疗保障从救治为主向健康服务为主转变。加强对失能贫困老年人的关爱照护，全面开展核查，确认 62.7 万失能贫困老年人，落实家庭医生签约服务 59 万人，失能贫困老年人健康状况明显改善。脱贫攻坚举全国之力解决了老年人中最贫困那一部分人的基本生存问题，为"建立不分年龄人人共享的社会"打下了坚实的基础。

2. 基本建成全覆盖多层次的社会保障体系和社会福利体系

"建立不分年龄人人共享的社会"的重要支撑是社会保障和社会福利体系，我国政府积极作为，不断完善养老保险体系和医疗保险体系，同时逐步建设社会福利体系，为老年人共享社会发展成果提供坚实的制度保障。

2000 年以来，我国社会经济高速发展，物质储备逐渐丰厚，党和政府为实现全面小康发起脱贫攻坚战，以养老保险作为老年人扶贫的重要手段，立足城镇职工养老保险，逐步完善覆盖全民、保障水平不断提升的基本养老保险体系。我国参加基本养老保险②的人数从 2000 年的 1.35 亿人③增长到 2021 年的约 10.29 亿人④，从 2005 年将

---

① 国务院新闻办公室：《人类减贫的中国实践》，新华网，2021 年，http://www.xinhuanet.com/politics/2021-04/06/c_1127295868.htm。
② 包含城镇职工基本养老保险和城乡居民基本养老保险。
③ 国家统计局：《中华人民共和国 2000 年国民经济和社会发展统计公报》，国家统计局官网，2001 年，http://www.gov.cn/gongbao/content/2001/content_60684.htm。
④ 国家统计局：《中华人民共和国 2021 年国民经济和社会发展统计公报》，国家统计局官网，2022 年，http://www.gov.cn/shuju/2022-02/28/content_5676015.htm。

企业职工最低养老金上调至714元,到2022年基本养老金上调4%[1],养老金实现十八连增。参保人数的快速增长得益于制度全覆盖,2009年新型农村社会养老保险制度出台,2011年城镇居民社会养老保险出台,2012年基本实现城乡居民养老保险制度全覆盖。解决了覆盖问题后,党和政府在统一城乡、机关事业单位与企业养老保险待遇和推动养老保障三支柱协同发展上发力。2022年4月国务院办公厅印发《关于推动个人养老金发展的意见》,推动养老金"第三支柱"的发展。目前,我国已经建立了包括基本养老保险、企业补充养老保险、个人养老金、个人储蓄性养老保险和商业保险在内的多层次养老保险体系,这是党和政府在提高养老保障水平、均衡待遇差异持续不断努力取得的成果。

推动基本医保全覆盖、提升医保待遇和改善城乡二元待遇差异是推动建设不分年龄人人共享的社会的另一重要举措。从2000年至今,我国相继建立和发展新型农村合作医疗、城镇居民医保和城乡居民医保等制度,推动完善医保统筹和筹资制度,不断提高医保补贴水平,建立大病医保,目前一个包括城乡居民基本医疗保险、城镇职工基本医疗保险、大病保险、职工补充医疗保险、商业健康保险等多层次的医疗保障制度已经基本建成,过去老年人欠缺医疗保障,"看病难"的问题得到有效解决。我国参加基本医疗保险[2]的人数从2000年的4332万人[3]增长到2021年的13.64亿人[4],参保覆盖面稳定在95%以上[5],

---

[1] 人力资源和社会保障部:《关于2022年调整退休人员基本养老金的通知》,人力资源和社会保障部网站,2022年,http://www.mohrss.gov.cn/xxgk2020/fdzdgknr/shbx_4216/ylbx/202205/t20220526_450148.html。

[2] 包括职工基本医疗保险和城乡居民基本医疗保险。

[3] 国家统计局:《中华人民共和国2000年国民经济和社会发展统计公报》,国家统计局官网,2001年,http://www.gov.cn/gongbao/content/2001/content_60684.htm。

[4] 国家统计局:《中华人民共和国2021年国民经济和社会发展统计公报》,国家统计局官网,2022年,http://www.gov.cn/shuju/2022-02/28/content_5676015.htm。

[5] 李培林、陈光金、王春光等:《社会蓝皮书:2021年中国社会形势分析与预测》,社会科学文献出版社2020年版。

第一部分　总论

2009年开始的医保补助从最初的120元，提升至2021年的580元[①]。

在建立健全基本养老保险和医疗保险制度的同时，党和政府持续建设社会福利和社会救助制度，上下齐发力。一方面通过津贴补贴和优待政策提升老年人福利待遇，促进社会公平；另一方面建设收入、医疗和住房安全网，发展特困人员救助制度，维持老年人最低生活保障，构建立体化的社会保障体系。2020年，全国共支出老年福利经费385.7亿元，全国共有3853.7万老年人享受各类老年人补贴[②]，供养特困人员477.5万人，供养资金468.6亿元。2000—2020年，全国低保支出从34.5亿元增长到1963.6亿元，其中农村保障人数从300.2万人增长到3620.8万人，支出从7.3亿元增长到537.3亿元[③]。

3. 加快推动养老服务体系建设

社会保障和社会福利制度给予了老年人基本生存资源的共享，除此之外，以养老服务为主体的社会服务也是老年人共享社会发展成果的重要内容。在少子老龄化、家庭规模缩小等趋势下，社会养老服务体系的作用愈发重要，2000年至今，我国养老服务事业实现数量上的飞速提升，同时从"数量"的增长转向重视服务"质量"的提升，逐渐推进养老服务的标准化、精准化、质量化建设，构建多元参与共建共享、居家社区机构相协调的养老服务体系，不断满足建设老年人群对于人人共享的老龄社会的新需求、新期待。

2021年全国共有各类提供住宿的养老机构4.0万个，养老服务床位从2000年年末的112万张[④]增长到2021年的813.5万张[⑤]。为补齐

---

① 国家医保局：《关于做好2021年城乡居民基本医疗保障工作的通知》，2021年，http://www.gov.cn/zhengce/zhengceku/2021-06/10/content_5616535.htm。

② 民政部：《2020年民政事业发展统计公报》，http://images3.mca.gov.cn/www2017/file/202109/1631265147970.pdf。

③ 民政部：《2000年民政事业发展统计报告》，http://www.mca.gov.cn/article/sj/tjgb/200801/200801150093959.shtml；民政部：《2020年民政事业发展统计公报》，http://images3.mca.gov.cn/www2017/file/202109/1631265147970.pdf。

④ 国家统计局：《中华人民共和国2000年国民经济和社会发展统计公报》，国家统计局官网，2001年，http://www.gov.cn/gongbao/content/2001/content_60684.htm。

⑤ 国家统计局：《中华人民共和国2021年国民经济和社会发展统计公报》，国家统计局官网，2022年，http://www.gov.cn/shuju/2022-02/28/content_5676015.htm。

养老服务短板，在政府主导和市场积极参与下，我国养老机构和床位数量迅速增长，但与此同时为解决新出现的空床率高、服务质量参差不齐等问题，构建城市与农村均衡发展，居家、社区和机构相协调的养老服务体系逐渐成为政策重点，同时注重养老服务设施建设规划科学化、养老服务标准化、养老服务人员专业化。

随着人均预期寿命的增加、高龄老人占比的增多，老年群体的医养叠加需求和照料护理需求日益增多，党和政府通过推动医养结合发展，开展长期护理保险试点等措施，加强医疗和养老机构协调发展，提升资源利用效率，有效降低家庭护理负担，为未来建立稳定可持续的高质量养老保障服务体系做好准备。同时，为解决养老和医疗机构互相独立、不相协调的问题，医养结合应运而生。2011年后多项政策提出医养结合，2016年"健康中国"战略提出后，医养结合迎来快速发展阶段，到2020年年底，全国共有两证齐全的医养结合机构5857家，床位数158.5万张，医疗与养老服务机构建立合作关系7.2万对[1]。针对以老年人为主的失能、失智群体，国家于2016年在15个城市开展长期护理保险试点，2020年扩大到49个试点城市，探索建立社保"第六险"。旨在确保需要长期护理的人员能够得到及时、有效且专业的护理，对于减轻家庭负担、有效利用医疗护理资源、提高国民福祉、降低社会风险具有重要意义[2]。

4. 扎实推动共同富裕

党的十九届五中全会在科学研判我国发展状况和条件的基础上，提出2035年基本实现社会主义现代化远景目标，其中包括"人民生活更加美好，人的全面发展、全体人民共同富裕取得更为明显的实质性进展"[3]。共同富裕是新时代解决我国社会主要矛盾的重要抓手，

---

[1] 国家卫健委：《卫生健康委新闻发布会介绍医养结合工作进展成效有关情况》，中国政府网，2021年，http://www.gov.cn/xinwen/2021-04/09/content_5598611.htm。

[2] 肖友平、任小红：《中国实行长期护理保险的意义》，《中华现代护理杂志》2007年第34期。

[3] 《中国共产党第十九届中央委员会第五次全体会议公报》，人民出版社2020年版。

而其实质就是实现全体人民共创共享日益美好的生活①，这与"建立不分年龄人人共享的社会"的核心观念高度一致。

共同富裕是社会主义的本质要求，是人民群众的共同期盼②，也是中国共产党人始终如一的根本价值取向，自毛泽东于 1953 年首次提出共同富裕，到邓小平提出贫穷不是社会主义，先富带后富最终达到共同富裕；江泽民强调兼顾效率与公平，让广大人民群众共享改革发展成果；胡锦涛提出以人为本的科学发展观，注重社会公平，我党对共同富裕的认识逐渐深化，最终由以习近平同志为核心的党中央化为清晰的发展目标。

脱贫攻坚取得全面胜利、全面建成小康社会是迈向共同富裕的坚实一步，2021 年中共中央、国务院出台的《关于支持浙江高质量发展建设共同富裕示范区的意见》显示了政府推动共同富裕的坚定决心，将"坚持发展为了人民、发展依靠人民、发展成果由人民共享""坚持共建共享"作为工作原则，提出"老有所养""积极应对人口老龄化，提高优生优育服务水平，大力发展普惠托育服务体系，加快建设居家社区机构相协调、医养康养相结合的养老服务体系，发展普惠型养老服务和互助性养老""健全多层次、多支柱养老保险体系，大力发展企业年金、职业年金、个人储蓄型养老保险和商业养老保险"等具体措施。

三　当前面临的挑战与未来的发展方向

我国在建设人人共享的老龄社会上取得了一定的成就，但在年龄数字鸿沟、适老化环境建设、老年人社会参与模式和老年教育等方面依然存在不足，面临挑战；对于老年人的共享权，特别是发展权保障还不完善，需要在未来的政策设计和实践工作中予以回应和改善。

---

① 刘培林、钱滔、黄先海等：《共同富裕的内涵、实现路径与测度方法》，《管理世界》2021 年第 8 期。

② 《关于支持浙江高质量发展建设共同富裕示范区的意见》，中国政府网，2021 年，http://www.gov.cn/xinwen/2021-06/10/content_5616833.htm。

（一）中国建设人人共享的老龄社会所面临的挑战

1. 年龄数字鸿沟现象仍然突出

随着通信技术的快速发展，以计算机科学、人工智能、互联网为代表的新技术在社会生产生活中扮演着不可或缺的重要角色，老年人作为"数字移民"在融入数字社会中存在一定困难。有学者指出，信息时代特别是新冠肺炎疫情出现以来，社会管理和社会生活对信息技术的依赖达到了前所未有的程度，老年人群由于偏好传统的生活方式、对新技术接受较慢、科技产品拥有率低等原因形成了老年数字鸿沟[1]，随着互联网成为"不得不用"的生存基础，老年人"数字融入"困难的现象日益凸显[2]。这种现象的出现主要有两方面的原因。一是互联网和各类手机应用的设计未能充分考虑老年人群因视力、听力、手指灵活性等生理差异所导致的使用差异，很多手机应用的适老化只是简单放大字体和阉割功能，没有从底层的用户体验上进行无障碍的适老化设计；二是对于老年人学习新技术、接受新鲜事物缺乏系统性的有效引导，更多的是依靠家庭内部的"反哺"，由子辈或孙辈进行教学。

2. 适老化交通和社区建设仍需加强

我国年龄友好环境建设尚待加强，具体体现在交通和社区的适老化程度不高。基于年轻型或成年型社会建立的交通、教育和医疗等系统需要向满足社会中老年人口特别是高龄人口养老及生活的需要转变[3]。不断增加的老年人口数量加大了对社区文化活动参与和老年人无障碍出行等设施的现实需要，对我国社区适老化改造提出迫切要求[4]，当前我国城市中存在大量老旧小区需要进行加装电梯改造，更根本的是社区基础设施和室内环境欠缺整体性的适老化设计。在交通

---

[1] 林宝：《建设不分年龄人人共享的智慧老龄社会》，《金融博览》2021年第2期。
[2] 杜鹏、韩文婷：《互联网与老年生活：挑战与机遇》，《人口研究》2021年第3期。
[3] 陆杰华、汪斌：《长寿社会下全球公共治理新动向研究》，《中国特色社会主义研究》2019年第6期。
[4] 杜鹏、陈民强：《积极应对人口老龄化：政策演进与国家战略实施》，《新疆师范大学学报》（哲学社会科学版）2022年第3期。

方面，我国适老化交通建设政策、标准与工作机制有待完善，年龄友好交通多元主体共建局面尚未形成，年龄友好交通建设要求政府、市场、社区以及包括老年人在内的全体社会成员的参与，当前主要由政府主导与推动，侧重无障碍服务设施与服务的建设与供给，缺乏市场、社区、老年人的积极参与，同时地域间适老化交通发展水平存在明显差异，非一线城市以及广大农村地区的交通适老化建设滞后。

3. 老年人社会参与不够充分，老年教育发展方式单一

促进老年人的社会参与，保障老年人学习和发展的权利是"建立不分年龄人人共享的社会"的重要组成部分，我国老年人退休后社会参与的程度偏低、方式偏少，同时以文化娱乐活动为主的老年教育模式对老年人学习和发展的促进程度不高。我国有一半多的老年人社会参与程度较低，1/3 的老年人的社会参与以家庭事务为主，志愿活动和经济参与度偏低[1]。我国老年教育经过多年发展在学校和学员数量上取得了一定成绩，但仍然存在制度不完备、地区间发展不平衡、教学内容单一化等问题。首先，我国尚未出台专门的老年教育法律规制，基本上是各种政策性文件形式，政策制度缺乏明确统一的发展定位对于制度的公平性、规范性都产生影响[2]。其次，教育、老龄、民政、文化等多部门领导模式并存，为老年教育的发展带来了一定的阻碍[3]。最后，我国老年教育课程设置以琴棋书画为代表的文化娱乐内容为主，课程领域较为狭窄，未能满足老年人多样化的学习需求[4]。

（二）未来的发展方向

联合国设立国际老年人日的初衷是为了呼吁全世界关注老年人群

---

[1] 谢立黎、汪斌：《积极老龄化视野下中国老年人社会参与模式及影响因素》，《人口研究》2019 年第 3 期。

[2] 刘亚娜、谭晓婷：《探索老年教育的"中国方案"——核心议题、体系设计及发展路径研究》，《山东行政学院学报》2021 年第 4 期。

[3] 周凤娇：《我国老年教育领导管理模式探析》，硕士学位论文，上海师范大学，2018 年。

[4] 周康：《老年教育课程建设问题与优化策略研究》，硕士学位论文，华中师范大学，2021 年。

和人口老龄化，倡导保障老年人生存权和发展权，这也是建立人人共享的老龄社会最重要的两个部分。在保障老年人的生存权上，我国已经取得了长足进步，党和国家也在持续性地改善社会保障和福利制度，未来朝着"建立不分年龄人人共享的社会"的目标，还需要将积极老龄观、健康老龄化融入社会经济发展全过程，推动乡村振兴和共同富裕，构建与老龄化进程相适应的中国特色养老服务体系，提高老年人的幸福感、获得感、安全感。与此同时也需要更好地保障老年人的发展权，提供高质量的教育机会，促进老年人参与社会的"共建"与"共享"。

1. 提高老龄社会治理能力，贯彻积极老龄观和健康老龄化理念

建设人人共享的老龄社会的前提和关键在于提高老龄社会的治理能力。习近平总书记2021年对老龄工作作出重要指示，强调"将积极老龄观、健康老龄化理念融入经济社会发展全过程"①，为提高我国老龄社会治理能力指明了方向。一是切实加强党对老龄工作的领导，将老龄事业发展纳入经济社会发展规划，纳入党委政府的工作部署和议事日程；二是推动公共政策和社会服务贯彻积极老龄观，在政策和法规制定中秉持"年龄平等"的原则，加速清理阻碍老年人发挥作用的不合理规章，着力消除就业和产业市场的"年龄歧视"现象，加快发展银发经济；三是促进多元共治，提高基层社区、村委和社会组织参与老龄事务管理的能力和动力。

2. 构建高质量的养老服务体系，促进乡村振兴和共同富裕

高质量的养老服务体系是建设人人共享的老龄社会的必然要求。一方面，养老服务体系建设有待与新型城镇化、乡村振兴、共同富裕等国家战略有机结合，加强政策配套协作，形成政策合力；另一方面，养老服务发展需要与信息技术发展和科技创新有机结合。养老服务的高质量发展还需要精准把握老年人需求，逐步建立起老年人能力综合评估制度和基本养老服务清单制度。在养老服务供给层面，需要

---

① 《习近平对老龄工作作出重要指示》，中国政府网，2021年，http://www.gov.cn/xinwen/2021-10/13/content_564301.htm。

加强人才队伍建设，强化科技支撑，增强养老服务供给能力，以满足老年人多层次、多样化需求，从而不断提升广大老年人的获得感、幸福感、安全感。推动长期护理保险扩大试点范围和服务内容，争取向农村地区延伸。针对我国老龄化"城乡倒置"，而农村养老服务体系较为薄弱的情况，需要着力缩小城乡养老服务差距，进一步加强农村养老服务基础设施建设，完善服务供给，提升队伍素质，健全完善农村养老服务体系。

3. 推进数字包容的老龄社会建设

面对信息技术成为日常生产生活的必备要素与年龄数字鸿沟之间的矛盾，需要将建设数字包容的老龄社会作为我国建设人人共享的老龄社会的重要目标。一个不分年龄人人共享的智慧老龄社会是让新技术的发展造福于老年人，而不是在人群之间制造新的鸿沟，形成新的贫困与不平等[①]。针对老年人群因年龄、教育程度、计算机素养、认知能力和收入所导致的多样化差异，我们需要从提高技术的包容性、消除年龄歧视导致的偏见、提供数字技术培训等方面推进数字包容的老龄社会建设。

推进老年人的数字包容需要克服五个困难：是否具有良好的用户体验？是否具有使用的兴趣和价值？是否承担得起设备和网络费用？是否便于获取和安装？是否安全和值得信任？这些问题与提高数字技术的包容性息息相关，政府需要继续着力于提供高速、低成本的互联网接入和廉价可靠的设备，企业需要提高应用和服务的适老化水平，并切实提供改善老年人生活的服务，确保应用的可获取性和对用户财务、信息、隐私的保护。消除年龄歧视有助于营造年龄友好的社会氛围，减少老年人使用新技术的畏惧心理，将老年人的智慧与经验纳入数字社会的建设中。提供数字扫盲等技术培训课程是弥合年龄数字鸿沟的最有效手段，老年人作为骤然进入移动互联网时代的新来者，欠缺对于计算机和互联网技术循序渐进的接触和学习过程，系统化的扫盲和培训是必要的，政府和学校必须专门为老年人提供相关课程，帮

---

① 林宝：《建设不分年龄人人共享的智慧老龄社会》，《金融博览》2021年第2期。

助老年人尽快融入数字社会。

4. 推动年龄友好环境建设融入城乡发展大局

社区环境和交通条件是影响"建立不分年龄人人共享的社会"的重要因素，要将"不分年龄人人共享"的理念融入城乡规划建设、转型发展的各环节和各方面，推动年龄友好环境建设在城乡有序推进。在城市社区和农村村居年龄友好环境建设方面，要持续推进无障碍环境建设，在规划设计建设阶段落实无障碍环境建设的法规标准和规范，同时加快推动适老化改造，将城镇老旧小区改造以及农村村居改造与适老化改造相结合，改造和建设小区及周边适老化设施、无障碍设施、文化休闲设施、体育健身设施，有条件的楼栋加装电梯，加快实施居家适老化改造工程，提高室内设施的安全性和便利性，增设或改造养老、助餐等各类社区服务设施，鼓励城市社区、农村乡镇发展养老服务。在建设年龄友好的交通体系方面，需要从多维度构建适老化交通环境，促进多元主体共建老年友好交通环境，建立推进适老化交通建设的长效机制。我国的适老化交通发展应当从基础设施、交通工具、出行服务、社会氛围多方面多维度地推动适老化交通环境建设。

5. 加强老年教育建设，促进老年人社会参与

针对终身教育在"建立不分年龄人人共享的社会"和加强全生命周期投资中的重要作用，要在国家层面尽快出台"老年教育"或"终身教育"相关法律文件并更新指导实践发展的政策规划，参照英美日等国的老年教育立法经验和部分地区老年教育条例实践经验，稳步推进老年教育法律体系建设，注重虚实结合，在宏观立法之外积极出台配套的相关政策规划，将老年教育发展融入社会经济发展规划中，对经费配套、师资配置、机构场所、运营管理、课程设置等环节进行合理有效的规划设计。

针对我国老年教育供给与老年人需求存在错配的问题，可以从课程设置分类上着手解决，对于老年教育课程的明确分类将有助于发挥老年教育的多元功能和满足老年人多样化的学习需求，同时加强老年教育的线上和线下联动，依托国家开放大学建设国家老年大学，破解

第一部分　总论

老年教育的时空局限性。通过老年教育提高老年人社会适应能力、再就业能力，促进老年人灵活就业，推动人力资源导向从人力向人才转变。鼓励老年教育跨机构跨地区合作，促进老年教育与社会活动相结合，让老年教育成为老年人社会参与的重要平台，提高老年人社会参与的能力，更重要的是通过与志愿者组织、社会团体合作，为老年人提供社会参与的途径，在开发潜能的同时促进潜力的发挥，实现"共建"与"共享"的有机结合。

第二部分　·分论·

第三章 幼有所育：健全婴幼儿发展政策[*]

党的十九大报告指出了我国在民生领域的七大目标，即"幼有所育、学有所教、劳有所得、病有所医、老有所养、住有所居、弱有所扶"，其中"幼有所育"被首次单独列出。党的二十大报告再次将"幼有所育"列为七大民生目标首位，是我国新的人口形势下，最迫切的社会政策领域之一。我国正在构建全生命周期的社会福利体系，婴幼儿时期既是整个生命周期最初始阶段，也是最重要的时期，儿童早期经历对个人成长和发展具有无法替代的作用。在新的历史时期，为了实现我国"幼有所育"的民生发展目标，保障婴幼儿的基本福祉和健康成长，我国正不断健全和完善儿童福利体系，本章将梳理"幼有所育"的理论和政策体系，并总结当前存在的问题，提出政策建议。

一 "幼有所育"的理论和思路转变

（一）何为"幼有所育"？

"幼有所育"指的是让所有婴幼儿期儿童得到更好的养育和教育的条件、资源和机会。具体包含三个层次的解释："幼"是指婴幼儿，具体涵盖0—3岁婴幼儿早期发展和3—6岁学龄前两个阶段；

---

[*] 本章作者为杨舸。作者简介：杨舸，中国社会科学院人口与劳动经济研究所，副研究员，中国社会科学院大学副教授、硕士生导师，中国社会科学院应对人口老龄化研究中心副秘书长，研究领域为人口与社会发展。

第二部分 分论

"育"可延伸为生育、哺育、培育、抚育和教育五个方面;"有所"即所有儿童均能得以获得公平、普惠的更好照顾。"幼有所育"并非一句空洞之词,背后是一套有利于婴幼儿成长的民生政策体系,具有前瞻性、发展性、平衡性和系统性的特点。

从前瞻性来说,"幼有所育"既是党的十九大报告中七大民生目标之首,也是针对生命之初婴幼儿期的关爱和保障。我国有着1亿多学龄前儿童,儿童成长关系到国家、民族的未来和希望。同时,随着我国人口结构的变化,妇女的生育率存在继续下行的风险,将影响到我国人口的长期均衡发展,关切国家未来的发展规划。在这样的人口背景下,夯实婴幼儿公共福利体系,既是全民福利体系的重要组成部分,也是保障家庭发展能力、提升年轻人生育意愿的必要之举。

从发展性来说,婴幼儿时期是儿童快速成长的时期,也是公共服务高度依赖的时期。从发展的角度来说,对儿童投资就是对未来的人力资本投资,这是世界各国的共识。通过提供普惠性的培育、教育机会,不仅可以开发所有婴幼儿发展潜能,还能实现公平的社会流动,缩小社会差距。对儿童的早期投资也是最具潜力的人力资本投资,是提高未来人口素质的关键,是实现家庭、社会和国家共赢的最优策略。

从平衡性来说,党的十九大报告指出,"坚持在发展中保障和改善民生……在发展中补齐民生短板、促进社会公平正义"[①]。婴幼儿福利政策正是我国公共服务领域的短板所在,特别是0—3岁婴幼儿的公共服务体系尚未建立和健全。传统福利理念与历史投入的差距使得"幼有所育"广泛存在发展不平衡不充分的问题,与人民群众需求差距较大。随着我国经济社会进入新的发展时期,补齐"幼有所育"短板的必要性更加凸显。

从系统性来说,婴幼儿的养育有三大主体,分别是家庭、政府和社会力量,相关政策的制定和实施则涉及卫生、医疗、教育、社保、民政、财税等多个部门;从政策内容来说,婴幼儿不仅应该得到妥善

---

① 习近平:《决胜全面建成小康社会 夺取新时代中国特色社会主义伟大胜利——在中国共产党第十九次全国代表大会上的报告》,人民出版社2017年版,第23页。

和精细的照顾、保护和养育，还应得到促进其身心健康发展的培养和教育。"幼有所育"政策不仅包含优生优育、托育照护和学前教育，还包含儿童基础设施、儿童福利和家庭支持等方面。只有动员广泛的资源、健全系统性的政策体系，才能实现"幼有所育"的目标。

（二）"幼有所育"的思路转变

在党的十九大报告提出"幼有所育"目标之前，婴幼儿健康、照料、教育和福利的相关政策已经长期存在于我国的医疗、救助、教育、就业、人口等多个政策领域中。但随着我国社会经济发展进入新阶段，国家治理和规划目标进入新时期，过去的儿童福利理念和相关资源供给越来越不能满足人民对幸福美好生活的要求，建立更加完善的婴幼儿福利体系越来越受到广泛的期待。近年来，我国婴幼儿相关的民生政策从观念认识、政策框架到责任主体和组织构架均发生了较大转变，具体体现在以下几个方面。

1. 认识婴幼儿政策的战略意义，纳入更大的政策框架

"幼有所育"除了是民生目标，背后隐含了更大的战略含义。首先，我国社会经济发展模式正在经历转型期，产业结构由劳动力密集型向知识密集型转变，劳动力的数量优势向质量优势转型，科技兴国将是未来实现民族复兴的必经之路，这意味着我国必须由人口大国向人力资源强国转变，而儿童早期的培养和教育是整个国家人力资本投入的起点[①]。其次，我国正在经历前所未有的人口结构转变，人口老龄化进程不断加快，生育率下行风险正在加大，人口总量很快将进入负增长阶段。为了实现人口长期均衡发展，避免人口结构快速变动带来的社会经济负面影响，实现适度生育率是重要前提，提升儿童福利水平也是促进家庭生育的重要抓手。因此，提升婴幼儿健康、照料和福利的质量对于我国应对人口老龄化和社会经济转型具有重要的战略意义。"幼有所育"目标的提出体现了对于婴幼儿政策重要意义的重

---

① 岳经纶、范昕：《中国儿童照顾政策体系：回顾、反思与重构》，《中国社会科学》2018年第9期。

新认识，相关政策也被纳入多项更大的政策框架下。"健康中国"行动方案中有关于孕产妇、婴幼儿健康促进的政策措施，构建普惠型托育服务体系是促进人口长期均衡发展的重要内容，国家中长期教育规划提出了普及学前教育的目标。

2. 重新划分养育责任，弥补家庭失灵

在传统观念中，照顾和养育婴幼儿是彻彻底底的家庭责任。虽然存在社会化的婴幼儿照料机构，但从入托、入园的情况来看，家庭仍然是养育责任的主要承担者，学前教育机构被更多赋予教育功能，而非照料功能，这也是我国长期存在儿童照顾服务供给不足的原因。然而，2020年第七次全国人口普查数据显示，我国家庭户平均规模已经下降至2.6人，"一代户"和"二代户"分别占家庭户总户数的49.5%和36.7%，家庭户规模缩小和家庭结构的简单化削弱了家庭功能。如果不及时弥补家庭失灵现象，将对女性就业、家庭生育意愿均会产生负面影响。在这一背景下，婴幼儿养育责任必须由家庭化走向社会化和多元化。我国正在构建的普惠型托育、托幼服务体系正是体现了国家与家庭对养育责任的重新划分[1]，是提升家庭发展能力、维系经济社会可持续发展的重要力量[2]。

3. 重构政府主导作用，供给主体由"家庭"走向"社会"

在过去对计划经济体制进行市场化改革的过程中，由于轻装上阵搞发展的需要，原本由政府、单位、企业承担的部分婴幼儿照料责任被推回了家庭。我国进入新的发展阶段后，构建由国家、市场、社会和家庭共同负担的婴幼儿服务供给体系成为必然选择。政府应该起到主导作用，中央政府正在完善顶层设计，确立该体系的公共属性，并通过一系列政策措施，对婴幼儿服务供给体系给予财税、金融、土地、人才等多方面的支持；地方政府则更多参与婴幼儿服务的基础设施供给、政策落实和监管过程，并分摊成本。同时，市场和社会是婴

---

[1] 岳经纶、范昕：《幼有所育：新时代我国儿童政策体制的转型》，《北京行政学院学报》2021年第4期。

[2] 陈胜良、王胤奎：《建设"幼有所育"的保育体系研究：一个文献综述》，《继续教育研究》2021年第3期。

幼儿服务供给主体中最重要的力量，既要维持社区和公益部门在提供婴幼儿服务总额中的较高比例，也要发挥市场的优势，构建多层次、多元化的供给体系。

4. 扩大相关组织结构，改革职能部门

伴随着婴幼儿发展政策体系的逐渐成形，政府在相关的组织架构上也有较大调整和改变。第一，原国家计划生育委员会与原卫生部已经重组为国家卫生与健康委员会，设立妇幼健康司，负责指导妇幼卫生、出生缺陷防治、婴幼儿早期发展等工作。原计划生育职能部门转变为"人口监测与家庭发展司"，其主要职责包括支持家庭发展和发展托育服务。第二，教育部于2012年设立学前教育办公室，职能包括拟定学前教育政策和规划、组织制定质量标准、指导学前教育改革等，我国首次有了专门机构管理学前教育，同时许多地方教育部门增设了学前教育处，负责学前教育政策的指导和实施。第三，民政部于2016年在社会事务司下设立了未成年人（留守儿童）保护处，并于2018年设立了儿童福利司，负责拟订儿童福利、孤弃儿童保障、儿童收养、儿童救助保护政策、标准，健全农村留守儿童关爱服务体系和困境儿童保障制度。一系列机构改革反映了党和国家对儿童福利事业的发展，提出了更高的标准和要求，也为儿童政策体制的快速发展奠定了坚实基础[①]。

5. 儿童福利事业由补缺型向适度普惠型转变

我国一直积极发展儿童福利事业，在全国各地成立儿童福利院。改革开放以后，随着社会经济的发展，国家对国民福利事业的资金投入和基础设施建设都不断加强，城市儿童福利事业逐渐向农村扩展，但儿童福利主要的关注对象是困境儿童、残障儿童、问题儿童等，相关福利是为特殊儿童提供公平的成长和发展机会，补缺社会短板。2011年发布的《中国儿童发展纲要（2011—2020年）》提出了推动儿童福利由补缺型向适度普惠型的转变[②]，2021年发布的《中国儿

---

① 岳经纶、范昕：《中国儿童照顾政策体系：回顾、反思与重构》，《中国社会科学》2018年第9期。
② 王思源、王建龙、胡继元：《我国城乡儿童福利设施状况、问题与体系建议——基于"幼有所育"的儿童福利事业发展目标》，《社会福利：理论版》2018年第10期。

发展纲要（2021—2030年）》明确了基本建成适度普惠型儿童福利制度体系这个核心。"适度普惠"意味着在优先考虑困境儿童需求的基础上，扩大儿童福利的覆盖人群，分类提供急需的儿童福利服务，广泛动员社会化的供给主体，惠及不同类型儿童群体。

二 "幼有所育"具体政策梳理

"幼有所育"涉及卫生、医疗、教育、社保、民政、住房等系统性政策体系，具体包含婴幼儿卫生保健、家庭发展支持、托幼托育服务、儿童福利事业、公共服务等内容，下文将对这些政策进行梳理和总结。

（一）母婴卫生保健政策

母婴卫生健康状况是国家整体健康水平的典型反映。改革开放以来，我国连续实施了三个周期的中国妇女儿童发展纲要，妇幼健康服务质量和可及性突飞猛进。从1949年至2021年，孕产妇死亡率从1500/10万降到了16.1/10万，婴儿死亡率从200‰降到了5.0‰，5岁以下儿童死亡率由1991年的61.0‰下降至7.1‰。除了儿童发展纲要，《中华人民共和国国民经济和社会发展第十四个五年规划和二〇三五年远景目标纲要》《"健康中国2030"规划纲要》《中共中央 国务院关于打赢脱贫攻坚战的决定》等重要文件中，提出了明确的目标要求和政策措施，均将孕产妇、婴幼儿卫生保健列入重要工作内容。

一是加强母婴健康服务网络化、标准化和规范化建设。2018年4月，为了落实《"健康中国2030"规划纲要》，国家卫生健康委制定了《母婴安全行动计划（2018—2020年）》和《健康儿童行动计划（2018—2020年）》，从国家医疗卫生系统建立了常规化的母婴安全和儿童健康管理方案，医疗卫生机构要强化备孕指导、妊娠风险评估、生育全程服务、高危人群管理、完善救治预案等工作，并做好儿童健康管理、新生儿保健和救治、防治出生缺陷、规范儿童早期发展服务、防治儿童重点疾病等工作。从机构设置方面，各地妇幼保健机构设立孕产保健部、儿童保健部等，主管儿童生命全周期、健康全过程的服务和管理。在法规标准建设方面，我国不断修订相关法律法规，规范和完善母婴保健专项技术服务基本标准、人员资格考核、监督管理等制度和规范①。

二是以补齐短板为目的加强贫困地区、困难群体、特定领域的母婴健康服务。国务院办公厅印发的《国家贫困地区儿童发展规划（2014—2020年）》指出，将"孕产妇死亡率下降到30/10万，婴儿和5岁以下儿童死亡率分别下降到12‰和15‰"，"5岁以下儿童生长迟缓率降低到10%以下，低体重率降低到5%以下，贫血患病率降低到12%以下"，作为2020年的规划目标。其中，工作措施包括：通过免费的孕前健康检查、孕期产期保健和新生儿疾病筛查等项目综合防治出生缺陷；对农村孕产妇住院分娩进行财政补助，加强高危孕妇、早产儿的管理、预防和干预，提高孕产妇和新生儿健康水平；实施贫困地区困难家庭婴幼儿营养改善项目，完善农村义务教育学生及学龄前儿童营养改善项目；将儿童健康体检纳入基本公共卫生服务或学校公用经费开支范围；使城乡居民基本医疗保险覆盖全体儿童。

三是母婴健康向更全面的安全保护扩展。2019年，《国务院关于实施健康中国行动的意见》指出，不仅要继续健全孕育和养育的健康促进体系，防治出生缺陷，也要加强儿童早期教育、婴幼儿照料和育龄妇女生殖健康。优生优育从孕产期、婴幼儿期的健康促进向更高的养育阶段扩展②。2021年9月国务院发布的《中国儿童发展纲要（2021—2030）》全面囊括了儿童的健康、安全、教育、福利、环境、法律保护六大方面，其中对于母婴健康的关注，由出生缺陷防治、适龄儿童免疫，扩展到儿童早期发展、营养健康、心理健康等方面；对于儿童安全的关注，由预

---

① 《国家卫生健康委办公厅关于进一步加强母婴保健专项技术服务管理的通知》（国卫办妇幼发〔2021〕20号），http://www.nhc.gov.cn/fys/s3581/202110/04e380ae98a34bfaade83f1b3c8daf3d.shtml；《母婴保健专项技术服务许可及人员资格管理办法》，http://www.nhc.gov.cn/wjw/c100022/202201/fb65b4a4e2e3481a91745a2433cd746c.shtml。

② 《国务院关于实施健康中国行动的意见》，http://www.gov.cn/zhengce/zhengceku/2019-07/15/content_5409492.htm。

第二部分 分论

防暴力、意外和伤残，扩展到儿童用品安全、食品安全等①。除此之外，国家卫生健康委发布的《关于倡导无烟家庭建设的通知》指出，"从促进生殖健康和优生优育出发，以保护孕妇和儿童健康为突破口"，鼓励育龄家庭加入健康无烟家庭②。

（二）家庭发展支持政策

家庭是社会的基本单位，也是"幼有所育"的实施主体，支持家庭发展政策既是保护婴幼儿的成长和发展，也是维护社会和谐稳定的基础。2021年发布的《中国妇女发展纲要（2021—2030年)》为我国第三期妇女发展纲要，新增"妇女与家庭建设"领域，明确指出"形成支持完善家庭基本功能、促进男女平等和妇女全面发展的家庭政策体系，增强家庭发展能力"③。因此，我国近年来的家庭支持政策将抚育幼儿作为重要内容。

一是帮助职业父母兼顾育儿与工作。保障和平衡女性的生育权和就业权是对家庭重要的生育、养育支持，应以促进就业为目的推动劳动权益保障，我国职业父母扶持政策主要体现在延长产假和育儿假方面。修订后的《北京市人口与计划生育条例》规定，产妇享受的延长生育假由30天增加至60天，有3周岁以下子女的职工每人每年可享受5个工作日的育儿假。湖北也将额外产假延长至60天，配偶享受15天护理假，3岁以下婴幼儿父母每人每年享受累计10天育儿假。河北、江西和浙江等地规定，生育二孩或三孩的产妇在享受国家规定产假的基础上延长90天产假。此外，中国正在探索建立弹性育儿假，健全和完善对职业女性在孕期、哺乳期和育儿期的劳动保护法律法规，促进父亲在育儿方面承担合理份额，还鼓励有条件的单位和社区

---

① 《国务院关于印发中国妇女发展纲要和中国儿童发展纲要的通知》（国发〔2021〕16号），http://www.gov.cn/zhengce/content/2021-09/27/content_5639412.htm。
② 《关于倡导无烟家庭建设的通知》（国卫规划函〔2020〕438号），http://www.gov.cn/zhengce/zhengceku/2020-11/27/content_5565378.htm。
③ 《国务院关于印发中国妇女发展纲要的通知》（国发〔2021〕16号），http://www.gov.cn/zhengce/content/2021-09/27/content_5639412.htm。

开展多样化的托管和照料服务，满足职工育儿需求。重庆的育儿假较为慷慨，父母一方可以休育儿假至子女一周岁止，或者夫妻双方可以在子女六周岁前每年各累计休五天至十天的育儿假。《中国妇女发展纲要（2021—2030年）》第一次提出在制定家庭政策的过程中促进男女平等和妇女全面发展，不仅要推动税收、劳动保障、产假、照料等政策来减轻家庭生育、养育、教育负担，还要促进男女平等分担家务，督促用人单位落实配偶陪产假，实施灵活休假和弹性工作制度，支持男女职工共同履行家庭责任[1]。

二是加强对家庭教育的权威指导。近年来，家庭教育成为家庭支持政策中的重要内容，家庭肩负最主要的婴幼儿教育责任，党和国家越来越重视家庭教育的服务和指导工作。2016年，全国妇联、教育部、中央文明办、民政部、文化部等9部门联合印发指导推进家庭教育的五年规划，提出了准确把握家庭教育核心内容、建立健全家庭教育公共服务网络、提升家庭教育指导服务专业化水平、大力拓展家庭教育新媒体服务平台、促进家庭教育均衡协调发展、深化家庭教育科学研究、加快家庭教育法制化建设7个方面18项重点任务[2]。家庭教育政策实施的主体更加多元化。2022年，《关于指导推进家庭教育的五年规划（2021—2025年）》的印发有11个国家部委参与，进一步提出了城乡家庭教育指导服务体系建设，巩固和发展中小学、幼儿园承担家庭教育指导职能，探索设立家庭教育指导机构，建立稳定规范专业的指导服务队伍。2019年，新修订的《全国家庭教育指导大纲》发布，不仅继续按照孕育、儿童发展不同时期的特点提出了家庭教育的指导内容，也体现了隔代育儿、新媒体传播等新特征。同时，我国首部《中华人民共和国家庭教育促进法》于2022年1月1日正式实施[3]，标志着家

---

[1] 《国务院关于印发中国妇女发展纲要和中国儿童发展纲要的通知》（国发〔2021〕16号），http://www.gov.cn/zhengce/content/2021-09/27/content_5639412.htm。

[2] 新华社：《9部门印发指导推进家庭教育的五年规划》，http://www.gov.cn/xinwen/2016-11/14/content_5132255.htm。

[3] 《关于〈中华人民共和国家庭教育法（草案）〉的说明》，http://www.npc.gov.cn/npc/c30834/202110/d7eb28e1220449be9ef47a970987de6a.shtml。

庭教育立法的重要成就。

三是对家庭育儿的经济补贴。为了减轻家庭育儿负担，我国主要以产假津贴、减税和育儿补贴的形式给予家庭经济支持。根据我国《生育保险办法》，中国生育保险待遇包括生育津贴和生育医疗待遇，旨在于通过向职业妇女提供生育津贴、医疗服务和产假，帮助他们恢复劳动能力，重返工作岗位。因此，生育津贴主要是为弥补职业妇女在产假期间的收入损失，但对于未就业或未缴纳生育保险的女性则无法享受该待遇。从税收减免方面来说，2019年开始实施的个税新政已将3岁及以上子女教育花费列入专项附加扣除范围；从2022年开始，3岁以下婴幼儿照料抚养费也纳入个税专项附加扣除范围，按照每个婴幼儿每月1000元的标准定额扣除。

另外，多个省份在政策法规文件中提出建立育儿补贴制度。广东省发布的《广东省公共服务"十四五"规划》指出，"探索对生养子女给予普惠性经济补助"；北京市印发的《关于优化生育政策促进人口长期均衡发展的实施方案》指出，"逐步建立完善家庭养育补贴制度"；浙江、湖南、吉林、黑龙江等地在新修订的人口与计划生育条例中提出建立育儿补贴制度。但由于经费承担和分配的细则未落实，以上育儿补贴政策并未真正开始实施。有一些地区开始有了育儿补贴的细节条款，例如《山西省人口和计划生育条例》规定，3岁以下子女的父母每年享受十五日的育儿假，所在单位可每月发放不低于200元的婴幼儿保教费；甘肃省张掖市的《临泽县优化生育政策促进人口长期均衡发展的实施意见（试行）》规定，对生育一孩、二孩、三孩的常住产妇一次性分别给予2000元、3000元、5000元的生育津贴，二孩每年发放5000元育儿补贴，三孩每年发放10000元育儿补贴，直至孩子3岁；四川省攀枝花市的《关于促进人力资源聚集的十六条政策措施》规定，对按政策生育二孩、三孩的攀枝花户籍家庭，每月每孩发放500元育儿补贴金，直至孩子3岁。这些育儿补贴的落实情况因地方政府财政状况和用人单位实施状况而有差异，总体上来说，育儿补贴政策在我国仍然是局部性的，还远未成熟。

（三）托幼托育服务政策

国家对儿童早期教育与保育体系的基础投资是民生事业的根本，既能推动经济发展和畅通社会流动渠道，也能实现公平公正的公共服务供给。托育服务体系的构建是"幼有所育"中养育责任社会化的重要体现。托幼托育服务分为3岁以下婴幼儿照护服务和3—6岁学前教育服务。

1. 发展3岁以下婴幼儿照护服务

自2021年7月中共中央、国务院发布《关于优化生育政策促进人口长期均衡发展的决定》[①]以来，发展普惠托育服务体系成为提升家庭生育意愿的重要抓手。发达国家的经验表明，让社会机构承担儿童抚育责任对生育率提升有正向作用。推动家庭抚育责任的社会化、增加儿童照料服务供给、促进相关产业健康规范发展、支持家庭平衡职业发展和育儿责任、帮助女性产后重返职场等对生育友好环境的建立具有重要意义。发展普惠型托育服务正在成为我国减轻家庭养育负担的关键举措。

从顶层设计的角度来说。从2019年5—10月，国务院连续印发《国务院办公厅关于促进3岁以下婴幼儿照护服务发展的指导意见》[②]和《国家卫生健康委关于印发托育机构设置标准（试行）和托育机构管理规范（试行）的通知》[③]两个相关文件，根据政策要求，将构建多层次、多元化的婴幼儿照料托育机构体系，给予相关行业和产业发展提供政策、土地、信息和人才等支持。2020年，《国务院办公厅关于促进养老托育服务健康发展的意见》特别强调，要"综合运用规划、土地、住房、财政、投资、融资、人才等支持政策，扩大服务

[①] 《中共中央 国务院关于优化生育政策促进人口长期均衡发展的决定》，http://www.gov.cn/zhengce/2021-07/20/content_5626190.htm。

[②] 《国务院办公厅关于促进3岁以下婴幼儿照护服务发展的指导意见》（国办发〔2019〕15号），http://www.gov.cn/zhengce/content/2019-05/09/content_5389983.htm。

[③] 《国家卫生健康委关于印发托育机构设置标准（试行）和托育机构管理规范（试行）的通知》（国卫人口发〔2019〕58号），http://www.gov.cn/xinwen/2019-10/16/content_5440463.htm。

第二部分 分论

供给",在城乡均建立消费得起、方便可及的托育体系①。《中国儿童发展纲要（2021—2030）》指出,将托育服务纳入社会经济发展规划,支持用人单位、社会力量参与提供普惠托育服务,完善托育服务的从业人员职业资格准入制度和机构监管制度②。

从政策落实的角度来说,《中华人民共和国国民经济和社会发展第十四个五年规划和二〇三五年远景目标纲要》指出,"每千人口拥有3岁以下婴幼儿托位数"由2020年1.8个提升到2025年4.5个的发展目标。《"十四五"公共服务规划》指出,将婴幼儿照护服务设施和场地建设布局纳入相关规划,建立相关服务机构备案登记制度、信息公示制度和质量评估制度,逐步实行婴幼儿照护工作人员职业资格准入制度③。国家发改委2020年和2021年下达中央预算内投资16亿元,支持建设了16万个示范性托位。各地政府也纷纷出台了发展普惠托育服务的相关政策,《上海市托育服务三年行动计划（2020—2022年）》指出,"到2022年,在中心城区每个街镇至少开设1个普惠性托育点的基础上,全市街镇普惠性托育点覆盖率不低于85%"。各地政府给予的托育补贴包括一次性建设补贴、持续的运营补贴、示范机构奖励补贴等,规模性的财政补贴展示了发展普惠型托育的强大决心。

2. 扩大学前教育服务供给

相比于义务教育阶段的投入和保障,学前教育在基础教育领域属于短板,存在财政投入不足、城乡布局不均衡、成本分摊不合理等问题。近年来,我国不断加大学前教育投入力度,使得学前教育在"质"和"量"上都有了跨越式发展。

第一,将"普惠性"作为学前教育的定位和方向。2018年中共中

---

① 《国务院办公厅关于促进养老托育服务健康发展的意见》（国办发〔2020〕52号）,http://www.gov.cn/zhengce/content/2020-12/31/content_5575804.htm。
② 《国务院关于印发中国妇女发展纲要和中国儿童发展纲要的通知》（国发〔2021〕16号）,http://www.gov.cn/zhengce/content/2021-09/27/content_5639412.htm。
③ 《"十四五"公共服务规划》,http://www.gov.cn/zhengce/zhengceku/2022-01/10/5667482/files/301fe13cf8d54434804a83c6156ac789.pdf。

央、国务院下发的《关于学前教育深化改革规范发展的若干意见》指出,要牢牢把握公益普惠基本方向,坚持公办民办并举,着力扩大普惠性学前教育资源供给。加大政府扶持力度,引导社会力量更多举办普惠性民办园。2019年,国务院办公厅出台了《关于开展城镇小区配套幼儿园治理工作的通知》,对小区配套幼儿园规划、建设、移交、办园等情况进行治理、作出部署,提高了学前教育公益普惠水平[1]。第三期学前教育行动计划(2017—2020年)顺利实施。2017年,民办园数量占幼儿园总数的比例已接近63%,但民办园总量中普惠性民办园只有43%左右,根据2020年全国教育事业主要统计结果,普惠性幼儿园覆盖率达到84.74%,超额实现行动目标。根据教育部、国家发展改革委、财政部等九部门印发的《"十四五"学前教育发展提升行动计划》,到2025年,全国学前三年毛入园率达到90%以上,普惠性幼儿园覆盖率达到85%以上,公办园在园幼儿占比达到50%以上。教育部在2020年出台了《县域学前教育普及普惠督导评估办法》,督促地方政府提高学前教育普及普惠的水平[2]。

第二,强化监管措施,推动学前教育"质"的提升。2017年,教育部印发了《幼儿园办园行为督导评估办法》,从办园条件、安全卫生、保育教育、教职工队伍、内部管理等方面对幼儿园进行督导评估,并依据结果进行年检、评级、政策扶持和园长评优等[3]。国务院办公厅印发了《国务院办公厅关于加强中小学幼儿园安全风险防控体系建设的意见》,对完善和健全学校安全风险预防、管控、事故处理和风险化解机制等方面有了明确规定[4]。在幼儿园教师队伍建设方面,一方面,教育部加强了师德师风建设,健全了幼儿教师资格准入制度,印发了

---

[1] 《国务院办公厅关于开展城镇小区配套幼儿园治理工作的通知》,http://www.gov.cn/zhengce/content/2019-01/22/content_5360002.htm。

[2] 《教育部印发〈县域学前教育普及普惠督导评估办法〉》(教督〔2020〕1号),http://www.gov.cn/xinwen/2020-03/02/content_5485800.htm。

[3] 《教育部关于印发〈幼儿园办园行为督导评估办法〉的通知》(教督〔2017〕7号),http://www.gov.cn/gongbao/content/2017/content_5237714.htm。

[4] 《国务院办公厅关于加强中小学幼儿园安全风险防控体系建设的意见》(国办发〔2017〕35号),http://www.gov.cn/zhengce/zhengceku/2017-04/28/content_5189574.htm。

《幼儿园教师违反职业道德行为处理办法》①和《新时代幼儿园教师职业行为十项准则》②;另一方面,教育部不断加强幼儿园教师的培训,连续多年实施"国培计划",推进幼儿园教师队伍的高质量发展,教育部和财政部联合发文决定了"十四五"时期继续实施"国培计划"③。

第三,我国正在积极推进学前教育立法,为学前教育高质量发展、保障学龄前儿童的健康成长保驾护航。2013年以来,相关部门一直对学前教育立法的可行性、困难和问题进行调研和探讨。2015年12月27日第十二届全国人民代表大会常务委员会通过了关于修改《中华人民共和国教育法》的决定,增加关于学前教育的第十八条:"国家制定学前教育标准,加快普及学前教育,构建覆盖城乡,特别是农村的学前教育公共服务体系。""各级人民政府应当采取措施,为适龄儿童接受学前教育提供条件和支持。"自2017年开始,教育部就把推动学前教育立法作为重点工作内容。学前教育法列入了2022年年度立法工作计划,并公布了《中华人民共和国学前教育法草案(征求意见稿)》。

(四) 社会救助和儿童福利政策

传统的儿童福利政策是对生活困难、身体残疾、孤儿、特殊儿童等的兜底性保障政策。随着国家投入的加大,儿童社会救助和儿童福利政策体系也不断完善,保障水平明显提高。主要体现在以下几个方面。

第一,不断拓宽救助、扶持儿童群体的覆盖面。2016年,国务院发布了《国务院关于加强农村留守儿童关爱保护工作的意见》④和《国

---

① 《教育部关于印发〈幼儿园教师违反职业道德行为处理办法〉的通知》(教师〔2018〕19号),http://www.gov.cn/zhengce/zhengceku/2018-12/31/content_5443893.htm。

② 《教育部关于印发〈新时代高校教师职业行为十项准则〉〈新时代中小学教师职业行为十项准则〉〈新时代幼儿园教师职业行为十项准则〉的通知》(教师〔2018〕16号),http://www.gov.cn/zhengce/zhengceku/2018-12/31/content_5443907.htm。

③ 《教育部财政部关于实施中小学幼儿园教师国家级培训计划(2021—2025年)的通知》(教师函〔2021〕4号),http://www.gov.cn/zhengce/zhengceku/2021-05/20/content_5609135.htm。

④ 《国务院印发〈关于加强农村留守儿童关爱保护工作的意见〉》(国发〔2016〕13号),http://www.gov.cn/xinwen/2016-02/14/content_5041100.htm。

务院关于加强困境儿童保障工作的意见》①。为了进一步落实国务院的相关文件精神，民政部、教育部、公安部等10个部门印发的《关于进一步健全农村留守儿童和困境儿童关爱服务体系的意见》指出，"提升未成年人救助保护机构和儿童福利机构服务能力，加强基层儿童工作队伍建设，鼓励和引导社会力量广泛参与"等工作措施②。根据全国妇联2013年发布的数据，农村留守儿童约6000万人，占未成年人口的1/5。将留守儿童纳入困境儿童管理，意味着我国将极大扩展困境儿童的覆盖范围。民政部还发布了《关于进一步做好事实无人抚养儿童保障有关工作的通知》，父母双方均符合因重残、重病、服刑在押、强制隔离戒毒等原因而无人抚养儿童的事实，均将获得政府的物质补贴和照料服务③。

第二，构建和完善基层困境儿童关爱网络。2017年之后，各地开始加快建立基层儿童工作队伍。2019年，民政部组织编写了《儿童督导员工作指南》（指导版）和《儿童主任工作指南》（指导版），不仅要拓展和完善基层困境儿童关爱网络，更要提升基层儿童福利工作者的专业技能和工作水平。截至2021年年底，全国共配备乡镇（街道）儿童督导员5.5万名，村（居）儿童主任66.7万名。2021年，民政部等14个部门联合出台的《关于进一步推进儿童福利机构优化提质和创新转型高质量发展的意见》指出，到2025年，省级和地市级民政部门设立的儿童福利机构全面实现优化提质，县级民政部门设立的儿童福利机构完成创新转型④。根据民政部数据，到2020年年底，全国的儿童福利和救助保护机构共计760个，比2010年增长了58%；机构共有床位10.1万张，比2010年增长了80%。

---

① 《国务院关于加强困境儿童保障工作的意见》（国发〔2016〕36号），http://www.gov.cn/zhengce/content/2016-06/16/content_5082800.htm。
② 《关于进一步健全农村留守儿童和困境儿童关爱服务体系的意见》（民发〔2019〕34号），https://www.mca.gov.cn/article/gk/wj/201905/20190500017508.shtml。
③ 《关于进一步做好事实无人抚养儿童保障有关工作的通知》（民发〔2020〕125号），http://www.gov.cn/zhengce/zhengceku/2021-01/26/content_5582578.htm。
④ 《关于进一步推进儿童福利机构优化提质和创新转型高质量发展的意见》（民发〔2021〕44号），http://www.gov.cn/zhengce/zhengceku/2021-05/25/content_5611710.htm。

第二部分 分论

第三，不断提高困境儿童补贴标准和救助水平。民政部于 2004 年启动"残疾孤儿手术康复明天计划"，主要救治福利机构的残疾孤儿，2019 年"明天计划"更名为"孤儿医疗康复明天计划"，救治覆盖更多的社会散居孤儿，病种拓展到全科医疗康复，还增加了健康体检等项目。我国还在不断提高困境儿童的补贴标准。国家发改委、教育部、卫生健康委等 20 个部门共同印发了《国家基本公共服务标准（2021 年版）》，规定了对特殊儿童群体提供基本生活保障，对困境儿童提供保障，对农村留守儿童提供关爱保护，支出主要承担者为地方政府①。据民政部数据，2021 年，全国 6 万名集中养育孤儿的平均保障标准为 1611.3 元/月，13.4 万名社会散居孤儿的平均保障标准为 1184.3 元/月，25.3 万名事实无人抚养儿童与孤儿基本生活费标准接近。中央财政通过转移支付对上述资金给予补助。

第四，强力打击和预防儿童拐卖犯罪。2021 年，国务院办公厅印发《中国反对拐卖人口行动计划（2021—2030 年）》，除了打击犯罪，还提出了更多预防措施，包括反拐宣传教育、幼儿园安全措施和重点区域、重点人群的监测等②。同时，完善儿童收养制度，民政部研究印发了《收养评估办法（试行）》，秉持最有利于收养人的原则，不断提升收养评估工作的专业能力和水平，更好服务保障被收养未成年人切身权益③。

（五）其他公共服务政策

"幼有所育"还要求社会执行向幼儿或其所在家庭执行倾斜的公共资源分配政策，将公共资源优先分配给儿童或育儿家庭，目前主要包含住房、税收、交通等方面公共政策。

---

① 《国家基本公共服务标准（2021 年版）》，http://www.gov.cn/zhengce/zhengceku/2021-04/20/5600894/files/a00506c9c55c4b71b9443a1508fef973.pdf。
② 《国务院办公厅关于印发中国反对拐卖人口行动计划（2021—2030 年）的通知》（国办发〔2021〕13 号），http://www.gov.cn/zhengce/content/2021-04/28/content_5603574.htm。
③ 《民政部印发〈收养评估办法（试行）〉》，http://www.gov.cn/xinwen/2021-01/01/content_5576099.htm。

第三章 幼有所育：健全婴幼儿发展政策

从住房政策来说，对多子女家庭的优惠政策主要体现在享受保障性住房和购买商品房两个方面。许多城市正在试点，将家庭子女数量和家庭负担情况作为申请公租房和保障性住房的重要考虑因素，在户型选择方面给予照顾。2021年8月，北京市住房和城乡建设委发布的《关于加强公共租赁住房资格复核及分配管理的通知》指出，有未成年子女的家庭，可根据未成年子女数量在户型选择等方面给予适当照顾。同年10月，朝阳区将已获得公租房轮候资格的175户多子女家庭直接获得配租。从购房优惠和补贴来看，江苏南通海安对生育二孩、三孩的常住户口家庭，给予二孩家庭每平方米200元，三孩家庭每平方米400元的购房补贴。2022年，无锡市住房公积金管理中心发布了《关于调整本市住房公积金相关政策的通知》，无锡市卫生健康委发布了《关于积极推动改善生育二个孩子及以上家庭居住条件的通知》，对于生育二孩及以上家庭，提高首次公积金贷款的额度，并可以在限购区域新增购买一套商品住房。

从财税支持政策来说，《中共中央 国务院关于优化生育政策促进人口长期均衡发展的决定》指出，加强对育儿家庭的税收、住房等支持政策[1]。《关于养老、托育、家政等社区家庭服务业税费优惠政策的公告》对托幼、家政等社区家庭服务业加大税费优惠政策支持，从2019年6月1日到2025年年底，对提供托育、家政相关服务的主体免征增值税，并减免相关所得税，免征契税、房产税、城镇土地使用税和城市基础设施配套费、不动产登记费等收费[2]。

从公共环境政策来说，国家发展改革委、国务院妇儿工委办公室等23个部门发布《关于推进儿童友好城市建设的指导意见》，要求在社会政策、公共服务、权利保障、成长空间、发展环境等方面充分体现儿童友好[3]。引入"1米高度看城市"儿童视角，到2025年，通过

---

[1] 《中共中央 国务院关于优化生育政策促进人口长期均衡发展的决定》，http://www.gov.cn/zhengce/2021-07/20/content_5626190.htm。

[2] 《关于养老、托育、家政等社区家庭服务业税费优惠政策的公告》（财政部公告2019年第76号），http://www.gov.cn/zhengce/zhengceku/2019-11/07/content_5449764.htm。

[3] 《关于推进儿童友好城市建设的指导意见》（发改社会〔2021〕1380号），http://www.gov.cn/zhengce/zhengceku/2021-10/21/content_5643976.htm。

第二部分　分论

在全国范围内开展100个儿童友好城市建设试点。2022年，天津、重庆、成都、郑州等许多城市均印发了儿童友好城市建设实施方案。以成都为例，其实施方案中包含：建设儿童友好医院、对医院进行适儿化改造，建立儿童就医便捷通道，完善候诊环境；提升社区儿童活动空间，增加社区公共文化服务中心、儿童专项服务设施、室内外儿童游戏场所；推进母婴室建设，在机关企事业单位、工业园区、商务楼宇、公共场所实现母婴室配备①。

除此之外，从交通等其他公共资源来说，北京等城市推出了小汽车指标的家庭摇号或排号政策，有子女或多子女的家庭将获得更高的优先序号。

三　"幼有所育"面临的问题

近年来，我国已经逐步建成了"幼有所育"的政策体系，成为国民福利体系的重要组成部分。但各项具体政策构建和实施的进展不一，公共服务的供给与儿童成长、家庭育儿的需求之间存在的矛盾并未完全消除。当前，"幼有所育"政策体系的实施仍然面临以下具体问题。

（一）产假、育儿假的落实难

为了落实《中共中央　国务院关于优化生育政策促进人口长期均衡发展的决定》，31个省（直辖市、自治区）均修订了《人口与计划生育条例》，在原有98天产假基础上增加生育奖励假或延长产假，普遍达到138—158天，同时大部分省（直辖市、自治区）的父亲享有15—30天的陪护假。除了普遍延长产假，还有一些地区有额外的灵活产假，比如北京、吉林和重庆规定女职工在本人申请且用人单位同意的前提下，可以延长产假至一年或直至子女1周岁。

但是产假和育儿假的落实仍然存在一定的问题。根据我国《女职

---

① 《成都市人民政府办公厅关于印发成都市儿童友好城市建设实施方案的通知》（成办函〔2022〕21号），http://gk.chengdu.gov.cn/govInfo/detail.action?id=136383&tn=6。

工劳动保护特别规定》的规定，"女职工产假期间的生育津贴，对已经参加生育保险的，按照用人单位上年度职工月平均工资的标准由生育保险基金支付；对未参加生育保险的，按照女职工产假前工资的标准由用人单位支付"。但实际情况因地而异，因单位性质而异，我国女职工的产假津贴由生育保险基金和用人单位共同承担。在"全面二孩"政策实施之后，各地均不同程度地延长了产假时长，这使得生育保险基金逐渐产生收支不平衡的问题。一些地方将生育保险基金整合进社保基金体系，统筹收支来弥补生育津贴支出的增长。因此，面对再次延长的产假，各地政府关于谁来支付额外的产假津贴始终没有定论。可以确定的是，过长产假会加重政府公共支出压力和企业的负担。

另外，产假延长的确能帮助职业母亲分配更多精力照顾儿童，但过长的产假可能会加重女性在劳动力市场的弱势地位。一项调查表明，58.25%的女性遭遇了"应聘过程中被问及婚姻生育状况"，27%的女性遭遇了"求职时，用人单位限制岗位性别"，6.39%的女性曾遭遇"婚育阶段被调岗或降薪"①。在法律和监管无法完全消除性别歧视的情况下，追求经济效益的企业会因此避免使用有生育需求的女性劳动力，加重女性的职场困境，这种风气可能反过来降低女性结婚和生育的意愿，必须尽快研究出相应对策来避免生育给女性就业权利带来的伤害。

（二）托幼服务的"质""量"欠缺

在20世纪90年代之前，我国依托机关、事业单位、企业和政府相关部门建立起了托育服务体系。80年代中期，我国城镇幼儿入托率约为28%②，远高于现在的比例。随着市场体制改革的深入，公有制企业、事业单位开始减轻包袱求发展，逐渐剥离了为职工子女提供托育服务的责任，以公有制为依托的托育体系不断被削弱。基于1991年、2001年、2011年的"中国健康与营养调查"数据估算，在公立托育机

---

① 《2020中国女性职场现状调查报告》，https://www.sohu.com/a/378459938_100203997。
② 薛素珍：《怎样办托儿所幼儿园》，北京出版社1983年版。

构入托的比例由11.9%，下降至几乎为0，在私立托育机构入托的比例则由1.6%上升至7.9%。但私人机构并没有撑起托育体系，2011年的私立托育机构入托的比例也仅为1.2%。但是，从需求端来看，2017年国务院妇儿工委开展的"四城市0—3岁婴幼儿托育服务需求调查"结果显示，48%的家庭有入托需求[①]。可见，当前的托幼托育服务体系基础十分薄弱，与总体入托需求存在极大差距。

托育服务体系在"质"的提升方面尚有空间。首先，当前证照齐全的公办机构、以工商企业资质开展托育服务的机构和完全没有任何注册资质的私人托育服务并存。究其原因，正规托育服务资质对于开办的软硬件均有较高要求，具有较高的办理门槛，使得这类机构要么托位难求，要么收费昂贵；以工商企业注册的托育或早教机构因市场需求庞大而占据较大市场份额，但以工商部门监管为主，教育和卫生部门则无条规监管；无任何注册资质的服务提供者是托育服务市场的补充，但严重缺乏监管，安全隐患较大。其次，托育服务的服务标准、从业资质、环境管理、卫生安全管理等方面均存在无法可依和无专门机构监督等问题。如果不能保障托育服务安全、高质量的运行，就无法获得家长的信任，也就无法推动托育产业的健康持续发展。

对托育机构的不信任是我国婴幼儿入托率低的重要原因。因此，托育产业必须高质量发展，实施较其他行业更严格的监督、审查机制，使得幼儿真正获得科学健康的早期教育，同时推动托育产业可持续性健康发展。

（三）学前教育的发展不平衡

经过三期"学前教育三年计划"，我国学前教育资源的供给总量迅速增加，普及率取得突出的进展。但是，学前教育在区域间、城乡间的发展不平衡是在长期历史发展中形成的，也并非一朝一夕能够扭转。

第一，过去以公办为主的城镇学前教育机构主要由机关企事业单位负责承办，农村公有单位较少，使得农村公办学前教育几乎空白，

---

① 杨菊华：《新时代"幼有所育"何以实现》，《江苏行政学院学报》2019年第1期。

仅一些集体效益较好的农村有公办幼儿园。第二，不论是公办学前教育，还是普惠幼儿园，其补贴经费的主要来源是地方财政。财政经费盈余地区对学前教育的补贴较高，广州市集体办幼儿园的每生每年最高补助达到3555元。但因经济发展水平的差异，一些财政收支紧张地区给予普惠幼儿园的补贴经费十分有限，被限价的普惠园不得不面临经费紧张、仅维持运转的状况，更谈不上提高教学水平了。第三，提高幼儿园教师地位和待遇的政策始终得不到落实，幼儿园教师通常被排除在教育主管部门主抓的教师队伍建设之外，民办园的教师队伍流动性大，留不住人才，直接影响到教师队伍建设与学前教育发展的质量[1]。这些叠加学前教育的办学经费不足问题，使得学前教育的质量在区域间、城乡间的不平衡问题更加突出。

（四）养育成本的"降维"难

降低家庭的养育成本是"幼有所育"政策体系的重要施政目标。一方面，基于一定的成本分摊机制，政府免费提供育儿服务的方式，直接帮助家庭承担部分支出；另一方面是政府通过对市场机制的干预，采用限价等方式引导市场给家庭提供更廉价且有保障的服务。但是随着人们生活水平的不断提高，家庭的养育成本仍然居高不下，一定程度上影响了家庭的生育意愿。家庭养育成本包括直接成本和间接成本两个方面。

养育直接成本是婴幼儿出生后家庭的额外支持，包括衣食住行，以及教育、家政、托育等。一份由"育娲人口研究"发布的《中国生育成本报告2022》显示，我国农村家庭养育一个孩子至成年的成本约为30万元，城镇家庭的成本约为63万元，其中上海的养育成本为全国最高（103万元），其次是北京（96万元）[2]。该报告根据国家统计局发布的居民收入和消费支出数据以及各种物价来估算。养育成

---

[1] 洪秀敏、姜丽云：《"全面二孩"政策下学前教育发展的问题——基于二期学前教育三年行动计划的调查与分析》，《北京师范大学学报》（社会科学版）2018年第5期。

[2] 《中国生育成本报告2022》，https://baijiahao.baidu.com/s？id=1728798009413007521&wfr=spider&for=pc。

第二部分 分论

本高的背后是生活水平的提高、物价的提高和家庭对于儿童人力资本投资的重视。仅以住房为例，2020年第七次全国人口普查数据显示，我国城市人均居住面积36.52平方米，家庭每增加一个成员，就需要增加36平方米的居住面积才能维持家庭原有居住条件，这对于一、二线城市的家庭，需要增加上百万的购房成本。

养育间接成本来源则更加多种多样，一般是指家庭成员照顾婴幼儿付出的时间，或父母因孕育、照顾儿童而产生的机会成本。如母亲因孕产、哺育而不得不中断就业，由此带来预期收入水平的下降，甚至失业的风险。父母因照顾子女而产生的时间成本也可能产生收入下降或职场地位的下降。且父母原本收入越高，这方面的损失越大，现代女性受教育水平提高，其收入和职业地位也不断提高，这使得养育子女的间接成本扩大。同时，父亲或母亲一方承担越多抚养责任，则收入损失也越大，这常常是由女性承受的。有研究表明，家庭每增加一个未成年子女，母亲面临的收入惩罚为12.8%[①]。

因此，降低家庭养育成本不仅需要提高公共服务的供给及降低服务价格，还需要更多的社会福利改善和劳动市场中对母亲权益的保障。

（五）儿童友好环境的构建难

《中国儿童发展纲要（2021—2030年）》中有关儿童与环境的发展规划，儿童友好环境不仅包含公共政策、公共设施、公共服务，也包括文化环境、社区环境和生态环境。这意味着，儿童友好环境对现代化城市而言，仍然有许多改进潜力和完善空间。

首先，公共安全环境是儿童友好的基础。最受社会舆论关注的拐卖儿童案件在公安部门严打的情形下，数量快速下降，2021年全国拐卖儿童案件数量比2013年下降82.6%。但是，虐待、猥亵、欺凌、家暴等侵害儿童的案件仍然时有发生。2022年7月，公安部公布打击整治"百日行动"，第一项就是"快、准、狠"打击侵害妇

---

① 马春华：《中国家庭儿童养育成本及其政策意涵》，《妇女研究论丛》2018年第5期。

女、儿童、老年人、残疾人等群体的违法犯罪。除此之外，儿童用品安全和食品安全的监管机制，儿童交通、溺水、跌落、烧烫伤、中毒等意外事故的预防和处置机制仍需加强。

其次，从公共设施和公共环境来说，构建儿童友好环境需要城市规划和建设中充分考虑儿童需求，留足儿童设施空间。我国经历了快速城镇化之后，城镇化率在2021年已经达到64.72%，快速发展往往意味着粗放式地扩张。大量居住小区建成的同时，卫生、教育、休闲、绿地等配套设施却不一定能跟上进度。儿童友好的公共设施和公共环境对于婴幼儿的健康成长和家庭养育至关重要，小到公共场所的母婴室、儿童厕位及洗手池，大到儿童图书馆、儿童游戏空间，这些历史欠账仍然需要较长时间才能补上。

最后，公共文化环境对儿童成长也至关重要。现在面临的是信息爆炸的时代，儿童获得知识和信息的渠道和便利性都大大增强，也使得不良信息影响儿童身心健康的可能性提高，文化侵害风险加大。同时，国产的优秀儿童文化作品也面临青黄不接的困境，如绘画、图书、儿歌、动漫、电影、剧目等，一些国外引进的优秀作品则大受欢迎，儿童文化的繁荣仍需长时间的积累。

（六）相关行业监管难

随着人口结构的转变，家庭结构也发生了翻天覆地的变化，社会和市场帮助家庭承担育儿责任是必然趋势，由此衍生出许多家庭服务产业，如托育、家政等，且由于市场发育不成熟，法律依据和标准规范尚不健全，行业监管相对欠缺。

首先，相关服务行业的法律法规缺失。家庭服务行业的扩张发生在近10—20年，我国在机构设立、运营服务、从业人员、监督管理等诸多方面还缺乏完善的标准和管理办法，监管有时候面临无法可依的局面，容易出现"一管就死，一放就乱"状况。其次，行业监管责任主体不明引发监管缺位。以托育机构为例，其服务内容涵盖为婴幼儿提供食物、照护、安全保障、早期教育等，因此涉及卫生、食药、消防、教育、公安等多个部门，监管方越多越容易出现"谁都不管"的状况。监管主体不明也会造成部门职责分工不清、边界不清的问题。再次,过去重"准入"的监管机制忽视了过程管理。在相关服务行业中,以私营民办机构为主,在注册准入方面存在较高的"门槛",本意是为提高服务质量,却削弱了市场竞争,且由于缺乏全过程的监管,反而提高了安全风险。应该推动市场竞争,加快建立信用评价体系,实施守信联合激励和失信联合惩戒,才能取得人民群众的信任,提升整个行业的服务水平。

四 构建婴幼儿发展支持体系

我国已经初步建立"幼有所育"的政策支持体系,但这是一项长期性、系统性、战略性的工程,既影响到我国未来人力资本供给、人口长期均衡发展,也是关系到国计民生和民族复兴的大计。本报告从"幼有所育"的健康支持、家庭支持、服务支持和环境支持四个方面构建婴幼儿发展支持体系(见图3-1),并提出具体实施路线。

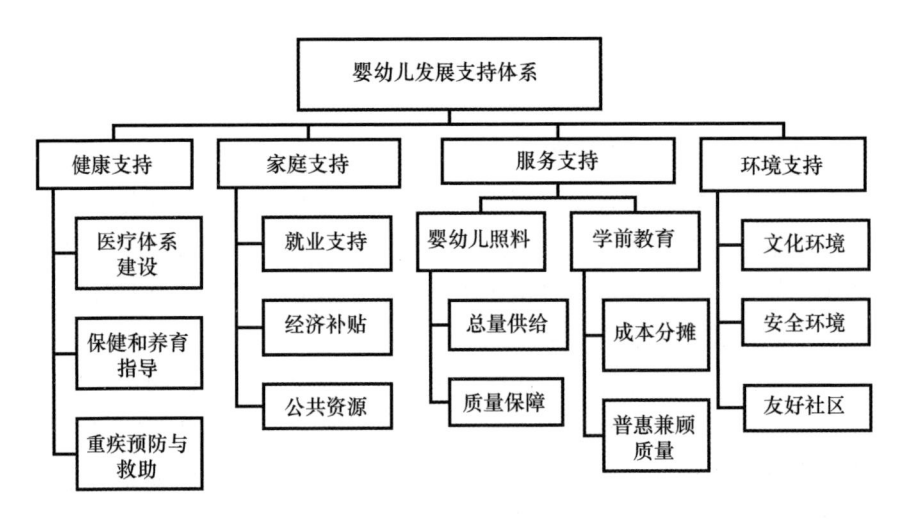

图3-1 婴幼儿发展支持体系

（一）"幼有所育"的健康支持

1. 加强婴幼儿医疗卫生服务能力建设

增强婴幼儿医疗保健服务能力，是提升婴幼儿健康状况的基础。首先，要构建国家、区域、省、市、县级等多层次的婴幼儿医疗服务网络，合理规划儿童医院和综合医院儿科的布局，增强乡镇卫生院、社区卫生服务中心等基层卫生医疗机构的儿科硬件配置和服务水平；其次，针对儿科诊疗负担重、儿科执业医师不足、儿科医务人员薪酬待遇不高等问题，实施向儿科倾斜的医疗卫生资源配置，充分改善儿科医务人员薪酬待遇水平；最后，加快儿科医学人才的培养，提升基层全科医生的儿科诊疗水平，提升儿科吸引力，缓解儿科"医生荒"。在具体路径上，建议重点开展"社区儿科门诊"建设，从场地、设施、人员、资金等方面补齐多层次儿科诊疗体系建设的短板；重点从招生、就业环节补充儿科医护人员培养和培训计划，扩充儿科医护人员队伍。

2. 加强婴幼儿保健管理和养育指导

加强婴幼儿保健水平需要机构和家庭两方面的努力。首先，继续推进婴幼儿健康保健管理，推动保健门诊建设，推进婴幼儿先天性残疾的筛查、诊断和救治工作，注重对早产、贫血、肥胖、视力不良、龋齿等婴幼儿常见健康风险的预防和干预；其次，要保障托儿所、幼儿园等机构的保健医生配备，依托照料机构开展婴幼儿常见病预防、营养健康、早期学习、安全保障等方面的宣传教育工作；最后，要加强家庭育儿健康教育和指导，一方面要依托妇幼保健机构开展孕前、孕产期营养与膳食指导，另一方面要依托婴幼儿保健机构、医疗卫生机构、托育机构等开展婴幼儿喂养、均衡饮食、早期教育、运动健康等方面的宣传和教育。在具体路径上，建议依托专业医疗机构对辖区内托育机构和学前教育机构开展的定期幼儿体检计划，并以此扩充婴幼儿健康档案覆盖范围，对婴幼儿常见健康风险开展有效监测和干预；搭建权威有公信力的家庭育儿健康教育在线平台。

3. 强化婴幼儿重大疾病防治和救助

婴幼儿发生重大疾病不仅损害健康，也往往给家庭造成沉重负担。首先，要通过妇幼卫生机构、社区保健机构组织定期体检机制，加强婴幼儿先心病、血液病、恶性肿瘤、传染病、遗传病等典型性疾病的筛查和诊断，建立患儿追踪管理档案；其次，完善婴幼儿重病诊疗和药品供应机制，对困难家庭及时建立帮扶和救治机制，牵头建立公益慈善组织统一对接平台，规范社会捐赠、帮扶平台建设。在具体路径上，建议开展专项婴幼儿重疾筛查计划，纳入婴幼儿健康档案管理；建立婴幼儿重疾困难家庭信息管理和帮扶平台，对接慈善基金开展专项救助计划。

（二）"幼有所育"的家庭支持

1. 建立灵活多样的育儿补贴政策

各级政府已经拟定了一些育儿补贴政策，但落实情况仍不佳，存在较大完善的空间。首先，继续扩大个税优惠范围，当前的个税专项附加扣除额度是全国统一的，对消费水平较高的大城市家庭，并不能达到降低养育成本的目的，各地应该依据自身居民收入水平制定差异性的个税优惠方案；其次，建立多样化税收奖励机制，对从事婴幼儿照料职业的个人或机构也可视情况给予税收减免，利用税收优惠鼓励企业落实延长产假或育儿假；最后，关注低收入家庭的育儿补贴，对于收入无法达到个税征收门槛的家庭，可以提供其他补贴方案，对于因生育、哺乳等原因无法就业的女性，给予一定的生活补助。总之，育儿津贴、税收优惠等支持家庭养育的政策可选择更多灵活的方案，改革空间较大。在具体路径上，建议改革个税优惠方案，基于各地不同的收入水平和家庭育儿负担施行个人所得税退税标准；鼓励地方政府设立家庭支持奖励基金，弥补用人单位的额外产假、育儿假的薪资支出；对于家庭收入低于一定标准的家庭，提供免费婴幼儿食物和托育或学前教育服务。

2. 帮助家庭兼顾就业与育儿

对职业父母支持政策的完善应该包含劳动权益保障和就业促进两个方面。一是贯彻落实国家政策和省级生育条例中关于奖励产假、育儿假和婴儿保教费的规定，依财力适度提高婴儿保教费；二是支持生育保险基金覆盖延长产假的收入补偿，通过税收、奖励等制度督促用人单位落实配偶陪产假，实施灵活休假和弹性工作制度，支持男女职工共同履行家庭责任；三是在再就业培训、求职渠道等方面支持母亲重返就业岗位，严厉打击妇女在怀孕、生产、哺育期间遭遇的劳动权益受侵害行为，鼓励和引导社区、用人单位、商业办公楼宇与私人机构开展短期日托服务。在具体路径上，建议全面推进生育保险和职工基本医疗保险合并实施，提升统筹层次，确保生育保险覆盖生育医疗费用、生育津贴和产假；开展母亲重返就业扶持计划，列入地方政府就业目标任务清单，支持地方有关"妈妈岗"等就业形式的探索。

3. 制定向育儿家庭倾斜的资源分配机制

分配公共资源时可适度向育儿家庭倾斜。首先，从住房方面来说，要以公租房、保障性住房为抓手解决多子女家庭的城市住房问题，将家庭子女数量和家庭负担情况作为申请公租房和保障性住房的重要考虑因素，在排队次序、户型选择方面给予照顾。还可以在使用住房公积金购买商品房时，给予贷款额度和利率方面的优惠。其次，从课税方面来说，在个人所得税综合汇算时，可以家庭为单位进行重新汇算，对于有家庭成员因孕产或照顾子女等原因而收入减少的，退税政策可提供适当补贴。最后，对于多子女家庭的刚性需求，在购置汽车等大额消费品时，需缴纳的车辆购置税也可视情况给予减免，在需要申请汽车购置指标的城市，应给予多成员家庭一定的优先权。在具体路径上，鼓励各地改革保障性住房的申请标准，降低外来常住户的申请标准，不分户籍优先解决多子女家庭的住房问题，并给予户型选择方面的照顾；支持地方政府发放儿童消费券、托育消费券等，精准降低养育成本。

（三）"幼有所育"的服务支持

1. 提升普惠托育的供给总量和服务质量

将普惠性托育作为公共产品供给，是将家庭育儿责任"社会化"的重要手段。针对当前普惠性托育服务在供给总量和质量方欠缺的问题，提出以下政策建议。一是将托育服务纳入各级政府的发展规划和

第二部分 分论

财政预算，运用土地、住房、税收等支持补贴政策，鼓励有条件的企业、单位开办托育服务，加快普惠性托育服务的覆盖，支持学前教育机构拓展托育服务内容。二是加快托育法律法规的体系建设，形成包含准入机制、建设规范、运营标准、从业考核和保育指南等在内的一整套监管机制①，形成全过程的管理机制，提升普惠性托育的服务质量。三是政府牵头建立托育服务评价体系，以环境、设施、师资、安全、服务等为计分标准，对服务机构进行动态化评价，打造一批示范性、品牌性的托育机构，同时对于不规范行为建立黑名单和奖惩机制，重拾家长信心。四是加强对托育服务从业人员的专业性培训，同时加大相关专业人才的培养，逐步实施规范的职业资格准入、职业素养评级、人员考核等制度，职业素养评估应该包含能力评估、行为测试、品格测试等，推动托育服务规范健康发展。在具体路径上，鼓励地方政府将普惠托育服务发展目标列入发展规划；建设一批示范性公办 3 岁及以下托育机构，打造一批质量高、信誉佳的托育机构品牌；成立专门机构对托育机构开展监管和评估工作。

2. 坚持学前教育的普惠覆盖与质量提升并行

对适龄儿童普及学前教育对于幼儿早期教育具有重要意义。第一，要继续在学前教育领域补短板，对农村地区、欠发达地区实施财政转移支付构建全覆盖的学前教育公共服务网络，将流动人口子女接受学前教育逐步纳入流动人口基本公共服务均等化的目录，对流动人口集中地区加强普惠性学前教育资源供给，早日实现学前教育的普及。第二，完善普惠性学前教育成本分担机制，建立科学的、动态的、差异化的幼儿园运营成本测算，确定政府与家庭分担比例，建立非营利性民办园的经费保障机制，既保障一般家庭基础性需求，也要兼顾满足多样性、特色化的个性需求。第三，坚持普惠与高质量并行，健全幼儿园保教质量监测体系，遵循学前教育规律和幼儿身心发展规律，深化幼儿园教育改革，扩大学前教育师资队伍规模，提升专

---

① 杨菊华：《理论基础、现实依据与改革思路：中国 3 岁以下婴幼儿托育服务发展研究》，《社会科学》2018 年第 9 期。

业化程度，适当提升薪酬水平，全面提升学前教育质量。在具体路径上，探索将普惠性学前教育经费纳入义务教育经费保障体系；将提高流动儿童的普惠幼儿园入学率纳入基本公共服务均等化的任务清单；落实学前教育立法。

3. **实现更灵活的婴幼儿照料服务和养育支持**

除了托育、学前教育机构，家庭还需要更灵活的婴幼儿照料支持。一是在有条件的地区开展试点，探索依托原有社区文化中心、图书阅览室、党群服务中心等设施开展社区短期托幼服务和课后看护服务，采用政府、家庭和社区分摊成本的方式，探索多样化的可持续发展模式。二是鼓励用人单位为职工提供育儿便利，如企业自办托儿所或临时托管中心，企业集中商业楼宇或工业园区联办托育服务，设立母婴喂养室、母乳存储设备等。三是引导志愿者组织开展婴幼儿短期托管服务，采用政府付费、公益免费和家庭付费相结合的模式，参考养老服务"时间银行"模式开展互助式育儿模式的探索。在具体路径上，开展社区日间婴幼儿看护中心试点，采用公办、公私合营及政府购买等方式建立成本分摊模式；开展办公集中区日间婴幼儿看护中心试点，采用集体公办、众筹合营等方式建立成本分摊模式；探索"邻居妈妈"等互助模式。

（四）"幼有所育"的环境支持

婴幼儿成长需要良好、安全的治安环境、生态环境、家庭环境、文化环境、社区环境等，"幼有所育"的环境支持可以说包罗万象，依据上述问题的急迫性和可行性，本章提出以下政策建议。

1. **活跃幼儿文化产品市场，提供更多公益性文化服务**

幼儿文化产品和服务对儿童早期教育具有重要意义。一是加强国产幼儿文化品牌的孵化和培育，在平台与推广方面支持幼儿绘本、儿歌、动画片、电影、电视节目等方面产出国货精品，推广中华优秀传统文化和社会主义核心价值观；二是鼓励相关公共文化单位开展公益性亲子活动，如图书馆设立绘本亲子共读活动，体育馆开展亲子运动会，音乐厅开展亲子共赏活动，戏曲剧院开展亲子赏析活动，博物馆

> 第二部分　分论

开展幼儿科普活动，教育机构开展家长育儿讲座，等等；三是支持幼儿学习戏曲、手工艺、绘画、乐器等民族优秀传统文化艺术的保护和传承。在具体路径上，开展"中国儿童文化作品扶持计划"，对优秀绘本、动画片、电视节目、电影等设立评选计划，鼓励青年文化工作者从事相关创作；搭建儿童文化推广平台，推动相关产业发展和创新。

2. 加强和规范婴幼儿食品和用品的生产、流通和销售

食品和用品安全是婴幼儿安全保障的基础。一是切实规范婴幼儿消费市场，从生产、流通和销售等环节对婴幼儿配方奶粉、辅食、用品实行严格监管，加强互联网平台和店铺的资质审查和产品抽查，切实消除食品安全隐患。二是防范婴幼儿产品的过度逐利行为，对一段、二段的婴幼儿配方奶粉和特殊用途奶粉实施合理限价，防止夸大宣传和炒作。三是健全和完善对婴幼儿食品、服装、玩具、用品的定期抽检制度，特别要加强对网络销售的抽检，及时发布抽检结果，对违规个体、企业、平台实施连带责任的惩处制度。在具体路径上，建议健全婴幼儿食品、用品抽检和公示机制；开展对"婴幼儿口粮"生产安全、定价机制和广告宣传的巡检。

3. 继续推动儿童友好社区、城市的建设

探索"儿童友好"社区、城市建设的标准和路径。一是推动公共空间的适童化改造，从儿童的早期活动特质与安全保障出发，改造社区交往空间、公共服务设施、城市休闲空间、街道活动空间等，推进婴幼儿活动场所无障碍建设和改造。二是健全儿童友好社区和儿童友好城市的评选机制，探索城乡和不同类型社区的儿童友好标准和规范，表彰和推广一批儿童友好典型案例。三是推动农村地区儿童活动场所建设，联合农村留守儿童关爱工程、"美丽乡村"建设等项目，因地施策、打造儿童成长乐园。在具体路径上，建议实施"五个100"计划，加快建设100个"儿童友好城市"，评选"儿童友好城市"示范城市、示范区、示范社区；推广100个公共空间适童化改造经典案例；推广100个儿童城市中心公园案例；推广100个乡村儿童成长乐园案例；推广100个儿童社会参与案例。

第四章　学有所教：建设高质量教育体系[*]

教育兴则国家兴、教育强则国家强。学有所教决定着每个孩子的未来，牵动着无数家庭的悲欢，关系着一个民族的希望。党的十八大以来，党和国家高度重视教育事业，教育改革开启了纵深推进的进程，一批标志性、引领性的改革措施取得显著成效，教育公共服务水平与教育治理能力不断提升，中国特色社会主义教育制度进一步完善。然而随着我国社会主要矛盾已经转化为人民日益增长的美好生活需要与不平衡不充分发展之间的矛盾，人民群众对优质教育的需求也越来越突出，因此在逐步实现了从"没学上"到"有学上"之后，让每一个孩子都能享受公平优质的教育从而实现"上好学"，推进"学有所教"向"学有优教"的转化，成为教育事业发展的重要目标。正是在此背景下，2020年10月，党的十九届五中全会审议通过了《中共中央关于制定国民经济和社会发展第十四个五年规划和二〇三五年远景目标的建议》（以下简称《建议》），第一次明确提出"建设高质量教育体系"，这是新时代教育发展的新主题、新方向、新目标、新任务。2021年3月正式发布的《中华人民共和国国民经济和社会发展第十四个五年规划和二〇三五年远景目标纲要》（以下简称《纲要》）进一步明确了这一提法。党的二十大报告进一步指出，"加快建

---

[*] 本章作者为张立龙、韩晓静。作者简介：张立龙，首都经济贸易大学副教授，研究方向为人口社会学。韩晓静，中国农业科学院农业经济与发展研究所副研究员，研究方向为城乡融合发展。

设高质量教育体系，发展素质教育，促进教育公平"①。建设高质量教育体系是党和国家对未来教育发展作出的重大决定，为新时代教育改革发展描绘了蓝图，为迈向教育发展新征程指明了方向，对于加快推进教育现代化、建设教育强国、办好人民满意的教育具有重大意义。

一 高质量教育体系的内涵

党的十九大报告中首次明确"建设教育强国是中华民族伟大复兴的基础工程"②的总定位。党的十九届五中全会指出，"十四五"时期要建设高质量教育体系。《纲要》也对建设高质量教育体系作了全面部署，明确提出要通过坚持"一个标准"、构建"两个体系"、深化"三全育人"、落实"五育并举"，从而实现以立德树人为根本任务，要通过构建优质均衡的基本公共教育服务体系、支撑技能社会建设的技术教育体系、开放多元的高等教育体系从而实现教育事业的高质量发展，以深化供给侧结构性改革为主线、以改革创新为根本动力，为推进高质量教育体系建设提供有力保证。坚持优先发展教育事业，坚持立德树人，增强学生的文明素养、社会责任意识、实践本领，培养德智体美劳全面发展的社会主义建设者和接班人。

（一）高质量教育是"更高质量"的教育

社会对教育的需求在不同的经济社会发展阶段有所不同。随着中国特色社会主义进入新时代，人民群众在教育方面的主要矛盾也发生了从满足学生"有学上"的基础上向"上好学"的转变，全面提高教育质量、建设高质量教育体系成为紧迫任务。更高质量是高质量教育体系的核心，它不仅体现了我国教育需求向更高质量需求的转变，也体现了教育体系目标应有的特征。与此同时，建设高质量教育体系

---

① 习近平：《高举中国特色社会主义伟大旗帜　为全面建设社会主义现代化国家而团结奋斗——在中国共产党第二十次全国代表大会上的报告》，人民出版社 2022 年版，第 34 页。

② 习近平：《决胜全面建成小康社会　夺取新时代中国特色社会主义伟大胜利——在中国共产党第十九次全国代表大会上的报告》，人民出版社 2017 年版，第 45 页。

也是贯彻新发展理念的重要体现。党的十八大以来,中国共产党成功驾驭了我国经济发展大局,形成了创新、协调、绿色、开放、共享的新发展理念。创新发展注重的是解决发展动力问题,协调发展注重的是解决发展不平衡问题,绿色发展注重的是解决人与自然和谐问题,开放发展注重的是解决发展内外联动问题,共享发展注重的是解决社会公平正义问题,强调坚持新发展理念是关系我国发展全局的一场深刻变革。新发展理念是经济、社会、教育、科技等所有领域的"协同行动",而高质量教育是新发展理念的重要支撑。

(二) 高质量教育是更加公平普惠的教育

更加公平普惠是高质量教育重要特征。随着我国经济社会的快速发展,人民群众对更好、更公平的教育提出了更加迫切的需要,但现阶段我国教育发展还不均衡,存在区域、城乡、校际和群体之间的差距突出,受教育机会及其过程中享有的教育资源配置不均衡问题仍然突出。因此只有不断地推进教育公平,补齐教育领域存在的短板和不足,缩小区域之间、城乡之间的差距,才能满足人民群众的需要和国家发展的需要。习近平总书记指出,教育公平是社会公平的重要基础,要不断促进教育发展成果更多、更公平、惠及全体人民,以教育公平促进社会公平正义[1]。党的十八大以来,党中央始终把教育摆在优先发展的战略位置,国家财政性教育经费占国内生产总值的比例连续保持在4%以上,教育投入结构逐步优化,教育经费优先向农村地区、边疆民族地区、革命老区、边远贫困地区教育发展倾斜,区域、城乡、校际差距逐步缩小。教育逐步实现从规模增长向质量提升的转变,高中教育与学前教育逐步普及,义务教育城乡一体化和优质均衡发展进一步推进,一流大学一流学科建设逐步促进高等教育内涵发展;校企合作、产教融合等进一步加强提升职业教育质量;等等。在历史性地解决了"有学上"问题之后,教育公平实现新跨越,如今正乘势而上,向着更高水准的公平,向着"让亿万孩子同在蓝天下共享优质教育"的愿望

---

[1] 《在北京市八一学校考察时的讲话》,《人民日报》2016年9月10日。

迈进，努力让教育成果平等面向每个人、让教育过程全面发展每个人、让教育效能深度助力每个人，让每个孩子都有人生出彩的机会。

（三）高质量教育体系是以人民为中心的公共教育服务体系

建设高质量教育体系，关键是办好人民满意的教育，要坚持建设以人民为中心的公共教育服务体系，做到"人民满意，初心所指"。就其科学内涵来说，坚持以人民为中心、办人民满意的教育是高质量教育体系的价值追求和全面深化教育改革的根本宗旨，旨在满足人民群众不断升级和个性化的教育需求、办人民满意的教育。只有通过发展更加公平、更高质量的教育才能解决目前教育领域的主要矛盾。习近平总书记在2018年全国教育大会上指出，以人民为中心发展教育，是我国教育改革和发展的基本经验，是教育改革和发展的指南针，更是执政为民、坚持以人民为中心的治国理政理念和方略在教育中的具体体现和生动实践[1]。让教育事业为提高人民思想道德素质、科学文化素质和身心健康素质提供可靠保证，切实做到发展为了人民、发展依靠人民、发展成果由人民共享，不断满足人民日益增长的美好生活需要。

（四）高质量教育是全面发展的教育

推动与实现人的全面发展是马克思主义教育理论的基本观点，我国将推动和实现人的全面发展作为教育方针和教育实践的重要依据，把培养全面发展的人作为教育的根本目的。习近平总书记高度重视推动人的全面发展，在2018年全国教育大会上提出，要努力构建"德智体美劳全面培养的教育体系，形成更高水平的人才培养体系"，强调"育人的根本在于立德"，"把劳动教育纳入人才培养的全过程"[2]。2021年新修订的《中华人民共和国教育法》将劳动教育写入其中，规定教育必须为社会主义现代化建设服务、为人民

---

[1] 《习近平在全国教育大会上强调　坚持中国特色社会主义教育发展道路　培养德智体美劳全面发展的社会主义建设者和接班人》，《人民日报》2018年9月11日。
[2] 《习近平在全国教育大会上强调　坚持中国特色社会主义教育发展道路　培养德智体美劳全面发展的社会主义建设者和接班人》，《人民日报》2018年9月11日。

服务，必须与生产劳动和社会实践相结合，培养"德智体美劳全面发展的社会主义建设者和接班人"。五育并举即通过德育、智育、体育、美育、劳动教育五种教育方式的共同作用，多方面、全方位提高人的素质，开发人的潜能，促进人的全面发展。其中，德育是人的全面发展的灵魂，智育是促进人的全面发展的基础，体育是促进人的全面发展的基本前提，美育是促进人的全面发展不可缺少的组成部分，劳动教育是促进人的全面发展的重要途径[①]。因此，高质量教育应是坚持五育并举、培养人全面发展的教育体系。

（五）高质量教育是更为开放的教育

高质量教育体系不应是一个故步自封、墨守成规的教育体系，而应该是一个不断开放和对外交流的逐步成长和发展的现代化教育体系。习近平总书记指出，"今天的世界是各国共同组成的命运共同体……教育应顺此大势，通过更为密切的互动交流，促进对人类各种知识和文化的认知，对民族现实奋斗和未来愿景的体认。以促进各国学生增进相互了解、树立世界眼光、激发创新灵感，确立为人类和平与发展贡献智慧和力量的远大志向"[②]。为此，更高质量的教育体系应加强同世界各国教育的交流，推动教育迈向更为广阔的世界舞台，教育体系的建设应着眼于服务国际、国内两个大局，促进人类文明的交流互鉴，构建人类命运共同体，推动人类文明进步。同时，更为开放的教育应该是高质量教育体系彰显文化自信的重要标志和显著特征。一方面，更为开放的教育是建设教育强国和提升教育质量的重要条件，也是现代教育体系的内在要求和世界教育发展的必然趋势；另一方面，更为开放的教育有利于中国深度参与国际教育规则、标准、评价体系的研究和制定，推动中国与国际组织及专业机构的教育交流合作，推动我国教育同其他国家教育的交流互鉴。

---

① 胡娟:《推动人的全面发展是教育的时代使命》，《光明日报》2021年7月13日。
② 《清华大学苏世民学者项目启动仪式在京举行》，《人民日报》2013年4月22日。

第二部分　分论

二　高质量教育体系建设面临的挑战

随着教育普及程度的提高，教育主要矛盾发生转化。一方面老百姓迫切需要接受高质量的教育，另一方面我国优质教育资源供给紧缺且发展不均衡，教育公平和教育质量问题更加凸显。

（一）基础教育面临的挑战

习近平总书记指出，基础教育在国民教育体系中处于基础性、先导性的地位①。党的十八大以来，党中央始终把基础教育摆在基础性、先导性和全局性战略地位，坚持公共财政优先投入，坚持立德树人，促进学生的全面发展，为民族复兴筑牢根基。党的十八大以来，我国基础教育提升到一个新高度。截至2021年，全国义务教育阶段辍学学生由台账建立之初的60万人降至475人，其中建档立卡20万辍学学生保持动态清零。"十三五"以来新增公办幼儿园5.08万所，全国学前教育入园率达88.1%，居于世界前列；其中普惠园覆盖率达87.8%。2021年，我国义务教育巩固率达95.4%，全国高中阶段教育毛入学率达91.4%②。从学前到高中，我国基础教育实现了全面普及。但在实践素质教育、教育领域综合改革、全面系统推进育人方式、教育信息化等方面依然存在很多挑战。

1. 全面在实践中实施素质教育面临挑战

我国教育发展正处在由全面普及向质量提升跨越的阶段，而素质教育是解决"上好学"问题的关键。习近平总书记指出，素质教育是教育的核心，教育要注重以人为本、因材施教，注重学用相长、知行合一，着力培养学生的创新精神和实践能力，促进学生德智体美全面发展③。1993年《中国教育改革和发展纲要》首先从国家政策层面

---

① 《在北京市八一学校考察时的讲话》，《人民日报》2016年9月10日。
② 国家统计局：《中华人民共和国2021年国民经济和社会发展统计公报》，国家统计局官网，2022年2月28日，http://www.gov.cn/shuju/2022-02-28/content_5676015.htm。
③ 《在北京市八一学校考察时的讲话》，《人民日报》2016年9月10日。

提出了素质教育；1994年第二次全国教育工作会议指出，基础教育必须从"应试教育"转到"素质教育"的轨道上来。在当前科技进步日新月异、知识经济迅猛推进、经济社会发展日益转向创新驱动的背景下，党的十九大报告指出要"发展素质教育"，这是第一次在党的代表大会报告中提出发展素质教育。"发展"是对素质教育的新要求，从"实施"转向"发展"，表明党和政府推进素质教育的立场更加坚定、方向更加明确，大力培养创新型人才，推进实现教育强国目标，从而更好地参与激烈的国际竞争。

我国素质教育的实践取得了显著成就，但在实践过程中依然存在未能很好地做到按照素质教育的要求去办教育，去教书育人。首先，对于素质教育的本质是什么、如何实施素质教育等一些问题的理论认识尚未彻底厘清，这使得教育实践者对素质教育的认识出现了偏差，在现实中表现为教育的观念和教育评价尚未走向素质教育，许多学校教育还存在"重知识不重能力、重智育不重体育、重课堂不重课外"的现象，不能实现学生的全面发展。其次，功利主义取向的"应试教育"顽疾仍存在，影响了素质教育的贯彻实施。当前我国优质教育资源仍存在总量不足、结构不合理，城乡、区域、群体教育发展的不平衡、不充分的矛盾，这为教育功利主义提供了可能，家长因害怕孩子输在起跑线上而揠苗助长，学校为片面追求升学率而过度教育、片面教育，素质教育的提出致力于解决"应试教育"倾向带来的弊端。最后，30多年来各级政府虽然采取多种措施推进实施素质教育，但中高考升学压力和教育资源配置不均衡等因素依然发挥着影响，"轰轰烈烈提素质教育、扎扎实实搞应试教育"的怪现象依然存在。

2. 全面深化教育领域综合改革面临挑战

教育改革是教育事业发展的强大动力。当前，中国正在从人力资源大国向人力资源强国迈进，教育发展正处在重要战略机遇期。为此，党的十八大以来，党中央坚持以立德树人为导向，以促进教育公平、提高教育质量为主线，以改进政府管理方式、释放学校办学活力、构建全民终身学习体系为重点，继续推进教育领域多方面改革，完善中国特色社会主义现代教育体系，破除制约教育事业科学发展的

第二部分　分论

体制机制障碍，促进教育制度和体系逐步完善以尽力满足广大人民群众不断增长的多样化需求。教育改革的系统设计和整体安排是深化教育领域综合改革的重要内容，教育改革涉及方方面面，这要求在教育改革过程中，针对人才培养体制改革、考试招生制度改革、学校制度改革、办学体制改革、管理体制改革等进行统筹设计、系统推进。正确处理立足当前和兼顾长远的关系，做到将综合改革和专项改革相结合，扎实稳步推进，确保教育改革的科学性和系统性。然而，随着教育综合改革的逐步深入，新挑战也逐步出现。首先，如何通过"放管服"推动教育管理部门实现放权、科学管理和做好服务有机结合。其次，如何通过管、办、评相分离做到管理教育的政府、举办教育的学校、评价教育的机构的相分离。再次，如何通过建立现代学校制度保障办学自主权、办出教育特色和水平。最后，如何吸引优秀师资、科学管理教师、激发教师活力，进而提高教育质量[①]。

3. 全面系统推进育人方式改革面临挑战

育人方式改革是落实立德树人根本任务、适应人才成长规律、推动教育高质量普及化发展的重要举措。但当前在政府层面、学校层面、社会层面等均存在不利于学校全面推进育人方式改革的因素。首先，政府与学校之间的行政隶属关系使得学校并未得到足够的育人自主权限，学校在育人实践中存在教育政策供给与实施偏误频繁发生、政校之间权力与权利矛盾隐现等困境，对于升学率等办学指标的设定让学校很难自主调整育人布局，对育人方式改革缺少足够的关注。特别的，对于以"全面普及"为主要目标的高中阶段教育而言，由于普通高中学校肩负起高中阶段教育"普及攻坚"的重要任务，这对于很多经费短缺、校舍不足、师资不够、学生入学意愿较低等缺少必要教育基础的中西部学校而言，完成普及的任务困难重重，也就必然面临缺少"普及化"支撑的育人方式改革的挑战[②]。其次，学校现有

---

① 薛二勇、李健：《新时代教育规划的形势、挑战与任务》，《中国教育学刊》2021年第3期。

② 朱新卓、赵宽宽：《我国高中阶段普职规模大体相当政策的反思与变革》，《中国教育学刊》2020年第7期。

的育人体系是经过长期实践且带来稳定育人成果，同时又具有教师群体个体化育人风格的系统，短期内改变现有体系以适应新的育人体系几乎不可能。与此同时，教育事业的特殊性也使得其改革与其他领域的改革不同，作为"育人"的场所，学校的任何改革将直接决定人才培养质量，这必然使得学校在改革尤其是缺少系统性和持续性的改革面前缺乏主动性。最后，以"崇尚升学率和追求高分数"为育人理念的实践，在一定程度上抑制了育人方式改革的推进节律和步伐，这对于高中阶段教育更是如此。"升学本位"的育人理念在现代中国高考体系中留存传续，在某种程度上决定了普通高中升学本位的育人理念根深蒂固，阻碍了育人方式改革的实践进程，这也是普通高中学校延迟推进育人改革的重要缘由。

4. 人口结构变化对基础教育规划发展的挑战

准确预测学龄人口规模与结构的变动趋势，作出合理可行的教育发展规划，对于保障学龄人口教育需求、避免教育资源供给出现结构性矛盾和建设高质量教育体系具有重要意义。在教育领域，在校学生规模是教育资源配置的基础性指标，而学龄人口规模和结构的变化必然影响未来各学段的入学人数和在校生规模。因此，需要准备把握生育政策短期调整所带来的人口结构变化与教育政策中长期规划的关系，关注生育政策变化对教育资源供需格局产生的波动性冲击。几乎每一次生育政策调整都会产生阶段性的出生人口高峰，出生人口队列规模的变化会对学龄人口产生阶段性和长期性的影响。例如，由于生育政策调整带来的中国出生人口小高峰在2016年和2017年出现，分别为1785万和1723万，这一出生规模高于其之前2000—2015年和其之后2018—2021年的历年出生人口，当这一出生队列在2019—2022年达到学前教育年龄时，学前教育人口规模达到峰值；当这一队列在2023年进入小学阶段、2026年进入初中阶段、2029年进入高中阶段、2033年进入高等教育阶段时，对应学段的人口规模均达到峰值。因此，准确把握出生人口队列的变化，可以更精确地预测未来教育事业的发展对各类教育资源的需求。

5. 教育信息化对传统教学方式的挑战

信息技术大量应用到基础教育领域，冲击和挑战了传统的课堂教学，促使课堂教学主体中心发生转变。一方面，多媒体与信息网络丰富了课堂上教育信息的来源，学生利用"互联网+"技术可以随时随地选择与获取教育资源，不再完全依赖于教师和教材，削弱了教师的权威性，促使其逐渐从主导课堂教学转变为引导学生学习。另一方面，在现代信息技术所构建的智慧教学环境中，学生不再被动接受知识而是主动建构学习，真正成为课堂教学的主；学生可以利用"互联网+"技术自主选取学习内容、制定学习计划、安排学习进程并及时和教师、同学交流探讨。

教育信息化带来的新的以学生为本的教育理念和教学手段，这带来了教师角色的错位问题，传统教师角色已不能满足时代发展的需求，这需要教师逐步实现角色的转变，掌握新的教育行为模式，培养教师对角色行为的反思能力；教育信息化的环境下教师成为传统角色的继承者、课程的开发者、动态的研究者、学生学习的引导者等，这些都会对教师角色的重新定位提出了挑战[1]。教师也从原来的知识传授者、教材执行者、学习指挥者、教学计划的执行者转变为学习的引导者、教学的设计者、促进学习的协作者、教育研究者[2]。阻碍教师角色转换的主要因素在于教师角色认同度不够、社会角色转换能力不足、角色转换能力薄弱。影响教师角色的因素主要有传统的教学结构和教学模式，教师认知偏差和心理抵制、教学管理机制与环境因素、师生双方素质和能力不足等[3]。

（二）高等教育面临的挑战

高等教育发展水平是一个国家发展水平和发展潜力的重要标志。

---

[1] 刘爱楼：《教育信息化背景下教师角色的转型》，《中国成人教育》2016 年第 14 期。

[2] 柳翔浩：《数字时代教师的角色焦虑及其消解路向》，《教育研究》2017 年第 12 期。

[3] 艾洪伟：《教育信息化背景下教师角色研究的述评》，《汉字文化》2017 年第 7 期。

习近平总书记指出，中华民族和中国人民千年求索、百年奋斗的目标，将在不远的将来变成现实。我们对高等教育的需要比以往任何时候都更加迫切，对科学知识和卓越人才的渴求比以往任何时候都更加强烈①。党的十八大以来，我国高等教育坚持与时代同行，建成了世界上最大规模的高等教育体系，高等教育进入普及化阶段；一批大学和学科跻身世界先进水平。2021年高等教育在学总人数超过4430万人，接受高等教育的人口达到2.4亿人；毛入学率从2012年的30%提高至2021年的57.8%②。我国高等教育事业在取得举世公认的成就的同时，也面临不少深层次的矛盾和困难，主要体现为以下几点。高等教育规模居世界之首，但"大而不强"的问题比较突出；老百姓上大学难的矛盾基本解决，但上好大学、选好专业的矛盾依旧突出；以质量求生存、求发展的意识有所强化，但对提高质量所投入的资源与精力依旧不足、教学的中心地位仍欠重视；教育体制机制改革虽在持续推进，但仍不能适应经济发展新常态、释放创新活力的需求；教育国际化水平不断提高，但我国高等教育的国际话语权和竞争力依旧不强；等等。

1. 国内外环境和形势变化对高等教育挑战逐步加剧

首先，全球竞争新格局加剧高等教育的竞争。一个国家要在国际竞争中占据主动、创造优势，必须把增长教育竞争力和人才吸引力放在首位，必须建设世界一流的高等教育；当前创新人才的培养对中国高等教育的需要比任何时候都更加迫切，对科学知识和卓越人才的渴求比以往任何时候都更加强烈。其次，经济发展新常态要求加快激发"人才红利"。随着我国经济由经济高速增长阶段向高质量发展阶段的转变，要提高全要素生产率，推动经济实现高质量发展，需要将人力资源作为产业体系的核心要素，通过高质量发展高等教育实现人口红利向人才红利的转变。最后，民生需求新变化对高等教育提出更多

---

① 《习近平在全国高校思想政治工作会议上强调：把思想政治工作贯穿教育教学全过程　开创我国高等教育事业发展新局面》，《人民日报》2016年12月9日。
② 参见2022年5月8日教育部"教育这十年""1+1"系列发布会。

第二部分 分论

新挑战。随着我国社会主要矛盾转化为人民日益增长的美好生活需要与不平衡不充分的发展之间的矛盾,在高等教育需求方面,我国高等教育的扩招和普及化进程的快速推进,带来了师资队伍、教学资源、基础条件建设的不足,从而导致了公众对高等教育质量的担忧,人们对更高层次、更高质量高等教育资源的需求日趋增加,在这种背景下,必须解决高等教育发展不平衡、竞争不充分的问题以推动高等教育发展更加公平、更有质量、更具活力。

2. 应用型高校转型问题及同质化倾向依然存在

当前,我国高校尤其是应用型高校依然面临同质化程度较高及转型较为困难的问题。不同类型、不同层次、不同历史、不同文化背景的高校在组织结构、目标定位、培养模式甚至在大学文化等方面呈现趋同化、一致化的发展趋势,使高校培养出的人才在知识结构、能力、素质等方面日趋雷同。特别的,应用型高校纷纷向省内名校、全国一流高校看齐,高校盲目地向综合型、研究型大学发展使得我国高校丧失自己的办学特色。高校的这种同质化是在高等教育发展过程中出现的,办学风格与培养目标的千篇一律,给整个高等教育的发展带来危害。对于高校毕业生来说,高校毕业生在技能和知识结构上差异较小,不能够适应多元化的市场需求;同时由于高校本身对市场需求缺乏正确的认识,盲目开设热门和成本低的专业,使得就业市场供过于求,带来了结构性失业。对于高校自身来说,盲目的模仿会使得高校丧失办学特色,这必然使得学校无法在高等教育事业中得到长足的进步和发展,并面临优胜劣汰的生存考验[1]。

3. 新兴信息技术对传统高等教育形态带来的冲击

近年来,互联网教学方兴未艾,人工智能、虚拟现实、大数据、区块链等新兴信息技术日新月异,信息技术对教育领域的挑战前所未有,教育理念、教育功能、教育形态和发展形态都在发生深刻的变革。首先,信息技术的发展冲击了高等教育的本质与功能,

---

[1] 程娓娓、周元宽:《我国高校同质化相关研究综述》,《扬州大学学报》(高教研究版)2013年第1期。

信息技术给大学带来了生存危机，大学向何处去及其未来的形态变得十分不确定，新兴信息与通信技术的发展使得大学的知识权威和学术垄断地位遭到威胁，实际教育的效能受到质疑。其次，信息技术的发展也挑战了教师的角色与权威，在新兴信息技术发展的时代，人类获取知识的渠道发生变化，知识传递的方式由单向转变为多向互动，教师角色和师生关系正在转型，部分知识性教学角色将会被人工智能所取代，教师更需要在激发学生学习兴趣、启迪学生智慧、涵养学习健全人格等方面发挥作用，凸显育人功能的重要性和不可替代性。最后，信息技术对劳动力市场的影响，简单、重复性的劳动将逐步被人工智能所取代，一批传统的职业将逐步消失，新的职业不断产生，这对高校人才培养如何适应就业市场的变化提出了更高的要求。

4. 经济发展的不平衡导致高等教育资源地区分布不均问题依然存在

改革开放以来，我国高等教育事业快速发展，但高等教育资源区域分布的不平衡依然存在。高等教育资源的分布不均是政治、经济、文化、历史、地理等多方面原因造成的，但地区经济发展水平是影响各区域高等学校在教育投入、师资队伍、办学条件等方面存在差异的主要原因。一般认为，经济发展水平越高的地区，向高等教育投入的资金就越多，也对高等教育有着更高的需求，能够吸引全国各地优秀的学生，并将其转变为流入地的人才资源进而推动当地经济社会的发展。在中国39所985建设高校中，东部、中部、西部各有26所、6所、7所，分别占比67%、15%、18%；在全国112所"211"高校中，东部、中部、西部各有71所、17所、24所，分别占比64%、15%和21%，呈现出东部重点高校密集、中西部稀疏的分布格局，当前秉持优先发展的双一流建设高校战略并没有改变中国高等教育区域发展不平衡的格局[①]。

---

① 陈万灵、郑春生：《高等教育蓝皮书：中国高等教育发展报告（2019）》，社会科学文献出版社2020年版。

第二部分　分论

（三）职业教育面临的挑战

职业教育是国民教育体系和人力资源开发的重要组成部分。2021年4月，习近平总书记在对职业教育作出重要指示中强调，在全面建设社会主义现代化国家新征程中，职业教育前途广阔、大有可为。党的十八大以来，我国加大力度推动职业教育改革发展，不断增强职业教育对经济社会发展需求的适应性。2011—2020年，职业院校国家财政性教育经费从1933.89亿元增长至4446.34亿元，增加了1.3倍，年均增速为9.69%。2021年高职学校招生557万人，相当于十年前的1.8倍；中职学校（不含技工学校）招生489万人，中高职学校每年培养1000万人左右的高素质技术技能人才，为经济社会发展提供了源源不断的人才支撑[1]。在中国特色现代职业教育体系向纵深推进的同时，也面临不少深层次的挑战，这些挑战包括职业教育的认可度依然不高，初中之后的普职分流的合理性受到挑战；职业教育适应性发展面临更为复杂多元的诉求；职业教育质量依然较低，职业教育体系不适应加快了转变经济发展方式的要求；职业教育整体有体有量，但竞争优势不够凸显等。

1.职业教育的认可度不高，初中之后"普职分流"受到挑战

当前，自1985年中央深化教育体制改革的决定以来，我国高中阶段教育实施普职分流，坚持高中与中等职业学校招生比例大体相当的政策。这一政策对于普及高中阶段教育、建立完善的职业教育体系、培养高素质的技能劳动者，发挥了重大的作用。但随着经济社会以及教育自身的发展，我国这种普通高中和职业高中教育招生比例大体相当的"普职分流"政策，受到越来越严峻的挑战。一是高中阶段普职分流成为引发家长教育焦虑的重要原因，因为普职分流的政策导致高考的竞争压力进一步下移至初中甚至小学，已成为增加学生负担、引起家长焦虑的重要原因。二是社会对中等职业学校存在刻板印象，对学习氛围、孩子成长环境及未来出路等方面认可度普遍不高。三是初中之后就开始的"普职分流"政策被认为剥夺了孩子平等接受普通高中教育的权利。初中生

---

[1] 张赟芳：《职业教育发生格局性变化》，《中国教育报》2022年5月27日第5版。

年龄偏小、心智尚未成熟，对遭受普通高中教育淘汰的心理承受力有限，过早分流将严重打击学生自信心，不利于其身心健康成长①。四是中等职业教育已从就业教育为主转向以升学教育为主，以升学为导向的中等职业教育已偏离了就业为导向的职业教育定位。五是经济社会发展对技能型人才的素质提出了更高要求。在高等教育日趋普及化的背景下，对于许多工作，高等教育资格是必不可少的要求，而且对学历的要求也越来越高，甚至呈现"文凭通胀"的现象②。

2. 职业教育适应性发展面临更为复杂多元的诉求

职业教育适应性旨在服务经济社会发展和人的全面发展，然而，适应性的内涵也随经济社会发展阶段的变化呈现阶段性发展特征。随着中国特色社会主义进入新时代，职业教育需要着力完善自身功能范畴，突出适配与主动服务的价值趋向，从而更好地适应双循环经济发展新格局的需要和人民群众对多样化、高质量教育的需要，满足更为复杂多元的诉求。首先，职业教育要适应供给侧结构性改革的需要，表现为职业教育专业机构的调整要适应或引领产业结构变革，要与供给侧结构性改革的人力资源培养层次结构和数量结构匹配；其次，职业教育要适应我国产业在全球价值链中高端的产业结构变革，当前我国在制造业上游面临高精尖产业的短板，也是职业教育人才培养的短板。再次，职业教育不仅要传授知识、技能，也要培养创新思维与能力，从而更好地服务建设创新型国家；与此同时，职业教育要通过增设涉农专业、提升存量涉农专业的现代化水平，推动涉农专业的种类和规模以适应和推动乡村振兴战略。最后，社会对于职业教育的认知落差与职业教育应有使命之间的矛盾、国家对高质量职业教育需求与当前职业教育发展水平之间的矛盾等，都影响了职业教育的适应性。

3. 职业教育体系不适应加快转变经济发展方式的要求

目前我国职业教育人才供需不匹配的问题突出，如何紧跟经济社

---

① 张志勇：《"普职分流"面临的挑战和对策》，《中国教师报》2022年3月16日第14版。
② 张志勇：《"普职分流"面临的挑战和对策》，《中国教师报》2022年3月16日第14版。

会发展、满足产业升级变革对于技术技能人才的新要求是当前职业教育发展面临的重要挑战。正如《现代职业教育体系建设规划（2014—2020年）》所述，我国职业教育仍然存在社会吸引力不强、发展理念相对落后、行业企业参与不足、人才培养模式相对陈旧、基础能力相对薄弱、层次结构不合理、基本制度不健全、国际化程度不高等诸多问题，并集中体现在职业教育体系不适应加快转变经济发展方式的要求上。2019年1月国务院印发的《国家职业教育改革实施方案》也对职业教育发展中的问题做了基本判断，认为当前职业教育发展存在认识不到位、体系不完善、特色不明显、企业参与不够、社会地位不高等问题。

4. 职业教育整体有体有量，但竞争优势不够凸显

党的十八大以来，随着国家对职业教育事业发展的重视，职业教育整体规模逐步增大。国家有计划、有步骤地先后发布了《现代职业教育质量提升计划》（2014年）、《高等职业教育创新发展行动计划》（2015年）、《中国特色高水平高职院校和专业建设计划》（2019年）、《职教20条》（2019年）、《职业教育提质培优行动计划（2020—2023）》、《关于推进现代职业教育高质量发展的意见》（2021年）等政策推动职业教育的发展。当前，无论是中等职业教育、高等职业教育，还是企业办校，办学规模都不断增长。但整体来看，我国职业教育仍是整个教育体系的薄弱环节。这表现在我国职业教育整体发展有体有量，但质量水平不高，办学特色不明显，缺乏竞争优势，支撑职业教育发展的现代职教治理体系尚未形成。职业教育要承担起培养应用型人才"提质培优，增值赋能"的重要使命，但要建设高水平、更优质的一流职业教育并培育"一流职业教育人才"还有很长的路要走。

三 建设高质量教育体系的政策建议

党的第十九届五中全会明确指出，要建设高质量教育体系，到2035年建成教育强国，"建设高质量教育体系要全面贯彻党的教育方针，坚持立德树人，加强师德师风建设，培养德智体美劳全面发展的

社会主义建设者和接班人"。在对高质量教育体系内涵和发展所面临挑战进行分析的基础上,本报告提出要通过继续优化和完善城镇学校布局、推进县域内义务教育优质均衡、办好乡村学校助力乡村振兴、保证随迁子女平等享受基本公共教育服务、以推进融合教育和特殊教育、全面提高义务教育质量并适当扩大义务教育的范围等方面继续推进基本公共教育均等化;通过推进普通高中和职业教育的协同发展、促进校企合作与产教融合、构建纵横贯通的职业教育体系、搭建技能人才发展平台与使用网络促进技能成果共享、创设尊重技能的制度环境以提高职业教育的认可度等不断增强职业技术教育适应性;通过完善以立德树人为根本的协同育人体系、夯实以机制创新为重点的人才培养体系、打造以服务需求为支撑的学科专业体系、构建以质量贡献为导向的教育评价体系等不断提高高等教育质量;通过解决好教师队伍建设的目标问题、发展问题、管理问题,加强教师教育体系建设,弘扬尊师重教的社会风尚,教育投入要更多向教师倾斜等方面建设高素质专业化教师队伍。

(一)推进基本公共教育均等化

当前我国基本公共教育体系的发展仍然存在不平衡不充分的问题,人群间、地区间的公共教育体系仍存在差距,因此进一步提高公共教育的均等化水平、努力缩小基本公共教育体系的差距至关重要。

1. 优化和完善城镇学校布局规划

随着城镇化进程的逐步推进,农村人口尤其是青年人口流动性进一步增强,在当前流动人口市民化的背景下,越来越多的流动儿童随父母的迁移而流动,这必然对流入地的教育资源等基本公共服务产生影响,带来教育资源的供不应求。与此同时,城镇教育资源在区域间分布的不平衡,使得教育资源往往集中分布在一些经济条件较为发达的城镇,这也导致了城镇结构布局的不合理。因此,在考虑以上因素的基础上,优化和完善城镇学校布局规划是义务教育资源优化配置的重要内容。首先,要综合考虑地区的实际环境、人口等情况,将学校布局规划纳入城

第二部分 分论

镇化总体规划①。其次,要协调规划教育资源,逐步解决教育资源区域发展不平衡的问题。最后,建立人口流动监测机制,根据人口的变化趋势制定相关政策以解决城镇适龄人口数与教育资源量不匹配的问题。

2. 推进县(市)区域内义务教育优质均衡

为顺利完成"十四五"时期和2035年建设高质量教育体系的目标要求,义务教育进入加快推进优质均衡的重要阶段。但如何推进县域内义务教育优质均衡?首先,要展现乡村学校的优势,优化其教学模式,在结合乡村自身特点并借鉴城市办学经验的基础上去发展乡村教育,为乡村学生提供满意、便捷、高质量的学习体验。其次,政府要继续大力支持义务教育的发展,针对各地区的基本状况和现实诉求对症下药,确保教育经费能够真正做到财尽其用,用优质均衡的标准评估教育质量。再次,以优质均衡的标准推进教师队伍的高质量发展,优化职称评定机制,实施合理的激励机制,对偏远地区的教师给予合理的补助政策。最后,推进城乡教育的协同发展,完善相关顶层设计,尤其要注重乡村教育事业的发展,提供优质的教育资源、优质的师资力量等。

3. 办好乡村学校助力乡村振兴

对于乡村来说,教育既承载着传播知识、塑造文明乡风的功能,也为乡村发展注入大量人才,在乡村振兴中具有不可替代的基础性作用。首先,进一步改善农村学校办学条件。通过继续落实"一县一策""一校一案"的办法,按照中小学建设标准将每一所农村学校建设成为最安全、最坚固、最让群众放心的地方。同时,继续完善义务教育经费保障机制,推进乡村寄宿制学校建设,改善学生食宿条件和学校卫生设施,努力提高乡村义务教育学校标准化配置水平。其次,通过整合教育资源、优化教学配置,在乡村不具备办学规模时将学生集中到以乡镇为单位的中心学校,实现乡村学校的合理布点,实现农村适龄儿童从"有学上"到"上好学"。最后,继续强化农村教师队

---

① 薛二勇、李健、单成蔚等:《实现基本公共教育服务均等化——〈中国教育现代化2035〉的战略与政策》,《中国电化教育》2019年第10期。

伍建设。通过创新教师补充机制加大紧缺学科教师配置，缓解教师结构性缺编问题；进一步完善县管校聘，打破城乡校际壁垒，实现优质教师资源的共享和均衡匹配；进一步改善农村尤其是偏远地区教师福利待遇并完善职称评审，引导优秀校长和骨干教师向农村学校流动，营造良好的农村教育发展氛围。

4. 保证随迁子女平等享受基本公共教育服务

保证随迁子女平等享受基本公共教育服务事关人民群众的切身利益，有利于促进社会公平。目前我国基本解决了随迁子女的入学机会问题，但教育质量还有待提升。为保证随迁子女平等享受基本公共教育服务，首先要精简不必要的证明材料，依法保障随迁子女平等接受义务教育，缩小随迁子女与本地户口子女之间的差距，尽可能做到教育资源的公平享有。其次要合理测算地区内的人口增长趋势，合理扩增学校的学位以及师资的配备，尽可能满足随迁子女的入学需求，做到因地制宜。最后要加强素质教育，在学习以及日常生活中要做到一视同仁、公平公正，促进班级团结友爱发展，对随迁子女给予相关的问候和关怀，让其能够更好地融入班集体。

5. 坚持多元融合发展以推进特殊教育

全面贯彻党的教育方针，普及残疾儿童义务教育，加快建立健全特殊教育体系，将有特殊需要的儿童纳入普通班级接受教育，做到共同成长进步。首先，对残疾儿童青少年进行精准评估与施策，进行分类推进，提高残疾儿童学前教育、义务教育以及高等教育的普及率，促进特殊孩子与普通孩子之间的协同发展，坚持以人为本的思想促进彼此和谐相处。其次，要坚持多元融合发展，优先让残疾孩子在普通院校接受教育，尊重差异化，针对学生的个性化特点设定合理的教学方案，最大限度地实现资源共享。最后，建立健全监督监测机制，设定合理的应急方案，与相关医疗机构加强合作，政府给予相关的政策引导和支持，加强师资的专业化水平，确保特殊教育的协同健康发展。

6. 继续全面提高义务教育质量并适当扩大义务教育的范围

义务教育是国家统一实施的所有适龄儿童必须接受的教育，是为其终身学习打下良好基础、形成城乡之间和不同收入家庭之间在

| 第二部分　分论

同等起跑线的关键，政府应给予充分的公共资源投入。2012—2021年，全国小学学龄儿童净入学率从99.85%进一步提高到99.9%，初中阶段毛入学率始终保持在100%以上，九年义务教育巩固率从91.8%提高至95.4%[①]，已处于较高的水平，但我国实行的9年义务教育与发达国家相比还有很大差距，以某些发达国家为例，美国现行的义务教育年限为12年、英国为11年、法国为11年、德国为13年。随着我国经济社会的发展、综合国力的提升，长期来看，延长义务教育年限，例如将学前教育和高中教育逐步纳入义务教育阶段，这将是提升我国人口素质、发展人力资源的重要途径。

鉴于教育阶段越靠前社会回报率越高，因此学前教育具有最高的社会收益率，这意味着政府买单符合教育规律和使全社会受益的原则，应该将学前教育逐步纳入义务教育的范围[②]。在中国当前正在着力提高学前教育入园率、完善普惠性学前教育机制的背景下，政府是提供普惠性学前教育公共服务的责任主体，而通过将学前教育纳入义务教育，建立健全普惠性的学前教育公共服务财政制度，改变财政投入的路径依赖，突破办园体制和编制的藩篱，确保普惠性幼儿园同质同价，这可以为广大人民群众提供更加公平优质的普惠性学前教育公共服务，让每一个适龄幼儿都有途径和机会获得学前教育。

（二）增强职业技术教育适应性

党的十九届五中全会审议通过的《建议》，明确了"建设高质量教育体系"的政策导向，提出了"加大人力资本投入，增强职业技术教育适应性"的重点要求。这为我们推进职业技术教育现代化建设、深化人力资源供给侧结构性改革、抢占全球人才竞争制高点、彰显中国特色社会主义教育制度优越性，进一步指明了方向、打开了新空间。

---

① 国家统计局：《中华人民共和国2021年国民经济和社会发展统计公报》，国家统计局官网，2022年，http://www.gov.cn/shuju/2022-02/28/content_5676015.htm。
② 蔡昉：《发展职业教育要更多地依靠家庭和企业投入》，《职业技术教育》2013年第10期。

1. 积极推进普通高中和职业教育的协同发展,从"普职二轨分流"转向高中阶段教育多类型分流

2022年之前的《中华人民共和国职业教育法》第二章第一条明确指出,"国家根据不同区域的经济发展水平和教育普及程度,实施以初中后为重点的不同阶段的教育分流";但新修订的《中华人民共和国职业教育法》第十四条指出,在义务教育后的不同阶段因地制宜、统筹推进职业教育和普通教育协调发展。职业教育法中对职业教育与普通教育关系的描述从"教育分流"向"协调发展"转变,并不等同于要取消普职分流,而是明确了普职教育发展的重心由结构协调转向结构与质量协调并重,并强调通过普职融通改变普通教育与职业教育泾渭分明的局面,推动职业教育与普通教育在结构和质量上实现平等发展。首先,普职教育要兼顾受教育者对不同类型教育的需求,也要满足经济社会发展对不同类型人才规模与结构的需求,不同地区经济、文化、人口等发展实现统筹规划合理的普职结构。其次,职业教育与普通教育具有不同的功能和特征,不能采用统一的质量标准,应当以更为科学和系统的顶层设计推动职业教育与普通教育的协调发展;中等职业教育的发展要从自身内涵发展上下功夫,通过创新人才培养模式,提升人才培养质量,将原有的追求与普通高中教育在规模结构上的协调转向全面提升发展质量。最后,提高普职分流的重心,从普职二轨分流转向高中阶段教育多类型分流。强化综合高中教育,促进普通教育与职业教育的融通发展,在有条件的地区开展高中后普职分流教育试点,普职分流取决于一个地区的经济社会发展水平,也取决于经济和产业结构;在中国产业结构不断优化升级的背景下,市场对技术人才的需求也越来越高,普职分流从初中后转向高中后分流,将高等教育阶段的职业教育作为技术技能人才的供给主体。

2. 促进校企合作、产教融合

在职业技术教育不断发展的过程中,要实现不同参与主体的协同发展、相互支持与合作,促进校企合作。当前我国对于高素质人才的需求越来越大,但是人才的培养方案和企业的实际需求不相匹配,培

> 第二部分　分论

养出来的学生无法满足行业所需，出现岗位招不到合适人选以及毕业生找不到工作的矛盾局面，主要还是由于产教融合还没有渗透人才培养的过程[①]。在此背景下，一方面，要将企业和院校紧密联系起来，双向配合，企业积极参与院校的人才培养方案，院校针对企业行业的标准合理制定、调整相关的培养方案，从而促进职业技术人才的培养和使用的合理对接。另一方面，在院校引进相关的专业技术人员对学生进行实践教学，让学生亲身感受，激发学生的学习兴趣，引导学生制定相关的职业生涯规划，提升自己的专业实力和核心竞争力，提高学生的就业本领和就业意愿，高效促进校企合作、产教融合，形成双向联动的机制。

3. 构建纵横贯通的职业教育体系，改进完善职业教育制度

职业教育应该是基于时间和空间纵横贯通的系统教育[②]，整体遵循学制纵向贯通、产教横向融通的逻辑。学制纵向贯通即强调满足学生在体系内的可持续发展的需求，建立"中等职业教育—高等职业专科教育—应用技术本科教育—专业学位研究生教育"的纵向衔接体系。产教横向通融则强调职业教育与普通教育的协调沟通，同时也要注重学习和实践相结合，不能只局限于课堂；注重学校和企业之间的配合协作，体现出互利共赢，加强职业院校专业设置与产业需求对接，提高职业院校的实践性课程，兼顾学历教育与职业培训，努力实现产教融合。

4. 搭建技能人才发现与使用网络，促进技能成果共享

要实现技能性人才的高效配置与使用，需要搭建技能人才供应链信息共享平台，确保技能人才和用人单位之间的有效沟通与合作，提高招聘的品质与效率。为相关人才和用人单位建立起双向全面的信息库并且及时更新相关资料，这样能够更好地实现资源的有效配置和使用，搭建多元化的平台。

---

① 杨楠：《产教融合背景下增强职业技术教育适应性探究》，《安徽职业技术学院学报》2021年第20期。

② 李政：《增强职业技术教育适应性：理论循证、时代内涵和实践路径》，《西南大学学报》（社会科学版）2022年第2期。

技能人才发现与使用网络的搭建，需要不同主体采取合适的沟通机制来实现，这些主体包括政府、企事业单位、各个行业机构以及各大社会团体等，不同的主体根据自身的发展需要搭建适合自己的技能人才发现与使用网络。同时各个主体要发挥好自身的功能协调发展，政府在其中发挥一个调节的适当干预的作用，防止行业之间的恶性竞争，进行宏观层面的资源配置；各行业要强化企业理论，通过技术交流、业绩考核、职能晋升、评价机制等促进人才质量的提升，不断优化网络平台的性能。

5. 创设尊重技能的制度环境，提高职业教育的认可度

首先，从思想上改变当前社会上重知识轻技能现象，在全社会营造高度认可技能人才的氛围，宣传国家对技术型人才的迫切需求。其次，从相关的政策制度方面来看，技术型人才的福利待遇、用人机制、晋升机制相较于更高学历的人而言还处于弱势地位。因此要制定相关的政策完善高技能人才认定标准，扩大享受福利待遇人员的范围。最后，从工作的收入获得来看，促进职业院校技术人才就业的政策支持力度还有所欠缺，所以我们要建立健全相关技能人才的职位评定和相关的激励机制，进一步完善收入分配政策，提高其对应的收入水平，给予相应的保障机制，使相关技术人才能够积极投身于事业的发展中去。

（三）不断提高高等教育质量

1. 完善以立德树人为根本的协同育人体系

构建和完善立德树人体系是推进新时代高等教育发展的必然要求。党的十八大把"立德树人"明确为教育的根本任务，党的十九大进一步强调，要"落实立德树人根本任务"。立德树人深刻地回答了"培养什么人、怎样培养人、为谁培养人"这一根本性的问题。

首先，立德树人是在总结现有的人才培养体系的基础上，通过理念融入、制度调整、资源保障和评价支持，对现有人才培养体系的升级和拓展。立德树人体系建设的基点是将立德树人体系与人才培养体系融为一体，逐步拓宽立德树人的可能路径，强化立德树人

的制度保障，提升立德树人的实际成效，形成体系化的立德树人资源、平台和监测网络，并将立德树人教育体系嵌入人才培养体系，以树人为核心、以立德为根本、以制度为保障，充分考虑高校教师劳动与学生学习的特点，统筹教学、科研、管理，做到全员、全程、全方位育人①。

其次，构建家庭教育、学校教育、社会教育协同育人体系。家庭、学校和社会均需参与高质量教育体系的建设，在三者充分联动的基础上，合理利用各方资源，以此实现学生的全面发展。家庭是人生中的第一个课堂，因此家庭教育应当以立德树人为根本，家长要注重言传身教，引导学生树立并践行社会主义核心价值观；学校作为育人的重要主体，应将立德树人融入每个教学环节，有效衔接教书与育人，从而培养出知识素养高且德智体美劳全面发展的社会主义建设者和接班人；社会也应当肩负起相应的教育责任，博物馆、图书馆等利用自身优势，为学生提供丰富的学习资源，妇联等部门应统筹协调社会资源以支持家庭教育②。

最后，构建学校教育多途径协同育人体系。学校要通过课程育人、文化育人、实践育人和资助育等途径，在教学的全过程中培养学生德智体美劳全方面发展。将爱国精神、社会主义核心价值观等融入课程，以提高学生的思想品德；将中国优秀传统文化引入课堂和学校活动中，以改善学生的行为方式和思维方式；通过校企合作等方式，提高学生实践能力③；完善学校资助工作，在提高受助学生的知识素养的同时，培养其独立自主等优秀素养。

2. 夯实以机制创新为重点的人才培养体系

人才培养是大学最为核心的功能，在人才培养过程中，最为重要的是要遵循人才成长规律和教学规律，把知识传授、素质提升、能力

---

① 李元元：《加快构建立德树人体系》，《光明日报》2022年7月12日第15版。
② 张俊宗：《努力构建德智体美劳全面培养的教育体系》，《中国高等教育》2019年第3期。
③ 徐晓方：《以立德树人为根本的高等教育协同育人体系研究》，《大学》2021年第42期。

培养和价值塑造融为一体,但当前人才培养依然存在体制机制不灵活、不畅通束缚学生全面发展、个性塑造的根本问题。为此,要继续夯实以机制创新为重点的人才培养体系。

首先,建立正确的人才培养目标,在提高学生专业素养的同时,应注重树立学生团队精神、爱国精神、创新精神和社会责任感,培养德智体美劳全面发展的学生。其次,要改革教育模式,构建"学为导向"的综合型课堂教学模式,激发学生学习兴趣,并提高团队合作能力等综合能力①;更新授课内容,结合该领域最新的研究成果进行教学;注重知行合一,在实践中深刻理解理论知识,同时又运用理论改善实践中所遇到的问题;因材施教,注重学生个性发展;引入现代信息技术,打破教学局限性,提高教育质量。再次,改善教学质量检测和评价体系。最后,鼓励学生创新创业,学校开展创新创业课程和创新创业大赛,培养学生创新意识;政府为其提供相应的优惠政策。

3. 打造以服务需求为支撑的学科专业体系

学科专业体系建设在高质量人才培养中发挥着重要作用,也是高校发展的根基。学科专业体系建设一方面要充分满足学科设置条件,符合其建设规律,符合学科建设自身发展;另一方面要服从于国家重大战略和经济社会发展的需求,打造以服务需求为支撑的学科专业体系。

加强高等学校分类指导、分类支持②。学校应结合学校自身特点,以符合国家政策要求和满足所在地区发展需求为依据,优化本校学科专业结构。注重本校优势学科的发展,并引领其他学科专业的发展,从而建设一批能够支撑国家急需、产业转型和区域发展的新兴交叉学科专业,形成与经济社会发展相协调的学科专业布局③,以此培养适

---

① 王文静:《中国教学模式改革的实践探索——"学为导向"综合型课堂教学模式》,《北京师范大学学报》(社会科学版)2012年第1期。
② 葛道凯:《高质量教育体系的使命、动力及建设思路》,《教育研究》2022年第3期。
③ 杜玉波:《适应新发展格局需要推进高等教育高质量发展》,《中国高教研究》2020年第12期。

应高质量发展需求的各类人才。

4. 构建以质量贡献为导向的教育评价体系

建立以立德树人为核心的、"破五唯"的、综合的教育评价体系。将培养高质量人才、引领相关领域研究发展、对国家重大战略需求有突出贡献和在国家经济发展中发挥积极作用等作为评价的重要因素,对各类学校进行分类评价;重视教师对教学的贡献,关注其师德师风和教学能力等方面评价;对学生进行综合评价,注重其德智体美劳全方位的发展和个人未来成长。

(四) 建设高素质专业化教师队伍

1. 解决好教师队伍建设的目标问题、发展问题、管理问题

首先,建立高素质、专业化教师团队是教师队伍建设的目标[①],在培养教师专业素养和教育水平的同时,加强思想政治水平和师德师风的建设,争相成为"四有好老师"。其次,对青年教师进行培训并给予适当的关心,激发其教师使命感;建立明确清晰的考核标准、评价体系,使教师能够发挥主观能动性并推动自身发展;营造互帮互助、和谐的教师团队氛围,发挥导师传帮带作用,帮助新入职的教师提高教学能力和工作能力。最后,优化教师结构,改革教师准入和招聘等机制,开展专业素养和思想政治水平的考察,结合人才培养计划和本校办学特点,聘请有相关企业工作经历的教师;推动高校教师职称制度改革,由高校自行评审,教育部门对其进行监督。

2. 加强教师教育体系建设

第一,加大对师范院校的支持力度,提高其办学质量,从而培养优秀的师范生。第二,为校内教师提供学习发展的平台,开展相关能力和技术的培训活动、研修活动,提供与国外优秀教师进行交流的机会[②]。第三,完善培训体系,开展多样的教学活动,培养多种类型的

[①] 《中共中央 国务院关于全面深化新时代教师队伍建设改革的意见》,《人民日报》2018年2月1日。

[②] 周洪宇、李宇阳:《论建设高质量教育体系》,《现代教育管理》2022年第1期。

高素质、专业化教师队伍；丰富培训内容，在提高教师专业素养的同时，培养其综合能力和师德；培养创新型人才并鼓励其创新教育方式。第四，建立教师教育管理监督机构，监督教学工作的开展。

3. 弘扬尊师重教的社会风尚

完善尊师重教的相关政策，加大对教师的表彰力度和宣传力度。各地因地制宜地开展各种形式的教师表彰奖励活动，并落实相关优待政策；媒体加强对"四有好老师"的宣传报道，并营造尊师光荣的氛围。提高教师的社会地位和薪酬待遇，从而提高教师对其身份的满足感和荣誉感。

4. 教育投入要更多向教师倾斜

第一，加大对师范生培养的经费投入，促进教师事业发展，推动高质量教师队伍的建立[①]。第二，优化教育经费投入结构，提高教师工资待遇。第三，统筹协调各地区的实际编制情况，教师提供更多的编制。第四，扩大高校收入分配自主权，在核定的绩效工资总量内自主确定以贡献为依据的收入分配办法，协调专职教学教师并兼顾科研与教学的教师之间的收入分配关系，在鼓励科研创新的同时，促使教师安心教学，提高课堂质量，培养更多优质人才。

---

① 程建平、张志勇：《高质量基础教育教师队伍建设的任务和路径》，《教育研究》2022年第4期。

第五章　劳有所得：促进就业和优化收入分配格局[*]

　　劳有所得的内涵包括两个方面。一是居民拥有稳定的就业状态；二是居民能够通过付出劳动，获得合理的报酬收入。一方面，就业是最大的民生，从宏观来看，就业是经济的"晴雨表"，也是社会的"稳定器"，就业状态的好坏是对社会经济发展状态的直接反映；从微观来看，就业稳定与否，关系到家家户户的实际生活。另一方面，劳动报酬是中国居民的最主要收入来源，但受到资源禀赋、经济结构差异的影响，中国城乡、地区、行业之间的收入差距较大的问题十分突出，劳动报酬在初次分配中的比重不高。2021年12月召开的中央经济工作会议把正确认识和把握实现共同富裕的战略目标和实践途径，作为进入新发展阶段需要正确认识和把握的新的重大理论和实践问题之一。实现共同富裕，不仅要保持经济增长在合理区间，继续做大蛋糕，还要促进经济增长与收入增长保持同步，调整国民收入分配结构[①]。

　　基于此，本章将在对中国的就业形势与收入分配格局的演变历程进行回顾的基础上，进一步分析中国实现高质量就业与收入分配改革面临的问题和挑战，提出中国推进高质量就业和优化收入分配格局的对策，以明晰中国实现劳有所得的整体战略和具体步骤。

---

[*] 本章作者为封永刚。作者简介：封永刚，中国社会科学院人口与劳动经济研究所助理研究员、博士，研究方向为劳动经济、劳动关系。
① 蔡昉：《共同富裕三途》，《中国经济评论》2021年第9期。

第五章 劳有所得：促进就业和优化收入分配格局

一 就业形势与收入分配格局

（一）中国就业的总体形势与特征

1. 中国稳就业的宏观经济背景

从就业来看，随着中国经济增速趋于减缓，2012年正式告别两位数以上的高速增长状态，中国经济开始进入了增长速度换挡期、结构调整阵痛期、前期刺激政策消化期同时出现的"三期叠加"状态。

2018年开始，中国将就业工作作为经济工作的重点，当年的中央经济会议便提出"稳就业、稳金融、稳外贸、稳外资、稳预期"的"六稳"政策，稳就业处于"六稳"之首，彰显了稳就业工作的关键地位。2020年，中国经济进一步面临新冠肺炎疫情的突发考验，当年4月17日的中央政治局会议在"六稳"的基础上，继续提出"保居民就业、保基本民生、保市场主体、保粮食能源安全、保产业链供应链稳定、保基层运转"的"六保"政策，保就业同样位列"六保"政策之首。人力资源和社会保障部发布的《2021年度人力资源和社会保障事业发展统计公报》显示，2021年全国城镇新增就业人口1269万人，超额完成全年目标，2021年12月全国城镇调查失业率为5.1%，低于疫情前同期水平。但在取得上述成就的同时，中国就业不光面临着疫情的间歇性影响，同时也面临着全球贸易与投资减缓、人口老龄化致使劳动成本进一步提升、新技术变革引发劳动力市场供需不匹配等问题地不断冲击，稳就业和保就业政策仍需根据国内外经济形式的实时变化，结合产业机构调整的方向，顺应劳动力市场的供需结构转变，持续并精准地施力，以维持经济社会的稳定发展。

通常意义上，经济增长是就业增长的基础，但中国经济增长进入新常态以来，经济增速的下滑，对就业工作产生持续冲击，在此背景下，稳定就业的相关政策不断被提出和实施。党的十八大以来，就业优先战略被提出，并逐步上升成为三大宏观政策之一。而在经济增速减缓的背景之下，疫情的暴发，更是对中国就业带来了巨大的冲击，世界经济陷入衰退，全球化的产业链和供应链均受到较大冲击，世界

| 第二部分　分论

需求减弱将对中国的产业发展带来直接影响，从而致使稳定就业面临更大的挑战。但在面对复杂的国际环境、疫情和极端天气等多重挑战之时，根据国家统计局发布的《2021年国民经济和社会发展统计公报》，2021年中国国内生产总值（GDP）比上年增长8.1%，两年平均增长5.1%，在全球主要经济体中名列前茅。据国际劳工组织（ILO）的《世界就业与社会展望》显示，2021年全球失业率为6.3%，其中，低收入、中低收入、中高收入和高收入国家的失业率分别为5.3%、5.9%、7.0%和5.8%，中国2021年2月为5.5%，同年10月为4.9%，失业率维持在较低水平。

在取得上述卓越成绩之后，2022年开年以来，中国便面临疫情的多点散发，2022年第一季度中国国内生产总值为270178亿元，按不变价格计算，同比增长4.8%[1]，4月城镇调查失业率达到6.1%的近年最高值。进入第二季度之后，包括上海、北京在内的一线城市在来势汹汹的疫情面前，经济发展受到了一定的影响。2022年5月开始，中国经济逐步克服疫情的不利影响，经济开始呈现复苏趋势，5月全国城镇调查失业率为5.9%，比4月下降0.2个百分点[2]；6月全国城镇调查失业率进一步下降至5.5%，其中25—59岁就业主体人口城镇调查失业率为4.5%，比5月下降0.6个百分点，外来农业户籍人口调查失业率为5.3%，下降0.9个百分点[3]。将第一季度和第二季度的经济增长数据加总后，2022年上半年国内生产总值为562642亿元，按不变价格计算，同比增长2.5%，距离全年5.5%的目标增速仍有较大距离。

此外，不仅中国经济增长受到疫情的冲击，世界经济增长依然无法从疫情的阴影中走出。2022年6月7日，世界银行最新发布的

---

[1]《一季度国内生产总值270178亿元，同比增长4.8%》，中国政府网，2022年，http://www.gov.cn/xinwen/2022-04/18/content_5685860.htm。
[2]《国务院新闻办就2022年5月份国民经济运行情况举行发布会》，中国政府网，2022年，http://www.gov.cn/xinwen/2022-06/15/content_5696018.htm。
[3]《2022年上半年经济怎么样？国家统计局权威解答》，中国政府网，2022年，http://www.gov.cn/xinwen/2022-07/15/content_5701265.htm。

《全球经济展望》报告显示，由于俄乌冲突加剧了新冠肺炎疫情对全球经济的影响，2022年全球经济增长预期将下调至2.9%，远低于2022年1月预期的4.1%。同时，2022年4月，国际货币基金组织将全球经济增速的预期值由4.4%下调至3.6%。

总而言之，中国经济在"十四五"的开端之年抗住压力，并在稳就业方面取得较大成绩，但2022年之后中国经济内部面临的周期性、结构性、政策性因素和新冠肺炎疫情的冲击仍没有明显减弱，外部面临的外贸竞争加剧、国际局势动荡问题愈加突出，稳就业面临的挑战依然严峻。

2. 中国实施就业优先战略的政策背景

中国的就业优先战略从提出到发展完善，始终与内外部宏观经济形势变化、经济结构转变和经济增长动能转换相适应。袁廿一等通过梳理就业优先战略的演进的历程，将其划分为就业优先战略的积极酝酿阶段（2002—2007年）、优先战略的基本确立阶段（2008—2012年）以及就业优先战略的持续深化阶段（2013年至今）[①]。事实上，中国就业优先战略的直接提出可以追溯到2011年，在经济增长进入新常态的背景下，《国民经济和社会发展第十二个五年规划纲要》中明确指出实施就业优先战略，其具体举措有三。一是实施更加积极的就业政策，二是加强公共就业服务，三是构建和谐劳动关系。随后在2012年，就业优先战略在党的十八大报告中继续得以深化，指出要推动实现更高质量的就业，贯彻劳动者自主就业、市场调节就业、政府促进就业和鼓励创业的方针，实施就业优先战略和更加积极的就业政策。2015年国务院结合就业形势的实际发展，在中国就业总量压力加大、结构性矛盾更加凸显的背景下，发布了《关于进一步做好新形势下就业创业工作的意见》，指出必须着力培育大众创业、万众创新的新引擎，实施更加积极的就业政策，把创业和就业结合起来，以创业创新带动就业，催生经济社会发展新动力，为促进民

---

① 袁廿一、陆万军、陈燕莹等：《就业优先：战略演进与理论述评》，《中国劳动》2017年第10期。

第二部分 分论

生改善、经济结构调整和社会和谐稳定提供新动能,从而进一步丰富就业优先战略的内涵和外延。到2016年,《中华人民共和国国民经济和社会发展第十三个五年规划纲要》指出,应实施更加积极的就业政策,创造更多就业岗位,着力解决结构性就业矛盾,鼓励以创业带动就业,实现比较充分和高质量的就业。直至2021年,中国就业领域的矛盾问题仍然严峻,在人口加速老龄化、国际贸易冲突加剧、新技术革命和产业变革的宏观背景下,《中华人民共和国国民经济和社会发展第十四个五年规划和二〇三五年远景目标纲要》指出,应健全有利于更充分、更高质量就业的促进机制,扩大就业容量,提升就业质量,缓解结构性就业矛盾。

总体上,就业优先战略实现了由就业数量扩大向重视就业质量进行过渡,实现了以就业质量为中心的宏观政策调控,强化了财政、货币、产业、投资、区域等政策对就业的支持,健全了就业政策与其他宏观经济政策协调联动机制,在通过创业充实就业岗位的同时,也要加强劳动力技能培训,缓解劳动力结构性的失业问题,使得劳动力市场能够适应新技术变革的需求。中国就业优先战略的提出和演进,如表5-1所示。

表5-1 中国就业优先战略的提出和演进

年份	文件名称	就业优先战略的表述
2011年	《中华人民共和国国民经济和社会发展第十二个五年规划纲要》	坚持把促进就业放在经济社会发展的优先位置,健全劳动者自主择业、市场调节就业、政府促进就业相结合的机制,创造平等就业机会,提高就业质量,努力实现充分就业
2012年	《坚定不移沿着中国特色社会主义道路前进 为全面建成小康社会而奋斗——在中国共产党第十八次全国代表大会上的报告》	要贯彻劳动者自主就业、市场调节就业、政府促进就业和鼓励创业的方针,实施就业优先战略和更加积极的就业政策
2015年	《关于进一步做好新形势下就业创业工作的意见》	深入实施就业优先战略,积极推进创业带动就业,统筹推进高校毕业生等重点群体就业,加强就业创业服务和职业培训

续表

年份	文件名称	就业优先战略的表述
2016 年	《中华人民共和国国民经济和社会发展第十三个五年规划纲要》	实施更加积极的就业政策，创造更多就业岗位，着力解决结构性就业矛盾，鼓励以创业带就业，实现比较充分和高质量就业
2021 年	《中华人民共和国国民经济和社会发展第十四个五年规划和二〇三五年远景目标纲要》	健全有利于更充分、更高质量就业的促进机制，扩大就业容量，提升就业质量，缓解结构性就业矛盾

资料来源：笔者根据相关文件整理。

3. 中国就业的形势与特征

第一，就业人数缓慢下降，城镇调查失业率受新冠肺炎疫情影响产生波动。如图 5-1 和图 5-2 所示，在"十三五"时期，一方面，中国的总体就业人数随着人口老龄化加重和劳动年龄人口的减少，就业人数由 2016 年的 7.62 亿人，下降至 2020 年的 7.51 亿人，但与此同时，城镇就业人数由 4.21 亿人，上升至 4.63 亿人。在"十四五"

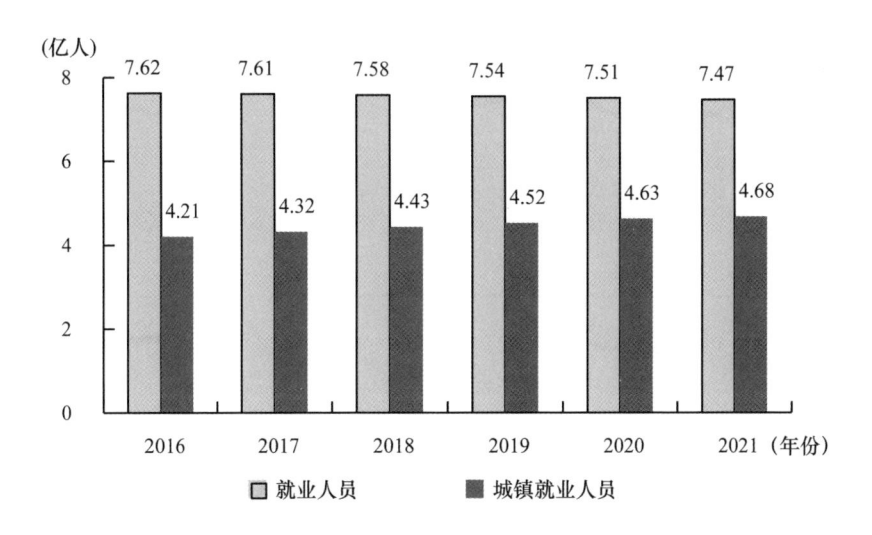

年份	就业人员（亿人）	城镇就业人员（亿人）
2016	7.62	4.21
2017	7.61	4.32
2018	7.58	4.43
2019	7.54	4.52
2020	7.51	4.63
2021	7.47	4.68

图 5-1 中国就业的总体变化趋势

资料来源：根据历年《人力资源和社会保障事业发展统计公报》整理得到。

的开局之年,就业人数进一步下降至 7.47 亿人,城镇就业人数继续上升至 4.68 亿人,总体上 2020 年之后,疫情并未对中国就业产生较大影响,而人口老龄化引发的劳动力供给下降、劳动力成本上升、就业绝对数量减少的趋势愈加明显,中国的人口红利优势进一步消逝。

另一方面,从城镇调查失业率的变化趋势来看,2018 年以来,调查失业率总体上在 5% 左右浮动,疫情暴发后,调查失业率分别在 2020 年 2—5 月、2022 年 3—5 月两个时期内,迈入高于 5.8% 的状态。这两次调查失业率的上升,均与疫情相关,一旦疫情有所控制,企业生产经营恢复稳定状态,城镇调查失业率便恢复到传统的季节波动状态。总体来看,疫情使得 2020 年的城镇调查失业率高于 2018 年和 2019 年,2021 年和 2022 年的疫情散发也会导致调查失业率短期上升,但随后能够被有效抑制,总体上中国就业呈现出稳定为主的变化特征。

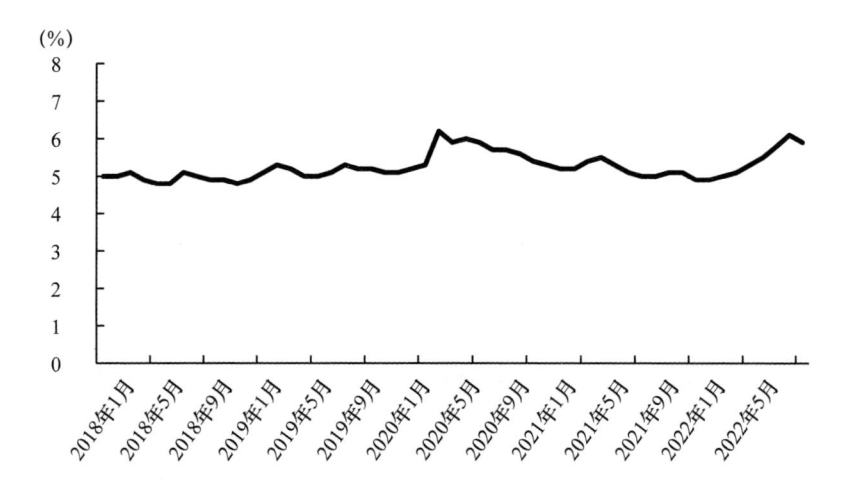

图 5-2 中国城镇调查失业率的总体变化趋势

资料来源:根据国家统计局官方网站月度数据查询并整理得到。

第二,就业结构持续调整。一方面,如图 5-1 所示,中国城镇就业人数占总就业人数的比重在 2016—2021 年由 55.15% 上升至 62.65%,随着城镇化的推进,城镇就业人数在总体就业人数有所减少的情况下，仍然呈现出明显上升的变化趋势。另一方面，如图5-3所示，中国第一产业就业人数在2016—2021年由2.09亿人进一步下降至1.71亿人，占总就业人数的比重由27.42%下降至22.87%；第二产业就业人数在2016—2021年由2.23亿人下降至2.17亿人，占总就业人数的比重由29.24%小幅下降至29.08%；第三产业就业人数在2016—2021年由3.30亿人上升至3.59亿人，占总就业人数的比重由43.34%上升至48.05%。其中，需要说明的是，第二产业的就业人数在2020年之后有所回升，说明第二产业在关键时刻发挥了就业稳定器的作用，但纺织、服装等劳动密集型出口行业的增长趋势减缓，也不断加大了第二产业的就业压力。第三产业始终具有承接和吸纳第一产业劳动力转移人员的作用，但受到新冠肺炎疫情的影响，第三产业的扩张势头被遏制，特别是住宿和餐饮业、租赁和商务服务业遭受的影响更加突出。

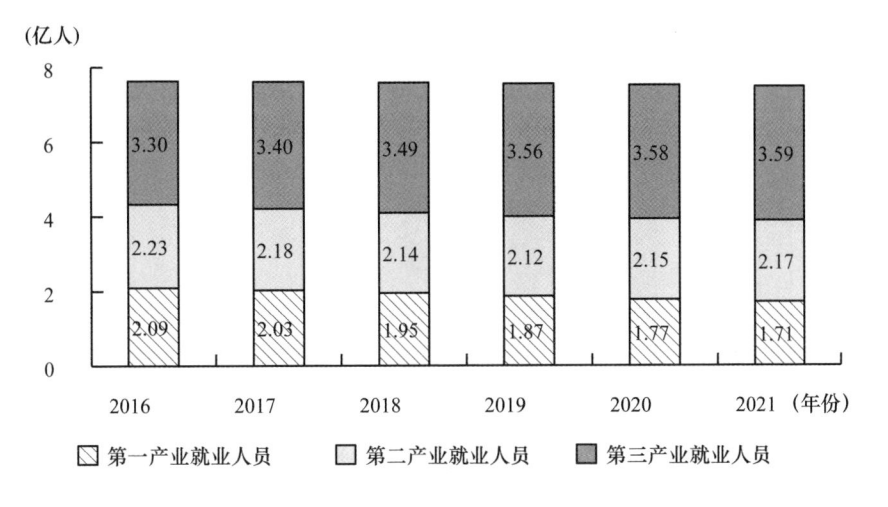

图5-3 中国就业结构的变化情况

资料来源：根据历年《人力资源和社会保障事业发展统计公报》整理得到。

第三，劳动力供求结构性矛盾更加突出。在国内经济增长面临需求收缩、供给冲击和预期转弱的三重冲击之下，中国就业的压力始终巨大，而且疫情的冲击仍在持续且不时散发，由此导致部分重点行业

第二部分 分论

的生产经营受到持续性的影响，用工需求将继续波动并不稳定。具体来看，中国劳动力市场的供求结构性矛盾将继续加大。一是人口老龄化导致的人口红利消失，将继续弱化中国低劳动力成本优势，随着农村过剩劳动力的转移减少，中国劳动力市场的供求关系将由过剩逐步转变为短缺，招工难和用工贵问题将愈加突出。二是中国的就业岗位空缺和就业不足同时存在的矛盾将加大，如图5-4所示，2022年中国高校毕业生将达到1076万人，比2021年新增167万人，规模和增量继续创历史新高，但结合图5-5可知，2018年以来16—24岁人口的城镇调查失业率存在阶段性上升的变化趋势，尤其是毕业季失业率的上升更为突出，高等教育的培训模式与专业设置同市场需求的契合度不高，存在高学历和低技能并存的矛盾问题，高校毕业生的就业难问题突出。与此同时，受到产业结构和就业机构偏离的影响，沿海地区的"用工荒"问题十分突出，普通工人、技术工人特别是高技能人才的短缺问题较为明显。

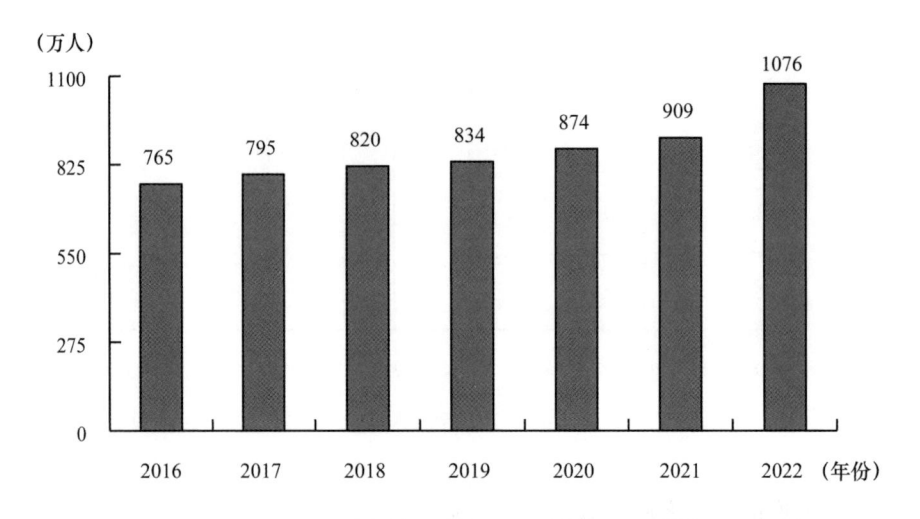

图5-4 中国高校毕业人数的变化情况

资料来源：根据历年教育部公布数据整理得到。

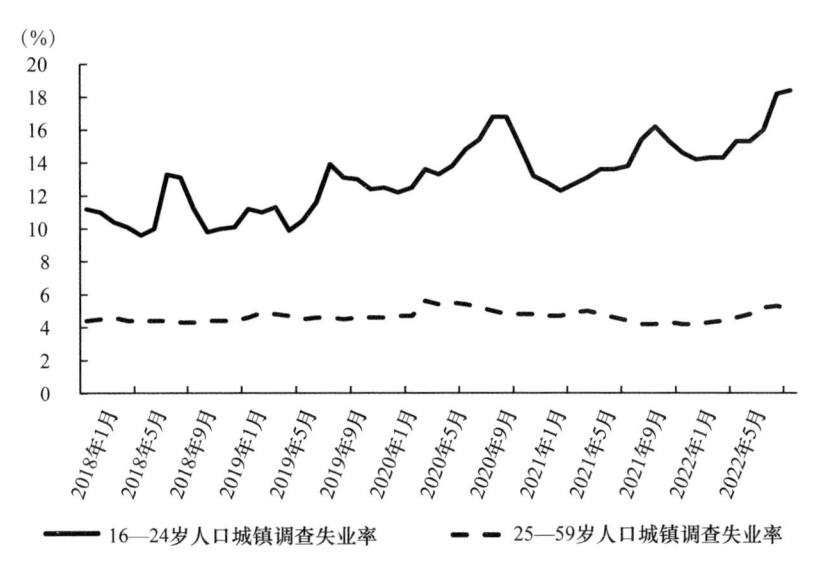

图 5–5　中国分年龄人口的城镇调查失业率

资料来源：根据国家统计局官方网站月度数据查询并整理得到。

4. 中国实施就业优先战略取得成效

《中华人民共和国国民经济和社会发展第十四个五年规划和二〇三五年远景目标纲要》指出"实施就业优先战略"，将"实现更加充分更高质量就业"确定为"十四五"时期经济社会发展主要目标的重要内容，具体举措有三个方面：一是强化就业优先战略，扩大就业容量；二是健全就业公共服务体系，提升就业质量；三是全面提升劳动者就业和创业能力，缓解结构性就业矛盾①。事实上，自党的十八大以来，就业工作便一致被列为经济社会发展的重要工作，"六稳"和"六保"政策的提出，取得了显著成效。如图 5–6 所示，"十三五"时期，2016—2019 年城镇新增就业人数始终稳定在 1300 万人以上，2020 年新冠肺炎疫情暴发之后，城镇新增就业人数也高于 1100 万人，在"十四五"开局之年，城镇新增就业人数在 2021 年进一步上升至 1269 万人。

---

① 《中华人民共和国国民经济和社会发展第十四个五年规划和二〇三五年远景目标纲要》，中国政府网，2021 年，http://www.gov.cn/xinwen/2021-03/13/content_5592681.htm。

第二部分 分论

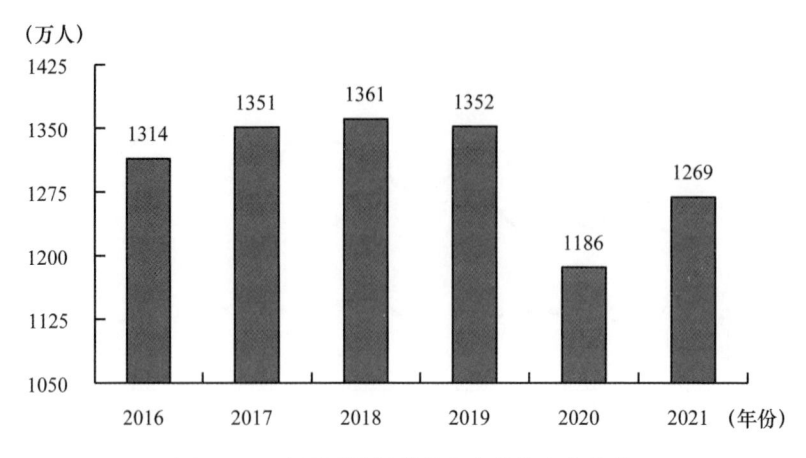

(万人)

图 5-6 中国城镇新增就业人数的变化趋势

资料来源：根据历年《人力资源和社会保障事业发展统计公报》整理得到。

此外，如图 5-7 所示，2016—2021 年，中国城镇失业再就业人员保持在年均 500 万人以上，城镇就业困难人员保持在年均 167 万—183 万人。上述稳就业成绩的取得，一方面是中国在宏观政策方面给予外部冲击以有效对冲，通过降费减税等财政政策稳住市场主体，通

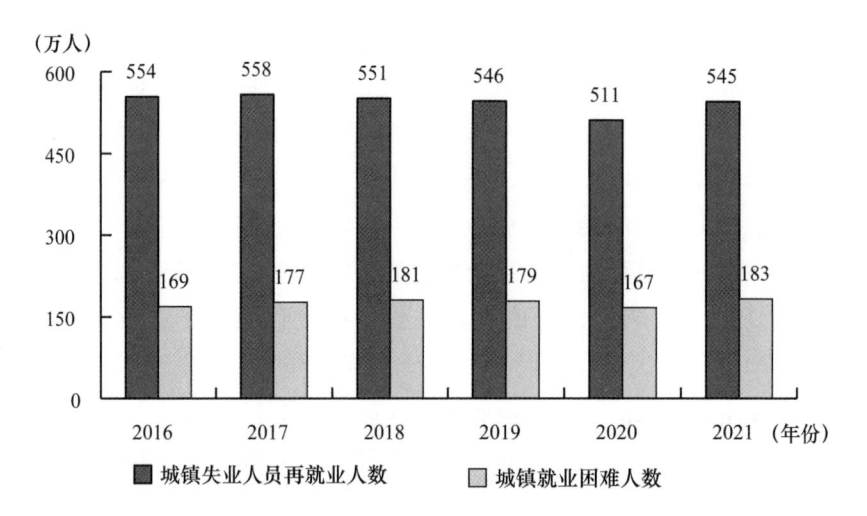

图 5-7 中国城镇失业再就业人数和就业困难人数的变化趋势

资料来源：根据历年《人力资源和社会保障事业发展统计公报》整理得到。

过货币政策工具加强金融支持实体经济，降低企业融资成本和还贷压力；另一方面中国对农民工、高校毕业生制定相应政策，提供就业岗位，提供技能培训、拓展招聘渠道等就业服务，降低就业的供需结构性矛盾。

（二）收入分配的总体格局与结构差距

1. 中国收入分配的总体格局

从收入分配结构来看，一方面，根据2022年5月12日中共中央宣传部在《经济和生态文明领域建设与改革情况发布会》上公布的数据，中国城乡居民人均可支配收入的比值在过去十年由2.88∶1降低到了2.5∶1，居民收入基尼系数由0.474下降至0.466，中等收入群体的比重由1/4左右上升至1/3左右，总体上居民收入差距趋于缩小。另一方面，中国劳动收入份额在改革开放之后经历了先降后升的变化趋势，其转折点发生在2006年，根据《中国投入产出表》（2007，2020）显示，劳动收入份额由2007年的41.36%上升至2020年的52.10%，表明中国收入分配结构已越过了库兹涅茨转折点，劳动报酬在初次分配中所占的比重明显提升。但在上述趋势之下，中国收入分配的格局仍然存在居民收入增长和经济增长不同步、劳动报酬提高和劳动生产率提高不同步问题，亟须进一步优化和改善。

在中国经济增长奇迹的背后，居民收入差距较大的问题始终突出。事实上，收入分配是最直接的民生问题，是判断发展成果是否由人民共享的最直接依据，在推动共同富裕的过程中，必然需要对收入分配结构进行优化，而《中华人民共和国国民经济和社会发展第十四个五年规划和二〇三五年远景目标纲要》也突出了优化收入分配结构的重要性。国家统计局数据显示（见图5-8），中国居民人均可支配收入基尼系数在2003—2021年，呈现先上升后下降的变化趋势，最高点出现在2008年，基尼系数达到0.491，2021年的基尼系数下降至0.466。从国际经验来看，基尼系数为0.4—0.5，可以认为存在较为严重的收入分配不平等问题，国际社会将

第二部分 分论

0.4 作为收入分配的警戒线。孙豪和曹肖烨通过对世界各国基尼系数进行整理发现,仅北美洲和南美洲的多数国家基尼系数超过 0.40,亚洲和非洲大多数国家的基尼系数为 0.35—0.40[①]。由此可以判断中国的居民收入差距较大,虽然近年有所下降,但仍处于警戒线水平之上。

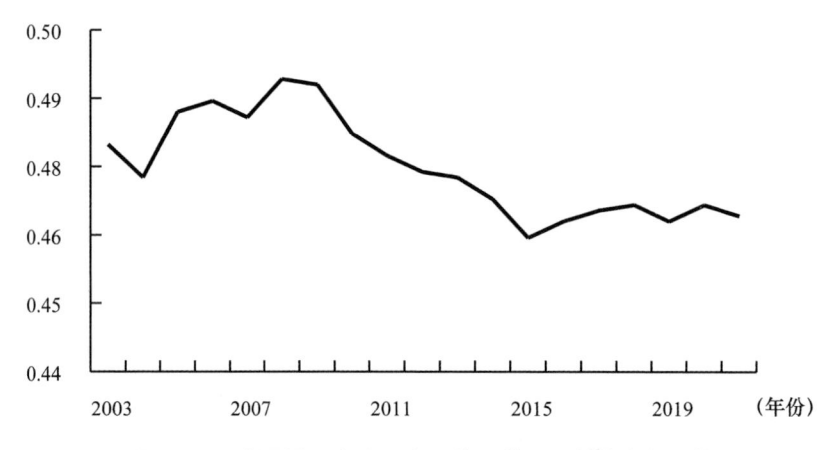

图 5-8 中国居民人均可支配收入基尼系数的变化趋势

资料来源:根据国家统计局官方网站年度数据查询并整理得到。

进一步从中国劳动收入份额的变化趋势来看,与李稻葵和徐翔所观测到的趋势一致[②],中国劳动收入份额经历了先降后升的"U"形变化历程。中国劳动收入份额在 2007 年越过 41.36% 的最低点之后,上升至 2020 年 52.10%(见图 5-9),说明中国已跨过库兹涅茨转折点,中国劳动报酬占总体收入的比重已有明显改善,上述结论与基尼系数部分的发现一致。总体来看,中国宏观层面的收入分配差距仍然较大,但在近期存在减弱的变化趋势。

---

① 孙豪、曹肖烨:《收入分配制度协调与促进共同富裕路径》,《数量经济技术经济研究》2022 年第 4 期。
② 李稻葵、徐翔:《二元经济中宏观经济结构与劳动收入份额研究》,《经济理论与经济管理》2015 年第 6 期。

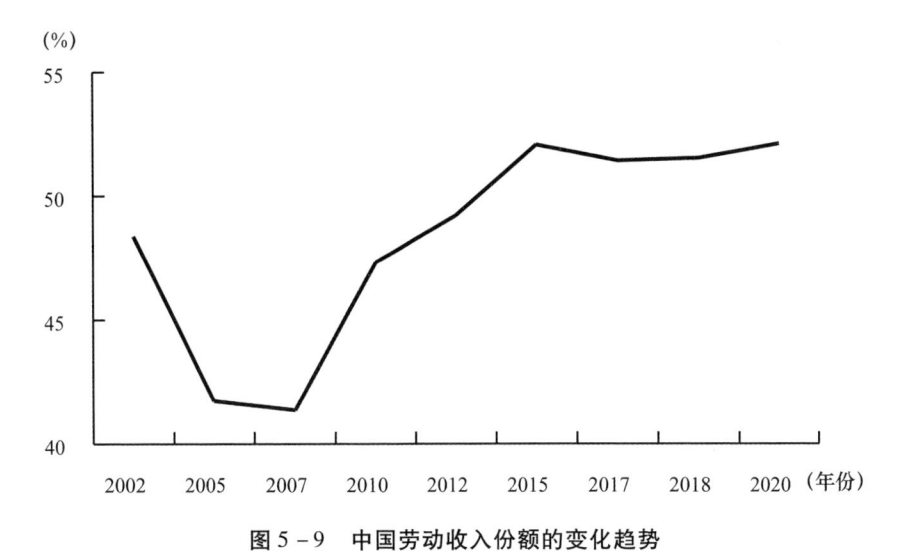

图 5-9 中国劳动收入份额的变化趋势

资料来源：根据 2002—2020 年的《中国投入产出表》计算得到。

2. 中国收入分配的城乡差距

"十三五"时期，中国居民收入水平稳步提高，并与经济发展基本保持同步的变化趋势，不论是城镇居民，还是农村居民，其人均可支配收入的增长率均围绕人均 GDP 增速变化。其中，农村居民人均可支配收入的增长速度更快，由此缩小自身与城镇居民的收入差距（见图 5-10）。根据 2022 年 5 月 12 日中共中央宣传部在《经济和生态文明领域建设与改革情况发布会》上公布的数据，中国城乡居民人均可支配收入的比值在过去十年由 2.88∶1 降低到了 2.5∶1，2021 年城镇居民人均可支配收入达到 47412 元，而农村居民仅达到 18931 元，从绝对数额上来看，城乡的收入差距问题虽然有所减弱，却仍然突出。

此外，城乡的收入差距不仅体现在收入的决定数额上，还体现在居民的收入结构上，2021 年城镇居民工资性收入占比高达 60.07%，转移净收入的占比为 17.92%，经营净收入和财产净收入占比分别为 11.35% 和 10.66%，总体上工资性收入是城镇居民的最主要收入来源。与此同时，工资性收入和经营净收入是农村居民人均可支配收入的两大支柱，农村居民的转移净收入占比高达 20.80%，但财产

第二部分 分论

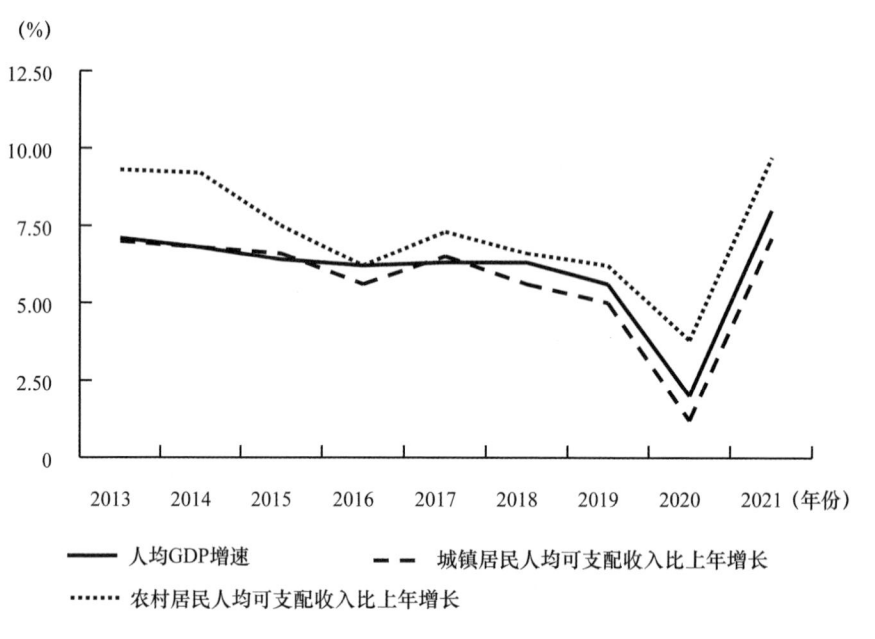

图 5-10 中国城乡居民的收入增长情况

资料来源：根据国家统计局官方网站年度数据查询并整理得到。

净收入占比仅为2.48%（见表5-2）。从各项收入构成项的变化趋势来看，城镇居民的工资性收入占比趋于下降，转移净收入占比趋于上升；农村居民经营净收入占比趋于下降，其他三项收入占比有所上升，其中转移净收入占比上升态势最为明显。

表 5-2　　中国城乡居民的收入结构情况（2021年）

各项收入	城镇居民		农村居民	
	数值（元）	占比（%）	数值（元）	占比（%）
人均可支配收入	47412	100	18931	100
工资性收入	28481	60.07	7958	42.04
经营净收入	5382	11.35	6566	34.68
财产净收入	5052	10.66	469	2.48
转移净收入	8497	17.92	3937	20.80

资料来源：根据国家统计局官方网站年度数据查询并整理得到。

3. 中国收入分配的地区差异

中国收入分配的差距不仅体现在城乡之间，在地区之间也十分明显，也正是由于地区经济发展水平存在差距，进而导致居民收入也相应存在差别。东部和中部地区居民可支配收入的比值由2005年的1.72下降至2021年的1.54，东部和西部地区居民可支配收入的比值由2005年的2.12下降至2021年的1.71（见图5-11）。总体来看，中国三大地区之间的收入差距同样呈现出缩小的变化态势，并且西部地区居民可支配收入增速较高，其与东部地区和中部地区的收入差距得到了明显改善。需要注意的是，在省级层面，居民人均可支配收入最高的上海市，与居民人均可支配收入最低的甘肃省的比值高达3.54，说明在更为细分的空间层面，中国收入分配的地区差异问题仍然突出。归根结底，在居民收入增长与经济发展基本保持同步变化的特征下，进一步提升欠发达地区的人均GDP增速，方能继续缩小中国收入分配的地区差异。

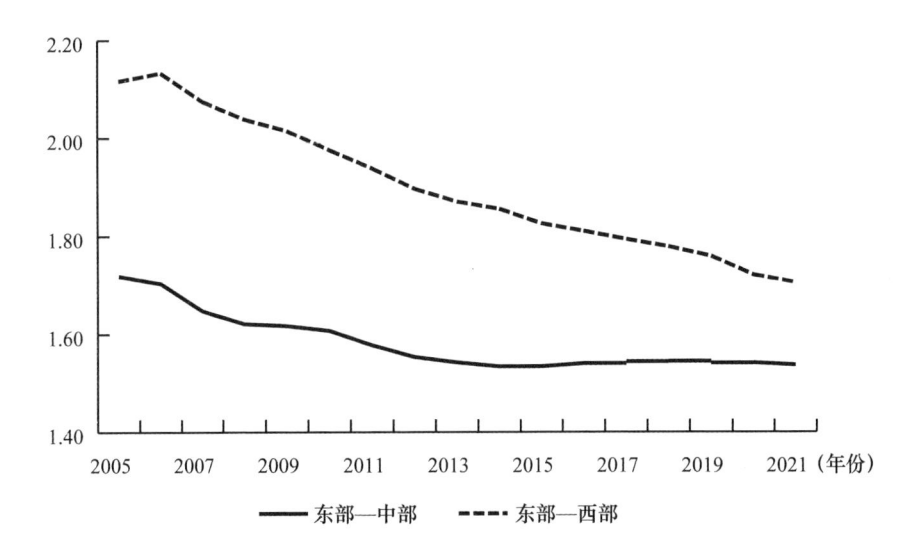

图 5-11　中国居民可支配收入的地区比值

资料来源：根据国家统计局官方网站年度数据查询并整理得到。

第二部分 分论

4. 中国收入分配的行业差别

若从中国城镇单位就业人员的分行业平均工资变化情况来看，首先，信息传输、计算机服务和软件业城镇单位就业人员平均工资在所有行业中处于最高水平，其在2021年达到177544元，而农、林、牧、渔业城镇单位就业人员平均工资水平最低，其在2021年仅为48540元，也就是从绝对数额来看，收入分配的行业差距仍然十分明显。但具体从行业收入差距的变化趋势来看，2003—2021年，仍然以信息传输、计算机服务和软件业城镇单位就业人员平均工资与农、林、牧、渔业城镇单位就业人员平均工资的比值为判断标准，可以看出，中国收入分配的行业差别呈现先大幅降低、后小幅回升的变化趋势（见图5-12）。如果对城镇单位进行私营或非私营的类型划分，还可以发现中国收入分配的行业差距在非私营单位中更加突出，而在私营单位则较小。居民对收入分配行业差别的感受较为直观，既应明确行业之间的生产率差异能够导致合理的具有积极意义的收入差距，

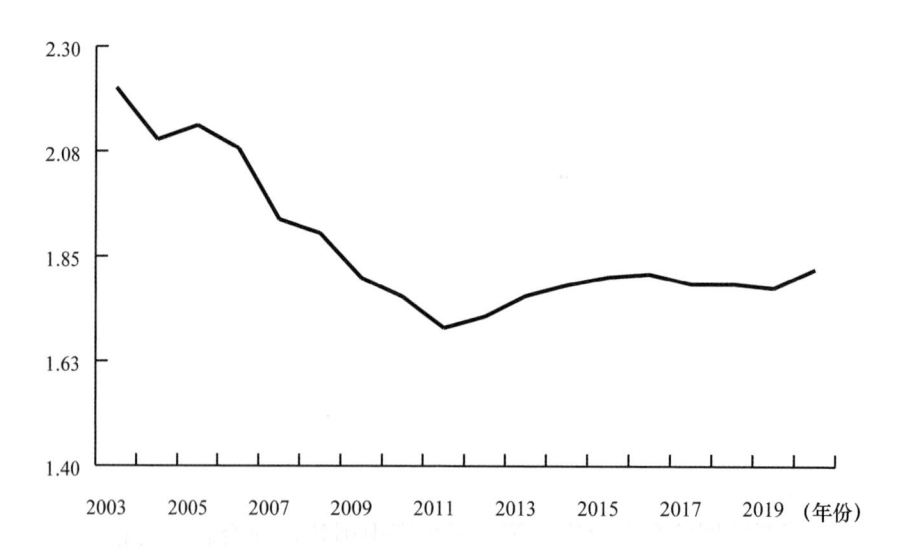

图5-12 中国城镇单位就业人员平均工资的行业差距

资料来源：根据国家统计局官方网站年度数据查询并整理得到。

但也需提防自然垄断、行政垄断或资源垄断所导致的收入差距,后者并不有利于社会福利改善,并存在劳动和资本要素分配关系的失衡、约束机制不够有效、市场机制调节不足的问题。

二 实现高质量就业与收入分配改革面临的问题和挑战

(一) 中国实现高质量就业存在的问题

1. 人口老龄化为高质量就业带来新的挑战

中国目前已进入中等老龄化阶段,并且还兼具快速老龄化的特征。在此背景下讨论人口老龄化对就业的影响,则需要从更多的视角进行全面分析。一方面,从供给侧来看,老龄化会带来劳动力供给的降低,抬升劳动力成本,从而对经济增速产生负向影响,都阳和封永刚发现,中国处于快速人口老龄化阶段,快速老龄化将对中国经济增速产生更强的负向冲击[①],而经济增长是发展市场主体和保障就业的关键,一旦经济增速下滑,就业机会也会随之减少,从而对就业产生负向冲击。另一方面,从需求侧来看,人口老龄化有利于提升社会的平均消费水平,"银发产业"的发展也会带来新的就业岗位,又为就业提供机会。除了上述人口老龄化对就业的供需矛盾,在中国就业供求结构性矛盾本已十分突出的情况下,人口老龄化导致要素禀赋发生改变,也必然会诱致经济增长向资本和技术密集型产业转换,部分年龄稍长的劳动力在产业升级过程中,其劳动技能可能存在不适用于新岗位的问题,就业难和招工难问题更是难以缓解,从而加剧就业的供求结构性矛盾。

2. 数字经济发展对高质量就业产生复杂影响

国家互联网信息办公室在第五届数字中国建设峰会新闻发布会公布的数据显示,2017—2021 年,中国数字经济规模从 27 万亿元增长

[①] 都阳、封永刚:《人口快速老龄化对经济增长的冲击》,《经济研究》2021 年第 2 期。

> 第二部分　分论

到超 45 万亿元，稳居世界第二①。数字经济在整个 GDP 中的比重提升至 39.8%。到 2025 年，数字经济带动就业人数将达到 3.79 亿。龚六堂认为，数字经济的发展，对中国就业产生了三个方面的积极影响。一是数字经济的发展创造了新的就业岗位，据其引用的数据显示，2020 年中国数字产业化领域的招聘岗位占总招聘岗位数量的 32.6%；二是数字经济的发展有利于提升生产效率、提高劳动者收入并提升市场对产品的需求，从而创造新的劳动力需求；三是数字经济的发展有利于产生新的企业生产组织和新的就业模式②。但作为硬币的另一面，数字经济的发展也对就业产生部分消极影响。一是根据 Acemoglu 和 Restrepo 的研究，数字技术的发展对低技能劳动力具有替代作用，而对高技能劳动力存在互补作用，由此数字技术发展会减少低技能岗位的需求③；Frey 和 Osborne 研究发现，未来 20 年约有 47% 的职业有可能被人工智能替代④。二是数字经济发展将会拉大高技能劳动力与低技能劳动力之间的收入差距，李丽认为，数字技术对标准化程度高、程序强的就业岗位替代性强，对无法简单赋值和没有规律可循岗位的替代性弱，由此导致高技能劳动力与低技能劳动力的收入差距日益拉大⑤。三是数字经济发展存在引发结构性或技术性失业的问题，部分传统制造业在数字技术发展的过程中，由于低技能劳动力被机器、人工智能替代，释放出部分劳动力，但这部分劳动力在向其他行业流动的同时，由于自身劳动技能较为落后，与其他行业的匹配程度较低，容易加剧就业供求结构性矛盾。四是数字经济发展将扩大灵活就业或平台就业的规模，但如《中华人民共和国劳动法》《中华

---

① 《近五年我国数字经济发展动能加速释放》，中国政府网，2022 年，http://www.gov.cn/xinwen/2022-07/05/content_5699405.htm。

② 龚六堂：《数字经济就业的特征、影响及应对策略》，《国家治理》2021 年第 23 期。

③ Acemoglu D., Restrepo P., "Automation and New Tasks: How Technology Displaces and Reinstates Labor", *Journal of Economic Perspectives*, Vol. 33, No. 2, 2019, pp. 3–30.

④ Frey C. B., Osborne M. A., "The Future of Employment: How Susceptible are Jobs to Computerisation?", *Technological Forecasting and Social Change*, Vol. 114, 2017, pp. 254–280.

⑤ 李丽：《数字经济对就业的影响及应对策略》，《经济问题》2022 年第 4 期。

人民共和国劳动合同法》却对灵活就业或平台就业人员的监管存在不足，李丽认为，现行的市场监管制度难以适应企业无边界、跨行业和跨区域的特点，容易出现资本无序扩展和平台垄断问题的出现，由此不利于高质量就业的形成①。

3. 新冠肺炎疫情、国际贸易等外部因素对高质量就业的冲击较大

一方面，张车伟认为，新冠肺炎疫情对中国就业的冲击和以往的自然性失业、结构性失业和周期性失业均存在明显差别，疫情使得就业从一开始的冲击直接转变成结构性失业，并且此次结构性失业与国家经济结构的大调整和大转变叠加在一起②。从2020年疫情暴发到2022年疫情多点散发，对疫情的管控和防范将对不同行业就业产生不同程度的影响。对于制造业来说，疫情对产业链上游的原材料供应和中下游的成品供应均产生直接冲击，而劳动密集型制造业无法实现居家办公或在线办公等方式，最直接的影响便是导致农民的就业稳定性遭受直接打击，在高校毕业生逐年增加、就业压力大幅提升的情况下，又平添了农民工的就业难问题。对于服务业来说，容易实现线下服务到线上服务模式转换的行业能够稳定就业，甚至收获就业增长的机会，疫情能够诱致一些新业态、新商业模式的产生，但是对于居民的批零住餐、交通、客运、文化旅游等接触性、聚集性的影响则十分明显。

另一方面，从中美贸易摩擦开始，后期叠加新冠肺炎疫情的影响，中国的国际贸易经历了打击和逆势成长的双重态势，反全球化运动的兴起和中国劳动力成本的上升，使得部分劳动密集型产业进一步向东南亚转移，由此对中国就业产生负向冲击。但中国疫情控制速度较快，抓住了欧美国家对机电、纺织服装和医疗卫生产品的出口需求，同时利用《区域全面经济伙伴关系协定》（RCEP）等协议开拓新的贸易合作对象，"一带一路"沿线国家和东盟国家市场的开拓也为就业提供了保障。而2022年的俄乌冲突导致海运价格上升、外汇市场波动，进一步对中国的外贸产生影响。总之，疫情、国际贸易等外部因素的不确定性，进

---

① 李丽：《数字经济对就业的影响及应对策略》，《经济问题》2022年第4期。
② 张车伟：《从经济发展趋势看就业问题》，《智慧中国》2020年第7期。

第二部分 分论

一步加大了中国高质量就业的压力。

(二) 收入分配改革面临的问题和挑战

1. 居民收入增长渠道不够丰富

现阶段中国居民的收入增长已基本实现和经济增长同步，劳动报酬提高和劳动生产率提高同步。然而，一方面，劳动报酬在初次分配的比重虽有提升，但总体水平仍然不高；另一方面，对于城镇居民来说，经营净收入和财产净收入的占比仍然较低，对于农村居民来说，工资性收入、财产净收入和转移净收入的明显低于城镇居民（见表5-2）。根据西南财经大学中国家庭金融调查与研究中心发布的《2018中国城市家庭财富健康报告》显示，中国家庭住房资产在家庭总资产中占比77.7%。此外，根据中国人民银行调查统计司于2019年10月中下旬开展的城镇居民家庭资产负债调查显示，我国城镇居民家庭的实物资产中，74.2%为住房资产，这一特征与发达国家居民均衡将家庭资产配置于金融市场、房产市场和保险市场存在明显差别。城镇居民财产净收入偏低主要是由于家庭房产占家庭总资产的比重较高，居民的投资风险偏好不高，对低收益率的无风险投资具有明显偏好，对股票、基金等高风险投资的动机不足，此外中国金融市场不健全，居民投资途径单一，缺乏增长渠道。对于农村居民来说，经营净收入是其收入的两大主要来源之一，但经营净收入受到农产品价格的影响较大，农村居民对市场供求关系的把握并不准确，现阶段农产品生产资料价格较高，成本抬升明显，致使农村居民的经营净收入增长受限。此外，农村居民拥有的土地财产包括宅基地使用权、集体土地增值收益权、集体资产收益分配权和承包地经营权，由于农村土地制度并不完善，导致农民的上述权利难以直接兑换为财产净收入，城镇居民可以将闲置的房产出租换取财产净收入，但农村居民对宅基地并没有完整的产权，难以将其进行抵押、担保和转让，同时由于农村金融市场建设严重滞后于城镇、农村居民的收入水平不高、农村居民的金融投资行为较少，也导致农村居民的财产净收入不高。农村居民转移净收入较低是因为农村地区的医疗、养老、失业等社会保障水平明显低于城镇地区，低收入群体获得的转移收入也低于城镇地区。

此外,从最低工资制度的实施和演变情况来看,最低工资制度对低收入群体的保障力度仍待加强。最低工资制度是保障低收入劳动者的重要制度,根据王美艳和贾朋的研究,中国最低工资制度在"十三五"时期得到较好执行,最低工资标准持续了适当的调整频率,2016—2019年,中国逐年分别有9个、19个、15个和8个省(直辖市、自治区)的最低工资标准有所上调,最低工资标准稳步提升,全国平均月最低工资标准由2016年的1598元/月提高到2019年的1810元/月,年均增长率为4.2%;月最低工资标准占社会平均工资的比重保持在35%左右[①]。但与此同时,中国的最低工资制度在实施上也存在一定的问题,总结起来有三点。一是"十三五"时期最低工资标准的调整频率和调整幅度均弱于"十二五"时期;二是最低工资标准的执行力度并不够强;三是劳动者的工资增长过度依赖最低工资标准调整,最低工资标准成为核算加班乃至社保缴费基数的依据。

2. 中等收入群体比重偏低

目前对于中等收入群体尚无一个统一的定义和标准,2019年1月21日,时任国家统计局局长宁吉喆在国务院新闻办举行的新闻发布会上表示,国家统计局测算中国中等收入群体人口已经超过4亿人。根据国务院发展研究中心课题组的计算,2002—2019年,中国中等收入群体由735.8万人增长至34600.2万人,增长超过46倍,呈现快速增长的变化趋势。根据该课题组的测算,2019年中国中等收入群体比重为22.9%,明显低于西欧的英德法、北欧的挪威、北美的加拿大等国70%左右的中等收入群体比重[②]。之所以中国出现中等收入群体比重偏低的现象,其原因主要有三个方面。一是长期以来,劳动密集型产业是中国经济增长的基础,但相应的劳动密集型主导的经济发展模式中,初次分配中劳动者报酬所占份额较低,并不利于中等

[①] 王美艳、贾朋:《中国劳动力市场制度面临的新挑战及完善建议》,《中国发展观察》2020年第Z7期。

[②] 《持续扩大中等收入群体》,中国经济网,2022年,http://bgimg.ce.cn/xwzx/gnsz/gdxw/202204/08/t20220408_37470257.shtml。

第二部分 分论

收入群体的扩大。二是随着中国人口老龄化的加重，劳动和资本投入增长减缓，经济潜在增长速度下滑，由此居民收入增长也会受到影响并脱离原来的快速增长轨道。三是中国的劳动、土地、资本和技术要素市场发展并不完善，要素的流动和配置仍受到部分制约，劳动力在城乡、地区和行业之间的流动不畅，农业转移人口的城市化进程缓慢，农村居民的土地权益难以直接带来财产净收入，此外中国的资本市场建设不完善，实际利率水平受到压制，中低收入居民的储蓄在低利率情况下会对高收入人群产生间接补贴，从而抑制中等收入群体的扩大。四是根据第七次全国人口普查数据可以计算得到，2020年中国15岁及以上人口的平均受教育年限达到10.32年，相比2000年增长了1.59年，中国的人力资本水平虽然有所提高，但仍落后于发达国家，劳动生产率也在大幅增长后低于发达国家，中等收入群体的扩大离不开人力资本水平的持续提升。五是中国社会保障水平的总体保障力度仍有较大提升空间，对于中低收入人群来说，其享受的住房、医疗、养老、教育等方面的基本公共服务水平不高，相应的保障力度较低，农村低收入群体在上述社会保障方面享受的待遇更是远远落后于城镇地区，难以大幅降低其生活负担。

3. 初次分配、再分配、第三次分配尚未达到协调发展

初次分配在收入分配中处于基础地位，其核心在于体现市场机制的分配作用，理想状态下初次分配应该具有效率并保证基本公平；再分配则是通过税收、社会保障、转移制度等方式，从公平角度对收入进行调节，以扩大中等收入群体比重，重点增加低收入群体的收入；第三次分配则是对前两次分配的补充，慈善性捐赠是其主要方式。根据孙豪和曹肖烨的估算，2011—2019年，中国初次分配、再分配、第三次分配的结构保持稳定，其中初次分配占据主导地位，其在2019年的占比约为82.55%；再分配的份额位居第二，其在2019年的占比约为17.18%；第三次分配的份额最低，仅占0.13%[①]。从协调发展

---

① 孙豪、曹肖烨：《收入分配制度协调与促进共同富裕路径》，《数量经济技术经济研究》2022年第4期。

角度来看，中国在初次分配、再分配、第三次分配均有较大空间可以改善。

首先，初次分配在效率和公平两方面均有改善空间，效率方面目前要素价格扭曲导致价格机制在调节市场供求方面仍存在问题，部分要素价格无法全面显示资源的稀缺性变化，致使对经济主体的诱致和刺激作用不够明显；公平方面，部分垄断市场结构导致部门或行业之间的工资收入差异较大，劳动力市场分割导致就业歧视、身份歧视和性别歧视等问题的出现，资本市场的垄断和信息不对称容易影响家庭资产配置效率。

其次，再分配方面，从财政方面来看，由于财政支出的规模有限，对缩小居民收入差距的影响不足；城乡之间的公共产品供给不均衡、差距明显；政府预算的民生支出偏低、低收入群体的保障力度不足，共同导致财政支出对于缩小收入差距的作用较为有限。从税收角度来看，中国的个人所得税制度未能起到调节收入分配的作用，同时对于高收入群体的收入调配作用有限；财产税占中国税收比例较低，无法起到调节收入分配的作用；中国的遗产税和赠与税缺失，也在通过税收调节收入分配方面缺失了部分工具；消费税的品种不够丰富，尤其对高消费行为的征税缺失。从社会保障角度来看，中国的社会保障覆盖范围还有较大提升空间，城乡之间社会保障发展不均衡也会限制再分配的力度。

最后，第三次分配方面，一方面中国的第三次分配占比较低，分配力度仍有较大上升空间，以2019年为例，中国内地接收款物捐赠相当于当年中国GDP的0.15%，同年美国慈善捐赠占到美国当年GDP的2.1%；另一方面参与第三次分配的主体仍以企业为主，个人的慈善捐赠份额不高，2019年中国企业捐赠款物占捐赠总量的61.7%，个人捐赠占26.4%，美国个人捐赠占比约为70%，企业捐赠仅占到5%[①]。

---

① 参见中国民政部政务微信"中国民政"《如何充分发挥慈善事业在第三次分配中的作用？专家学者建言献策》。

| 第二部分　分论

三　推进高质量就业和优化收入分配格局的对策

（一）推进高质量就业的政策选择

1. 推行积极应对人口老龄化的就业政策

正是由于人口老龄化对就业存在供给侧抑制和需求侧扩张的复杂影响，在实施积极应对人口老龄化战略的同时，也应针对性地制定相应的就业政策。总体来看，既要在供给侧减缓人口老龄化对经济增长的冲击，稳定劳动力的供给，稳定市场主体，保障就业岗位，也要继续需求侧挖掘就业需求和潜力，还要消除中老年劳动技能不符合产业要求的结构性矛盾问题。具体体现为以下几点。

一是要以全要素生产率增长尽可能抵消掉劳动供给减少给经济增长带来的冲击，通过将经济增速稳定在合理水平，为稳定就业提供可靠的市场主体。同时，也应认识到，中国虽然劳动年龄人口趋于减少，但是从劳动力总量来看，中国的劳动力资源优势仍然巨大，由此，应提高劳动生产率、继续提升人力资本、改善劳动质量、培养有效劳动技能，从而稳定有效劳动供给。除了上述短期应对人口老龄化的政策，也应积极调整人口政策，以保障人口因素在长远来看也不会对经济增长和就业产生较大的负面影响。

二是在老龄社会阶段发展"银发产业"，拉动内需，创造就业岗位。从需求侧来看，根据有关测算①，中国将成为全球老龄产业市场潜力最大的国家。银发产业既包括医疗器械和服务、互联网医疗、康养旅游在内的大健康产业，也包含保险和理财在内的金融产业，还包括养老公寓、社区在内的地产行业，银发产业的蓬勃发展，能够带来更多的就业机会。

三是鼓励中老年劳动力通过更新劳动技能，再次进入劳动力市场，缓解中国就业供求的结构性矛盾。对于由于劳动技能落后、不适

---

① 《建立健全老龄产品质量标准体系，为老年人提供更多性价比高的优质产品》，人民网，2021年，http://finance.people.com.cn/n1/2021/0106/c1004-31990125.html。

应新兴产业的中老年群体来说，提供相应的技能培训，更新知识体系，同时做好职业介绍相关工作，为他们再次进入劳动力市场提供良好环境和打好基础，从而既充实了劳动力供给，也能够在技能匹配度上缓解就业供求的结构性矛盾。

2. 加强重点群体的就业保障措施

保障高校毕业生、农民工、下岗失业人员以及受疫情影响较大的餐饮、零售、旅游、交通运输等行业从业人员的就业，也是实现中国高质量就业的应有之义。首先，在高校毕业生就业保障方面，应努力拓宽就业渠道，激发大学毕业生的创新创业积极性，提高见习岗位的数量，助力高校毕业生积累相关工作经验、提升岗位所需的工作能力，为高校毕业生提供就业指导，发动校友资源进行岗位推荐。其次，在农民工就业保障方面，应分别对外出务工人员和就近务工人员分别制定促进就业的相关政策，摸清本地与外地的用工需求，解决好临时用工与长期用工需求之间的矛盾，建立地区间劳动资源的信息共享，促进本地与外地劳动力供求关系达到匹配；针对农民工求职信息渠道单一、就业渠道较窄的问题，应引导农民工利用移动互联网求职平台，提升自身的数字信息素养，使其具有及时掌握用工需求的能力。再次，在下岗失业人员的就业保障方面，既需要发展公益性岗位为该部分人员的就业兜底，也需通过开展紧缺岗位的职业技能培训，提升和更新失业人员的劳动技能，为其再次进入劳动力市场打下坚实基础；此外，还应扩大失业保险的保障范围，简化失业人员领取保险的流程，加强社会救助体系、低保对失业人员的保障，使其基本生活能够得到保障。最后，对于受疫情影响较严重的餐饮、零售、旅游、交通运输等行业从业人员来说，应对该部分行业进行针对性的减免社保费用，制定社保费用缓缴措施，推行失业保险稳岗返还、适当给予就业补贴，提供金融支持，帮助该部分行业平稳渡过难关，实现稳企业和稳就业。

3. 促使数字经济与高质量就业的融合发展

若期望克服数字经济发展对高质量就业产生的诸多不利影响，则需要从以下几个方面着手改善：一是加强数字技能的教育和培训，根

第二部分 分论

据工信部人才交流中心发布的《人工智能产业人才发展报告(2019—2020年版)》[1]，企业对算法研究岗、应用开发岗和实用技能岗等技术型岗位的人才需求最为旺盛，分别占整体需求岗位的12.2%、19.8%和34.8%，但其人才供需比分别仅为0.13、0.17和0.98，机器学习和计算机视觉在现阶段的人才需求最为突出，在整体需求岗位中的占比分别为39.1%和33.4%，但相关技术方向的人才极度稀缺，人才供需比仅为0.23和0.09。一方面应在现有的学科体系内扩充数字技能教育，加大数字经济的研发投入，完善人工智能、大数据和云计算等课程设置，加强基础研究人才的培养，缩小应届毕业生自身劳动技能供给与市场劳动技能需求不匹配的缺口；另一方面还应加强再就业人员的数字技能培训，特别是加强低技能失业人员的技能培训，使其再就业时能够匹配岗位需求。二是进一步促进数字经济产业发展，提供更多就业岗位。在平台经济和共享经济大行其道的今天，不应考虑到平台用工和灵活就业难以监管，就因噎废食，对数字经济发展加以约束限制，而是应继续顺应数字经济产业的发展态势，做大做活相关产业，为数字经济发展提供普惠的发展环境，从总量上继续增加就业岗位，提供就业空间，改善就业结构，提升就业质量。龚六堂认为，数字经济发展过程中带来的就业岗位由线下模式向线上模式进行的转型，能够利用弹性化、多元化和灵活化的就业方式化解失业风向[2]。三是加强对数字经济用工方式的监管，保护就业人员的合法权利。对于平台就业人员和灵活就业人员来说，应强化对相关企业的监管，有针对性地解决其用工性质界定、全责关系确认、用工权益保障难度较大的问题，应制定符合数字经济产业发展特征的劳动用工规范，完善平台就业或灵活就业人员的社保政策，保护就业人员的合法权益。

---

[1] 工业和信息化部人才交流中心：《人工智能产业人才发展报告（2019—2020年版）》，https://www.miitec.cn/home/index/detail?id=2249。

[2] 龚六堂：《数字经济就业的特征、影响及应对策略》，《国家治理》2021年第23期。

4. 形成有效应对外部冲击的就业优先战略

在中国经济发展环境的复杂性、严峻性和不确定性上升的背景下，稳就业和保就业位于"六稳"和"六保"之首，而在构建"以国内大循环为主体、国内国际双循环相互促进的新发展格局"的过程中，实施就业优先战略，既能有效应对疫情的持续冲击，也能缓解国际贸易形势变化对就业的冲击。在应对疫情的持续冲击方面，一是要推行科学防疫，在疫情发生期间尽快控制发展，有效推进企业复工复产，为企业进一步减税降费并给予扶持，降低企业经营负担，针对受疫情较大影响的重点行业（制造业和接触型服务业）给予政策支持，从而有效帮其渡过难关、稳定就业。二是继续促进创业以带动就业发展，降低对就业创业的限制门槛，增强双创平台的服务能力，鼓励返乡入乡创业，激发创业活力。三是以人才培训强化就业支撑，应加强职业教育的产教融合和校企合作，优化人才结构，提高就业的供求匹配程度，在疫情之下进一步降低就业供求的结构性矛盾。

在缓解国际贸易形势变化对就业的冲击方面，一是积极扩大内需，通过提振国内的投资和消费需求，对冲国际贸易收缩对就业产生的负向影响，应进一步加强对新基建、5G、千兆光网、新能源汽车、绿色建材为主的战略性新兴产业的投资，通过联动效应加强就业。二是抓住《区域全面经济伙伴关系协定》正式生效的机遇，关注各国疫情发展变化，在稳固既有贸易渠道的基础上，加强与"一带一路"沿线国家和东盟国家市场的贸易关系，建立诸如新能源汽车等新的外贸增长点，完善跨境电商网络，建立海外仓库，构建新的就业需求。总之，就业优先战略的制定和实施，需要兼顾潜在经济增长率下滑的内因，也需要考虑到新冠肺炎疫情和国际贸易环境改变的外因，两方面共同着手，才能健全有利于更充分、更高质量就业的促进机制，稳定地扩大就业容量，提升就业质量。

（二）优化收入分配格局的政策措施

1. 拓展居民收入增长渠道

不论是对城镇居民来说，还是对农村居民来说，拓展居民收入增

第二部分 分论

长渠道的前提是拓宽居民的就业渠道，并稳定市场主体、保持其工资性收入和经营净收入在一定速度进行增长，推进高质量就业的措施已在前文详细说明，在此不再赘述。对于城镇居民来说，除了保持工资性收入增长与经济增长保持同步，还应鼓励城镇居民开展创新创业，降低创新创业成本，提高营商环境，为创新企业减税降负，拓宽城镇居民的经营净收入渠道。在财产净收入增长方面，城镇居民应在人力资本提升的同时，提升自身的金融知识储备和素养，掌握投资和理财规模，同时应不断加强建设完善和规范的金融市场，培养城镇居民的风险意识，为增加财产净收入提供制度保障。此外，还应建立普惠金融体系，拓展投资的空间，为中低收入群体提高财产净收入提供渠道。

对于农村居民来说，维持经营净收入稳定增长，需要继续加强农业生产技术的指导，提供扶持农业生产的技术、信息、销售和金融服务，鼓励居民开展特色经营项目，支持农村居民适当扩大生产规模，提高经营效率，还应加强乡村地区餐饮、住宿、旅游、康养产业的发展，丰富农村居民的经营项目。而在提升农村居民的财产净收入方面，主要还是通过发展集体企业和集体经济，提高农村居民的集体性分红，同时规范农地流转市场建设，提高农地租赁收益水平，提高农地的征收拆迁补偿标准，促进农村居民的财富水平上升，还应在农村地区发展普惠金融，培养农村居民的投资和理财意识，以达到多渠道增加农村居民财产性收入的目的。在转移净收入方面，应鼓励农村居民多缴社会保险，缩小农村居民与城镇居民的社会保障待遇差距，丰富财政对农村生产和生活的补贴，加大对农村的社会救济力度，巩固脱贫攻坚成果，针对性地提高农村低收入群体的收入。

此外，还应完善最低工资标准和工资指导线形成机制，发挥最低工资标准的保障功能，同时鼓励企业形成有效的工资增长机制。其具体举措有三：一是合理地提升最低工资标准、提高保障力度，促使长期未调整最低工资标准的地区结合当地实际物价水平和生活成本，提升最低工资的调整频率和幅度，改善劳动力因最低工资标准较低所引发的加班工资低和社保缴费低的多重困境。二是提高最低工资标准的执行力度，保证最低工资制度的调整落到实处，利用多种形式宣传新调整的最低工资标准及相关法律规定，努力营造贯彻落实最低工资制度的氛围，通过开展日常巡查、专项检查、举报专查等方式，加强督促检查，对违反最低工资标准的企业，应采取有力措施予以制止，进行处罚并责令改正。三是要完善企业的工资增长机制，同时形成企业工资的指导线制度，对于生产经营正常且经济效益良好的企业，指导其按照基准线设定员工工资增长幅度；对于企业经济效益较高的企业，指导其按照基准线以上标准提升员工工资；对于企业经济效益不佳或亏损的企业，指导其按照下限实行员工工资增长，或保证企业以不低于最低工资的标准进行工资发放，总体鼓励企业的工资发放和增长应减少对最低工资的依赖，鼓励通过集体协商等方式形成企业工资增长的自主机制。

2. 持续扩大中等收入群体

扩大中等收入群体的比重，除了上述已经提到的多方面稳定就业和扩展城乡居民收入增长渠道，还应重点关注以下五个方面：一是在居民收入增长与经济增长保持同步状态的情况下，将人均GDP增速稳定在合理区间，为居民收入增长提供最基本的环境保障，而在产业结构升级过程中，促进居民的劳动技能与战略性新兴产业的需求保持一致，使其收入增长脱离劳动密集型行业收益较低的困境。二是在人口快速老龄化时代，促进全要素生产率提升，以稳定经济增长速度，但需要防范劳动节约型技术进步对改善收入分配可能存在的负向效应，防止其对就业规模和初次分配产生不利影响，随着中国劳动生产率的提升，应在国际循环中提升中国竞争力，促进就业岗位增加，抵消劳动节约型技术进步的负面影响，确保最终需求不断增长[①]。三是继续提高劳动收入份额，健全劳动、土地、资本和技术要素市场，科学评价各要素的市场贡献，并按照贡献的份额合理分配报酬，在金融市场实现市场起决定作用的动态利率变化机制，缓解低利率对低收入群体的伤害。四是继续提高人力资本水平，畅通社会流动通道，提高

---

① 都阳、贾朋：《在高质量发展中扩大中等收入群体》，《财经智库》2022年第1期。

贫困地区和乡村地区的教育投资效率，规范劳动力市场，进一步消除劳动力流动的障碍，让低收入群体能够通过接受教育，改善人力资本水平，提高自身收入水平，迈入中等收入群体。五是以普惠性、保基本、均等化和可持续为原则，完善社会保障和公共救助体系，提高低收入群体在住房、医疗、养老、教育等方面的基本公共服务水平，缩小城乡之间的社会保障和公共服务差距。

3. 促进初次分配、再分配、第三次分配协调发展

一是要继续提高初次分配的效率性和公平性，应不断消除要素价格扭曲，使要素价格变化能够有效显示要素资源的稀缺性变化，提高经济运行效率，完善要素市场建设，保障劳动、资本、土地、知识、技术、管理和数据等生产要素按贡献参与分配；此外，还应进一步消除市场的垄断程度，缩小收入在地区、城乡和行业之间的差距，消除劳动力市场分割，破除各类就业歧视。

二是要以财税制度提升再分配的调节力度和精准性，从财政方面来看，应提高财政资金的支出效率，促进财政支付与财政事权和支出责任划分相适应，加大资金统筹力度，缩小城乡之间的公共品供给差距，提升财政对低收入群体的支持力度；从社会保障方面来看，应缩小城镇居民内部、城乡之间和农村居民内部社会保障待遇水平的差距，提升社保制度的公平性，提高社会保险的统筹层次，顺应劳动力市场的新变化，提高灵活就业人员的参保率，完善社保的跨区域衔接安排；从税收体制来看，应继续建立一个包含消费税、资源税、环境税、企业所得税、个人所得税、房产税、遗产税和赠与税、社会保障税等多税种在内的税收调节体系，完善税收调节收入分配的作用，还应提高直接税比重、强化再分配的公平特性，保护合法收入，合理调节过高收入。

三是要调动第三次分配的积极性，提高第三次分配的份额。在自愿性和公益性的原则下，一方面应继续鼓励社会继续加强慈善捐赠的力度，提高第三次份额在收入分配中的份额；另一方面也应鼓励个人捐赠，完善慈善相关的财税政策，提供相应的税收减免服务。

第六章 病有所医：健全全民医保制度[*]

"病有所医"一般是指医疗服务能够惠及各阶层公民、人人享有基本医疗卫生服务的社会状况，实现"病有所医"关键是要建立覆盖全民的医疗保障制度。这不仅是人民基本的健康需求，是人类文明进步的重要标志，也是实现"健康中国"战略的应有之义。免除国民的疾病医疗后顾之忧、为国民提供优质的健康保障，是完善中国社会保障体系、加快推进以改善民生为重点的社会建设的一项紧迫而重要的任务。投资国民健康、提高国民身体素质，不仅是满足城乡居民急切需求的重要方面，也是建设人力资源强国和应对经济全球化背景下激烈的国际竞争、实现经济社会可持续发展的重要战略举措。

党的十八大以来，中国卫生事业和医疗保障事业快速发展，医疗卫生服务水平和保障水平都得到了较大提高，但与积极应对人口老龄化和推进共同富裕的要求相比，仍然有一定的差距。习近平总书记在党的二十大报告中指出，应把保障人民健康放在优先发展的战略位置，促进多层次医疗保障有序衔接和医保、医疗、医药协同发展[①]。本章将在梳理中国医疗保障制度基本框架的基础上，分析当前医疗保障制度建设存在的主要挑战和问题，进而提出健全全民医保制度的系统性建议。

---

[*] 本章作者为韩笑。作者简介：韩笑，中国社会科学院人口与劳动经济研究所助理研究员、博士，研究方向为社会保障、人口经济学。

[①] 习近平：《高举中国特色社会主义伟大旗帜　为全面建设社会主义现代化国家而团结奋斗——在中国共产党第二十次全国代表大会上的报告》，人民出版社2022年版，第48、49页。

一　中国医疗保障制度体系的现状与问题

（一）医疗保障制度体系基本框架

中国医疗保障制度体系包括托底层、主体层、补充层及延伸层四个层次（见图6-1），为守护国民的生命健康提供了"四重保障"。首先，"主体层"指的是中国基本医疗保险制度，包括职工基本医疗保险（简称"职工医保"）和城乡居民基本医疗保险（简称"居民医保"）。其次，"托底层"主要指中国城乡医疗救助制度，包括农村医疗救助和城市医疗救助两个方面。再次，"补充层"主要包括补充医疗保险（如城乡居民大病保险）、商业健康险等。最后，"延伸层"主要包括其他形式的医疗保障，如慈善捐赠、医疗互助等。

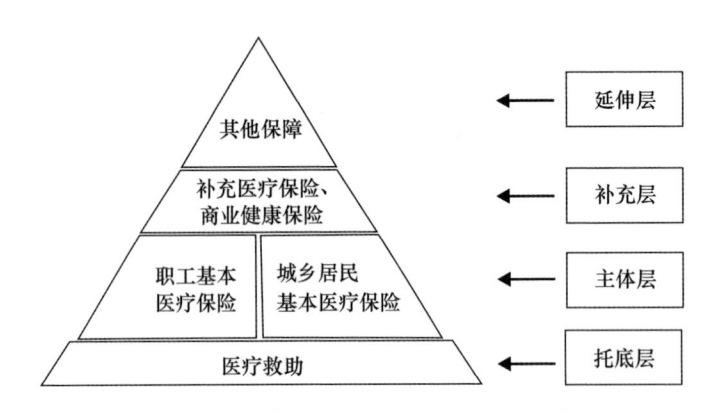

图6-1　中国多层次医疗保障制度体系

资料来源：笔者整理。

上述"四重保障"各有其优势和不足。"主体层"基本医疗保险的特点是"广覆盖、保基本"，它由政府提供，优势在于覆盖面广、认可度高，不足之处是保障水平有限；"托底层"医疗救助的特点是"救急难、兜底线"，它也是由政府提供，优势在于能够防止发生突破社会底线的极端事件，不足之处是主要针对困难群体，适用面较窄；"补充层"中商业健康险的特点是"市场化、多元化"，其优势是产品丰富多样，可满足人们多元化的医疗保障需求，不足之处是信息不对称导致交易成本高，普及率也较低；"延伸层"的其他形式保障具有自愿、灵活的特点，其优势是不受正式制度的刚性约束、较为灵活机动，不足之处是不确定性较高。四重保障各具优势和不足，四者相互配合，共同搭建起守护人民群众健康的坚强防线。

1. 职工基本医疗保险

职工医保覆盖城镇所有用人单位，包括企业、机关、事业单位、社会团体、民办非企业单位等。截至2021年年底，中国职工医保参保人数3.54亿人，其中企业、机关事业、灵活就业等人员分别占参保总人数的68%、18%和14%[①]。职工医保保费由用人单位和职工双方共同负担，用人单位缴费一般为职工工资总额的6%左右，个人缴费占本人工资的2%左右。在待遇享受方面，职工医保统筹基金的起付标准和最高支付限额原则上分别为当地职工年平均工资的10%和6倍左右。2021年，中国参加职工医保人员享受待遇20.4亿人次，其中普通门急诊17.2亿人次，门诊慢性病、特殊疾病（简称"慢特病"）2.6亿人次，住院0.6亿人次。在基金运行方面，2021年职工医保基金（含生育保险，下同）收入1.90万亿元、支出1.47万亿元。其中，统筹基金收入1.19万亿元、支出0.93万亿元，累计结存1.77万亿元；个人账户收入0.71万亿元、支出0.54万亿元，累计结存1.18万亿元。在统筹层次方面，目前职工医保和居民医保已基本实现市地级统筹，居民享受医保待遇的公平性提高，许多省份（如京、津、沪、渝、琼等）还探索建立了省级统筹制度。

2. 城乡居民基本医疗保险

居民医保由原"城镇居民基本医疗保险"和"新型农村合作医疗"整合而来，覆盖范围包括除职工医保应参保人员以外的其他所有城乡居民。截至2021年年底，居民医保参保人数10.09亿人。居

---

① 《2021年全国医疗保障事业发展统计公报》，国家医疗保障局官网，2022年，http://www.nhsa.gov.cn/art/2022/6/8/art_7_8276.html。

第二部分 分论

民医保实行个人缴费与政府补助相结合的筹资方式，并鼓励集体、单位或其他社会经济组织给予扶持或资助。2022年筹资标准为财政补助610元/人、个人缴费350元/人。在待遇享受方面，居民医保遵循保障适度、收支平衡的原则，逐步统一保障范围和支付标准。2021年，居民医保参保人员共享受待遇20.8亿人次，其中普通门急诊16.8亿人次，门诊慢特病2.4亿人次，住院1.5亿人次。在基金运行方面，2021年居民医保基金收入0.97万亿元，支出0.93万亿元，累计结存0.67万亿元。

3. 城乡居民大病保险

大病保险是对城乡居民因患重大疾病发生的高额医疗费用给予报销的医疗保障制度，主要目的在于解决"因病致贫、因病返贫"问题，使绝大部分人不会再因疾病陷入经济困境。截至2022年3月，大病保险制度已覆盖12.2亿城乡居民[1]。实践证明，大病保险保证了患病群众得到及时治疗，按梯次减轻了居民医疗费用负担，为脱贫攻坚提供了抓手。

4. 医疗救助

医疗救助的对象主要为特困供养人员、最低生活保障家庭成员和最低生活保障边缘家庭成员。2021年，中国医疗救助支出共计619.90亿元，资助参加基本医疗保险0.88亿人，实施门诊和住院救助1.01亿人次，全国次均住院救助、门诊救助分别为1074元、88元[2]。

5. 商业健康险

商业健康险主要包括医疗保险、疾病保险、失能收入损失保险、护理保险及医疗意外保险等。2021年中国的商业健康保险为参保人积累了1.3万亿元的长期健康险风险准备金，在满足人民群众多样化的健康保障需求方面发挥了积极作用。然而，与庞大的市场需求相比，中国商业健康险存在供给不足、发展不及预期等问题。

---

[1] 《中国这十年：金融支持实体经济实现高质量发展》，中国政府网，2022年，http://www.gov.cn/xinwen/2022-06/24/content_5697433.htm。

[2] 《2021年全国医疗保障事业发展统计公报》，国家医疗保障局官网，2022年，http://www.nhsa.gov.cn/art/2022/6/8/art_7_8276.html。

6. 医疗互助

中国的医疗互助仍处于发展的初级阶段,医疗互助组织数量少,部分互助组织存在性质定位不够明确、制度建设不够健全等问题,监督管理机制也较为薄弱。积极发展医疗互助有利于发挥其低成本、低缴费、广覆盖、广受益的优势,进一步减轻居民医疗费用负担,充分发挥保险、互助的协同作用。

(二) 医疗保障制度体系面临的问题

党的十八大以来,中国全民医保改革纵深推进,在破解看病难、看病贵问题上取得了突破性进展。然而,随着人民群众对美好生活需求的日益增长,医疗保障领域存在的问题逐步显现。

1. 医疗保障体系面临三重挑战

一是老龄化问题的加剧对中国医保制度改革带来挑战。中国即将进入中度老龄化阶段,医疗保障制度亟待进行"适老化"改革。由于老年时期是医疗费用的高发阶段,未来医保基金的大部分比例将被用于老年参保者;加之近年来医疗技术快速发展,许多疾病从"无药可医"变为"可医可控",医保支出压力进一步增加,老年人保障需求与保障水平不匹配的矛盾凸显。

二是工业化进程加速、城镇化率提升改变了人们对医疗保障范围和水平的要求。一方面,工业化进程的加速深刻影响了人们的生活方式,慢性病已成为居民的主要死亡原因和疾病负担。2019年,中国因慢性病导致的死亡占总死亡的88.5%,慢性病造成的疾病负担占总疾病负担的70%以上[1]。慢性病患病率的提升改变了人们的就医习惯,门诊费用保障不足等问题凸显。另一方面,城镇化率的提高对中国的医疗保障体系提出了更高要求。"十四五"末期,中国常住人口城镇化率将达到65%,这也意味着居民消费能力的提升、投资空间的拓展、非正规部门就业的增加,预期将进一步释放

---

[1] 健康中国行动推进委员会:《健康中国行动(2019—2030年)》,2019年,http://www.gov.cn/xinwen/2019-07/15/content_5409694.htm。

居民医疗服务需求，给中国医保制度改革带来压力。

三是疾病谱的改变及突发公共卫生事件增加了基金运行负担。新冠肺炎等新型传染病风险与已有的传统传染病风险相互交织，增加了医保基金支出的不确定性。在"两个确保"政策下，中国将新冠肺炎诊疗方案中的药品和项目临时纳入医保目录，并通过基本医保、大病保险、医疗救助等多个渠道支付确诊和疑似患者的医疗救治费用。仅在2020年，医保基金支付新冠肺炎治疗费16.3亿元，预拨定点救治机构专项资金194亿元[①]。因此，疾病谱的改变及突发公共卫生事件的出现进一步对中国医疗保障体系的可持续性带来挑战。

2. 医保制度共济性不足与保障性失衡

职工医保个人账户共济性不足。其一，个人账户资金划拨公平性差。目前个人账户资金主要按照职工个人工资的一定比例划拨，体现"多缴多得"，但这一原则会带来不同收入水平职工个人账户之间的较大差距。其二，风险分摊功能缺失。由于个人账户资金不得用于除医疗服务之外的消费开支，且个人账户资金使用权限不允许交转他人，因此不同年龄、收入、健康水平的职工之间无法实现健康风险分担。其三，个人账户资金沉淀过多。由于划入个人账户的资金比例偏高，大量资金沉淀于个人账户，带来保值增值压力。其四，个人账户出现道德风险。由于基金主要收益来自利息，利率通常低于当期通货膨胀率，部分缺乏信心的职工急于将远期不确定利益转为当期确定性消费，因而冒用、套用、盗用个人账户资金及门诊转住院等现象屡屡发生。

各地区过度保障与保障不足并存。在医保制度建立早期，较低的统筹层次带来了许多问题。其一，基金使用效率低下，医保基金赤字与结余的现状并存，不同地区之间参保单位、参保人员及财政负担畸轻畸重。其二，医保筹资机制不均等，各地区之间因经济发展差异、保障水平差异，在筹资比例上存在差距，风险分担功能减弱。其三，

---

① 国家医疗保障局：《2020年医疗保障事业发展统计快报》，2021年，http://www.nhsa.gov.cn/art/2021/3/8/art_7_4590.html。

参保人员异地就医困难。由于各统筹区自行制定各项医保管理制度，异地结算和报销不畅，因此个人垫付资金压力大。其四，跨地区流动劳动者在不同地区的缴费年限、缴费率各不相同，医保关系转移接续困难。

3. 医保相关法制建设滞后

2022 年 5 月，全国人大常委会公布 2022 年度立法工作计划，《中华人民共和国医疗保障法》被列为预备审议项目[①]。在这之前，虽然中国的医疗保险法制建设取得了突出成就，但是也难以掩盖其中存在的问题。其一，医疗保障相关法律较为粗疏。医疗保险制度法律关系复杂、牵涉多方利益，有关医疗保险具体运行、实施、监督的规定必不可缺。医保制度在行政法规层面的缺位导致其"低位运行"，制度的连续性和可预测性无法形成，给未来医保制度的整合带来阻力。其二，新冠肺炎疫情暴发以来，中国医疗保障制度法治化水平较低的问题进一步凸显。目前，医疗保险体系的疫情应对措施主要通过监管文件来实施，未使用基本法律来规范医保基金使用，其与公共卫生突发事件应对条例、突发事件应对法之间的衔接问题亦未解决。

4. 监管制度有待完善

目前，中国医疗保障制度的治理结构不够明晰，侵吞医保基金和侵害群众利益的现象时有发生，基金安全性有待提升。其一，针对定点医疗机构（及其工作人员），由于其为医疗服务的提供者和医保基金运行的重要参与者，可能通过伪造病历进行报销来骗取医保支付。该骗保行为的发生与其较强的隐蔽性有关，可以较为轻易地逃避目前医保行政部门的形式审查。其二，针对参保人，其骗保行为主要包括伪造病历等材料去医保管理部门报销、借用近亲属医保卡刷卡报销等。由于该骗保方式较为简单、隐蔽性不强，因而在实践中较易被发现。其三，针对负责医保报销的国家工作人员，其骗保行为包括单独骗保或与参保人共谋侵吞医保基金。这类骗保行为通常具有更强的破

---

① 《国务院办公厅关于印发国务院 2022 年度立法工作计划的通知》，中国政府网，2022 年，http://www.gov.cn/zhengce/zhengceku/2022-07/14/content_5700974.htm。

坏性，其骗保手段更加隐蔽，给医保基金带来风险。

5. 智能化水平亟须提升

中国医疗保障体系的信息化、标准化、智能化建设及公共服务体系建设与新时期医疗保障改革的要求尚存在差距。医疗信息系统缺失造成的低效、低覆盖面、高成本、渠道少、医疗服务质量欠佳等问题成为社会关注的主要焦点；同时，医疗信息不畅、医疗资源两极分化、医疗监督机制不健全等因素也部分导致了大医院人满为患、社区医院无人问津的社会问题。随着中国数字经济的快速发展，将人工智能、传感技术等高科技融入医疗行业、推广互联网医疗等创新服务模式及建立智慧医疗信息网络平台体系迫在眉睫。

6. 改革的协同性较低

医疗保障制度改革的协同性不仅体现在医保目录动态调整、医保基金预算分配中，还广泛体现在药械采购、价格形成、支付方式等诸多方面。目前，中国医疗保障治理体系协同性不足具体体现在如下方面。

一是医疗救助对象及时精准识别机制、异地就医结算机制不协同。全国统一的医疗保障信息平台尚未建立，各类困难群众身份信息共享工作进展缓慢，难以及时将符合条件的困难群众纳入医疗救助范围。同时，由于各地医保政策的不同，异地就医结算效率普遍较低，部分地区制度叠床架屋的现象亟待破解。

二是医保基金监管机制不协同。医保、卫健、公安、市场监管等部门间相互配合、协同监管的综合监管制度尚未形成，部门间联合执法、信息共享和互联互通机制有待完善。同时，打击欺诈骗保行政执法与刑事司法衔接工作机制不够健全，医保监管部门与社会各界共同参与医保基金监管的基金安全防线尚未建立。

三是药品和医用耗材集中带量采购改革不协同。目前，集中采购机构缺乏国家的统一指导，国家、省级、跨地区采购联盟间相互配合、协同推进的工作格局尚未形成。由于集中采购机构隶属于不同的主管部门，部分地区监管部门和集中采购机构职责不清、矛盾频出。

四是多层次医疗保障制度发展不协同。中国医疗卫生体系的不同主体、医疗保障制度的不同层次均存在协调机制不畅的问题，医保、医疗、医药"三医联动"机制也不够健全，这些问题关系到人民群众对医保的安全感和获得感，应尽快加以解决。

7. 适老化程度低

老年人的保障需求与保障水平之间不匹配。作为医疗费用支出的主要群体，老年人的整体健康状况不容乐观，失能、半失能老人数量众多；同时，贫困老人、高龄老人是典型的脆弱群体，所能获得的医疗资源相对有限，面临更高的健康风险和保障需求。当前基本医保目录内用药、诊疗、服务设施均针对全体国民，未专门考虑老年人群特点，这将加重政府财政、医保基金和老年人经济负担，不利于全民医保制度的可持续发展。

二 医疗保障制度改革的国际经验

针对中国医疗保障制度存在的现实问题，许多国家也曾在改革过程中面临相似处境，其改革经验预期能够为中国的医保改革带来启示。尽管医疗市场庞大而复杂，影响一国医疗卫生体系的因素众多，但最重要的影响因素在于两个方面。一是资金筹集与支付模式，即医疗卫生体系的需求方；二是医疗服务的提供方式，即医疗服务体系的供给方[①]。总结世界典型国家的医疗卫生体系特点可知，筹资与支付模式可分为国家出资、强制储蓄、强制保险、自愿保险和患者自付等方式；服务提供主体可分为公共部门和私人部门，其中公共部门多为公立医疗机构，私人部门包括私人非营利性医疗机构和私人营利性医疗机构，如图6-2所示。

根据医疗资金筹集方式与医疗服务提供方式的不同，世界各主要国家的医疗保险制度可分为四类，即"社会医疗保险模式""国家医疗服务模式""储蓄型医疗保险模式"及"商业医疗保险模式"（见表6-1）。从某种意义上讲，世界各国医改的过程就是这些模式在自

---

① 王宇：《资金筹集与服务提供：医改再选择》，《南方金融》2018年第4期。

第二部分　分论

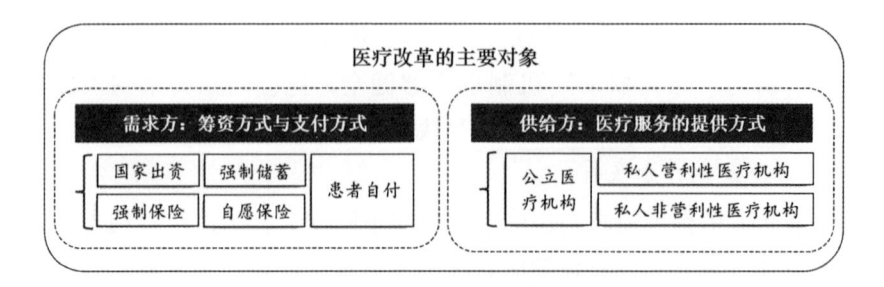

图 6-2　医疗改革的主要对象

我完善、自我修正的同时相互取长补短、逐步趋同的过程，也是各国不断改进需求方筹资结构和供给方服务模式的过程。

表 6-1　不同医疗保险制度模式的主要特征

医疗保障模式	典型国家	筹资方式	经营机构
社会医疗保险模式	中国	雇主和雇员支付的保费、政府税收和财政补贴	政府
	德国		政府、疾病基金协会
	日本		政府、国家健康保险协会
国家医疗服务模式	英国	政府税收	政府
储蓄型医疗保险模式	新加坡	雇主和雇员筹资	中央公积金局
商业医疗保险模式	美国	市场机制	商业保险公司

资料来源：笔者整理。

（一）社会医疗保险模式

德国、日本的医疗保障模式均为社会医疗保险模式（National Health Insurance，NHI），两个国家分别位于中欧、东亚，是不同地域的典型代表。

1. 德国社会医疗保险模式

德国是社会医疗保险制度的发源地。1883 年，俾斯麦首创国家法定医保制度，实行国家监督下的劳资自治管理模式[①]。目前，社会

[①] 周毅：《德国医疗保障体制改革经验及启示》，《学习与探索》2012 年第 2 期。

医疗保险已覆盖德国 90% 以上的人口。在参加法定医疗保险的基础上，居民可以参加商业保险机构提供的补充医疗保险，但目前商业保险占比很低，这一点与中国目前的医疗保障格局十分相似。

医疗服务供给。德国社会医疗保险机构以非政府、非营利性质的"疾病基金协会"为主体。全国共有 100 多家"疾病基金协会"，参保者可自愿进行选择①。德国的医院主要包括由政府出资建立并管理的公立医院、由教会和慈善机构建立并管理的私立非营利医院，以及由政府建立并委托给私人机构经营的私立营利性医院。

医保资金筹集。德国医保资金的主要筹资模式包括以下四类。一是社会医疗保险机构保费收入，约占医保总收入的 50%；二是政府财政补贴，如退休教师、公务员及其他的永久性公共雇员由政府补贴 50% 以上的医保费用；三是商业医疗保险保费收入，这部分由居民自愿缴纳；四是患者自付部分，主要指医疗费用中需要个人承担的部分，由个人直接向医疗机构支付。

医保费用支付。首先将保费归集到全国统筹的健康基金中，之后在各地区的"疾病基金协会"间进行再分配；收到全国健康基金拨款后，地区疾病基金协会与当地医生协会进行谈判，按照医疗总费用和参保人数确定"总额预付"，地区疾病基金协会将资金分配给医院和医生。

2. 日本社会医疗保险模式

日本社会医疗保险制度包括"职工医疗保险"和"国民健康保险"两部分。"职工医疗保险"与中国职工医保制度类似，覆盖工人、政府机关工作人员、公共事业人员等职工及家属；"国民健康保险"与中国居民医保制度类似，覆盖农民、自由职业者及各类职业的退休人员。

医疗服务供给。日本的医疗服务供给机构几乎都是"医疗保险指定医疗机构"，包括公立医院和民间医院。广义的公立医院包括三类："国立医院"指中央政府运营的医院，"狭义公立医院"指地方政府

---

① 王宇：《资金筹集与服务提供：医疗卫生模式的国际比较》，《经济研究参考》2018 年第 54 期。

运营的医院,"其他公立医院"指日本红十字会、济生会、厚生联、国民健康保险团体联合会等运营的医院。民间医院是其他法人与私人运营的医院。目前,日本公立医院约占20%,民间医院约占80%[①]。

医保资金筹集。日本医疗保险费由国家、企业和个人共同负担。"职工医疗保险"参保者每月缴纳的保险费率约为工资收入的8%,其中企业和个人各负担50%,不同险种的费率略有差别;在此基础上,政府适当给予补贴,具体补贴比例视市町村的财政情况而定。对"国民健康保险"参保者,个人和国家各自负担50%。

医保费用支付。日本不同保险制度下的支付形式基本相同,均包括"现物支付""偿还支付"两种。前者指的是医疗服务机构向参保者提供服务,患者仅向保险公司支付部分费用就可以接受这些服务,之后由保险公司向医疗服务机构统一支付患者所发生的费用;后者指的是患者先向医疗服务机构全额支付费用,之后再从保险公司报销。

(二)国家医疗服务模式

英国是国家医疗服务模式(又称"全民医疗服务模式",National Health Service,NHS)的代表性国家。

医疗服务供给。英国的卫生服务体系由三级医疗服务机构组成,包括初级保健机构、地区医院和中央医疗服务机构。第一级初级保健机构以社区医院为主(包括全科医生、牙医、药房等),大部分为私人医疗机构,负责初次诊断、小病治疗、预防性保健等;第二级地区医院是地区性的医疗服务中心,主要为公立医疗机构,负责提供综合医疗服务和专科医疗服务;第三级中央医疗服务机构主要为公立医疗机构,负责疑难病症诊治和紧急救助。

医疗资金筹集。一是公共资金筹集,主要包括政府税收、企业和雇员缴费及全民医疗服务信托基金,其中中央财政支出约占全部国民保健费用的80%以上,筹资方式是现收现付式。二是商业保险性质的医保资金,即政府通过税收优惠等政策措施鼓励有需求的个人购买

---

① 李三秀:《日本医疗保障制度体系及其经验借鉴》,《财政科学》2017年第6期。

商业保险，由保险公司直接向医疗服务机构付费。三是个人自付的医疗费用，主要指医疗费中需要个人承担的部分，以及超出服务范围的特殊医疗费用。

医疗费用支付。英国的医疗费用支付方包括两类，分别为 GPFH 和 DHA。第一类支付方为 GPFH（General Practice Fund-holder），为居民提供初级医疗服务且满足规模要求的全科医生（GP）可自愿申请成为 GPFH，申请成功后当地的卫生局（District Health Authorities，DHA）每年下拨预算供 GPFH 为患者购买服务。第二类支付方即 DHA，每家 DHA 管辖一定区域，为居民购买医疗服务。DHA 不能挑选患者，其预算额度以所辖人口为基础，考虑年龄结构、当地投入要素成本、死亡率、居家老人数量、患病率、失业率等因素后计算而得[①]。

（三）储蓄型医疗保险模式

新加坡是储蓄型医疗保险模式的代表。其医疗保险制度主要包括三大计划：保健储蓄计划（Medisave）、终身保健计划（Medishield）和保健基金计划（Medifund）。保健储蓄计划为制度主体，终身保健计划和保健基金计划为补充（见图 6-3）。

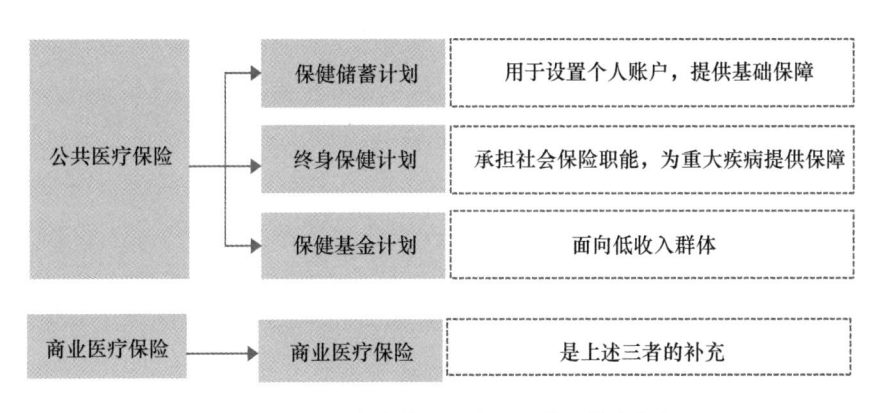

图 6-3　新加坡储蓄型医疗保险模式基本框架

---

① 胡西厚、王雪蝶：《英国国家卫生服务保障制度偿付特征及其经验借鉴》，《东岳论丛》2018 年第 10 期。

医疗服务供给。新加坡实行公立与私人相结合的医疗服务体系。公立机构包括联合诊所、公立医院等,私立机构包括私人诊所、私立医院等。初级卫生保健主要由私人诊所和联合诊所提供,其中私人诊所承担了约80%的初级保健服务;住院服务主要由公立医院和私立医院提供,其中约80%由公立医院提供[①]。

医保资金筹集。保健储蓄计划按照雇员年龄和月收入设置缴费比例,以雇员工资总额为基数,由雇主和雇员共同向中央公积金账户缴费,再按照一定比例依次计入保健储蓄账户、特殊账户和普通账户三种不同类型的公积金账户。终身保健计划主要用于弥补保健储蓄计划在保障重病或慢性病方面的不足,是非强制性的,居民可自愿参保,主要通过财政补贴的方式向无力支付医疗费用的重病人群和贫困人口提供医疗保障。保健基金计划是一类救济基金,专为无法支付医疗费用的穷人提供安全"兜底网",由委员会批准和发放。

医保费用支付。保健储蓄计划用于支付本人及家庭成员的住院费用及部分昂贵的门诊检查费和治疗费(如化疗费、乙肝疫苗接种费、部分慢性病等)。政府对公立医院实行经费补助,根据房间内床位的数量将患者分为A、B1、B2+、B2、C档,政府分别给予0—80%的医疗费用补贴。终身保健计划在病人重病住院的医疗费用超过限额时,提供自付额占80%以上的费用给付。保健基金计划主要保障无钱支付医疗费用的穷人,如住在6个以上床位病房内的C档患者可申请该援助。

(四)商业医疗保险模式

实行商业医疗保险制度的典型国家是美国。美国医保体系由商业健康险和社会医疗保险组成(见图6-4),商业健康险是美国医保体系的主体,覆盖了美国80%的人口。商业健康险公司分为两类。一是享受税收优惠待遇的非营利性公司,由医生和医院联合会发起成立,提供门诊和住院服务;二是营利性公司,向个人或团体提供住院医疗保险,承保费用较高的医疗项目。社会医疗保险分为四个部分——老

---

① 王勤:《新加坡医疗保障制度及其对我国的借鉴》,《经济管理》2007年第11期。

第六章 病有所医：健全全民医保制度

```
                    ┌── 老人健康保险 ──── 65岁及以上老人
社会医疗保险 ──────┼── 贫困者医疗援助 ── 低收入群体
                    ├── 儿童健康保险 ──── 低收入家庭儿童及孕妇
                    └── 军人医疗保险 ──── 军人及其家属

商业医疗保险 ──────┬── 缴费者：雇主和雇员
                    └── 类型：HMO/PPO/EPO/POS
```

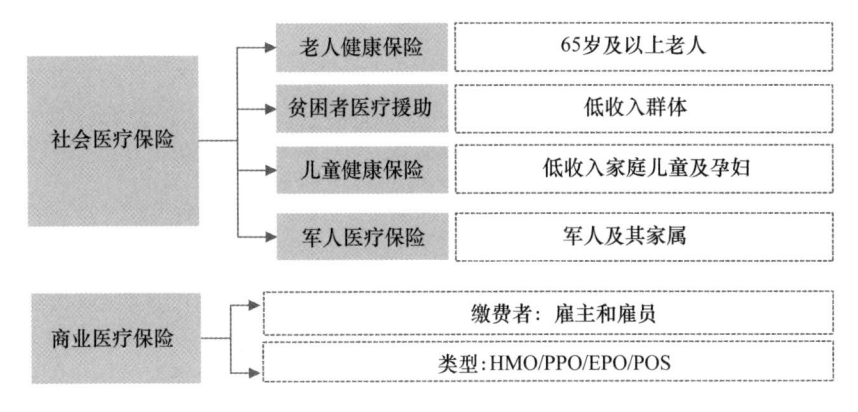

图6-4 美国医疗保险制度的基本框架

人健康保险①、贫困者医疗援助②、儿童健康保险③、军人医疗保险④。

医疗服务供给。美国医疗卫生体系以私立为主，政府主要是以公立医疗形式为老年、病残、穷困和失业人口提供基本的医疗保障和援助。美国医疗服务主要由家庭医生和各类医院提供，医院可分为私立营利性、私立非营利性和政府公立三种。其中，私立非营利性医院占全国医院总数的一半以上。

医保资金筹集。美国医保体系的资金来源包括以下几种。一是商业健康险保费收入，主要由雇主通过购买团体险的方式承担；二是社会医疗保险保费收入，其中老人健康保险的医保费用以工薪税形式收缴，统一纳入医疗保险信托基金；三是财政投入，老人健康保险中的补充医疗保险保费75%来自财政支出，贫困者医疗援助由联邦政府和各州政府共同出资，儿童健康保险由联邦政府负担70%、各州政府负担30%，军人医疗保险全部由联邦政府负担；四是个人自费部分，老人健康保险中的补充医疗保险保费收入25%来自个人缴纳保

---

① 简称Medicare，是政府为65岁及以上老人提供的医疗费减免制度。
② 简称Medicaid，是政府为穷人或残疾人等无力支付医疗费用的人提供的免费医疗服务。
③ 全称Child Health Insurance Program，简称CHIP，向低收入家庭的儿童（部分州含孕妇）提供健康保险。
④ 是政府向现役军人、退伍军人及其家属提供的特别医疗保障。

费,处方药物补贴也由个人少量缴费①。

医保费用支付。在商业健康险体系中,保险公司分别与医疗机构或私人诊所、医生、投保人签约,医生负责治疗,医疗机构提供场所和设备,投保人在得到治疗后由保险公司审核医疗费用并进行结算。

(五) 医疗保障模式比较分析

总结上述五个国家医疗卫生体系及医疗保障制度的特点,结合中国医疗保障体系中现存的问题,本部分从保障程度、法治水平、基金安全、科技运用、统筹协调、适老改造六个维度对各国的医疗保障制度进行了比较分析。根据各国的医保体系特点,表6-2逐一对各维度进行了总结。

表6-2　　　　　　　主要国家医疗保障体系比较

维度	国家	关键特点
一 保障程度	德国	(1) 医疗卫生体系布局公平:医疗资源在城乡、地区间差异小,可及性高; (2) 医疗卫生服务待遇公平:医保基金从发达地区向贫困地区转移、从发病率低向发病率高地区转移、从企业向家庭转移
	日本	(1) 无"守门人"制度:可自由前往任何等级医疗机构就诊,医疗可及性高; (2) 禁止"混合诊疗":接受"非保险诊疗"的患者将无法得到保险给付,促进了不同收入水平患者的医疗公平
	英国	"按需分配"而不是"按支付能力分配",无论是否有工作、无论支付能力大小,都可以得到免费的医疗服务,公平性较高
	新加坡	(1) 仅提供适度的保障水平; (2) "质量—价格"对等原则:政府补贴根据病房内床位数而异; (3) 医保总支付不超过2万新元/(人·年),终生支付不超过7万新元/人
	美国	(1) 商业医保:高度市场化,选择自由度高,但公平性较低; (2) 社会保险:只为最需要的群体(老年人、穷人等)提供保障,避免了财政负担过重,但保障程度较低

---

① 陈璐、费清:《美国医疗保障制度的演进与启示:基于"选购难题"的视角》,《理论学刊》2019年第1期。

续表

维度	国家	关键特点
二 法治水平	德国	1883年，德国医疗保险法案颁布，开创了现代社会保险制度的新纪元； 1911年，《帝国保险条例》将医保基金会确定为具有自治权利的公法法人； 1988年，《健康改革法》提供了医疗保险法的基本框架； 1989年，《社会法典第五卷——法定医疗保险》明确了覆盖对象、结构原则、缴费义务、服务范围、组织形式等； 1993年，《医疗保健结构法》引入竞争机制，参保者能自由选择经办机构； 2004年，《社会医疗保险现代化法》对医保制度进行了大刀阔斧的改革
	日本	1922年，《健康保险法》覆盖工厂与矿山体力劳动者及其家属； 1938年，《国民健康保险法》覆盖农民、自营业者等尚未被覆盖的人群； 1939年，《职员健康保险法》覆盖白领劳动者； 1942年，按照蓝领和白领分设的健康保险制度合并； 1958年，全体国民均强制加入国民健康保险，日本于1961年进入"全民医保"时代
	英国	1948年，《国家卫生服务法》建立了覆盖全体公民的医疗保障制度； 1973年，《国家医疗服务重组法》标志了全民医疗服务体系的首次调整； 1990年，《国民医疗服务和社区医疗法案》进行以市场为导向的改革； 1997年，《新全民医疗服务体系》奠定了国家干预和市场并重的改革基调
	新加坡	最初采取的是英国式的"国家医疗保险模式"，医疗卫生费用激增； 1984年，设立保健储蓄计划，覆盖所有在职人员； 1990年，设立终身保健计划，覆盖中央公积金参保者及家属，帮助需要长期治疗的患者或需要巨额医疗费用的重大疾病患者；减轻医疗费用负担； 1992年《医疗基金法案》获议会批准，1993年设立保健基金计划捐赠基金，帮助已获得保健储蓄计划和终身保健计划补偿后仍无力承担的穷人
	美国	1912年，美国总统罗斯福提出了建立全民医保体系的构想； 2010年奥巴马签署医疗保险改革法案，改革引发了广泛争议； 2017年，美国众议院通过《美国医保法》，替代了奥巴马医改的主要内容
三 基金安全	德国	(1) 药品参考定价制度：从"刺激供方主动降价"和"减少需方对高价药品需求"两方面对药价进行干预，减少医保基金浪费； (2) 药费分担制度：坚持实物给付原则，患者承担一定费用，缓解了道德风险问题，减轻了医保基金支付压力； (3) 门诊费用支付分为核定门诊医生总报酬和按"点数法"支付两个环节
	日本	实施"计点付酬"支付方式： (1) 医疗机构行为要根据"诊疗报酬点数表"[a]进行"评点"，再用每一"点"的单价乘以该医疗机构总的点数，得到该机构医疗报酬收入； (2) "诊疗报酬点数表"对一些医疗保险支付限制次数，规定次数范围内的诊疗才能被支付，加强了医疗机构诊疗行为的规范性
	英国	国家提供的免费、全方位医疗诱发了严重的道德风险，患者和医生均倾向于过度使用医疗资源，导致医疗费用攀升、财政负担沉重，医疗质量下降

第二部分 分论

续表

维度	国家	关键特点
三 基金安全	新加坡	将获益范围定为投保人及其家属的住院费用及部分昂贵的门诊检查费用，政府强调个人对自身福利保障的责任，未盲目扩张医疗基金而落入福利主义陷阱，是一种更符合国情、更有效的社会保障制度
	美国	商业医保存在信息不对称，易诱发逆向选择和道德风险。虽然健康保险交易所能缓解上述问题，但目前美国依然是医疗费用浪费最严重的国家之一
四 科技运用	德国	（1）近十年来致力于推行数字医疗，包括普及电子医疗卡（政府投资数十亿欧元），建立医生、保险公司、药店、医院之间的远程通信基础设施； （2）对不使用或拖延使用智能技术的医生和机构，予以财政削减等处罚
	日本	（1）1995年，通过立法对医疗数据采集进行了规范； （2）2011年，数据信息采集全面采用电子化报送系统； （3）截至2018年，系统已覆盖全国47个都道府县，按照"一般病床、疗养病床、传染病床、精神病床"的类型列明设施数、病床数； （4）医院数据记录了病人治疗方式（手术、化疗、放疗、门诊、住院）、治疗效果（住院天数、再入院比例、治疗费用）、疾病种类、就医途径等
	英国	（1）2016年，允许人工智能公司DeepMind访问国家医疗服务系统旗下三家医院约160万病人的实时和历史医疗记录； （2）2019年，成立国家医疗系统数字化中心（NHSX），斥资2.5亿英镑用于支持人工智能技术在英国国家医疗体系中的研发应用
	新加坡	大力发展新兴医疗技术，物联网、智能机器人等广泛应用于医疗保障领域
	美国	智慧医疗用于人口健康和精准医疗两大领域，重点建设健康一体机等智能设备，将人工智能应用于医疗服务成为各级医院发展重点
五 统筹协调	德国	（1）医保制度涵盖主体层、托底层、补充层，发挥内在协同机制建立多层次医保制度； （2）通过疾病基金协会实现了医保基金的全国统筹和区域医保基金总额预算管理，提高了医保基金使用效率和统筹层次
	日本	（1）职工医保不仅覆盖职工，也覆盖了家属，具有更高水平的统筹共济功能； （2）厚生劳动省每5年制定1次医疗计划，调节医院与病床数量、医疗从业者结构、诊疗科目侧重点、医疗服务供给方，减少过度竞争和资源浪费
	英国	"金字塔形"三级医疗服务网络，全科医师承担"守门人"角色，患者只能通过初级保健机构才能转诊至二级、三级医疗服务机构，大部分健康问题在底层得以识别、分流，并通过健康教育等预防手段得以控制，能充分合理利用医疗资源
	新加坡	（1）个人账户占比过大导致人群间统筹共济水平低、对低收入人群保障不足； （2）3类计划呈"T"形，完善了多层次医疗保障
	美国	商业保险有"守门人"制度，保险公司制定初级诊治医生名单，负责投保人的日常治疗，只有在指定初诊医生介绍下才能转入专科诊疗

续表

维度	国家	关键特点
六 适老改造	德国	(1) "终身缴费、终身享有"的筹资模式，医保基金收入来源广泛； (2) 对预防、早期诊断、治疗、康复全程覆盖，各类门诊、住院、大病和慢性病费用、康复费用、老年及残疾人护理费用均支付，适老化程度高
	日本	(1) "终身缴费、终身享有"的筹资模式； (2) 1982年，《老人保健法》首次引进了不同制度之间的财政调整机制； (3) 2008年，针对75岁以上老人创设高龄者医保制度，进行财政补助； (4) 采用社会化养老方式，老年人保健医疗费用分别由中央、都道府县、市町村、保健医疗机构分担，个人不缴纳任何费用
	英国	(1) 为老年人专门设置的"老年人医院"是社区老人医疗服务的重要部分； (2) 除部分适老化医疗科技（如远程医疗、使用大数据对慢性病进行早期诊疗），暂未针对老龄化问题对医保制度进行大幅调整
	新加坡	在保健储蓄计划框架下为老年群体开设"老年保障计划"（Eldershield），满足失能与残疾人士护理需求，提升药械目录和医疗服务目录的适老化水平，更好适应老年人疾病谱和治疗进程，有效降低老年人医疗支出负担
	美国	(1) 商业医保：发展较成熟，容易针对老年群体个性化需求迅速作出反应，因而产品适老化水平高； (2) 社会医保：老人健康保险专门为老年群体设立，从社会保障角度为老年群体就医需求提供了兜底保障

注：在"基金安全"方面，由于美国以商业医疗保险为主，未形成较大规模的公共医疗保险基金，因此不予评价公共基金安全情况。ᵃ "诊疗报酬点数表"相当于保险医疗支付内容一览表，由厚生劳动大臣决定后公布。目前"诊疗报酬点数表"分类为医科、牙科、药店等，医科下又分为基本诊疗、住院费用、检查、影像学诊断、药品、注射、处置、手术、麻醉、放射治疗、病理诊断等。

三 健全全民医保制度的政策建议

习近平总书记在《促进我国社会保障事业高质量发展、可持续发展》一文中指出，"经济发展和社会保障是水涨船高的关系，水浅行小舟，水深走大船，违背规律就会搁浅或翻船"[1]。综观世界各国医疗保障体系改革的实践经验可知，中国在健全全民医保的过程中要不

---

[1] 习近平：《习近平谈治国理政》第四卷，外文出版社2022年版，第345页。

第二部分 分论

断拓展国际视野、积极汲取经验教训,既避免盲目进行"福利赶超"[①]落入"中等收入陷阱",又避免实行"泛福利化"[②]导致社会活力不足,真正找到适合中国基本国情和发展战略的医疗保障制度改革方案。本节将依据《"十四五"全民医疗保障规划》[③],从医保制度存在的问题出发,在医保的公平性、法治化、安全性、智能性、协同性、适老性方面提出政策建议。

(一)公平医保

公平、普惠、适度的医疗保障是增进国民健康福祉的内在要求。"公平医保"不仅要求中国医疗保障的各方责任更加均衡,还要求医疗保障公共服务更加可及,在参保、筹资、待遇、服务等方面切实发挥医疗保障的再分配功能。

1. 参保公平

截至2021年年底,全国基本医疗保险参保人数13.63亿人,参保率稳定在95%以上[④]。未来,中国将在维持该参保率水平的基础上,实现国民更高质量的参保。首先,在参保政策方面,应进一步做实全民参保计划,对城镇职工、城乡居民及包含新就业形态从业人员在内的灵活就业人员,应帮助其在常住地、就业地"应保尽保"。其次,在参保服务方面,可进一步丰富参保缴费便民渠道,通过医保与税务、商业银行等开展"线上+线下"合作以提高群众参保的便利性。最后,在参保管理方面,建立参保数据库,通过"全国医疗保障

---

① 福利赶超一般指的是政府公共支出结构中消费性公共支出不合时宜地超越经济发展阶段。参见时磊、刘志彪《福利赶超、政府失灵与经济增长停滞——中等收入陷阱拉美教训的再解释》,《政治经济学研究》2013年第14期。

② 就医疗保险而言,"福利化"是指不用缴费即可看病或者看病报销的待遇很高。"泛福利化"是指在医疗保险的政策和管理方面出现了一定的福利倾向,即没有按照社会保险的基本原理和规律来制定政策。参见王永《城镇居民医保:谨防泛福利化倾向——访人社部社会保障研究所医保研究室主任王宗凡》,《劳动保障世界》2014年第23期。

③ 国务院办公厅:《关于印发"十四五"全民医疗保障规划的通知》,中国政府网,2021年,http://www.gov.cn/zhengce/content/2021-09/29/content_5639967.htm。

④ 《2021年全国医疗保障事业发展统计公报》,国家医疗保障局官网,2022年,http://www.nhsa.gov.cn/art/2022/6/8/art_7_8276.html。

信息平台"实现参保信息互联互通，减少重复参保、漏保、断保等现象。

2. 筹资公平

均衡个人、用人单位和政府三方的筹资责任，拓宽医保基金的资金来源，提升中国医保制度的筹资公平性。在全面做实市地级统筹的基础上，按照"医保基金调剂平衡、管理服务不断提升"的方向推动省级统筹。具体而言，在职工医保方面，科学确定缴费基数、缴费率、缴费上下限等参数，进一步提高统筹基金占比；在居民医保方面，建立缴费水平与经济社会发展水平、居民人均可支配收入水平挂钩机制，优化个人缴费和财政补助的筹资结构。

3. 待遇公平

医保待遇的公平性不仅体现在制度间、区域间、人群间保障差距的缩小，也体现在保障范围和支付标准与经济社会发展水平相适应。首先，健全职工医保"门诊共济保障机制"，在"适度保障"原则下，根据经济发展水平和基金承受能力确定住院待遇、门诊待遇调整制度及二者之间的统筹衔接；其次，积极落实"医保待遇清单制度"，统一全国基本医保用药范围，确定医保制度的保障内涵、支付边界及政策制定流程；最后，针对重特大疾病患病群体及贫困人口，建立"防范和化解因病致贫返贫长效机制"，精准识别救助对象、合理确定救助标准、规范救助费用范围，实施分层、分类医疗救助。

4. 服务公平

在服务公平方面，针对基层服务水平较低、政务服务能力欠缺、异地就医结算能力薄弱等问题，重点推出"医疗保障服务示范工程""医疗保障政务服务提升工程""异地就医结算能力建设工程"三项改造工程。在"医疗保障服务示范工程"中，出台全国医保管理服务窗口标准规范及示范窗口评定标准，推进区县级以上经办标准化窗口全覆盖；在"医疗保障政务服务提升工程"中，健全政务服务"好差评"制度，建立差评和投诉问题反馈机制，及时公开政务服务情况、评价结果、整改情况；在"异地就医结算能力建设工程"中，建立异地就医管理服务平台，制定全国统一的跨省异地就医直接结算

第二部分 分论

管理办法、工作规程,扩大跨省直接结算的覆盖范围。

(二)法治医保

建设"法治医保",就是要不断完善医保法律体系,统筹做好医疗保障立法、执法、普法工作,完善多主体协商的共建、共治、共享机制。

1. 加强立法

针对侵吞医保基金和侵害群众利益的不法现象,加快推进医疗保障法立法工作,加强行政规范性文件的制定和监督管理。在基金监管方面,深入实施《关于推进医疗保障基金监管制度体系改革的指导意见》和《医疗保障基金使用监督管理条例》;在药价监管方面,制定相关管理办法和规章并做好释义及解释工作,增强医保对医疗服务行为的约束。

2. 规范执法

在加强立法的基础上,规范执法行为、改进执法方式、加强执法监督,制定全国统一的医疗保障行政处罚程序规定、执法文书样式、行政执法指引,建立健全权责清单、执法事项清单、服务清单等制度及医疗保障执法公示、执法全过程记录、重大执法决定法制审核、行政复议案件处理等制度。

3. 宣传普法

为了增强公民对中国医疗保障法治化进程的了解、提升公民自觉依法参保、依法享受待遇的积极性,应进一步增加中国医保普法宣传力度,通过传统和新兴媒介开展多种形式的普法宣传活动,提高政策知晓度,增强全社会的医保法治意识,营造全民医保制度改革的良好氛围。

(三)安全医保

"安全是发展的前提,发展是安全的保障。"[①] 全民医保制度改革应树立底线思维,密织医疗保障安全网,提高基金运行管理稳健水

---

① 《习近平经济思想学习纲要》,人民出版社2022年版,第140页。

平，强化数据安全，加强内部控制，健全重大疾病医疗保险和救助制度，护航医疗保障高质量发展。

1. 基金安全

建立医保基金监督检查制度。包括日常巡查、专项检查、飞行检查、重点检查、专家审查等多形式检查制度，开展部门间联合检查。同时，完善第三方参与机制，引入信息技术服务机构、会计事务所等主体参与医保基金监管。一是建立医保基金智能监控制度。使用视频监控、生物特征识别等技术推进医疗费用的智能审核，实现基金监管从"人工抽单审核"向"全方位、全流程、全环节"智能监控转变。二是健全医保服务综合监管制度。加快推进打击欺诈骗保行政执法与刑事司法衔接工作，对查实的欺诈骗保行为，相关部门应对有关单位和个人严肃处理。根据医疗保障管理服务的特点，建立健全部门间相互配合、协同监管的综合监管制度，推进部门间联合执法和信息共享，促进监管结果的协同运用。三是完善医保基金社会监督制度。动员社会各界广泛参与医保基金监管工作，协同构建基金安全防线。具体而言，健全"欺诈骗保举报投诉奖励机制"和"要情报告制度"，用好监管曝光台，对医保基金监管典型案例进行收集遴选和公开通报。

2. 数据安全

医疗保障的数据安全与参保群众的隐私息息相关。一方面，落实数据分级分类管理要求，完善医疗保障数据安全管理办法，进一步规范数据的管理和使用。另一方面，应积极建立并维护全国统一的医疗保障信息平台，重点完成省级平台建设任务，实现平台分级管理。具体而言，应动态维护医保药品、医用耗材、医疗服务项目分类与代码等医保信息业务编码标准；同时，建立健全物理安全、数据安全、网络安全等安全管理体系和云平台、业务系统、网络等运行维护体系。

3. 内部控制

在加强风险管理与内部控制方面，进一步梳理医疗保障内部管理和职权运行过程中的风险点，建立流程控制、风险评估、运行监控、内审监督等内部控制工作机制，及时发现并有效防范安全隐患，确保不发生重大安全问题。同时,强化责任追究,促进内控机制有效运行。

4. 参保群众健康安全

维护参保群众的健康安全,就是要增强其医保安全感、获得感、幸福感,这对于罹患重特大疾病的贫困人群而言尤为重要。其一,建立"救助对象及时精准识别机制",及时将符合条件的困难群众纳入医疗救助范围。其二,强化"高额医疗费用支出预警监测",分类健全"因病致贫"和"因病返贫"双预警机制,重点监测经基本医保、大病保险等支付后个人年度医疗费用负担仍然较重的低保边缘家庭成员和农村易返贫致贫人口。其三,积极引导合理诊疗,促进有序就医,严控不合理医疗费用的发生。其四,健全基本医保、医疗救助、商业健康险、慈善捐赠、医疗互助多层次医疗保障制度,合力防范因病致贫、返贫风险。

(四) 智慧医保

信息技术是实现"智慧医保"的重要支撑。随着中国数字经济的快速发展,医疗保障体系的数字化、标准化水平也迅速提高。大数据、物联网、云计算、区块链、人工智能等新一代信息技术的运用推动了中国医疗保障体系改革向信息化、智能化方向转变,有利于实现医保基础设施标准化、管理精细化、服务智能化、数据互联共享,为参保群众和定点医药机构提供更加便捷的医保服务。

1. 加强信息基础设施建设

作为广泛的医保信息基础设施,全国统一的医疗保障信息平台建设正不断推进。应不断完善平台功能,积极推进数据迁移、清洗等工作,提高数据质量;深化大数据、区块链等技术在宏观决策分析、医疗电子票据、医保电子凭证等工作中的应用。

2. 运用智慧医保加强管理

采用"智慧医保"相关技术手段,持续提升中国医疗保障制度的管理水平。一方面,探索建立智能监控制度,将"按疾病诊断相关分组付费""按病种分值付费"等新型支付方式及"互联网+医疗健康"等新业态、长期护理保险等新险种纳入智能监控范围；另一方面，全面提升医疗保障全流程数字化水平，鼓励发展诊间结算、床边结算、线上结算，鼓励慢性病互联网诊疗、第三方药品配送上门等医疗服务新模式。

3. 优化医疗保障服务体系

医疗卫生服务体系和药械供应流通体系是医疗保障的重要依托。在优化医疗卫生服务体系方面，首先，提高医保信息化水平有利于建设分级诊疗体系和优化医药服务资源配置，进一步细化城市三级医院、县级医院和基层医疗机构分工协作。其次，提高医保智能化水平有利于促进新模式、新业态医疗服务的有序发展（如远程医疗服务、互联网诊疗服务、上门医疗服务等），打破日间手术、多学科诊疗、无痛诊疗等医疗服务的发展瓶颈，提高门诊检查、手术、治疗服务水平，促进紧缺医疗服务（如儿科、老年医学科、精神心理科和康复、护理等）的发展，进一步推动医疗机构检查检验结果互认。在优化药械供应流通体系方面，首先，提高药品供应水平，改革新药、好药审批制度，促进群众急需的新药和医疗器械的研发创新；健全短缺药品的监测预警和分级应对体系，加大对原料药垄断等行为的执法力度，做好短缺药保供稳价；有序推进药品追溯监管体系建设，实施医疗器械唯一标志制度。其次，加快药品流通速度，提高集中采购药品安全保障能力，建立集中采购中标企业应急储备、库存和产能报告制度；依托全国统一的医疗保障信息平台，支持电子处方流转；支持药店连锁化、专业化、数字化发展，更好发挥药店的独特优势和药师作用。

（五）协同医保

医疗保障和医药服务的协同发展是促进"健康中国"战略实施的必然要求。健全医保目录动态调整制度、协调定点医药机构的预算分配、完善药品和耗材的集中带量采购制度及价格形成机制、深化医保支付方式改革与协商共治机制建设、促进重点区域的医保一体化进程等，是促进中国医保制度更加协同高效的重要内涵。

第二部分 分论

1. 医保目录调整更加协同

在初步建立医保药品、医院耗材及医疗服务目录动态调整机制的基础上，进一步完善目录调整规则及指标体系。未来，中国将按照药品、医用耗材、医疗服务三个项目建立健全动态目录调整机制。一是医保药品目录管理。实施"医保目录药品监测评估工程"，统一全国基本医保用药范围；完善医保药品目录调整规则及指标体系，将临床价值高、患者获益明显、经济性评价优良的药品及时纳入支付范围，并对药品的安全性、有效性、可及性等进行实时监测；以谈判药品、集中带量采购药品和"两病"（高血压、糖尿病）用药支付标准为切入，推动药品目录管理和支付标准相衔接。二是医保医用耗材管理。制定医保医用耗材目录，建立医用耗材医保准入制度，制定医用耗材医保支付标准，规范医疗服务行为以促进医用耗材合理使用。三是医疗服务项目管理。明确医疗服务项目的医保准入条件和支付、监管政策，遵循"规范明细、统一内涵"的原则规范医疗服务行为；建立透明、公正、科学的医疗服务项目准入和动态调整机制，鼓励和支持医疗服务新技术有序发展。

2. 定点机构预算分配更加协同

其一，优化管理流程，推动定点医疗机构、定点零售药店管理办法的有效实施，完善定点医药机构绩效考核制度，针对不同支付方式的医疗服务行为制定差异化的监督管理办法。其二，完善协议内容，扩大定点覆盖面，支持有条件的地区按协议约定向医疗机构预付部分医保资金。其三，坚持"以收定支、收支平衡、略有结余"的总额预算编制原则，统筹住院与门诊保障、药械与医疗服务支付、地区内就医与转外就医。其四，建立不同支付方式下医疗服务行为监督管理办法，健全与医疗质量、协议履行、绩效考核结果相挂钩的定点医疗机构绩效考核机制。

3. 药械集中带量采购更加完善

其一，加大采购力度，推动集中带量采购成为公立医疗机构医药采购的主导模式，提高药品国家集中带量采购的常态化、制度化水平，持续扩大高值医用耗材集中带量采购范围。其二，强化对集中采购机构的统一指导，规范地方开展集中带量采购，形成国家、省级、跨地区联盟采购相互配合、协同推进的工作格局。其三，建立以医保支付为基础，招标、采购、交易、结算、监督一体化的省级集中采购平台。其四，完善与集中采购配套的激励约束机制，规范医保基金与医药企业直接结算，落实医保资金结余留用政策，鼓励社会办医疗机构、药店参与集中招标采购。

4. 价格形成机制更加科学合理

一是医疗服务价格。探索建立适应经济社会发展水平、更好发挥政府作用、医疗机构充分参与、体现技术劳务价值的医疗服务价格形成机制，完善定调价规则、优化定调价程序。其一，规范价格管理，分类整合现行价格项目，健全医疗服务项目进出机制，简化新增服务价格申报流程，促进医疗技术创新和应用。其二，编制医疗服务价格指数，完善公立医疗机构价格监测，建立灵敏有度的动态调整机制。二是药品及医用耗材价格。加强价格监测和监管，逐步减轻群众负担。其一，在价格监测方面，建立采购价格监测机制、交易价格共享机制、价格异常变动分析预警机制，推动实施"全国医药价格监测工程"。其二，在价格监管方面，灵活运用信用评价、信息披露、成本调查、函询约谈、价格指数等工具，在遏制价格虚高的同时兼顾企业合理利润。

5. 支付方式改革持续深化

支付方式是群众获得优质服务、提高基金效率的核心机制。积极推进医保支付方式改革，一方面要推进区域医保基金"总额预算点数法"改革，完善"紧密型医疗联合体"医保支付政策；另一方面要推进"按病种付费"为主的多元复合式医保支付方式，制定按床日付费、按人头付费等技术规范。首先，将点数法与区域医保基金总额预算管理相结合，合理确定统筹地区总额控制目标，逐步用"区域医保基金总额预算"代替"具体医疗机构总额控制"，并根据分级医疗服务功能划分将总额控制目标细化分解到各级定点医疗机构。其次，实施"按病种付费"为主的多元复合式医保支付方式，推进"按病种分值付费"工作，形成本地化的病种库。针对不同的医疗服务和疾病病种实施差异化的付费模式,如对"精神疾病、安宁疗护、医疗康复"等需要长期住院治疗且日均费用稳定的疾病采取"按床日付费";对基层医疗卫生机构普通门诊的慢性病(如糖尿病、高血压、慢性肾功能衰竭)患者采取"按人头付费"与家庭医生签约服务相结合的方式;对不宜打包付费的复杂病例采用"按项目付费"。

6. 强化协商共治机制

各方利益的协调平衡是清除改革障碍的关键。首先,健全医疗保障部门、参保人代表、医院协会、医师协会、药师协会、护理学会、药品上市许可持有人、药品生产流通企业等主体的参加协商机制,构建多方利益协调的新格局;其次,医保、卫健、公安、市场监管等部门需加强数据共享、协同发力,保护好人民群众的"治病钱""救命钱"。

7. 重点区域医保一体化

其一,在"京津冀地区"疏解北京非首都功能,支持雄安新区与北京定点医疗机构互认、缴费年限互认,支持京津冀药品、医用耗材联合采购。其二,在"长三角地区"加快基本医保一体化发展,逐步统一医保药品、医用耗材、医疗服务项目三个目录,提高异地就医便利化水平。其三,在"粤港澳大湾区"支持港澳居民在内地参加基本医保,为港澳参保人员提供高效、便利的服务。其四,在"海南自由贸易港"支持商业保险机构跨境结算试点。其五,在"成渝地区双城经济圈"推进公共服务一体化和异地就医门诊慢特病直接结算,提高基本医疗保障待遇均等化水平。

(六)适老医保

医疗保险是应对老龄化的核心制度之一。随着老龄化程度的加深,中国医疗保障体系必须考虑到该人口趋势将带来的系统性风险,更精确地瞄准老年人的健康需求,加快进行"适老化"改革。

1. 发挥预防为主、健康管理功能

《"健康中国2030"规划纲要》指出,"预防是最经济最有效的健康策略"。中国医疗保障体系"适老化"改革的根本途径也在于从

"疾病治疗、事后补偿"到"疾病预防、事前干预"的转变。除门诊和住院服务，医保基金可重点向预防保健、长期护理、慢病治疗、中医药特色医养结合服务等提供支持，发挥"以养节医""以护节医"功效，避免医疗保障系统偏离"价值医疗"的正确路径，陷入医疗费用支出"无底洞"的系统性风险。

2. 筹资模式的适老化改革

中国是典型的在职缴费、终身享有的"权益累积型"医保筹资模式，已退休老年人不承担筹资责任，这可能导致医疗卫生服务资源的挤占和浪费，对医保基金的持续性和稳定性产生负面影响。参考国际经验，中国可探索建立多样化的筹资机制，对部分有能力的老年人引入"退休者缴费＋财政补助"的筹资方式，鼓励企业和医疗机构等民间资本长期加入，增强老人医疗保险基金的财务稳健性。

3. 待遇保障的适老化改革

目前，为全体国民提供医疗保障的基本医保难以满足老年人的特殊需求。相比直接提高整个国家的医疗保障水平，单独为老年人建立待遇水平更高的医疗保障制度的方式更具针对性、成本更低、效果更好。因此，可积极探索从国家层面进行总体规划，专门针对老年人采用相对独立的药品目录、医用耗材目录和医疗服务目录，更好地适应老年人的疾病谱和治疗进程，有效降低老年人的医疗支出负担。

4. 经办服务的适老化改革

结合老年人的生理特征，进一步提高中国医疗保障政务服务的适老化水平，合理布局服务网点，加强经办服务大厅建设和窗口管理，配备专业引导人员为老年人提供咨询、指引等服务。同时，保留传统的线下服务方式，优化完善无障碍设施，畅通为老年人代办的线下渠道，积极推广"一站式"服务；同时优化网上办事流程，提供更多智能化适老服务。

第七章　老有所养：完善养老保障和服务体系[*]

老有所养是实施积极应对人口老龄化国家战略的优先领域和首要目标。养老保障和服务体系是实现老有所养的两个基本支撑。同时，作为民生建设"七有"之一，养老保障和服务体系建设在构建新发展格局和促进全体公民老年期实现共同富裕中承担着重要职责和使命。党的十八大以来，我国养老保障和服务体系的制度安排日趋完善，在保障老年群体基本生活、满足老年群体服务需求方面成绩斐然。与此同时，人口老龄化急速发展的形势也给现行养老保障和服务体系带来新挑战，提出新要求。

一　养老保障和服务体系建设的举措和成效

党的十八大以来，以习近平同志为核心的党中央坚持以人民为中心的发展思想，把老有所养摆在更加突出的位置，加强领导、加大投入、健全制度、精心组织、全力推进，我国养老保障和服务体系建设发生历史性变革、取得历史性成就，正在向从有到优转变。

---

[*] 本章作者为李志宏、李芳云。作者简介：李志宏，中国老龄协会事业发展部主任。李芳云，中国老龄协会政策研究部三级主任科员。

第七章 老有所养：完善养老保障和服务体系

（一）养老保障体系建设的措施和成效

1. 制度整合取得新突破，覆盖范围持续扩大

养老保障制度分割既与我国人口流动形势和城镇化进程不相适应，也影响了制度的公平性和可持续性。这些年来，我国基本养老保险制度整合进度加快。2009年9月，国务院出台《关于开展新型农村社会养老保险试点的指导意见》（国发〔2009〕32号）。2011年6月，国务院出台《关于开展城镇居民社会养老保险试点的指导意见》（国发〔2011〕18号）。2014年2月，国务院出台《关于建立统一的城乡居民基本养老保险制度的意见》（国发〔2014〕8号），将新型农村社会养老保险和城镇居民社会养老保险两项制度合并，建立统一的城乡居民基本养老保险制度。2014年2月，人力资源和社会保障部、财政部等印发《城乡养老保险制度衔接暂行办法》（人社部发〔2014〕17号），促进城镇职工基本养老保险和城乡居民基本养老保险两种制度的衔接。2015年2月，国务院印发《关于机关事业单位工作人员养老保险制度改革的决定》（国发〔2015〕2号），机关事业单位开始实行社会统筹与个人账户相结合的基本养老保险制度，同企业养老保险制度实现并轨。至此，在职工、城乡居民两类群体内部，我国基本形成了相对统一的基本养老保险制度框架，并初步建立了两种制度之间的衔接机制。

围绕全民覆盖、人人享有社会保障的目标，我国全面实施全民参保计划。《中华人民共和国国民经济和社会发展第十三个五年规划纲要》明确指出，"实施全民参保计划，基本实现法定人员全覆盖"。人力资源和社会保障部近年来陆续发布《关于实施"全民参保登记计划"的通知》（人社部发〔2014〕40号）、《关于进一步扩大全民参保登记计划试点范围的通知》（人社厅发〔2016〕67号），促进我国基本养老保险覆盖面逐年扩大。我国基本养老保险的参保人数从2012年的78796万人增加到2021年的102871万人。其中，参加城镇职工基本养老保险人数为48074万人，城乡居民基本养老保险参保人数为54797万人[①]。

[①] 参见《2021年度人力资源和社会保障事业发展统计公报》。

第二部分　分论

我国建成了世界上规模最大的社会养老保障体系。

2. 多层次体系建设取得新进展，保障水平稳步提高

从国际经验来看，健全多层次的养老保险体系是缓解基本养老保险制度压力、有效应对人口老龄化的必然选择。近年来，我国多层次养老保险体系逐渐完善。一是持续推进职业年金和企业年金发展。2015年1月，国务院印发的《关于机关事业单位工作人员养老保险制度改革的决定》（国发〔2015〕2号）指出，机关事业单位在参加基本养老保险的基础上，应当为其工作人员建立职业年金。同年3月，国务院办公厅印发《机关事业单位职业年金办法》（国办发〔2015〕18号），专门对职业年金的相关事项作出明确规定。2016年9月，人力资源和社会保障部、财政部印发《职业年金基金管理暂行办法》（人社部发〔2016〕92号），对职业年金的管理职责、基金投资、收益分配及费用等内容进行明确规定。在推动企业年金发展方面，2017年12月，人社部、财政部共同修订出台了《企业年金办法》，对企业年金方案、基金筹集、账户管理、待遇、管理监督等内容作出明确规定。截至2021年年底，全国有11.75万户企业建立企业年金，参加职工2875万人，企业年金投资运营规模2.61万亿元，当年投资收益额1242亿元；职业年金基金投资运营规模1.79万亿元，当年投资收益额932亿元[①]。第二支柱企业（职业）年金补充养老的功能初步显现。二是加快发展第三支柱养老保险。2017年6月，国务院办公厅印发的《关于加快发展商业养老保险的若干意见》（国办发〔2017〕59号）指出，要发挥商业养老保险在健全多层次养老保障体系、促进养老服务业发展中的作用，扩大商业养老保险产品供给。2018年4月，财政部、税务总局等五部门印发《关于开展个人税收递延型商业养老保险试点的通知》（财税〔2018〕22号），在上海、福建、苏州等地启动了个人税收递延型商业养老保险试点工作。2022年4月，国务院办公厅印发《关于推动个人养老金发展的意见》（国办发〔2022〕7号），对个人养老金的制度模式、缴费水平、税收

---

① 参见《2021年度人力资源和社会保障事业发展统计公报》。

政策、投资、领取等内容作出安排。第三支柱养老保险空白得以填补。

基本养老保险待遇水平稳步提高。2018年3月,人力资源和社会保障部、财政部出台《关于建立城乡居民基本养老保险待遇确定和基础养老金正常调整机制的指导意见》(人社部发〔2018〕21号),在完善待遇确定机制、建立基础养老金正常调整机制、建立个人缴费档次标准调整机制、建立缴费补贴调整机制、实现个人账户基金保值增值等方面提出明确要求。党的十八大以来,我国连续调整企业退休人员基本养老金,四次统一提高城乡居民养老保险基础养老金最低标准,企业退休人员月人均养老金从1600元增长到2900元,城乡居民养老保险月人均养老金从82元增长到179元[①]。

老年人社会救助、福利制度不断健全。一是强化老年人社会救助。在保障老年人基本生活方面,将符合条件的老年人及时纳入最低生活保障和特困供养范围。截至2021年年底,1424万老年人纳入城乡低保,375万老年人纳入特困救助供养[②]。同时,2020年8月,中共中央办公厅、国务院办公厅印发的《关于改革完善社会救助制度的意见》指出,要规范基本生活救助标准调整机制,综合考虑居民人均消费支出或人均可支配收入等因素,结合财力状况合理制定低保标准和特困人员供养标准并建立动态调整机制。近年来,最低生活保障平均标准和特困供养水平逐年提高。二是完善老年人福利补贴制度。2014年,民政部、财政部、全国老龄办联合印发《关于建立健全经济困难的高龄、失能等老年人补贴制度的通知》(财社〔2014〕113号)。各地结合实际,普遍建立了高龄津贴、养老服务补贴、失能老年人护理补贴制度,以及困难残疾人生活补贴和重度残疾人护理补贴制度,实现省级全覆盖。截至2021年年底,全国享受高龄津贴的老年人3205万人、享受护理补贴的老年人109万人、享受养老服务补

---

① 人力资源和社会保障部网站,http://www.mohrss.gov.cn/SYrlzyhshbzb/dongtaixinwen/buneiyaowen/rsxw/202205/t20220524_449733.html。

② 《践行新时代民政担当》,旗帜网,2022年,http://www.qizhiwang.org.cn/n1/2022/0425/c443586-32408320.html。

贴的老年人512万人、享受综合补贴的老年人76万人①。

3. 重大改革稳步推进，可持续性不断增强

我国着眼经济社会发展全局，在更深层面上推进改革，在更长时间跨度上推动基本养老保险制度实现可持续发展。一是继续做大做强社保基金战略储备。2017年11月，国务院印发的《划转部分国有资本充实社保基金实施方案》（国发〔2017〕49号）指出，按照试点先行、分级组织、稳步推进的原则完成划转工作，弥补因实施视同缴费年限政策形成的企业职工基本养老保险基金缺口，促进建立更加公平、更可持续的养老保险制度。2017年，选择部分中央企业和部分省份开展试点；2018年及以后，分批划转其他符合条件的中央管理企业、中央行政事业单位所办企业以及中央金融机构的国有股权②。截至2021年年底，全国社会保障基金战略储备约2.59万亿元，中央层面划转国有资本充实社保基金总额超过1.68万亿元③。二是不断提高统筹层次。统筹层次的提高，有利于平衡地区间基本养老保险基金负担，提高基金整体抗风险能力。2017年9月，人力资源和社会保障部、财政部联合下发《关于进一步完善企业职工基本养老保险省级统筹制度的通知》（人社部发〔2017〕72号），就进一步完善省级统筹制度提出了具体要求。2018年5月，国务院印发的《关于建立企业职工基本养老保险基金中央调剂制度的通知》（国发〔2018〕18号）指出，在省级统筹基础上，适度调剂各省份养老保险基金，建立中央调剂基金。2018—2021年，中央调剂制度实施4年间，共跨省调剂资金6000多亿元，其中2021年跨省调剂的规模达到2100多亿元，有力支持了困难省份，确保养老金按时足额发放④。同时，从2022年1月起，启动实施企业职工

---

① 《坚定履行新时代光荣使命——党的十九大以来民政工作综述》，《党建》2022年第2期。

② 中国政府网，http://www.gov.cn/zhengce/content/2017-11/18/content_5240652.htm。

③ 《进一步织密社会保障安全网》，求是网，2022年，http://www.qstheory.cn/dukan/qs/2022-04/16/c_1128558641.htm。

④ 《进一步织密社会保障安全网》，求是网，2022年，http://www.qstheory.cn/dukan/qs/2022-04/16/c_1128558641.htm；中国政府网，http://www.gov.cn/xinwen/2022-02/25/content_5675550.htm。

基本养老保险全国统筹，统筹层次进一步提升，省际之间基金结构性矛盾将得以化解，养老金按时足额发放将更有保障、更可持续。三是促进基本养老保险基金保值增值。2015年8月，国务院印发《基本养老保险基金投资管理办法》（国发〔2015〕48号），对委托人、受托机构、托管机构、投资管理机构的职责、养老基金投资、估值和费用等内容作出了具体规定。近年来，基本养老保险基金委托投资运营稳步推进。截至2021年年底，基金委托资金权益1.46万亿元[1]。四是合理降低社会保险缴费。为应对经济下行压力，切实减轻企业负担，增强企业活力，我国开始降低社会保险费率。2016年4月，人力资源和社会保障部、财政部印发《关于阶段性降低社会保险费率的通知》（人社部发〔2016〕36号），规定从2016年5月1日开始期限为两年的阶段性降低社会保险费工作，企业职工基本养老保险单位缴费比例降至20%。2019年4月，国务院办公厅印发《降低社会保险费率综合方案》（国办发〔2019〕13号），要求自2019年5月1日起，进一步降低城镇职工基本养老保险单位缴费比例至16%。2020年实施力度空前的"减免缓降返补"政策，全年基本养老、失业、工伤保险共减收1.54万亿元，养老保险占大部分[2]。基本养老保险制度作为经济运行"减震器"的作用进一步凸显。

（二） 养老服务体系建设的措施和成效

1. 法规政策进一步健全

党的十八大以来，我国养老服务领域的法规政策不断完善。一是法律法规不断健全。2012年12月，第十一届全国人民代表大会常务委员会第三十次会议修订《中华人民共和国老年人权益保障法》，设立"社会服务"专章，明确规定了养老服务的具体内容。养老服务第一次纳入国家法律。2018年，第十三届全国人民代表大会常务委员会第七次会议对《中华人民共和国老年人权益保障法》作出修改，

---

[1] 中国政府网，http://www.gov.cn/xinwen/2022-02/25/content_5675550.htm。
[2] 中国政府网，http://www.gov.cn/xinwen/2021-01/27/content_5582820.htm。

> 第二部分 分论

明确规定养老机构登记后即可开展服务活动，并向县级以上人民政府民政部门备案。这两次修订，为养老服务发展提供了重要法律依据。二是政策体系逐渐完善。《国务院关于加快发展养老服务业的若干意见》（国发〔2013〕35号）、《国务院办公厅关于全面放开养老服务市场提升养老服务质量的若干意见》（国办发〔2016〕91号）、《国务院关于推进养老服务发展的意见》（国办发〔2019〕5号）、《国务院办公厅关于促进养老托育服务健康发展的意见》（国办发〔2020〕52号）等一系列推动养老服务发展的政策文件出台。相关部门在土地供应、税收优惠、融资渠道、基础设施建设、人才培养等方面出台了一系列针对性的配套规范性文件，围绕着设施建设、服务质量、等级评定等内容，制定了国家标准和行业标准。这些政策为养老服务发展提供了基本遵循和保障。

2. 服务供给总量和质量不断提升

养老服务供给能力不断增强。针对养老服务领域供需矛盾突出的情况，各地各部门通过持续加大政府资金投入力度、推进养老服务设施建设、实施公办养老机构改革试点、推进"放管服"改革、出台支持社会力量参与养老服务业的政策、实施普惠养老城企联动专项行动、推动培训疗养机构转型发展养老服务等举措，增加养老服务供给，全国各类养老服务机构和设施数量逐年增加。2012年，全国各类养老服务机构4.4万个，养老床位数仅为416.5万张[1]。截至2021年年底，我国各类养老机构和设施总数达35.8万个，床位815.9万张[2]，增长近一倍。

养老服务质量不断提升。2017年，民政部等6个部门印发《关于开展养老院服务质量建设专项行动的通知》（民发〔2017〕51号），连续四年开展养老院服务质量建设专项行动。截至2020年年底，共整治近42.2万处服务隐患[3]。2020年，民政部制定《养老机构消防安全专

---

[1] 参见《2012年社会服务发展统计公报》。
[2] 《新时代民政事业发展取得历史性成就》，理论网，2022年，http://paper.cntheory.com/html/2022-08/05/nw.D110000xxsb_20220805_1-A1.htm。
[3] 参见《2020年度国家老龄事业发展公报》。

项整治三年行动实施方案》，实施养老机构消防安全达标提升工程。同时，养老服务质量标准和规范不断完善。2017年，养老机构服务质量管理首个国家标准《养老机构服务质量基本规范》出台，划出了全国养老机构服务质量的"基准线"；2019年，《养老机构等级划分与评定》确定了全国养老机构服务质量"等级线"，《养老机构服务安全基本规范》作为我国养老服务领域第一项强制性国家标准，明确了养老机构服务安全"红线"[1]。此外，养老服务人员队伍的专业化水平持续提升。相关部门持续加强养老服务队伍建设，开展养老服务人才职业技能提升行动，实施康养职业技能培训计划。截至2020年年底，全国共培训养老护理员超过80万人次[2]，带动了养老服务质量的提高。

3. 体系建设短板逐步补齐

一是逐步补齐居家社区养老服务短板。我国绝大多数老年人倾向于选择居家社区养老，大力发展居家社区养老服务体系，既符合我国国情和老年人实际需要，也是构建居家社区机构相协调养老服务体系的根基所在。为推动居家和社区养老服务发展，"十三五"时期，民政部联合财政部，安排专项彩票公益金约50亿元，在全国203个地区开展居家和社区养老服务改革试点。通过发挥试点地区的引领作用，推动全国居家社区养老服务发展，满足老年人就近就便获得养老服务的需求。2021年，民政部联合财政部实施居家和社区基本养老服务提升行动项目，中央财政安排专项彩票公益金11亿元，面向符合条件的经济困难失能、部分失能老年人，建设家庭养老床位，提供居家养老上门服务，推动居家和社区养老服务深入发展[3]。

二是逐步补齐农村养老服务短板。养老重点在服务，难点在农村。一直以来，我国养老服务资源倾斜配置在城市，与我国人口老龄化程

---

[1] 民政部网站，https://mzzt.mca.gov.cn/article/zt_2021gzhy/mzywxl/202012/20201200031361.shtml。

[2] 民政部网站，https://xxgk.mca.gov.cn:8445/gdnps/pc/content.jsp?mtype=4&id=15409。

[3] 民政部网站，https://xxgk.mca.gov.cn:8445/gdnps/pc/content.jsp?mtype=4&id=15420。

第二部分 分论

度"城乡倒置"的现状不相适应。为补齐农村养老服务的短板，近年来我国着力提升农村乡镇敬老院托底能力。2019 年，民政部联合相关部门印发《关于实施特困人员供养服务设施（敬老院）改造提升工程的意见》（民发〔2019〕80 号）、《关于进一步加强特困人员供养服务设施（敬老院）管理有关工作的通知》（民发〔2019〕83 号），分别从硬件方面设施设备的提升和软件方面管理服务的优化作出部署，提升农村敬老院的养老服务能力。此外，积极发展农村互助养老服务。互助养老具有成本低、多元参与、方式灵活等优势，是符合农村乡土社会特点、增加农村养老服务供给的有效途径。各地通过邻里互助、亲友相助、志愿服务等模式和举办农村幸福院、养老大院等方式，大力发展农村互助养老服务。至 2020 年年底，农村共有互助型社区养老服务设施 13.3 万个[①]。此外，建立农村留守老年人关爱服务体系。2017 年 12 月，民政部等 9 个部门联合印发《关于加强农村留守老年人关爱服务工作的意见》（民发〔2017〕193 号）；2019 年 11 月，民政部印发《关于进一步做好贫困地区农村留守老年人关爱服务工作的通知》（民办发〔2019〕31 号），对建立健全农村留守老年人关爱服务机制作出具体部署。各地通过志愿服务、政府购买服务等形式，普遍建立了空巢、留守老年人定期巡访制度。目前，在中央财政支持下，农村养老服务已经初步形成了以家庭赡养为基础、养老机构和互助养老服务设施为依托、乡镇敬老院托底的农村养老服务供给格局[②]。

三是逐步补齐护理型床位短板。失能半失能老年人的照护问题是民生的难点和痛点。为解决失能失智老年人照护难题，近年来各地通过给予差异性补助，加大对护理型床位的建设和运营补贴扶持力度，制定护理型床位设置标准等方式，支持、引导养老服务机构增加护理型床位。截至 2021 年年底，我国养老机构护理型床位占比达到 50%[③]。为进一步增加护理型床位，国务院印发《"十四五"

---

① 参见《2020 年民政事业发展统计公报》。
② 民政部网站，https://xxgk.mca.gov.cn:8445/gdnps/pc/content.jsp?mtype=4&id=15376。
③ 俞建良：《推动新时代养老服务迈向高质量发展》，《中国民政》2022 年第 5 期。

国家老龄事业发展和养老服务体系规划》，明确对下一阶段护理型床位建设作出部署，提出到2025年我国养老机构护理型床位占比要达到55%。

4. 医养结合扎实推进

由于增龄导致的身体机能衰弱，老年期往往呈现出养老服务和医疗服务需求相叠加的情况。医养结合服务模式，既便于老年人获取整合型的健康养老服务，也有利于提高医疗卫生和养老服务资源的使用效率。近年来，相关部委推动医养结合的合力不断增强，医养结合的政策、服务、标准等体系基本建立。在顶层设计方面，2015年11月，国务院办公厅转发了卫生计生委、民政部等部门印发的《关于推进医疗卫生与养老服务相结合的指导意见》（国办发〔2015〕84号）。2019年10月，国家卫生健康委会同民政部等12部门联合印发《关于深入推进医养结合发展的若干意见》（国卫老龄发〔2019〕60号）。2022年7月，卫生健康委等11部门联合出台《关于进一步推进医养结合发展的指导意见》（国卫老龄发〔2022〕25号）。在制度建设方面，长期护理保险制度试点稳步推进。从2016年开始，我国分批次开始了长期护理保险制度试点。到2021年，试点扩大到49个城市，参加长期护理保险人数共14460.7万人，享受待遇人数108.7万人[①]。在具体操作层面，2019—2020年，国家卫生健康委会同民政部、国家中医药管理局等部门，陆续制定了《医养结合机构服务指南（试行）》《医养结合机构管理指南（试行）》《医疗卫生机构与养老服务机构签约合作服务指南（试行）》，规范了医养结合机构的服务和管理。为提高服务质量，开展了医养结合机构服务质量提升行动、社区医养结合能力提升行动。此外，注重示范引领，2022年4月，国家卫生健康委印发《医养结合示范项目工作方案》，引导鼓励各地深入推进医养结合工作。目前，已经形成医疗卫生机构与养老机构签约合作、医疗卫生机构开展养老服务、养老机构依法开展医疗卫生服

---

① 参见《2021年全国医疗保障事业发展统计公报》。

务、医疗卫生服务延伸至社区和家庭 4 种相对成熟的服务模式①。截至 2021 年年底，全国 6492 家两证齐全的医养结合机构共有 175 万张床位，养老机构以不同形式提供医疗服务的比例超过 90%②。

5. 综合监管能力进一步提升

近年来，我国不断加强对养老服务领域的综合监管，引导养老服务行业规范发展，更好地满足老年群体的养老服务需求。一是建立健全养老服务综合监管制度。2020 年 12 月，国务院办公厅印发《关于建立健全养老服务综合监管制度促进养老服务高质量发展的意见》（国办发〔2020〕48 号），对监管的重点内容、监管责任、监管方式作出了具体部署。2021 年 11 月，民政部、住房和城乡建设部、市场监管总局联合出台《关于推进养老机构"双随机、一公开"监管的指导意见》，明确了事项清单编制、名录库建立、工作规范制定、抽查计划、结果公示等重点任务。上述文件的出台，有力推动了养老服务行业综合监管法制化、规范化、常态化，提升了综合监管水平。二是进一步健全养老服务领域信用体系建设。2019 年 10 月，《民政部关于印发〈养老服务市场失信联合惩戒对象名单管理办法（试行）〉的通知》，对养老机构和从业人员的范围、联合惩戒的具体办法等内容作出明确规定，养老服务领域社会信用体系建设步伐进一步加快。

二 养老保障和服务体系建设面临的主要问题

截至 2021 年年底，我国 60 岁及以上老年人口共 2.67 亿人，占全国总人口的 18.9%；65 岁及以上人口突破 2 亿人，占全国总人口的 14.2%③。按照国际通行标准，我国已进入中度老龄化社会。预计

---

① 《国家卫健委：超过 90% 的养老机构能够为老年人提供医疗卫生服务》，人民网，2021 年，http://health.people.com.cn/n1/2021/0408/c14739-32072939.html。
② 《推进医养结合，让老有所养落到实处》，人民网，2022 年，http://opinion.people.com.cn/n1/2022/0722/c223228-32483501.html。
③ 国家统计局网站，https://data.stats.gov.cn/easyquery.htm? cn = C01&zb = A0301& sj = 2021。

到2035年，我国老年人口将增加到4.2亿人左右，占总人口比重近30%；21世纪中叶将接近5亿人，占总人口比重将攀升至35%左右①。我国日益严峻的人口老龄化形势给养老保障和服务体系建设带来了一系列挑战，共同富裕目标的实现也要求建设更加公平、更可持续的养老保障和服务体系。因应积极应对人口老龄化与实现共同富裕的双重目标，当前养老保障和服务体系还有一些问题亟待解决。

（一）养老保障体系建设面临的主要问题

1. 制度之间转移衔接不够通畅

目前，我国城镇职工基本养老保险制度和城乡居民基本养老保险制度相互分割，而且是属地化管理，不同地区之间尚未完全打通。尽管早在2014年，人力资源和社会保障部、财政部印发的《城乡养老保险制度衔接暂行办法》指出，建立城镇职工基本养老保险和城乡居民基本养老保险之间的转移衔接机制。然而，在具体实践中转移衔接仍存在许多困境。受统筹层次低、个人账户"空账"规模增大等因素影响，地方会出于平衡养老金收支的考虑设置转移衔接的条件。例如，一些地方对非本地户籍人员的养老保险关系不予接收，一些地区对外地户籍人员的养老保险关系转入本地的缴费年限门槛提高。此外，因为社会统筹部分无法随个人账户转移、全国性养老保险关系衔接平台尚待健全，参保者也面临转移衔接中手续烦琐、社会统筹部分损失等问题②。

2. 存在"漏保""脱保""断保"的情况

在我国养老保障体系规模日趋增大，覆盖面日益扩大的同时，重点群体的参保问题仍需要引起关注。一是灵活就业人员的参保问题。随着新业态的出现，就业方式也更加灵活多样。目前，我国灵活就业人员已达2亿人，占全国就业人口的比例超过1/4。然而，我国现行社会

---

① 总课题组：《国家应对人口老龄化战略研究总报告》，华龄出版社2014年版。
② 刘长江、凌锾金、郭亚梅：《养老保险关系转移接续的困境与突破》，《北部湾大学学报》2021年第3期。

| 第二部分　分论

保险制度主要是按照传统的单位就业模式设计，灵活就业人员只能以个人身份参加社会保险，个人需要承担更高的缴费比例。由于工作、收入不稳定，缺乏长期的职业规划，其参保的意愿以及能力不足①。二是农民工的参保问题。伴随着城镇化进程的加速，人口流动趋势加快。2021年，全国人户分离的人口达5.04亿人，其中流动人口达3.85亿人；全国农民工总量为29251万人，比上年增长2.4%，其中，外出农民工17172万人，增长1.3%②。农民工群体的流动性较强，部分农民工或出于提高当期收入的考虑，或受困于异地转移、接续难题，主动中断缴费；部分农民工与企业签订自愿不交纳社保协议，参保权益没有得到良好保障。此外，关、停、破产企业的四五十岁或者更大年龄的员工，也容易出现"漏保""脱保""断保"等问题。

3. 财务可持续性面临压力

随着我国人口老龄化程度的加深，"生之者寡，食之者众"的现象愈发明显，社会养老保险的制度抚养比将不断提高，可持续性面临挑战。一方面，从短期来看，养老保险基金结构性问题凸显。我国养老保险基金在各省之间的分布不均衡，个别省份已经出现了"穿底"。例如，若不考虑中央调剂制度，养老保险基金当期结余在各省之间差距巨大。2019年当期结余排在第一的广东省高达2000.7亿元，几乎是排在第2位到第10位各省份当期结余的总和，而当期收不抵支的省份高达16个③。另一方面，从长期来看，制度抚养比提高，基本养老保险制度收不抵支风险加大。我国养老保险制度抚养比已由20世纪制度建立之初的5∶1下降到2019年的2.6∶1。如果维持现有政策不变，伴随劳动年龄人口数量的减少和退休人员高峰的到来，预计我国养老保险制度抚养比将进一步下降到2050年的1.03∶1。企业职工

---

① 《灵活就业重在做好服务和保障》，光明网，2022年，https://m.gmw.cn/baijia/2022-04/29/35698676.html。
② 《中华人民共和国2021年国民经济和社会发展统计公报》，国家统计局官网，2022年，http://www.gov.cn/shuju/2022-02/28/content_5676015.htm。
③ 郑秉文等：《中国养老金精算报告2019—2050》，中国劳动社会保障出版社2019年版。

基本养老保险基金预计在2029年出现当期收不抵支，在2036年前后累计结余将耗尽①。

4. 激励约束机制不够健全

目前，我国养老保险的激励机制不健全，"多缴多得、长缴多得"的待遇确定机制尚待完善，导致个人参保的动力不足，主要表现在以下几个方面。一是个人缴费年限不长。在现行制度下，个人往往将缴费年限视为领取养老金的资格，在缴够法定年限后便选择停止缴费，导致我国养老保险平均缴费年限较低。二是选择缴费的档次较低。以农村居民参加的基本养老保险为例，目前只有贵州、新疆等地建立起按比例补贴个人缴费的制度，其他地区仍是根据不同缴费档次给予固定的财政补贴额度。这样的补贴机制，导致农村居民在选择缴费档次时，绝大多数选择了最低档次②。此外，我国渐进式延迟法定退休年龄政策尚未落地，还没有建立起与延迟法定退休年龄政策相配套的养老金"早减晚增"的激励机制。

5. 多层次体系发展不均衡，补充保障发育不够

当前我国三支柱养老金制度框架基本建立。然而，受到社会保险缴费负担较重、税收优惠力度不足等因素影响，企业建立企业年金、个人购买商业养老保险的积极性不高。目前，我国养老金体系仍然是由政府主导的基本养老保险为主，呈现出"第一支柱基本养老保险独大，第二支柱企业年金发展不充分，第三支柱个人养老金刚刚起步"的特点。美国第一、第二、第三支柱养老金规模占养老资产的比重分别为10.15%、58.14%、31.71%，而我国分别为77.47%、22.53%、0③。我国第一支柱基本养老保险参保率超过90%，作为第二支柱的企业年金发展缓慢，参与率不足9%，作为第三支柱的个人养老金参与者

---

① 本书编写组：《党的十九届五中全会〈建议〉学习辅导百问》，学习出版社、党建读物出版社2020年版，第186页。

② 侯石安、胡杨木：《我国农村社会养老保险保障效果分析——基于替代率视角》，《湖南财政经济学院学报》2021年第3期。

③ 董克用、王振振、张栋：《中国人口老龄化与养老体系建设》，《经济社会体制比较》2020年第1期。

更少①。当前,我国第二支柱、第三支柱养老金制度尚未对基本养老保险形成良好的补充。

6. 群体、区域之间待遇差异明显

我国社会养老保障水平在群体之间、区域之间的待遇差距较大。一是职工和城乡居民这两个群体的社会养老保险待遇相差悬殊。2020年,全国职工基本养老保险月人均基金支出为3349.8元,城乡居民基本养老保险月人均基金支出174元,二者相差近20倍②。二是区域之间养老社会保障待遇差别很大。例如,同样是城乡居民养老保险,由于地方财政负担能力参差不齐,在中央确定全国基础养老金最低标准的情况下,因为地方政府补助水平不同,拉开了地区之间的差距。其中,北京、上海等地最高,其次是沿海发达地区,其他省份较低。例如,上海2021年调整后的城乡居民养老保险基础养老金标准为每人每月1200元③。江西在2018—2022年对城乡居民养老保险基础养老金进行三年连调后,全省平均基础养老金仅为143元④。江西和上海之间基础养老金水平相差近10倍。再如,在最低生活保障待遇方面,2020年上海农村最低生活保障标准为14880元/人·年,吉林仅为4371.7元/人·年,两个地区相差近3.5倍⑤。

7. 养老保障公共服务能力有待提升

近年来,政府在公共服务领域运用数字化手段,不断提高公共服务能力。但在实践层面上,经办服务水平、服务协同能力仍然有待提高。一是城乡经办服务水平存在较大差距。受到人力资源的数量不足、专业能力不强等因素影响,农村经办服务质量与城市相比还存在较大差距。同时,财力水平不高也导致基层经办服务点的信息化程度

---

① 何文炯:《个人养老金:明晰定位,稳步推进》,《经济研究参考》2022年第7期。
② 李实、杨一心:《面向共同富裕的基本公共服务均等化:行动逻辑与路径选择》,《中国工业经济》2022年第2期。
③ 上海市人力资源和社会保障局网站,http://rsj.sh.gov.cn/tshbx_17729/20210608/t0035_1400010.html。
④ 人力资源和社会保障部网站,http://www.mohrss.gov.cn/SYrlzyhshbzb/shehuibaozhang/gzdt/202206/t20220610_452506.html。
⑤ 参见《中国民政统计年鉴》(2021)。

不高，服务效率较低。二是地区之间服务协同能力不高。目前，为提高服务水平，各地政府都建立起电子化政务服务系统，养老保险的基础设施建设逐渐完善，各统筹地区内部都建立起一套完整的信息管理系统。然而，各统筹地区的信息管理系统相对独立，尚未实现互联互通。由于软硬件标准不统一、转移参数设置不同，造成数据无法衔接，跨地区进行养老保险线上转移还存在困难。在一些地区办理养老保险关系跨省转移时，还需要邮寄相关手续证明[①]。

（二）养老服务体系建设面临的主要问题

1. 养老服务制度建设存在缺项

在法律层面，当前我国只有一部《中华人民共和国老年人权益保障法》，关于养老服务的专项法律尚未出台，养老服务开展缺乏法律保障。在具体制度建设领域，与老年人服务待遇确定密切相关的老年人能力评估制度、基本养老服务制度、长期护理保险制度尚待健全。比如，在老年人能力评估方面，当前，全国统一的老年人能力综合评估制度尚未建立，医保局、民政部、卫健委、残联等部门各有一套评估标准，各长期护理险试点地区也建立了本地特色的评估标准，评估制度的"碎片化"影响了养老服务资源匹配的合理性和使用效率。在基本养老服务方面，对基本养老服务的服务对象、服务项目、服务内容和服务类型的确定，还存在比较大的争议，健全成熟定型的基本养老服务制度尚待时日。在长期护理保险方面，各地长期护理保险制度试点工作进度参差不齐，在参保和保障范围、筹资机制、待遇支付的相关标准及管理办法等领域做法各异，全国统一的、覆盖城乡的长期护理保险制度尚未建立，大多数失能老年群体的长期照护费用仍缺乏制度性保障。

2. 养老服务的均等化水平待提升

我国养老服务发展不平衡的问题还较为突出，特别是城乡之间、区

---

① 刘长江、凌镘金、郭亚梅：《养老保险关系转移接续的困境与突破》，《北部湾大学学报》2021年第3期。

第二部分 分论

域之间基本养老服务资源的配置不够平衡。一是养老服务存在明显的"城优乡劣"问题。我国公共养老服务资源投入的重心在城市，农村养老服务资源较为欠缺，主要表现在养老服务基础设施落后，作为养老服务重要支撑的医疗资源，城乡差异尤为明显，优质的养老服务资源多集中在城市①。养老服务在城市社区基本实现全覆盖，而在农村社区只覆盖半数以上。总体来看，农村地区养老服务起步晚、底子薄、投入少、欠账多的问题还没有得到根本解决。二是区域之间存在差距。基本养老服务中央和地方财政事权没有明确划分，中央财政支出保障不足，导致事实上基本养老服务属于地方财政事权。地方经济发展水平和财政实力的差异，进而导致各地在养老服务领域的投入水平、政策扶持力度不同，基本养老服务供给呈现明显的区域和省级差异。

3. 养老服务供给总量不足、结构失衡和质量不高的矛盾叠加

一是养老服务供不应求问题突出。随着我国人口老龄化、高龄化以及家庭小型化、少子化、空巢化趋势发展，社会养老服务需求随之增加。特别是我国第一代独生子女父母将进入中高龄期，将形成巨大的照护服务需求冲击波。然而，我国在养老床位建设方面，普通型床位扩建速度较快，面向失能老年人的护理型床位供给不足。2021年，我国护理型床位约为400万张②，而我国完全失能老年人占比为4.8%，约1200多万人，供需缺口依然较大③。二是供需结构失衡。我国扶持养老服务业的政策多倾向于养老机构，面向居家社区养老服务的优惠政策较少。与机构养老相比，老年人最希望就近就便获取的居家社区养老服务，在设施、内容、质量方面与现代服务业发展要求差距较大。多数地方居家社区养老服务站点以老年餐桌和家政服务为主，偏重文体娱乐服务，老年人最迫切需要的保健、康复、护理、心理关爱等专业化服务稀缺。即使在机构养老服务领域，也存在有的机

---

① 陆杰华、郭芳慈、陈继华等：《新时代农村养老制度设计：历史脉络、现实困境与发展路径》，《中国农业大学学报》（社会科学版）2021年第4期。
② 根据前文提到2021年床位数815.9万张和护理型床位占比50%计算。
③ 《〈2018—2019中国长期护理调研报告〉发布》，中国银行保险报网，2020年，http://www.cbimc.cn/content/2020-07/08/content_352350.html。

构"一床难求"、有的机构"一人难求"的供需错位现象。三是服务质量不高。除了养老服务人员专业化水平较低这一影响因素外,在取消对养老机构的行政许可后,事中事后监管相对宽松,基层监管力量薄弱,关于服务质量的标准规范还未完备,这些都影响了我国养老服务的供给质量。比如,一些养老机构服务不规范,人员素质低,存在欺老虐老行为;个别养老机构安全隐患多,安全生产责任制落实不到位,存在安全事故风险;农村养老机构缺少设施设备和专业照护人员,多数只能够满足集中居住的功能,难以满足农村失能老年人的基本照护服务需求。

4. 多层次养老服务体系尚待健全

在政策的高位推动下,我国养老服务体系形成了"兜底性和多样化服务两头大、普惠型服务中间小"的哑铃型供给结构,而实际养老服务需求却是"两头小、中间大"的橄榄型结构。一方面,国家在基本养老服务方面的"兜底能力"不断增强,特殊困难老年群体的养老服务问题得到了极大的改善。另一方面,随着地产、保险等行业进入养老服务市场,高端的养老服务供给日益增加。然而,面向"中低收入夹心层老年人"的质量有保证、价格可负担的普惠型养老服务供给不足。这部分群体一旦失能失智产生养老服务需求后,兜底性的养老服务享受不了,高端的、市场化的养老服务享受不起,可负担、高质量的普惠性养老服务难以找到。总体来看,我国兜底性、普惠型、多样化的多层次养老服务体系尚未形成,养老服务风险难以梯次应对,需要加快形成兜底供养有保障、普惠养老能满足、中高端市场可选择的多层次养老服务供给格局。

5. 市场主体和社会力量参与养老服务体系的活力尚待有效激发

一是市场主体参与养老服务的动力不足。受到养老服务有效市场需求不足、公办养老机构错位竞争挤压、优惠政策落实不力及运营中面临的用地难、融资难、营利难、用工难等因素影响[①],市场主体参

[①] 李志宏:《养老服务:认识分歧、实践痛点和关键抉择》(中),《老龄科学研究》2020年第5期。

与养老领域的积极性不高。以北京为例，养老机构1—3年收回投资的仅占4.5%，4—6年收回投资的占4.9%，10年以上收回投资的占62%。经营方面，实现盈余的养老机构只占4%，基本持平的占32.8%，稍有亏损的占32.6%，严重亏损的占30.7%[①]。二是民非养老机构发展面临许多困境。当前，我国民非养老机构面临产权不清晰的核心问题。同时，按照当前政策规定，民非性质的养老机构不得以营利为目的，表现为出资无股权、不得分红、注销后财产不得收回，导致民非养老机构面临逐利与公益的张力[②]。在此背景下，一些民办养老机构在营利性和非营利性的取向上难选择，挂"两副牌"的现象比较普遍，一方面挂非营利机构牌，向政府要政策支持；另一方面注册一家相关的公司，进行营利，通过做低收入、做高成本等方式获得回报，造成养老服务市场乱象。

6. 养老服务和医疗卫生服务体系尚待深度融合

近年来，医养结合领域的政策密集出台，实践层面持续探索，医养结合服务供给能力不断提高，但养老服务和医疗卫生服务的融合度有待进一步提高。一是对医养结合的认识和实践存在偏差。目前，对医养结合的认识等同于简单的医疗加养老，导致在实践过程中医养结合服务主要体现在疾病诊治环节，尚需向健康管理、疾病预防、康复护理等环节拓展。二是多个主管部门导致医养融合还存在部门分割。养老服务、医疗卫生服务涉及民政、卫健、医保等多个部门，当前医养结合在标准规范统一、政策衔接、信息平台联通等方面还存在堵点。三是医养结合的支付机制不完善。医养结合机构接入医保的门槛高，导致能够纳入医保的机构比例低，且报销范围和额度有限。四是长期护理保险尚未实现全覆盖，也制约了医养结合服务深入推进。五是签约合作性质的医养结合服务模式难以落地。受到激励与约束机制不完善、医疗资源短缺等因素影响，无论是机构层面，还是社区层面，医

[①] 《超九成北京老人在家养老 养老机构盈利状况严峻》，中国财经网，2019年，http://finance.china.com.cn/news/20190424/4962118.shtml。

[②] 李志宏：《养老服务：认识分歧、实践痛点和关键抉择》（中），《老龄科学研究》2020年第5期。

养结合签约服务都存在"有签约,无服务""有名无实"的现象。

7. 人力资源短缺问题依旧

一是养老护理人员需求缺口较大。社会化养老服务需求刚性增加,对养老护理人员数量提出了更大需求。以4.8%的完全失能发生率测算,预计我国完全失能老年人将持续增长到2030年的1520万人、2050年的2300万人。根据国际上失能老人与护理员3∶1的配置标准推算,针对这部分群体,我国2030年和2050年分别至少需要507万和767万名养老护理员。截至2020年年底,我国养老机构从业人员约为61.5万名,其中,养老护理员仅为32.2万人左右[1]。二是专业养老服务人才匮乏。目前我国养老机构中,受过高等教育或经过专业培训持证上岗的护理人员较少,普遍缺乏专业的照护知识和技能,养老机构面临专业人员"招不到"的困境。《我国典型地区养老服务机构从业人员服务能力调研报告》结果显示,护理服务人员文化程度低,护理服务人员的文化程度大多为初中毕业(37.79%)、小学毕业(26.16%),拥有中专/高中毕业及以上学历的护理服务人员相对较少。而且接受过护理相关教育的占比较低,占比68.07%[2]。三是养老服务人力资源流失率高。受到劳动强度大、薪酬待遇低、职业上升渠道不清晰、社会地位不高等因素影响,养老服务相关专业的学生到岗第一年的流失率达到30%以上,第二年约为50%,第三年为70%甚至更高[3]。

三 完善养老保障和服务体系的建议

"十四五"时期,我国已转入高质量发展阶段,扎实推进共同富裕已经成为我国在新发展阶段的重大战略部署,同时"十四五"时

---

[1] 民政部网站,https://mzzt.mca.gov.cn/article/zt_yljndx2021/mtbd/202112/20211200038363.shtml。

[2] 《泰康调研报告:超七成养老机构护理人员不足》,中国银行保险报网,2018年,http://www.cbimc.cn/content/2018-08/29/content_270142.html。

[3] 郭丽君、鲍勇、黄春玉等:《中国养老人才队伍培养体系》,《中国老年学杂志》2019年第14期。

第二部分　分论

期也是实施积极应对人口老龄化国家战略的开局时期。当前和今后一个时期，养老保障和服务体系建设应对标"共同富裕"和"积极应对人口老龄化"两大国家战略的要求，守正创新，实现高质量可持续发展，不断增强人民群众的获得感、幸福感、安全感，助力构建新发展格局，推动中国式现代化。

（一）注重发挥养老保障和服务体系促进发展的功能

在经济下行压力增大的态势下，"保民生、促发展"的二元张力加大。养老保障和服务体系建设要坚持"在发展中保障和改善民生"的基本方略，也要更加注重对经济发展的促进作用。一是充分发挥养老保障制度促进经济发展的功能。在人口老龄化过程中，建立能够有效推动劳动生产率、促进长期经济增长的养老保障制度，是制度改革走向成功的关键。应正确认识养老保障制度和经济增长之间的关系，通过合理的养老保障制度安排，发挥好收入调节分配作用，改善居民消费预期，促进消费结构升级，刺激消费需求，助力畅通国内大循环。通过养老保险基金的长期积累和投资运营，为资本市场注入长期稳定的资金来源，发展壮大资本市场，服务实体经济建设。二是充分发挥养老服务体系促进经济发展的功能。养老服务体系既直接关系到老年群体的福祉，也影响到年轻人的未来预期。通过完善养老服务体系，消除年轻人的养老焦虑和后顾之忧，提高年轻群体的现期消费水平，以消费刺激经济增长。此外，我国庞大的老年群体数量产生的养老服务需求，能够创造出新的经济业态和就业机会，激发银发经济的活力，给经济发展带来新动能。应坚持更好发挥政府的作用和发挥市场在资源配置中的决定作用的改革导向，促进养老服务事业和产业的协调发展。在兜底性养老服务供给方面，可以采取向社会组织或企业购买服务的形式履行责任。在普惠型养老服务供给方面，可以引入市场机制供给或运营，政府采取多种措施给以支持。在多样化养老服务供给领域，完全可以通过市场配置资源，政府不直接提供这些服务，而是通过"放管服"改革，打造市场化、法制化、国际化营商环境，鼓励和引导社会力量举办和经营，培育壮大市场主体，增加服务供给，做大服务品牌，引导养老服务产业规范发展，满足老年群体个性化、多样化、高品质养老服务需求。

（二）进一步增强养老保障和服务体系建设的耦合性与同构性

我国养老难题的破解，重在资金，要在服务。养老保障着重解决老年人基本生活支付问题，养老服务着重解决老年人生活自理能力下降后衍生出来的各类服务供给问题。从全方位满足老年人需要、提升老年人生活质量的角度看，养老保障和服务体系是两个功能相互耦合的系统，应当在更高的层级统筹推进一体化建设。没有健全养老保障体系提供的资金支持，就难以将庞大的潜在服务需要转化为有效市场需求，养老服务体系建设将失去重要内需驱动力。同样，没有完善的养老服务供给体系，即便有充裕的资金，也难以购买到高质量的养老服务，同样达不到保障老年人独立、体面、有尊严生活的目的。这两个体系只有得到有效耦合，才能发挥"1＋1＞2"效应，更好保障老年群体幸福晚年生活。因此养老保险、救助、福利、慈善等制度建设，要注重配套衔接，支持养老服务体系发展，形成养老保障和服务的良性互动。

在同构性方面，无论是养老保障，还是养老服务体系建设，都需要厘清政府、企业、家庭和个人的责任边界，形成多元主体责任共担、老龄化风险梯次应对的格局；都需要注重层次性，形成养老保险三支柱协调，养老保险与救助、福利、慈善协调，兜底性、普惠型与多样化养老服务协调的多层次体系；都需要注重公平性，不断缩小城乡、区域、群体之间养老保障和服务的待遇差；都需要注重可持续性，将养老保障和服务待遇的提升建立在经济可持续发展和财力可负担的基础之上，尽力而为，量力而行；都需要注重发挥市场机制和社会力量的作用，在基本养老保障和服务的基础上，让市场和社会力量提供更多补充性养老保障和服务。

（三）进一步增强养老保障和服务体系建设的公平性

提高养老保障制度的公平性。一是要按照共同富裕的要求，城镇职

第二部分 分论

工基本养老保险待遇调整要"提低、扩中、限高",倾斜提高养老金很低的那部分人群的养老金水平,扩大中等养老金收入的人群,限制高养老金人群的待遇涨幅。二是提高城乡居民基本养老保险待遇,合理调整机制,改革缴费和财政补贴方式,积极引导参保人员选择更高档次缴费,增加个人账户积累,逐步缩小城乡居民与城镇职工养老金之间的悬殊差距。三是在推进县(市、区)域范围内低保标准、特困人员救助供养标准城乡一体化的基础上,逐步实现以地市为单位的城乡低保标准、特困人员救助供养标准一体化,实现"同市同标"。

促进基本养老服务均等化。严格落实《国家基本养老服务清单》,确保各地基本养老服务实施方案确定的服务对象、内容、标准等不低于《国家基本养老服务清单》要求,使符合条件的老年人都能够方便可及、大致均等地获得基本养老服务。推进基本养老服务标准化建设,完善设施建设、功能布局、设备配置、人员配备、服务流程、管理规范等软硬件标准和质量要求。适当加强中央对基本养老服务的事权,加大财政转移支付向经济欠发达地区的倾斜力度,引导基本养老服务资源向基层延伸、向农村覆盖、向边远地区和生活困难群众倾斜。推进城乡基本养老服务标准统一、制度并轨;鼓励具备条件的城市群、毗邻地区加强基本养老服务标准统筹,搭建区域内基本养老服务便利共享的制度安排。稳妥推进、长期照护保险制度试点,进一步明确参保和保障范围、健全多元筹资机制、完善科学合理的待遇政策、健全待遇支付等相关标准及管理办法。整合衔接现有经济困难失能老年人补贴制度、重度残疾人护理补贴和贫困残疾人生活补贴制度,形成长期照护的福利及救助制度,推动建立保险、福利、救助相衔接的长期照护保障制度。制定、完善全国统一的老年人综合能力评估标准,推动评估结果在全国范围内跨地区、跨部门互认。

(四)进一步增强养老保障和服务体系建设的可持续性

增强基本养老保险制度的可持续性。应妥善处理老龄化的不可逆转性、福利的刚性和经济波动性的关系,推进基本养老保险待遇水平与经济社会发展的联动调整，综合考虑物价变动、职工平均工资增长、基金承受能力、财力状况、人口老龄化等因素，完善基本养老保险待遇调整机制。随着我国人口平均预期寿命的增加，领取养老金的平均年限也相应增加。对此，一方面要稳妥实施渐进式延迟法定退休年龄，逐步提高领取养老金最低缴费年限；另一方面，要科学确定个人账户记账利率，改革养老金计发办法，建立计发月数动态调整机制，有效应对个人账户"长寿风险"。要深入推进全民参保计划，健全农民工、灵活就业人员、新业态从业人员等重点群体参保机制，推动实现基本养老保险制度法定人群全覆盖，增加基金收入。推动基本养老保险基金市场化、多元化、专业化投资，继续扩大基本养老保险基金委托投资规模，推进城乡居民基本养老保险基金委托投资，提升基金"自我造血"能力，确保基金保值、增值。继续划转国有资本，充实全国社会保障基金战略储备，提升基金的抗风险能力。要进一步提高统筹层次，在实施企业职工基本养老保险全国统筹制度的基础上，逐步提高城乡居民基本养老保险的统筹层次，适当增加中央在养老保险方面的事权。

提高养老服务体系的可持续性。建立完善的政府财政资金、福利彩票公益金用于发展兜底性和普惠型养老服务的投入机制，确保养老服务体系有稳定的资金保障。通过税收优惠政策引导公益慈善类社会组织为兜底性和普惠型养老服务发展提供必要的资金支持。在兜底性养老服务水平的待遇确定方面，避免过度福利化、吊高胃口，要结合经济发展水平、财政负担能力，建立科学的服务待遇确定和增长机制，提高兜底性养老服务的可持续性。在普惠型养老服务方面，要综合运用规划、土地、住房、财政、投资、融资、人才等支持政策，引导各类主体提供普惠养老服务，扩大供给，提高质量，提升可持续发展能力。

（五）进一步提升养老保障和服务体系建设的层次性

建设多层次的养老保障制度。首先，要建立三支柱协调发展的养老金制度。在完善第一支柱基本养老保险的基础上，要加快第

第二部分 分论

二、第三支柱养老保险发展。针对第二支柱企业年金覆盖率低的问题，要完善顶层设计，通过降低社会保险费、加大税收优惠力度、出台更为灵活的参与政策等举措，推动企业年金的参与率。在推动个人养老金建设方面，要明确人社、税收、金融监管等部门的职责，为个人养老金发展创造良好的环境，同时也要提高金融机构在产品设计、管理服务方面的能力，提高个人养老金的知晓度和吸引力。其次，要形成梯次保障结构。防范和避免城乡居民养老保险的福利化倾向，加强社会养老保险与社会救助、社会福利、慈善事业之间的衔接，在保障对象、保障标准、保障资金、服务管理等环节互联互补，最终形成社会养老保险保基本、社会救助托底线、社会福利提水平、慈善事业补缺口的梯次养老保障格局。最后，要拓展老年人收入来源。我国经济下行和财政收支压力加大，今后社会养老保障重在"保基本、兜底线、促公平"，要想进一步改善老年人的生活，还要在优化老年人收入来源和结构上开拓思路、多想办法，比如通过增加低龄健康老年人的劳动收入、拓展老年人财产性收入渠道、引导家庭转移收入、发展慈善捐赠等方式，为老年人提供多层次经济保障。

进一步明晰政府、市场、社会、个人在养老服务中的权责，构建多层次养老服务的供给体系。首先，要巩固家庭养老服务功能。制定有利于子女与老年父母共同居住的税收、住房、阶梯水电气价政策，向失能失智的老年人家庭成员提供免费照护知识和技能培训，实现"全员照护"。鼓励各地通过政府购买服务、志愿服务等方式，为长期照护失能失智老年人的家庭成员提供"喘息服务"。其次，要支持互助养老服务发展。倡导互益精神，挖掘互助文化传统，支持和完善邻里结对、亲友相助、时间银行、养老互助社、农村互助养老大院等社区"老老互助""代际互助"服务模式，增强社区生活共同体意识[1]。最后，要构建兜底普惠多样化相结合的多层次社会养老服务体

---

[1] 李志宏：《构建居家社区养老生活共同体破解养老难题》，《中国国情国力》2021年第10期。

系。要聚焦经济困难的失能（失智）老年人的照护刚需，发展兜底性养老服务。建立兜底性养老服务需求精准识别和主动响应机制，完善资金、政策、标准等保障机制，强化公办养老机构的兜底保障作用，织密筑牢兜底性养老服务安全网。完善社区养老服务设施配套，实施普惠养老专项行动，培育发展以普惠养老服务为主责、主业的国有企业，不断增加成本可负担、方便可及、质量可靠的普惠养老服务供给。加快养老服务领域"放管服"改革，营造稳定公开透明、可预期的市场化、法治化、便利化营商环境，进一步激发社会资本投资意愿和信心，增加多样化养老服务供给。重点保障要素公平获取，逐步实现公益性和经营性养老服务举办主体，在资质许可、政府采购、资金补贴等方面享受平等待遇。继续推动医养康养结合，推动养老服务体系和老年健康服务体系格局同构、部门协作、政策衔接、资源整合、服务融合、平台联通、信息融通。精细化推进"医养康养结合"，明确"医""康""养"的不同类型、不同机构在各自明确分工基础上的相互协作与配套，健全激励约束机制。重点推进居家社区层面的医养康养结合，改扩建一批社区（乡镇）医养康养服务设施，推动"家庭养老床位"和"家庭病床"两床合一，深化"老年人不动服务人员联动"的医养服务模式。

通过以上措施，最终形成家庭养老服务能力有效增强、互助养老服务广泛开展、兜底性养老服务更加健全、普惠型养老服务资源持续扩大、多样化养老服务优质规范发展、医养康养相结合的多层次养老服务体系新格局。

（六）进一步提升养老保障和服务待遇的充足性

一是要逐步提高我国养老金的替代率。根据世界银行组织建议，要基本维持退休前的生活水平不下降，养老金替代率需不低于70%。国际劳工组织建议养老金替代率最低标准为55%。我国城镇职工养老金替代率远低于这一标准。在人口老龄化加速发展的背景下，我国第一支柱养老金替代率很难再提高。因此，在完善职工基本养老保险待遇调整机制、全面落实城乡居民基本养老保险待遇确定和基础养老金正常调整机制的基础上,应鼓励发展企业年金、职业年金、商业性养老保险,推动个人养老金发展,最终使三支柱养老金的替代率总和提升到70%左右。二是提高社会救助水平。综合考虑居民人均消费支出或可支配收入、物价变动等因素,动态调整各类社会救助标准,有效保障城乡困难老年群体的基本生活。鼓励各地适度提高低保家庭中老年人的各类救助标准,将救助对象向低收入家庭、"支出型"贫困家庭中的老年人扩展。三是逐步提高长期照护保障水平。落实并完善经济困难老年人养老服务补贴和经济困难的失能老年人护理补贴制度,建立补贴标准动态调整机制。在稳步建立长期照护保险制度过程中,健全公平适度的待遇保障机制,在坚持保基本和低水平起步的基础上,随着经济发展水平、财力实力和基金筹措能力的提升,适度拓展待遇保障范围和基金支付水平。四是稳步提升基本养老服务水平。实施基本养老服务清单标准管理和动态调整,结合老年群体的基本养老服务需求升级和财政保障能力提升,动态调整基本养老服务清单的内容,适度扩大对象覆盖范围、增加服务项目、丰富服务内容,确保老年群体享有更高质量服务,过上更有体面、更具尊严的晚年生活。

(七) 进一步提升养老保障和服务要素支撑和治理效能

一是完善法律制度。从立法、执法、司法、守法各环节加强养老保障和服务保障工作,明确和落实各级政府、用人单位、社会组织、家庭、个人的社会养老保障和服务的权利、义务、责任,在法制轨道上推动社会养老保障和服务事业健康发展。二是加强人才队伍建设。大力发展养老服务相关专业的职业教育,加强养老护理员职业技能培训,完善从业人员奖励激励机制,推动养老护理员队伍不断壮大。同时,强化基层养老保险经办服务机构的人力资源配备,提高经办服务队伍的专业化水平,缩小城乡经办服务能力差距。三是强化监督管理。依法健全社会保障基金监管体系,坚持政策、经办、信息、监督"四位一体"风险防控,强化人防、制防、技防、群防"四防"协同,严格基金监督,提升管理水平,以零容忍态度严厉打击欺诈骗保、套保或挪用贪占等违法行为，守牢社保基金安全底线，守护好每一分"养老金""救急款"[①]。不断强化对养老服务的监管，健全综合监管制度，创新监管方式，促进养老服务规范发展。四是强化科技和数据支撑。推动大数据在养老服务中的应用，整合建立全国互联互通养老服务大数据平台，促进部门间涉老信息共享，汇集养老服务资源、养老服务对象信息，促进供需精准对接，提高政府养老服务领域的治理效能。推动社会保险领域的数字化转型，建立全国互联互通的社会保险经办管理服务系统，提高社会保险的经办服务能力和精细化管理水平。

---

① 《进一步织密社会保障安全网》，求是网，2022年，http://www.qstheory.cn/dukan/qs/2022-04/16/c_1128558641.htm。

第八章 住有所居：多途径满足住房需求*

2007年10月，党的十七大报告中正式提出"住有所居"目标，指出要"努力使全体人民学有所教、劳有所得、病有所医、老有所养、住有所居，推动建设和谐社会"。习近平总书记多次强调要实现"住有所居"目标。2013年10月29日，习近平总书记在主持中共中央政治局第十次集体学习时强调，加快推进住房保障和供应体系建设，是满足群众基本住房需求、实现全体人民住有所居目标的重要任务，是促进社会公平正义、保证人民群众共享改革发展成果的必然要求。2016年12月21日，习近平总书记在中央财经领导小组第十四次会议上发表讲话，指出要准确把握住房的居住属性，以满足新市民住房需求为主要出发点，以建立购租并举的住房制度为主要方向，以市场为主满足多层次需求，以政府为主提供基本保障，分类调控，地方为主，金融、财税、土地、市场监管等多策并举，形成长远的制度安排，让全体人民住有所居①。2017年习近平总书记在党的十九届一中全会上再次强调，要"在住有所居上不断取得新进展"。同时，住房保障逐渐被纳入国家基本公共服务体系。2012年7月，国务院发布的《国家基本公共服务体系"十二五"规划》指出，"国家建立基本住房保障制度，维护公民居住权利，逐步满足城乡居民基本住房需

---

* 本章作者为金浩然、钟庭军。作者简介：金浩然，国务院发展研究中心市场经济研究所副研究员、博士。钟庭军，中国社会科学院中国城乡建设经济研究所研究员、博士生导师。

① 《十八大以来治国理政新成就》上册，人民出版社2017年版，第316页。

求，实现住有所居"，将住房保障纳入基本公共服务范围之内。在2017年3月国务院印发的《"十三五"推进基本公共服务均等化规划》中，再次提出"力争到2020年，基本公共服务体系更加完善，体制机制更加健全，在学有所教、劳有所获、病有所医、老有所养、住有所居等方面持续取得新进展，基本公共服务均等化总体实现"的要求。2022年10月，党的二十大报告重申了"住有所居"的目标，再次强调要"坚持房子是用来住的、不是用来炒的定位，加快建立多主体供给、多渠道保障、租购并举的住房制度"①。住房是共同富裕的重要基石，实现住有所居，有利于实现全体人民共同富裕。

一 住有所居在实现共同富裕中的重要地位和作用

（一）住房是家庭财富的重要组成部分以及享受公共服务的主要载体

住房是家庭财富的重要组成部分以及享受公共服务的主要载体，因此均衡配置住房资源有利于缩小国内社会财富和收入差距，这是由我国住房所具备的特殊属性决定的。

住房是我国城镇居民家庭的主要财富组成部分。根据第七次全国人口普查数据，2020年我国城镇家庭住房自由化率为73.8%，相较其他国家处于较高水平。根据《经济日报》中国家庭财富调查报告和西南财经大学中国家庭金融调查，住房资产占到中国城镇家庭总资产的70%左右。根据广发银行和西南财经大学联合发布的《2018中国城市家庭财富健康报告》，中国城市家庭的金融资产仅占总资产的11.8%，远低于英、法、日等发达国家，从侧面证明了中国城市家庭住房资产占比过高。此外，由于国内遗产税的缺位，收入分配差距将继续传递下去，可能代代积累造成更大的收入分配不平等。

住房是享受公共服务的重要载体。住房附着了许多社会权益，尤

---

① 习近平：《高举中国特色社会主义伟大旗帜 为全面建设社会主义现代化国家而团结奋斗——在中国共产党第二十次全国代表大会上的报告》，人民出版社2022年版，第48页。

第二部分 分论

其享受公共服务如教育资源的独占权利。公共资源和公共服务与住房绑定,进而使住房价格与租金被资本化,从而拉大收入分配差距。公共服务被住房载体化后,拥有不同学区的住房所有者子女在受教育上存在不公平,有可能将受教育不公平,转化为收入不公平,固化了收入分配不均,并可能代际传导。党的二十大报告对青年人寄予无限希望,强调"青年强,则国家强",依附于住房之上的公共服务均等化是实现"青年强"的必要前提之一。

均衡配置住房资源有利于拉动消费以及促进人的全面发展。中国各大城市的房价收入比远高于其他全球主要城市。对于贷款购房家庭,因增加个人住房贷款支出而对家庭其他消费支出产生挤出效应;对于未购房家庭,因房租收入比过高,同样挤占了家庭其他消费支出。2019年中国居民消费率约为39%,低于60%左右的世界平均水平,因此需要对住房等制度作出适当的调整。此外,党的十九大报告要求"不断促进人的全面发展、全体人民共同富裕",实现住有所居,进一步刺激新市民、年轻人的消费需求并为人的全面发展提供物质基础。

(二) 着力解决住房分配不均是实现共同富裕的途径

城镇家庭之间资产分化明显,尚有较大改善空间。中国人民银行发布的《2019年中国城镇居民家庭资产负债情况调查》(以下简称《调查》)显示,2019年中国城镇居民家庭户均总资产317.9万元,家庭资产以实物资产为主,住房占比近七成,房贷是家庭负债的主要构成,占家庭总负债的75.9%。但居民家庭资产贫富分化、可支配收入增速放缓、租购支付能力降低,导致价格下行风险增加①。据《调查》,按总资产由低到高分组,最高20%家庭的总资产占比63.0%,而最低20%家庭仅占全部样本家庭资产的2.6%,处于中等水平的40%—80%家庭占比之和也仅为28.1%。这表明,中国城镇居民家庭资产更多集中在少数家庭。房地产市场化改革以来,城镇住房总体水平已大幅提高,但市场配置资源的结果使高收入群体的住房条件优先、快速得到改善,而中

---

① 秦虹:《谨防房地产市场出现较大风险》,《清华金融评论》2020年第8期。

低收入家庭则改善较慢。从人均住房面积看，尽管总体水平有明显提高，但存在不均衡。第七次全国人口普查数据显示，2020年与2010年相比，城镇家庭总户数增长了41.1%，但人均住房建筑面积在50平方米以上的家庭户增长了138.1%，占比从19.4%上升到32.8%。

财产性收入差距是收入差距扩大的重要因素。目前，中国居民收入差距处于高位水平，尽管2008年后全国居民收入差距和城乡之间收入差距出现了一个时期的缩小，然而近几年全国收入差距有所反弹，基尼系数回到接近0.47[①]。其中，居民财产性收入差距迅速增长是最重要的推动因素。进入21世纪后，中国居民财产分配差距急剧扩大，到了2002年已略大于收入差距，而到了2013年已达到并超过收入差距。2013—2020年城镇居民人均财产性收入的年均名义增长率高达8.9%，超过了城镇居民可支配收入1.4个百分点。住房是财产的最重要组成部分，1998年住房市场化改革以后，住房资源占有的不平衡性问题逐渐显现。根据国家统计局数据，到2010年，城镇最高收入组中有1/3家庭、高收入组中有1/5家庭拥有2套及以上住房[②]。住房具有资产属性，住房面积占有的多少直接转化成了居民家庭财富水平的高低。房价较快上涨，急剧放大了有房和无房者、房多与房少者之间的利益冲突。原本收入和财富水平大致相同的居民家庭，不需要看谁更辛勤努力工作，仅仅因为是否买房或买房多与少，导致了二者家庭财富差距的拉大。

部分家庭住房负债压力较大。近年来，受不稳定的信贷政策影响，中国居民家庭在政策宽松时存在过度加杠杆，在经济下行及疫情叠加下流动性与偿债风险显现。据中国人民银行调查，中国城镇居民有负债的家庭占比约为56.5%，家庭负债参与率高且集中化现象明显；从债务用途看，76.8%的家庭拥有住房贷款，户均家庭住房贷款余额为38.9万元，占家庭总负债的75.9%。最近几年，宏观经济下行压力叠加疫情冲击导致居民家庭可支配收入增速放缓，甚至出现中短期略有减少的情

[①] 基尼系数是国际上通用的、用以衡量一个国家或地区居民收入差距的常用指标，一般认为0.4—0.5时差距过大，大于0.5时差距悬殊。

[②] 秦虹：《应高度关注城镇住房发展的不平衡》，《中国房地产》2013年第3期。

况，短期内居民租购住房支付能力减弱。可支配收入增长放缓将严重影响居民的住房支付能力和购房意愿。

（三）住有所居是中国梦的重要组成部分

2021年10月《求是》杂志以《扎实推动共同富裕》为题，刊发了习近平总书记在中央财经委员会第十次会议上的部分讲话，系统阐述了共同富裕的内涵、目标要求、实现共同富裕的战略部署。其中，很多内容和住房密切关联。比如在"促进基本公共服务均等化"部分，大篇幅直接提及住房问题，阐明了住房制度的长期政策取向和中短期工作重点；在"加强对高收入的规范和调节"部分，提出要完善个人所得税制度，积极稳妥推进房地产税立法和改革、做好试点工作；在"提高发展的平衡性、协调性、包容性"部分，要求"推动金融、房地产同实体经济协调发展"。有关促进共同富裕的"鼓励勤劳创新致富""坚持基本经济制度""尽力而为量力而行""坚持循序渐进"四个方面的原则，也对住房制度建设具有重要指导意义[①]。

要实现以住有所居为重要构成的中国梦，就要加快构建以政府为主提供基本保障、以市场为主满足多层次需求的住房供应体系，通过建设保障性住房、提供帮扶政策支持居民租购住房、鼓励居民依靠自身的努力改善住房、有效抑制投机投资性住房需求等方式，最终形成政府拥有产权的公租房、政府和个人共同拥有产权的共有产权房、私人拥有完全产权的商品住房组成的住房供应体系，覆盖全体城镇居民，实现更高水平的住有所居。

住房供应体系是住房制度的核心，完备的住房供应体系是全面实现住有所居的必要保障，有助于实现符合我国国情的"中国梦"。现阶段，中国已经渡过住房总体短缺的阶段，未来住房供应体系应更加重视促进住房消费与经济发展、民生利益、资源承载力共融，特别注

---

① 孟星、黄婉奇、俞天雄：《新时代住房发展新理念的构建及政策建议》，《上海房地》2022年第1期；刘洪玉：《共同富裕目标下的住房制度与住房政策发展》，《中国房地产》2021年第3期。

重住房的民生属性，关注住房消费的公平性，推动实现共同富裕①。

（四）国际教训表明房地产市场平稳发展，才有可能实现共同富裕

国际经验和教训反复告诫我们，均衡配置住房资源是缩小社会财富和收入差距的主要途径，是维护社会经济稳定的主要基石。以墨西哥为代表的拉美国家一度也曾迈入中等收入国家行列，但未及时进行行之有效的收入分配改革以及提供包括住房在内的基本保障，最终经济增长也难以维系；而韩国等国则通过收入分配改革，并为中低收入者提供居住、医疗等救助，成功迈入发达国家行列。法国即使在迈入发达国家之后，由于未能处理好收入差距拉大以及贫民窟问题，导致"黄背心"运动。

一百次经济危机，九十次是房地产危机。房地产危机会造成实体经济的严重衰退。以日本 20 世纪 80 年代末房地产泡沫为例，地产和股票价格的下跌给日本带来的财富损失达到 1500 万亿日元②，相当于日本全国个人金融资产的总和，相当于日本 3 年的 GDP 总和。日本国民经济的增长速度也从 1990 年的 5.1% 下滑到 1993 年的 0.3%，经过反复，再次下滑到 1998 年的 -2.5% 的状态。要实现党的十九大提出 2035 年基本实现社会主义现代化目标以及共同富裕取得更为明显的实质性进展，预计 2020—2035 年中国的实际 GDP 年均增速将达到 5.3% 左右③，但是目前中国银行抵押物的 50%，家庭财富的 70% 都是房地产，对经济发展的稳定性具有举足轻重的作用。中国房价已经保持了近 20 年的增长，积累的房地产泡沫可能非常敏感，尤其需要注重政策的连续性、稳定性、可持续性。显然，防范化解资产风险、货币政策和房地产调控措施精准有效，是实现共同富裕的前提。

---

① 陈敬安、樊光义、易成栋：《住有所居的实现与深化："房住不炒"的浙江方案》，《学习与实践》2022 年第 4 期。
② [美] 辜朝明：《大衰退》，喻海翔译，东方出版社 2020 年版。
③ 刘伟：《中国需要多高 GDP 增速能实现 2035 年远景目标，如何达到？》，搜狐网，https://www.sohu.com/a/432566901_352307。

| 第二部分　分论 |

二　1998年以来住房制度历史演变以及取得的成就

（一）住房保障制度的变迁

1998年以来中国住房供应体系日益完善，逐渐构建起了"多主体供给、多渠道保障、租购并举"的住房制度。尤其是在不同阶段，针对不同住房保障对象，强调提供差异化、多层次的保障性住房品种，为共同富裕奠定了扎实的基础。目前中国正在逐步构建"三房两改"的住房保障体系。随着住房保障范围逐步扩大，由城市逐步扩展到建制镇，由城镇户籍家庭逐步扩展到常住人口，逐步将外来务工人员纳入住房保障范围①。

1. 经济适用住房

1998年7月《国务院关于进一步深化城镇住房制度改革加快住房建设的通知》（国发〔1998〕23号）（以下简称《通知》）正式出台，掀开了中国深化住房制度改革的大幕。《通知》明确停止住房实物分配，逐步实行住房分配货币化；建立和完善以经济适用住房为主的多层次城镇住房供应体系；经济适用住房只售不租，通过将住房需求全部归拢到购房上，达到了快速形成大规模购房需求的目的，为下一步快速启动住房建设投资、拉动经济增长奠定了基础。经济适用房出售价格实行政府指导价，与中低收入家庭的承受能力相适应。按照保本微利的原则，在经济适用房七项成本的基础上，加上利润率3%，确定经济适用房的出售价格。通过土地划拨、减半征收行政事业性收费等措施，降低开发建设成本，同时对销售价格和开发利润进行限制，大力发展经济适用住房。1998—2003年，全国经济适用住房竣工4.8亿平方米。1998年房改后，城镇居民的居住水平得到显著提升。总的来看，到2003年中国城镇人均住宅建筑面积达到23.7

---

① 李国庆、钟庭军：《中国住房制度的历史演进与社会效应》，《社会学研究》2022年第4期。

平方米，比1997年增加5.9平方米；同时，住宅质量有了明显提高，住宅小区的配套设施和居住环境得到较大改善。

2000年以后，经济适用住房新开工面积不断下滑，占全国住宅新开工的比重从房改初期的20%左右，持续下降，住房供应出现商品住房占主导的趋势。2003年《国务院关于促进房地产市场持续健康发展的通知》（国发〔2003〕18号），将住房供应体系发展方向修改为"逐步实现多数家庭购买或承租普通商品住房"，同时经济适用住房转变性质为政策性商品住房，后又改为针对低收入群体的保障性住房，目前各地已经基本停止兴建经济适用住房。

2. 公租房（含廉租房）

1998年7月，《国务院关于进一步深化城镇住房制度改革加快住房建设的通知》（国办发〔1998〕23号）指出，"最低收入家庭租赁由政府或单位提供的廉租住房"。廉租房是指政府和单位以租金补贴或者实物配租的形式，向城镇常住最低收入家庭提供的租金相对低廉的保障性住房。2008年《关于促进房地产市场健康发展的若干意见》（国办发〔2008〕131号）出台，保障性安居工程开始全面实施（包括其后的棚改）。《中华人民共和国国民经济和社会发展第十二个五年规划纲要》提出了城镇保障性安居工程"3600万套"的量化约束性指标和20%的保障性住房覆盖率要求，开启了城镇保障性住房大规模建设。《2009—2011年廉租住房保障规划》目标保障747万户。实际上，2008—2012年，全国廉租房开工591万套，基本建成426万套。

当廉租房应保尽保问题解决之后，中国开始大力发展公共租赁住房。2010年，住建部等部委发布《关于加快发展公共租赁住房的指导意见》（建保〔2010〕87号）正式引入了"公共租赁住房"的概念，其保障对象包括城镇中等偏下收入住房困难家庭、新就业无房职工、在城镇稳定就业的外来务工人员。公共租赁住房既可以建成成套的住房，也可以以集体宿舍的形式提供，成套的住房单套面积控制在60平方米以下。2013年12月，住房和城乡建设部、财政部、国家发展改革委公布《关于公共租赁住房和廉租住房并轨运行的通知》，从2014年起，各地公共租赁住房和廉租住房并轨运行，统称"公共租赁住房"。

2017年9月和2018年9月住建部等部门发文，在提高房源配置效率、推行政府购买公租房运营管理服务的试点等方面进行具体指导，以实现精准保障，提升管理和服务能力。2019年5月住建部等4部门联合印发《关于进一步规范发展公租房的意见》，要求各地规范发展公租房，加大对新就业无房职工、城镇稳定就业外来务工人员的保障力度，加强公租房建设运营管理，落实各项支持政策。根据住建部数据，到2021年年底，3800多万困难群众住进了公租房。通过公租房实物保障和租赁补贴，解决了大量困难群众的住房问题，发挥了社会稳定器作用，低保、低收入住房困难家庭基本实现应保尽保，中等偏下收入家庭住房条件得到有效改善。

3. 保障性租赁住房

由于公租房等政府投资的保障性住房覆盖面有限，政府投资财力有限，为了覆盖量大面宽的新市民、青年人，为了调动社会力量参与保障性住房建设，政府提出了发展保障性租赁住房（政策性租赁住房）的要求。2020年12月，全国住房和城乡建设工作会议指出，要"重点发展政策性租赁住房，探索政策性租赁住房的规范标准和运行机制"。政策性租赁住房是由政府给予政策支持、企业和其他机构投资建设，以小户型、低租金为主，面向城镇无房常住人口供应，主要是非户籍常住人口和新落户的新就业大学生等新市民群体。2021年7月，国务院办公厅发布《关于加快发展保障性租赁住房的意见》（国办发〔2021〕22号），政策性租赁住房正式更名为保障性租赁住房，主要面向符合条件的新市民、青年人等群体，以建筑面积不超过70平方米的小户型为主，租金低于同地段、同品质市场租赁住房。在参与主体上，保障性租赁住房由政府给予土地、财税、金融等政策支持，充分发挥市场机制作用，坚持"谁投资、谁所有"，支持专业化、规模化住房租赁企业建设和运营管理保障性租赁住房[①]。2021

[①] 倪虹：《以发展保障性租赁住房为突破口　破解大城市住房突出问题》，《行政管理改革》2021年第9期。

年、2022年,全国建设筹集330万套(间)保障性租赁住房,约可解决近1000万新市民、青年人的住房困难。"十四五"时期,40个重点城市将建设筹集650万套(间)保障性租赁住房,可解决近2000万新市民、青年人的住房困难①。

4. 部分城市的产权性住房保障探索(如限价商品住房)

限价商品住房方面,2006年九部委联合推出《关于调整住房供应结构稳定住房价格的意见》,指出"要优先保证中低价位、中小套型普通商品住房和廉租住房的土地供应,其年度供应量不得低于居住用地供应总量的70%;土地供应应在限套型、限房价基础上,采取竞地价、竞房价的办法,以招标方式确定开发建设单位"。其中提到的"限套型""限房价"的普通商品住房,被称作"限价商品住房"。不少城市在限价商品房方面进行了有益探索。例如,2008年3月北京市印发《北京市限价商品住房管理办法(试行)》,明确了项目建设、供应对象、资格审核和房源分配销售等方面的细则。目前,共有产权住房已经替代了限价商品住房。

共有产权住房方面,党的十八大以来积极进行探索和试点,正逐渐成为中国城镇住房供应体系的重要组成部分,有利于解决中低收入家庭的住房问题,填补了经济适用住房停止供应后产权型保障住房的空白。2014年4月住建部确定北京、上海、深圳、成都、黄石、淮安6市为共有产权住房的全国试点城市。2017年9月住建部印发《关于支持北京市、上海市开展共有产权住房试点的意见》,鼓励两市以制度创新为核心,在共有产权建设模式、产权划分等方面进行大胆探索。到2021年年底,北京市已累计筹集共有产权住房约8.3万套,上海已签约约13.6万户②。此外,南京、青岛等城市也结合当地

---

① 《中共中央宣传部举行新时代住房和城乡建设事业高质量发展举措和成效新闻发布会》,国务院新闻办公室网站,2022年,http://www.scio.gov.cn/xwfbh/xwbfbh/wqfbh/47673/49108/index.htm。

② 《中共中央宣传部举行新时代住房和城乡建设事业高质量发展举措和成效新闻发布会》,国务院新闻办公室网站,2022年,http://www.scio.gov.cn/xwfbh/xwbfbh/wqfbh/47673/49108/index.htm。

实际,积极推进共有产权住房建设①。

5. 棚户区改造和老旧小区改造

2008年之前,中国主要是东北三省等地开展煤矿棚户区改造。例如,2004年辽宁省在全国率先启动了全省范围内的棚户区改造。2005年,国家启动了对东北三省煤矿棚户区的改造;建设部出台了《关于推进东北地区棚户区改造工作的指导意见》(建住房〔2005〕178号)。

2008—2013年,为应对国际金融危机,中国积极采取稳增长、调结构的有效措施,着力扩大内需。在此背景下,开始大规模实施棚户区改造。一方面,帮助困难群众改善住房条件,圆"住房梦",受到棚户区居民欢迎;另一方面,拉动投资、消费需求,带动相关产业发展,推进以人为核心的新型城镇化建设。通过棚户区改造,既使千百万困难群众告别"忧居",又同步助推经济,发挥了促进经济持续健康发展和民生不断改善的积极效应。从实施效果看,2008—2012年五年内,全国开工改造各类棚户区1260万户,占同期城镇保障性安居工程3100万套(户)开工量的40%;基本建成各类棚户区改造安置住房750万套。

2013—2020年,进一步加大棚户区改造力度。2013年,国务院《关于加快棚户区改造工作的意见》指出,2013—2017年改造各类棚户区1000万户,使居民住房条件明显改善,基础设施和公共服务设施建设水平不断提高。此后,中国住房保障的工作重点逐步转向棚户区改造,棚户区改造进入"快车道"。2014年《政府工作报告》进一步提出,今后一个时期,改造约1亿人居住的城镇棚户区和城中村。2015年,国务院出台的《关于进一步做好城镇棚户区和城乡危房改造及配套基础设施建设有关工作的意见》(国发〔2015〕37号)指出,制定城镇棚户区和城乡危房改造及配套基础设施建设三年计划(2015—2017年)。2018年3月5日,国务院总理李克强代表国务院向十三届全国人大一次会议作《政府工作报告》,提出"启动新的三年棚改攻坚计划"②。

---

① 郑文清:《共有产权住房模式研究》,《金融纵横》2018年第5期。
② 这十年,全国棚户区改造累计开工4300多万套,帮助了上亿棚户区居民改善了居住条件,实现了安居乐居。

同时,以上海市、广州市等城市发布城市更新办法、成立城市更新局等为标志,我国老旧小区改造进入城市更新的新阶段。上海市 2015 年之后相继颁布了《上海市城市更新实施办法》(沪府发〔2015〕20号)等关于城市更新的规划与土地配套政策。广州市于 2015 年 2 月成立城市更新局,在原"三旧"办的基础上增加了完善城市基础设施公建配套、改善人居环境、提升城市功能等新的要求,并出台城市更新"1+3"政策,开始转向常态化有序推进更新改造。2020 年 7 月,国务院办公厅印发《关于全面推进城镇老旧小区改造工作的指导意见》(国办发〔2020〕23 号),对推进老旧小区改造的总体要求、改造任务、组织实施机制、合理共担机制和配套政策予以明确。此后,各地纷纷出台了落实细则,加快推进老旧小区改造工作,2021 年全国新开工改造城镇老旧小区 5.56 万个,惠及居民 965 万户,全国累计开工改造老旧小区 16.3 万个,惠及居民超过 2800 万户。

(二)取得的成就

1998 年进一步深化城镇住房制度改革以来,中国住房市场已形成以商品房为主的供应体系,构建了较为系统的商品房建设、管理、融资、分配等方面的制度政策体系,在加快住房建设、持续改善居民居住条件等方面发挥了重要作用,基本实现了改革的预期目标。

1. 住房供应体系不断完善,城镇人均住房面积达到 40 平方米左右

住房供应体系不断完善。中国住房发展取得巨大成就,建成了世界上最大的住房保障体系。近年来中国逐步形成了以公租房、保障性租赁住房和共有产权住房为主体的住房保障体系,累计建设各类保障性住房和棚改安置住房 8000 多万套,帮助 2 亿多困难群众改善住房条件,低保、低收入住房困难家庭基本实现应保尽保,中等偏下收入家庭住房条件有效改善。在住房市场方面,正在加快建立多主体供给、多渠道保障、租购并举的住房制度,稳妥实施房地产长效机制,房地产市场总体呈现平稳、健康发展。

住房短缺基本解决,城镇户籍居民住房条件明显改善,如图 8-1 所示。初步统计,城镇户籍家庭户均已超过 1 套房。2020 年,城镇居

第二部分 分论

民人均住房建筑面积达到38.6平方米，住房成套率超过80%。新建住房质量不断提高，住房功能和配套设施逐步完善。住房资产占居民家庭财产的比重达到70%，成为居民家庭财产的重要组成部分。在各类新建住房中，注重完善使用功能，注重配套设施完备和物业服务，注重建筑节能和环境的美化。居住在成套住宅的家庭户比例快速提升。第六次全国人口普查数据和2015年1%人口抽样调查数据显示，2015年居住在成套住宅的家庭比例达到84.3%，高出2010年8.7个百分点。绿色住宅在国家、地方政府政策大力扶持下发展十分迅速，装配式住宅等行业政策标准体系日益完善。

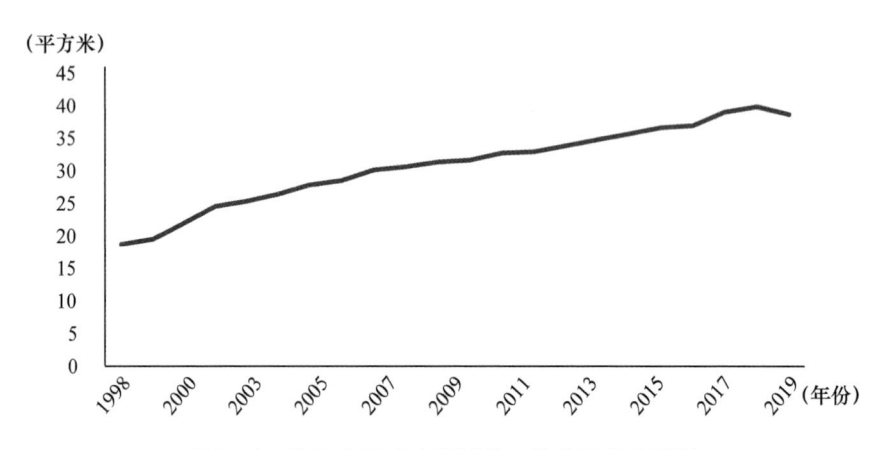

图8-1 1998年以来中国城镇人均住房建筑面积

资料来源：国家统计局。

物业服务进入转型升级阶段，居住"软环境"得到明显提升。第四次全国经济普查结果显示，中国物业服务行业已有约23.4万家物业服务企业，近700万从业人员，年营收9000多亿元，管理规模200多亿平方米，服务城镇几十万个小区和几亿个家庭。物业服务在整个国民经济和百姓居家生活中发挥的作用显著提升，不仅改善了人居环境，维持了小区公共秩序，保持了小区整洁美观和设施设备正常运转，还维护了社会和谐稳定。小区治理是社区治理的重要组成部分，也是国家治理体系中的基础部分，同时也保持每年30万—50万人的新增就业规模,成为缓解社会就业矛盾的重要渠道。

2. 住房市场整体平稳健康发展,租购并举稳步推进

新时代以来,特别是2016年后全国房地产市场总体呈平稳态势,成交量和成交价格总体平稳,市场预期逐渐趋于理性。在这一阶段,中国逐步建立了符合国情、适应市场规律的房地产基础性制度和长效机制,有效支持了居民自住购房需求,抑制了投资投机性购房,房地产调控效果显著。新时代以来,房地产市场平稳健康发展长效机制从探索到形成方案,并在22个城市稳步试点实施,提出了建立多主体供应、多渠道保障、租购并举的住房制度,向不同收入家庭提供不同的住房,助力早日全面实现住有所居。

租赁住房满足了大量城镇人口的住房需求。近年来,中国城镇化进程加快,城市特别是大城市吸引了大量外来人口进入,租赁住房成为重要的居所选项,满足了他们多样化的居住需求。据2015年全国1%人口抽样调查数据,目前中国大概有17.8%的城市居民居住在租赁住房中,这当中以新就业的大学生和外来务工人员为主要群体。以租赁方式解决住房问题,客观上降低了城镇化的门槛,适应了外来务工及新就业青年群体的阶段性住房需求,有力地推动了城镇化进程。在解决市场痛点、满足用户日益增长的品质租住与托管需求的同时,机构化住房租赁迅速崛起,符合多主体供给的政策方向要求,不仅有效改善了租赁市场供给结构、拓宽了发展空间,也符合广大租住群体的需求。

3. 住房市场有力促进了经济社会发展,带动了城市建设

住房市场有力促进了经济社会发展。如图8-2所示,自1998年以来,房地产业增加值占比总体呈现上升态势,从4.0%增加至2020年的7.3%,2021年略有下降。如图8-3所示,多年来,房地产开发投资占固定资产投资的20%左右。房地产业还对众多上下游产业起到重要带动作用。其中,房地产开发投资带动了建筑业以及水泥、钢铁、有色金属、挖掘机等上下游制造业,房地产消费既直接带动了家电、家具、家纺等制造业,也带动了金融、媒体、物业管理等第三产业。房地产业和建筑业还是吸纳就业特别是农民工群体就业的重要

第二部分 分论

行业。如图8-4所示，2003—2020年，从事房地产业和建筑业的城镇就业人员占比从8.7%提高至15.7%，最多时达到了18.4%。国家统计局数据显示，2020年中国从事建筑业的人员约5226万人，占全部人员总数的18.3%。

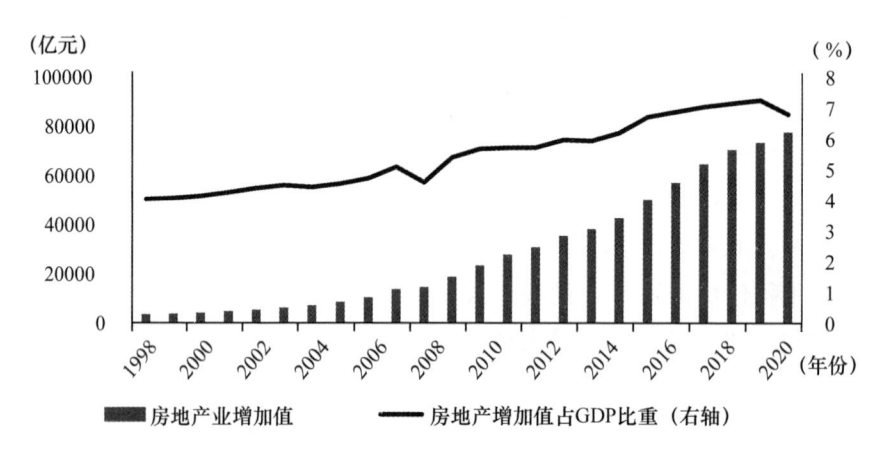

图8-2 中国房地产业增加值及其占GDP的比重

资料来源：国家统计局。

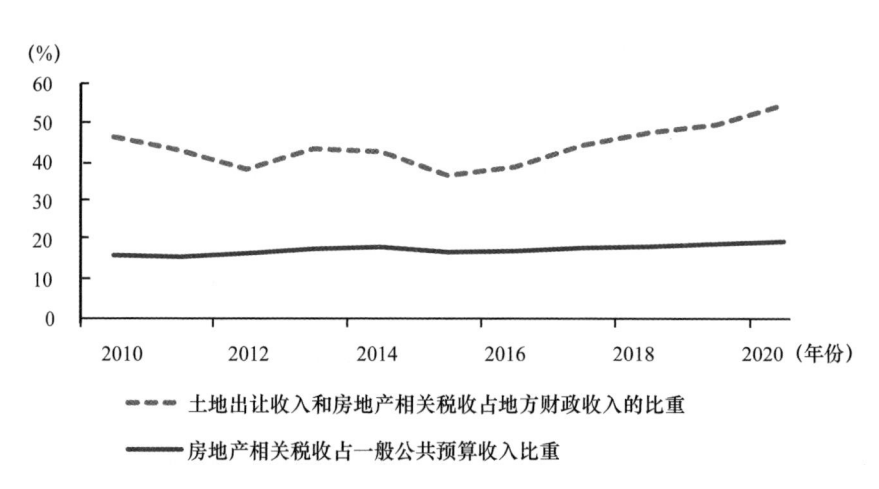

图8-3 中国土地出让收入和房地产相关税收的占比情况

资料来源：财政部、国家统计局。

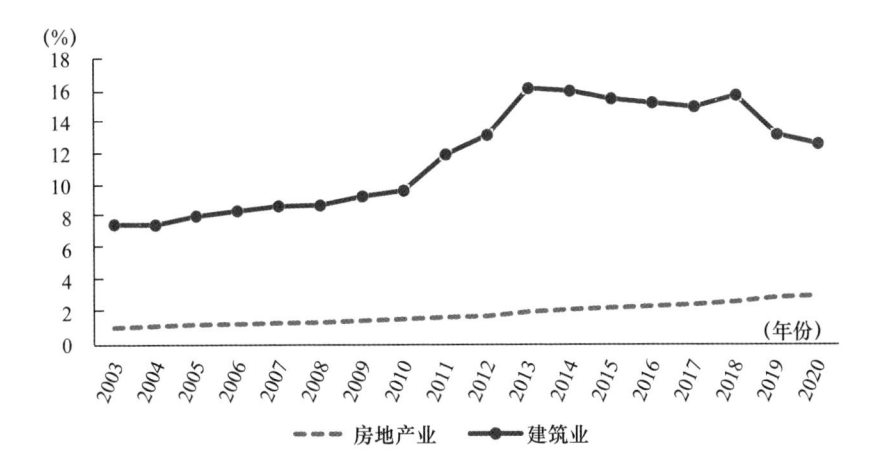

图 8-4　中国房地产业和建筑业从业人员规模占比

资料来源：国家统计局。

住房市场有效带动了城市建设，改善了城市人居环境。以房地产为主导的城市开发建设方式极大地推动了房地产业的发展，大大提高了城市开发建设水平。如图 8-5 所示，1998—2020 年，中国城市建成区面积和城市建设用地面积分别从 2.14 万平方公里和 2.05 万平方

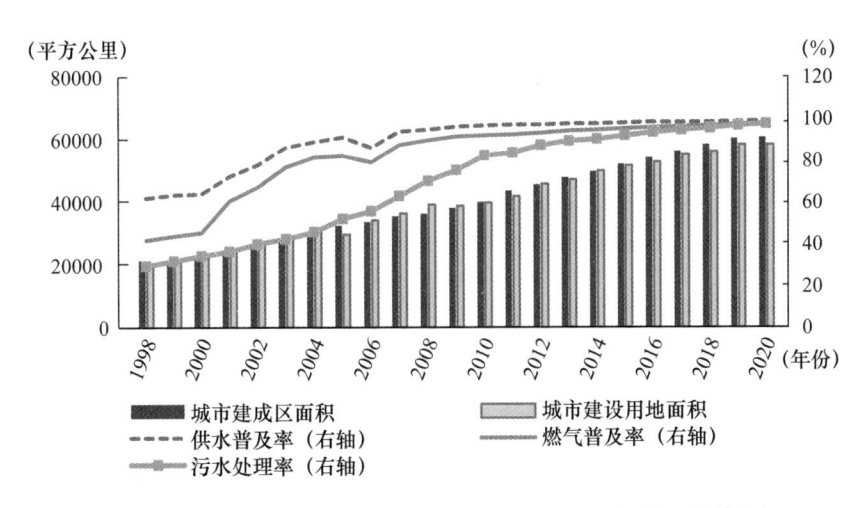

图 8-5　中国城市建成区、建设用地面积及供水燃气普及率等指标

资料来源：国家统计局。

公里增加至 6.07 万平方公里和 5.84 万平方公里，分别增加了 1.84 倍和 1.85 倍。城市基础设施的数量和质量取得了根本性的进步，城市环境质量、人民生活水平不断提升。如图 8-5 和图 8-6 所示，1998 年以来城市人均公园绿地面积从 3.22 平方米增加至 14.78 平方米，人均道路面积从 5.5 平方米增加至 18.04 平方米，供水普及率从 61.9% 上升至 99.0%，燃气普及率从 41.8% 上升至 97.9%。

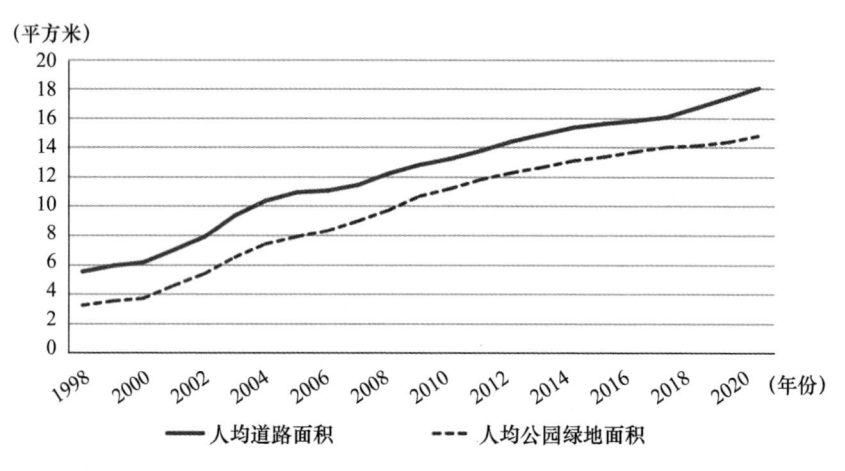

图 8-6　中国人均道路面积和人均公园绿地面积情况

资料来源：国家统计局。

（三）以共同富裕为核心、不断完善住房相关制度

正如前所述，中国在房地产、城市更新等方面已经取得了重要的成绩。下一步，完善住房相关制度，需要以共同富裕为核心，不断进行探索，把住房打造成共同富裕的重要基石。下面以宅基地、农房流转、发展保障性租赁住房和共有产权住房为例，简要阐述了一下与共同富裕之间的关系，以明确完善住房相关制度的方向。

完善宅基地以及农房流转制度与共同富裕的关系。中国农村宅基地制度形成于计划经济年代下服务于工业化的特殊历史背景，是农业集体化的产物，建立的初衷是"居者有其屋"。在计划经济体制和城乡二元结构刚性约束下，形成了"集体所有、成员使用、无偿分配、一户一宅、面积限定；永久使用、无偿回收、限制流转、禁止抵押、严禁开发"等制度安排，具有"身份性、自用性、保障性、福利性、非财产性、非市场化"特征，在相当长的历史时期里发挥了保障广大农民居住生存和维护农村社会稳定的巨大的制度效应。时至今日，对很多农户而言，宅基地依然具有"居者有其屋"的保障功能。伴随着农村社会经济的加快转型发展，农业的生产方式、农民的生计方式、农村的人口结构、居住模式和城乡空间布局等发生了深刻变化。非农收入已成为许多农民的主要收入来源，很多农民不再以农为业、依地而生。上亿农民离土离乡、进城打工，异乡安家或异地购房的比例不断攀升。宅基地的居住和生存保障的功能正在逐渐弱化，财富储存功能、产业空间聚集功能、土地增值等新兴功能不断加强。亿万农民投入巨额资金在宅基地使用权和住房上，拥有宅基地使用权却没有处置权、拥有资产却带不来财产收入，造成城乡居民财产性收入差距大、农村居民收入结构中财产性收入比例长期较低等问题。自2013年以来，城乡居民财产性收入差距居高不下，一直保持在11倍以上。2018年，全国农村居民人均财产净收入仅相当于城镇居民的8.5%，财产净收入对农村居民可支配收入增长的贡献率只有2.9%。2020年城镇居民人均可支配财产净收入为4627元，农村居民人均可支配财产净收入只有419元。增加农户的财产性收入，弥合城乡居民"财产鸿沟"，实现共同富裕，需要赋予宅基地更完整的用益物权权能，需要探索宅基地财产权显化的路径，需要不断探索和完善宅基地和农房流转制度。

规范租赁市场和发展保障性租赁住房与实现共同富裕的关系。有关调查显示，中国2亿多新市民、青年人中，约70%在市场租房居住，市场租赁住房以个人散租为主，个人散租房源约占房源总量的90%以上。总体来看，租赁住房结构性供需错配明显，户型上，个人散租房源并不是为了出租而设计，大户型房源供大于求，小户型房源和多卫生间的房型供不应求，难以满足新市民、青年人等群体的租住需求。价格上，高价位房源供大于求，低租金房源供不应求，超出了新市民、青年人等群体的承受能力。区位上，距离新市民、青年人等

第二部分 分论

的工作地点较远的郊区房源供大于求，而新市民、青年人等就业较为集中的中心城区房源供不应求，导致职住不平衡。租期上，住房租赁企业运营的租期较长且稳定的房源不足5%，而大量个人出租房源的平均租期仅为8个月。住房租赁市场比较混乱，一套房源往往好几个中介机构，价格不一、随意抬价，造成住房租赁市场纠纷越来越多，中介机构失信问题严重。房东随意驱逐租客、随意提高租金的现象时有发生，租购难以同权。但是政府提供的公租房由于财政实力等诸多原因难以达到覆盖新市民、年轻人的住房需求。据统计，在租房住的新市民家庭中，租住公租房的比例仅为2.1%，低于本地居民家庭。当前，中国已进入全面建设社会主义现代化国家、向第二个百年奋斗目标进军的新发展阶段，这是中华民族伟大复兴历史进程中的大跨越，在中国发展中具有里程碑意义。在这一重要阶段，中共中央、国务院作出加快发展保障性租赁住房的重大决策部署，对于促进解决新市民、青年人等群体的住房困难问题具有重要作用，是坚持以人民为中心的发展思想的生动体现。另外，不断规范租赁市场，就是为了捍卫广大新市民、年轻人的租户权益。

完善共有产权住房与实现共同富裕的关系。改革开放初期，中国住房问题的核心集中于住房供给不足引发的住房消费问题。2002年之后，中国住房问题的核心主要是由于住房价格快速上涨引发的住房支付能力不足的问题。2009年之后，各地政府加大对保障性住房，特别是公租房的建设。当前，中国住房问题的核心已转化为是否拥有住房产权进而带来的住房财富分配层面的问题。特别是对城市中低收入家庭而言，拥有住房产权意味着搭上了财富增长的快车。因此，拥有住房产权对于中国城市中低收入家庭，不仅可以避免跌入"贫困陷阱"，实现家庭财富的保值增值，还有利于实现传统观念中"家"的认同，形成归属感，促进社会和谐与稳定。2014年《政府工作报告》中首次明确提出"增加共有产权住房供应"，同年4月初，北京、上海、深圳、成都、黄石、淮安6个城市即被住建部明确被列为全国共有产权住房试点城市。2017年9月20日《北京市共有产权住房管理暂行办法》正式落定，同年9月22日住建部进一步出台《关于支持北京市、上海市开展共有产权住房试点的意见》。不断完善共有产权住房是深化住房供给侧结构性改革的重要举措,是完善住房供应结构、支持无房家庭解决住房刚需、实现共同富裕的长期制度安排。

三 在实现共同富裕进程中房地产行业发展亟待解决的问题

中国住房发展主要矛盾从供求矛盾转移到供求总体平衡、结构性矛盾突出的阶段。正如前所述,中国房地产行业已经取得了重大成就,但是仍然存在许多问题和瓶颈,有待于进一步破解。

(一)部分城市存在住房总量或结构性短缺

部分大城市住房供不应求,造成房价高企,居民购房压力加大。大型城市群及其核心城市产业发达,收入较高,就业机会多,吸引人口持续流入,住房供需矛盾突出。尤其是在金融业发达、居民金融意识强、住房供应严重不足的北京、上海、深圳等特大型中心城市住房价格显著攀升,且明显超出居民收入增速,已出现较为明显的房价泡沫风险。根据贝壳找房数据,深圳、北京等城市房价收入比已超过30,杭州、上海等城市也已超过20;深圳、北京等城市租金收入比明显高于30%,处于租金水平较高区间。一些城市房价收入比高但租金收入比低,主要是大量城中村、小产权房、农民房等非正式住房缓和了供需矛盾,但居住品质普遍不高。

部分城市住房供应存在结构性短缺。对于新进入大城市就业的大学生和外来从业人员,收入通常较低,房屋租金在支出中占大头,挤占了其他正常的生活开支。他们需要的是安全、租金可承受的"一张床"或"一间房",但目前无论是市场可供出租的商品住房,还是各地正在发展的租赁住房,普遍面积较大、租金较高,缺少低租金、小户型住房供给。这导致新市民的租住需求难以匹配,目前群租较为普遍,他们只能按间,甚至按床位租房住,容易造成社会问题和安全隐患。此外高品质住房目前仍然供不应求。以租赁住房为例,当前中国

第二部分 分论

提供专业化运营的租赁机构占比较低,导致难以足量提供多样化、高品质的租赁住房。现阶段,年轻人、老年人等群体在选择租赁住房时,考虑的不仅仅是租金或通勤距离,还希望能够找到一个满足自身休闲、社交等需求的生活社区,目前很多这种细化的需求还不能得到充分满足。

(二) 共有产权住房制度有待完善

共有产权住房经历了较长的发展历程。早在2014年4月,住建部发布《关于做好2014年住房保障工作的通知》,指定北京、上海、深圳、成都、黄石、淮安6市为共有产权房的全国试点城市。2014年9月15日,淮安市正式推出《淮安市全国共有产权住房试点工作方案》;2017年9月21日,住建部印发《关于支持北京市、上海市开展共有产权住房试点的意见》,明确支持京沪两地发展共有产权住房,期望摸索出可在全国推广的经验。此后,中共中央、国务院的政策文件对共有产权住房均给予了积极评价。共有产权住房是住有所居、实现共同富裕的重要政策工具。共有产权住房由于具有产权弹性、可调节产权比例,给中低收入群体上车的机会,有利于分享国民经济和社会发展的红利。目前,试点城市的共有产权住房运行、管理等存在一些缺点,存在较大的改进空间[①]。

第一,共有产权住房法律法规不完善。中国尚未形成完善的共有产权住房配套保障系统,对共有产权住房的法律法规、金融政策、运行管理等配套制度,各地规定不一,细致程度、灵活度及严格程度也各有差异。相较于国际,中国尚还欠缺共有产权住房完善的配套保障支撑系统,而这恰恰是确保共有产权住房制度稳定运行、切实发展保障效果的关键。中国作为一个法治国家,任何制度的推行或实施都应有法可依。目前,在《城镇住房保障条例》(征求意见稿)中对经济

---

① 陈淑云:《共有产权住房在我国可行吗?》,《江汉论坛》2016年第1期;李哲、李梦娜:《共有产权住房政策的反思:定位、现状与路径》,《当代经济管理》2018年第4期;严荣:《完善共有产权住房体系建设研究》,《经济纵横》2015年第1期。

适用住房共有产权的制度设计有所涉及，但只有较为笼统的规定。共有产权住房作为中国住房供应体系中的重要组成部分，通过法律的形式对其进行规范化的管理势在必行①。

第二，共有产权住房供给主体单一。拓宽共有产权住房持有主体的好处有两点。一是充分利用社会资本，投入多元、持有多元，利用社会资源加快发展共有产权住房。二是可以减轻政府的压力和负担，有效缓解了政府的压力，政府在共有产权住房发展中更多地承担政策制定、纠纷解决与管理工作。但是目前共有产权住房共有模式较为单一，在试点城市当中，目前基本采取政府和个人共有产权的方式，尽管淮安市出台政策规定政府、企业、个人共有产权的模式，但企业如何共有仍在探索阶段。如《北京市共有产权住房管理暂行办法》（征求意见稿）第十八条（产权份额）明确"政府产权份额，原则上由项目所在地区级代持机构持有，也可由市级代持机构持有"。这一条将共有产权的持有主体限定为购房人与政府，明确了区级政府的持有职责。

第三，政府监管成本较大。由于共有产权住房在机制设计上存在市场价值与政府计划定价的"价差"，意味着共有产权住房存在一定的寻租可能。尤其在上海、北京等高房价地区，共有产权住房的利益优势明显。与经济适用住房政策相比，共有产权住房模式在产权比例认定、后期产权变更、房屋使用、房屋销售等环节还需要投入更多的人力。因此，申请、复核、征信、分配、售后等各个环节依然需要较大的监督成本。

第四，缺乏专业的管理机构和参与者。从中国共有产权住房的试点城市来看，主要参与者为政府部门和购房者。政府负责出台共有产权住房的管理办法，并作为产权持有者之一参与共有产权住房的运营。政府机关作为共有产权住房主要的规划者和管理者，一旦和购房者在产权变现问题上出现纠纷，将很难处置。此外，共有产权住房在国内尚处试点阶段，未大面积实施，非营利性机构、社会资本还没有

---

① 殷贵梅：《对我国共有产权住房试点情况的分析与探讨》，《华北金融》2018年第5期。

第二部分 分论

完全参与进来;且购房者主要是中低收入家庭,其收入的稳定性较低,金融机构参与热情不高。

此外,购房者负担较重。对于中国部分试点城市的共有产权房,购房者最低产权比例设置在50%以上,远超英国的购房者25%的下限,同时也超过国内一般商品房的首付比例。虽然共有产权房价低于周边楼盘销售价格,但对于中低收入家庭而言,仍是一笔较大的支出,难以实现购房者分享财产、增值保值的目的。

(三) 租赁市场发育不完善、保障性租赁住房覆盖面不足

规范和发展租赁市场和保障性租赁住房是实现共同富裕的一项重要政策工具。

租赁市场存在结构性错配。一是新市民2/3租住在"城中村"和老旧小区。目前中国2亿左右的新市民中约有1.4亿人租房居住,其中2/3租住在"城中村"和老旧小区。调研发现,新市民主要租住在城中村等地,安全隐患大、居住环境差,但是租金可承受的低质量的平衡,与"人人获得适当、安全和负担得起的住房"的目标存在较大差距,距离共同富裕有较大差距。二是市场供应的小户型占比不高。目前,市场供应的租赁住房普遍户型大、租金高,地方政府支持发展的租赁住房面积也偏大(以70平方米左右为主)、租金偏高(参照市场租金水平确定),大量新市民租不起,只能住在城中村或合租、群租。从各地调研了解到的情况看,大多数新市民的愿望是能够租到安全、租金可承受的"一张床"或"一间房",但市场缺少低租金、小户型住房供给,加大筹集小户型保障性住房以及规范市场有利于弱势群体租到合适的租赁住房。三是租赁住房供地不足。销售腿长、租赁腿短,新建住房以销售为主,租赁市场发展不充分。2016年之前,单纯的租赁住房供地几乎没有;国办印发培育和发展住房租赁政策文件之后,2017—2019年,全国共计23个城市出让租赁住房用地,折合建筑面积1752万平方米;按照人均住房建筑面积30平方米估算,仅可容纳58万人。从租购比重上看,美国租金交易规模3.2万亿人民币,新房、二手房交易额6.9万亿人民币,租购比重是

50%。日本租金交易规模7200亿人民币，新房、二手房交易规模为1万亿人民币，租购比重为72%。中国租金交易规模只有1万亿人民币，房屋交易额在20万亿人民币，租购比重只有6%。

新市民难以享受住房保障。多年来，各地发展公租房着力保障了城镇户籍住房、收入"双困"家庭，但是对新市民保障有限。一方面，新市民量大面广，居住状况总体较差，公租房由政府投资建设，地方财力有限，难以覆盖到新市民。另一方面，公租房按照政府投资项目进行建设、分配和管理，并接受审计监督，企业单位也不愿意投资建设公租房。据统计，新市民家庭租住公租房的比例仅为2.1%，低于本地居民家庭（18.5%）；77.2%的新市民没有缴存住房公积金，享受不到低利率购房贷款支持。

租户权益保护的法制不健全。一是住房租赁秩序不规范。住房租赁市场比较混乱，一套房源往往好几个中介机构，价格不一、随意抬价，造成住房租赁市场纠纷越来越多，中介机构失信问题严重。2019年6月1日到11月19日，全国共排查住房租赁中介机构81416家，查处违法违规住房租赁中介机构9197家，查处比例高达11.3%。二是租客权益难以保障。房东随意驱逐租客、随意提高租金的现象时有发生。租购难以同权，不仅仅表现在子女享受义务教育的权利，而且表现在多方面，如在疫情期间，租客甚至难以回到租赁住房。

（四）不少老旧小区居住品质不佳，改造模式尚不健全

经过长期发展，中国城镇存量住房规模巨大，但普遍面临质量和品质不高的问题。大量"城中村"和城镇老旧小区住房条件较差，基础设施不完备，居住品质还有很大提升空间。不少新市民租住在城中村、违章建筑中，租商品住房的以合租、群租为主。特别是像深圳、广州等大城市，由于房租低，大量新市民居住在城中村，城中村住房不少都是"握手楼"，通风采光不佳，消防安全问题突出，环境杂、乱、差。中国社会状况综合调查（CSS）的数据也印证了这一情况，新市民群体租住的住房中，18%没有独立厨房、24%没有独立厕所或没有厕所，接近30%的新市民需与他人共用洗浴设施或无洗浴

设施。小区物业管理、养老、托幼、公共服务等多元化居住服务供给不足，不能满足新阶段居住需求。

对老旧住宅维修养护的重视和支持不够，限制了住房居住品质的提升。根据现行政策，住宅专项维修资金可用于住宅共用部位、共用设施设备保修期满后的维修和更新、改造，但目前存在缴纳基数不合理、实际收缴额与需求的矛盾尖锐、管理混乱等诸多问题。这不仅直接影响商品住房的安全使用，还涉及城市居民家庭住房财产的保值增值，直接影响了中国城市居民美好生活的住房需要。物业管理行业普遍面临业委会成立难、运作不规范、物业工作力量弱、矛盾纠纷频发、群众合理诉求得不到解决等问题，法制化、规范化水平亟须提高。

（五）住房适老化改造以及托幼设施不足

2021年中央经济工作会议指出，要推动新的生育政策落地见效，积极应对人口老龄化。中国老年人拥有产权住房的比例较高，约占7成。老年人身体机能衰退，更需要舒适惬意的居住环境和安全的无障碍设施，但目前中国仍有近一半的老年人居住在房龄大于20年的住房中，其中不少住房本身存在空间狭小、设计先天不足问题，加上适老化改造进展缓慢，惠及老年人有限，难以满足大多数老年人独立生活的安全、方便诉求。此外，大量存量住房的社区生活服务配套不完善，再加上老年人居住较为分散、服务人员数量较少，理发、助餐、做家务等多项生活服务提供率不高，不能满足老年人多层次、多样化的养老需求。

从住房发展的角度，应当关注通过稳定房价和加强住房保障降低年轻家庭的生活负担，多路径满足青年人的居住需求，并积极增加托幼设施，推动释放生育潜能，减缓少子化进程，增强社会整体活力。近期已有城市出台对多孩家庭的住房支持政策，如江苏海安为本市常住居民多孩家庭提供购房优惠，在市场价格基础上分别为二孩、三孩家庭给予一定购房优惠。预计未来这类多孩支持政策还会陆续出台，这有利于鼓励生育，也有利于更好地满足购房者的合理住房需求。

（六）农村宅基地试点改革推进难达预期，影响城乡共同富裕

随着社会主义市场经济体制的不断发展，农村宅基地流转制度从被严格限制到放开流转是符合当前市场经济体制发展趋势的。近年来，农村宅基地"三权分置"改革成为乡村振兴的重要一环，2018年中央一号文件正式提出宅基地"三权分置"改革，将宅基地使用权进一步划分，提出宅基地资格权理论，突破了一直以来的"一地二权"的法律框架。强化宅基地使用权的物权保障，为农村宅基地流转奠定了理论基础，这是宅基地使用权放活流转的一大历史性突破，但是仍存在以下问题[①]。

宅基地法律制度规定欠缺。一是现行法律制度的不完善。现行法律制度中，规定有宅基地制度的法律主要有《中华人民共和国宪法》《中华人民共和国物权法》和《中华人民共和国土地管理法》。有关宅基地制度的规定较为笼统，对一些概念的界定不清。关于宅基地流转，如抵押、退出等，现行法律制度只是轻描淡写。二是专门性法律欠缺。与农村耕地制度不同，中国农村宅基地制度在法律上是由《中华人民共和国物权法》、《中华人民共和国土地管理法》、行政法规以及部门规章等多部法律法规作出规定，而没有一部专门的《中华人民共和国农村宅基地法》来对宅基地制度作立法上的规定，这也是中国宅基地制度改革推进缓慢、上位法缺位的重要原因。

土地流转市场不规范。自"三权分置"改革意见出台，农地流转成为政府部门绩效考核的指标，为追求政绩，政府部门工作的重点放在如何扩大土地流转规模、增加土地流转数量及提高土地流转速度上，为了实现上述目标，基层政府多采用统一流转，且多地出现强迫农户进行土地流转的现象，政府的强势干预造成土地流转价格被抬高，土地流转价格失真，不利于发挥市场机制对土地流转价格的决定作用，

---

① 郎秀云：《"三权分置"制度下农民宅基地财产权益实现的多元路径》，《学术界》2022年第2期；姜梦露：《论我国"三权分置"下的农村土地流转》，《中国市场》2022年第3期。

第二部分 分论

导致无法形成健康的土地流转市场,阻碍了农地流转的正常发展。

农民权益容易受到侵害。农民在土地流转过程中缺乏话语权,知情权和参与权屡屡被侵犯,许多地方村委会或地方政府偏离政策,想方设法拒绝农户获取土地流转方面的信息,屏蔽信息,擅自为农民做主,与规模化流转户私下交易,交易信息不予公布,操纵土地流转价格。由于信息不对称,极易产生权力寻租,农户进行土地流转的意愿不真实,土地流转价格缺乏市场导向,土地流转后的用途无法预先明确知晓,损害了广大农户的利益,也不利于土地流转市场的长期健康发展。

(七) 收缩城市数量增加,住房发展模式尚不成熟

中国幅员辽阔,不同地区之间人口变化和住房发展有比较大的差异,越来越多城市出现人口收缩。2010—2020 年,中国 343 个地级市中有 150 个出现人口收缩,占比接近一半,人口共减少 4051.4 万;2000—2010 年,收缩地级市仅有 92 个,人口共减少 2222.1 万。可见,在人口大量向核心区域集聚的同时,中国出现了越来越多的人口收缩地区,这些地区房价和租金一般增长不快,居民住房消费压力相对较小,但如何实现更高水平的住有所居仍然值得思考[①]。

过去各界对人口收缩的认识往往是负面的、贬义的。但实际上,发展不等于增长,收缩也应当被视作与增长同样重要的一种发展模式,只是二者面临的核心问题和发展机理有所差异。在城市住房发展中,这类人口收缩地区需要解决的不是增量不足的问题,而是人口流失后出现的政府收入下降、城市环境衰败、产业加速下滑,以及由此导致的区域性房地产市场风险、住房品质恶化等问题,目前各界对这类地区住房发展问题的关注还十分不够。未来要从政绩考核、本土化研究、规划引导等方面着手,破解大家对"收缩城市"的反面看法,中立、理性地看待城市收缩及其住房发展,解决好这些城市的住房发展问题。

---

① 金浩然、戚伟:《以七普数据管窥我国城镇住房发展趋势》,《中国房地产》2021年第 36 期。

四 实现住有所居的政策建议

1998年"房改"后的一段时间，中国政府高度重视住房发展与经济增长的协同关系，强调住房建设对经济增长的贡献。党的十八大以来，党中央准确把握发展阶段新变化，把逐步实现全体人民共同富裕摆在更加重要的位置上。住房承载了中国城镇居民超过70%的财富构成，住房不平等容易沉淀为财富不平等，因此制度设计要更加关注重塑住房在经济发展和社会民生中的角色，更强调住房的民生属性，增进民生福祉。

（一）加快构建人房地钱联动机制

因地制宜，落实好人、房、地、钱联动，制定符合城市实际的房地产政策，推动提高城市经济效率和宜居宜业满意度。其中，存量和未来新增人口的趋势研判是分析未来当地住房需求及缺口的基本前提，也是落实人、房、地、钱联动机制的重要基础。总的来看，对于城镇化率较高的一、二线城市，要结合净流入人口等因素，合理确定住房供应规模，重视存量更新改造，率先实现高质量发展；对于有发展前景、城镇化率不高的城市，还有一定增量空间，但要避免房地产开发过度超前于城镇化，带来供过于求的风险；对于收缩型城市，应借鉴国外经验，探索利用闲置房屋再造城市吸引力，保持宜居、宜业水平。

对于住宅用地供给，要按照城市常住人口规模和流入情况，合理确定居住用地总体规模，通过公布年度、三年和五年土地供应计划和规划目标，引导社会预期。特别是在土地计划和住房发展规划制定和实施阶段，各部门要紧密配合，及时、全面共享数据，做好计划规划衔接，及时补齐实际住房供应量与计划供给量之间的缺口。针对住房供不应求的热点城市，应适度增加居住用地的供应规模和比例。当前还要适应城市产业结构转型新形势，在权属不变情况下，将符合土地、城市规划的非居住用地转为居住用地，优化存

第二部分 分论

量土地利用效率。

对于住房金融，要按照住房需求和土地供应，合理配置资金规模。在供给端，要打破土地与金融的循环机制，从根本上改变高房价与高杠杆的双向反馈，抑制地方政府、开发商与家庭加杠杆的冲动。宏观上合理确定货币供给和社会融资规模的增速，加强房地产企业融资监管，实施重点房地产企业资金监测和融资管理规则。强化房地产金融宏观审慎管理，防止资金违规进入房地产领域。同时，稳步推进房地产投资信托（REITs）等金融创新，丰富租赁住房融资产品，允许保险资金和住房公积金投资租赁住房，降低租赁住房资金成本。在需求端，要完善风险防控机制，严控购房贷款的资金额度、增幅、比例，严查收入证明，或将收入证明与纳税记录挂钩。利用大数据，建立完整的收入验证制度和纳税申报记录。改革住房公积金制度，完善缴存机制，更好满足缴存群体不同阶段的住房资金需求。

（二）大力完善共有产权住房制度

第一，完善共有产权住房法律法规。首先，中国应制定相关的法律法规，明确共有产权性质，在对共有产权住房的产权共有、继承、出租和上市转让过程中，应明确规定其承担的义务和享受的权利。其次，应规范准入退出标准、定价方式等管理模式，对共有产权住房进行统一管理，如设立专门的管理部门和监督执法机构等。最后，明晰权利与义务，协调参与主体之间的利益关系。采取政府与购房人按份共有的方式，但政府将其持有产权中蕴含的"使用权"让渡给购房人，由购房人独占使用，而相应的房屋维护、管理责任完全由购房人承担，购房人对共有产权住房的处置权（包括能否用于抵押、出租等）以及处置时产生的收益或风险应如何分配等在实践中各个城市并不相同，应明晰参与主体之间的权利与义务关系。

第二，进一步完善共有产权住房合同。在共有产权住房运行过程中，规范共有关系合同非常关键，因为大多数权利和义务、收益与责任都由其约定。通过完善合同，使共有产权住房在政策、法律、管理和金融等方面的风险都处于可预期与可控制范围内。当前，进一步完善相关合同，应着力规范按份共有的内外部关系。对内部关系，应针对共有产权份额的转让和抵押等问题进行规范，避免可能出现的纠纷和矛盾；对外部关系，应针对共有权利人的连带责任、业主权益和权利让渡等问题进行规范，减少共有产权住房日常使用过程中潜在的法律风险。

第三，鼓励专业社会组织参与共有产权住房的运行管理。从理论上看，除购房人，共有产权住房的共有权利人既可以是政府及其委托的公共组织，也可以是其他专业社会组织，如行业协会、开发企业、金融机构等。从实践看，英国的共有权利人以各种住房协会为主，另外也有金融机构成为共有权利人的案例。湖北省黄石市结合棚户区改造，对棚改房多出原有住房面积的部分引入参建企业持有部分产权份额，形成政府、参建企业和购房人三者共有产权的模式。在鼓励国家、企事业单位、非营利机构成为共有产权的持有主体的基础上，待运行机制成熟，可以将共有产权主体交于类似于英国住房协会的第三方机构进行管理，最后尝试由房地产开发、物业管理等营利性机构作为产权的共有主体，依次逐步推进保障性住房与市场化供应的衔接。

第四，因地制宜，发挥好共有产权住房的保障作用。共有产权住房是从传统保障房到普通商品住房过渡的一种形式，因此其住房来源必定是原有不同类型的保障房。各地方政府必须结合地区的实际情况，厘清共有产权住房与原有住房保障制度之间关系。各地可以考虑当地现有保障性住房建设情况（不同类型保障房供给、分布及套型设计等）、住房市场供给结构、人口结构等因素后决定共有产权住房的供给来源。对于住房市场上房价较低，住房供给大于需求、新增人口较少的一些城市，地方政府可以首先将经济适用房转化、公共租赁房转换以及棚户区改造安置房作为共有产权住房的供给途径，在共有产权住房需求量增大之后，采取多种金融手段，充分利用社会资源实现共有产权住房的开发；而对于房价高、人口流动大的一线城市，政府应将共有产权住房供给主要来源定位于新建开发的住房，同时将其他

| 第二部分 分论

保障性住房作为补充形式来源。

（三）以保障性租赁住房为重点，大力支持住房租赁发展

第一，完善保障性租赁住房体系。各地要根据国家层面住房保障体系顶层设计，结合实际抓紧完善本城市的住房保障体系。要进一步规范公租房制度，抓紧完善保障性租赁住房制度，梳理现有各类政策支持的租赁住房，既包括四类试点建设的租赁住房，也包括各地其他享受政府政策支持的租赁住房，比如租赁型的人才住房等，符合规定的均纳入保障性租赁住房规范管理，不纳入的不得享受不补缴土地价款等支持政策。

第二，多渠道筹集租赁住房房源。其一，有效盘活存量房屋。一是非居住房屋转用。将闲置低效的办公、商业、旅馆、厂房、仓储等非居住存量房屋改建和转化为租赁住房；通过改建将拆未拆的工业厂房、办公楼及利用短期不开发土地临时新建集体宿舍等形式筹建租赁住房。二是闲置住房转用。将暂无安置需求的安置房、国有收储土地上的空置房屋、可供租赁的零星直管公房等存量房屋，交由专业化国有房屋租赁企业统一管理、运营；引导村民将闲置的安置住房交由国有平台或者专业住房机构运营管理。三是闲置空间转用。有条件的地方，允许将符合条件的客厅改造后出租。中小城市宜以盘活为主。其二，适度新建租赁住房和保障性租赁住房。一是鼓励利用集体建设用地建设租赁住房，把村民增收与工业园区配套结合起来；二是通过新出让国土土地新建租赁性住房，包括通过配建方式自持租赁住房、单独出让全自持租赁用地；三是通过存量土地新建租赁性住房，包括鼓励低效用地建设租赁住房、鼓励单位和个人利用自有土地建设租赁住房、鼓励开发企业利用已具备使用条件的自持住房开展住房租赁业务。大城市宜以新建和盘活并举。

第三，培育租赁主体。一是发挥试点国有企业在规范经营、稳定租金、补市场短板方面的示范引领作用；二是培育市场租赁主体，鼓励通过长租公寓、商办改租等有效盘活房源；三是鼓励国有住房租赁公司和市场租赁企业开展不同层次的合作，从服务外包、引进管理到成立混合所有制度公司，在资金、渠道、管理、品牌等方面资源共享、优势互补；四是鼓励多元化建设。譬如在集体土地建设租赁性住房，既可允许国有住房租赁企业以协议出让等方式取得集体建设用地使用权，又可鼓励社会资本以出让、租赁、联营入股等方式参与，还可支持农民集体自行建设运营。

第四，加紧整顿城中村等居住环境。尊重新市民居住现实，补齐新市民集聚区（城中村）基础设施、市政设施短板，如道路、上下水、公厕等；此外强化新市民所居住的房屋的质量和安全状况检查，如防止乱拉乱接电线，推动城中村住房租赁规范化运营和居住环境持续改善。

第五，健全住房租赁法制。一是健全商改租法制。鼓励地方积极出台办公、商业、旅馆、厂房、仓储等非居住存量房屋改建和转化租赁住房的地方法规或指导文件，在法律保护范围中进行积极探索。二是健全租户权益保护法制。完善租赁管理平台。租赁管理平台应当提供机构备案、房源核验、信息发布、网签备案、统计监测等服务，并对租赁市场主体进行信用评级，建立信用档案，完善信用评价体系，加大住房租赁财税支持力度。三是鼓励试点城市积极出台个人、企业出租住房的优惠财税措施；鼓励出台盘活存量以及新建租赁性住房的优惠财税措施。

第六，完善租户权益保护。一是试点租金指导价。我国大城市的房价已经处于高位，房价和租金具有紧密内在联系，为了防止房价长期拉升租金水平，导致新市民住房更加困难，建议借鉴德国租金指数制定方法，在调查市场各类区位、各类配套设施的住房租金水平基础上，在大城市试点租金指导价。二是完善租购同权。明确新市民子女以积分入学方式申请义务教育阶段学位的，逐步执行租购同分；通过租赁管理平台，实现部门之间信息共享（如公安、教育、社保、公积金、不动产登记、金融等部门），保障基本公共服务。

（四）加大老旧小区改造力度

未来要加快推进老旧小区改造，推动城市有机更新，多途径、多

第二部分 分论

渠道改善群众居住条件、居住环境和居住质量，提高群众幸福感和获得感。完善老旧小区改造的政策体系，明确改造标准和对象范围，加强金融、财政、土地、规划等政策协调。主要包括以下几点。

其一，要统筹空间利用和规划，优化资源配置。从土地利用最优的角度出发，降低一次性巨额投入造成的融资压力，通过对存量闲置用地进行合理规划和利用，降低改造成本。充分利用老旧小区内外低效利用的工业用地、非住宅居住用地、空地、荒地等，创新规划变更程序，鼓励混合出让，适度提高容积率，统一规划、统一设计、统一改造、统一运营。统筹老旧小区改造后闲置地块、管辖区储备地块、自持物业和待开发商业用地等，将多种土地类型捆绑开发，通过出售土地资源、自持物业收入、商业经营收入等多种渠道实现资金平衡。还可以通过腾挪置换、调整规划和容积率等方式提升资金筹措能力。

其二，优化投融资模式，合理确定居民出资比例，促进资金平衡。按照"谁投资、谁受益"的原则，建立改造资金政府与居民合理共摊机制。满足居民基本生活和安全需求的项目，政府应重点支持；满足居民改善性生活和生活便利性的项目，根据老旧小区基础设施、居民收入水平和费用承担能力等条件，合理制定居民出资比例，通过直接出资、住宅专项维修基金、个人公积金提取、投工投劳和捐资捐物等方式实现。

其三，积极总结成功经验，加快推进老旧小区改造。老旧小区改造不是一个完全的新鲜事物，不少地方已经结合当地实际，进行了一些有益的探索。各地的不少经验对其他类似城市具有较高的借鉴价值，也为其他城市解决相关共性问题提供了一些参考。当然，各地在学习先进经验时，需要格外注意参考案例的独特性，要谨防借鉴经验时，一哄而上、照搬照用。

（五）加快推进宅基地流转改革

第一，修改完善现行法律制度。首先，对国家根本大法即《中华人民共和国宪法》条款进行修改；对其中有关宅基地制度的法律条款进行修改完善，赋予农民对宅基地的使用权、收益权和相对处分权，使农民权益获得根本上的保障。其次，对《中华人民共和国物权法》即《中华人民共和国民法典·物权编》进行修改解释，赋予宅基地使用权完整的用益物权，即占有、使用、收益权。同时，制定专门性法律。出台专门规定农村宅基地使用规则的《中华人民共和国农村宅基地法》。在立法条件还不成熟的条件下，可以先出台一部《农村宅基地管理条例》对宅基地的权属性质、取得、流转以及退出等一系列问题作出详细且可操作的规定，之后再在这一基础上制定《中华人民共和国农村宅基地法》。

第二，结合土地确权颁证和集体经营性土地入市，培育农村土地市场。妥善处理历史形成的违法用地和违法建房问题，是保障宅基地农户资格权、农民房屋财产权的关键。在当前的全域土地综合整治中，结合土地确权颁证，全面推进宅基地历史遗留问题处理工作。结合培育农村土地市场以颁发宅基地及房屋使用权证及登记证明的形式，明确界定并保障承租人的用益物权、担保物权和经营权。同时，在严控农村新增建设用地规模和建设用地总量的条件下，在外来人口比较多的地方，探索集体经营性建设用地、建设租赁住房试点，并创新闲置宅基地及农房开发利用方式。另外，建立健全农村建设用地使用权有限年期租赁、流转、抵押、入股制度，为探索建立城乡统一的建设用地市场奠定基础。

第三，尊重农民意愿、完善收益分配机制。农民是盘活宅基地的利益主体，对于闲置住宅采取何种方式盘活经营、选择何种产业等，都要交由村民民主决定。基层政府应当始终以服务者、指导者的身份帮助农民盘活闲置资源，"不得强迫农民强制流转宅基地和强迫农民'上楼'，不得违法收回农户合法取得的宅基地，不得把退出宅基地作为农民进城落户的条件"。此外，还应该加强对资本下乡资格的审查、过程的监督、风险的防范，防止资本下乡蚕食、损害农民利益。

第四，推进相关制度改革，维护农民的利益。在推进农村土地征收、集体经营性建设用地入市改革的同时，协同推进农村集体产权制

第二部分 分论

度和农村金融制度改革。完善社会保障制度，推进户籍、社保和就业等涉及农民市民化政策的衔接，逐步弱化宅基地居住保障权益。整合各方面资金和资源，把盘活闲置宅基地和村庄规划、美丽乡村建设、人居环境整治等工作结合起来。发挥以村委会为核心的村民自治组织在宅基地民主管理中的作用，完善民主决策决议、民主决策议事制度，切实让农民或者农民代表在重大决策当中发挥作用，保证农民的知情权、参与权、表达权和收益权。

（六）完善房地产税制，遏制投机炒房

其一，进一步优化房地产税收体系。按照鼓励流动、促进资源合理配置的原则，重新梳理房地产税收体系，降低流转环节税收，提高持有环节成本。建议将涉及房地产的税种，尤其是涉及居民交易和持有环节的税种，尽量简化。税收的用途由政府提出实施操作方案，进行资金拨付。

其二，有序推进房地产税收试点工作。从国际经验看，房地产持有（如房地产税）和获得（如遗产税）环节税收是调节居民财富差距的重要工具。我国应发挥房地产税的多种现实功能，研究逐步推出对住房开征房地产税，并考虑差别税率，形成完整动态的税制设计。房地产税不仅为地方政府带来持续的、稳定的税收保障，还有利于减少住房空置、提高资源利用效率。

其三，通过合理的税制设定，遏制房屋投机行为。目前我国不少城市采用"限购""限贷"等行政手段遏制投机炒房。行政手段具有强制性、权威性等特点，在住房投机比较严重的区域以及短期内可以取得比较好的效果，但行政手段也具有一定的局限性。未来要积极探索采用市场的方法完善调控，通过税收等长效政策抑制住房投机行为。此外，还要保持税收政策稳定性。通过强化税收法定的原则来稳定税制，有关税率、税基、税收征管制度等调整应遵循严格的程序，合理划定政府调整税制的边界。

第九章　弱有所扶：健全社会救助体系[*]

社会救助事关困难群众基本生活和衣食冷暖，是保障基本民生、促进社会公平、维护社会稳定的兜底性、基础性制度安排。党的十八大以来，以习近平同志为核心的党中央把社会救助体系建设摆在更加突出的位置，作出一系列重大决策部署，为我们做好新时代社会救助工作指明了前进方向、提供了根本遵循。中国社会救助工作快速发展，分层分类、城乡统筹的中国特色社会救助体系基本建成，在保障困难群众基本生活、贫困治理、增进民生福祉方面发挥了重要作用。

中国已经建立起基本的社会救助体系并不断健全和完善，持续增加社会救助资金投入，建立完善与社会经济发展和人民生活水平相适应的社会救助标准动态调整机制、社会救助和保障标准与物价上涨挂钩联动机制，逐步提高困难群众的基本生活保障水平。但是，目前社会救助制度仍然存在救助水平偏低、救助面偏窄、救助资源统筹不足等问题，健全和完善社会救助体系任重道远。本章介绍中国社会救助制度的基本框架，描述社会救助制度的实施状况，考察社会救助制度实施过程中面临的挑战，并提出完善社会救助制度的政策建议。

---

[*] 本章作者为王美艳、李青原。作者简介：王美艳，中国社会科学院人口与劳动经济研究所研究员，中国社会科学院大学教授、博士生导师，研究方向为劳动经济。李青原，北京大学国家发展研究院博士后，研究方向为劳动经济。

> 第二部分 分论

一 社会救助制度的基本框架

为了加强社会救助，保障公民的基本生活，促进社会公平，维护社会和谐稳定，2014年2月国务院颁布《社会救助暂行办法》。《社会救助暂行办法》第一次以行政法规的形式，规定了以最低生活保障、特困人员供养、受灾人员救助、医疗救助、教育救助、住房救助、就业救助、临时救助8项救助制度为主体、社会力量参与为补充的社会救助制度体系。《社会救助暂行办法》指出，社会救助制度坚持托底线、救急难、可持续，与其他社会保障制度相衔接；社会救助水平与经济社会发展水平相适应。社会救助工作应当遵循公开、公平、公正、及时的原则。

2020年8月，中共中央办公厅、国务院办公厅印发了《关于改革完善社会救助制度的意见》，进一步明确了社会救助的总体要求、重点任务和保障措施，对当前和今后一个时期推进社会救助制度改革创新作出了总体设计、系统规划。社会救助制度由分散的单项救助转变为综合的救助体系，基本生活救助、专项社会救助和急难社会救助等各项社会救助制度不断完善。

（一）最低生活保障制度

最低生活保障制度（以下简称"低保"）是中国社会救助体系中的核心制度安排。20世纪90年代起，中国开始探索建立城市最低生活保障制度和农村最低生活保障制度。上海市于1993年6月1日宣布建立城市居民低保制度，可以算作城市低保制度建立的开端。此后，大连、青岛、烟台、福州和广州等城市相继建立了低保制度。1995年，民政部认可了城市低保制度并决心在全国推广。1997年，国务院发布《关于在全国建立城市居民最低生活保障制度的通知》，意味着城市低保制度从局部试点向全国推行。1999年，国务院颁布的《城市居民最低生活保障条例》指出，城市低保制度应遵循保障城市居民基本生活的原则，坚持国家保障与社会帮扶相结合、鼓励劳动自救的方针。条例确定了城市低保的救助对象、救助范围和城市低保的申请和审批程序，明确了各级政府的责任、低保的资金来源和城市低保标准的确定方法，使城市低保工作的开展有了法律依据。该条例奠定了城市低保制度的基础，标志着城市低保制度成为一项法律制度。

2001年11月，国务院办公厅发布的《关于进一步加强城市居民最低生活保障工作的通知》要求，各地认真贯彻属地管理原则，全面落实城市低保制度；要求地方各级人民政府，特别是省级人民政府必须加大低保资金投入，中央财政加大对财政困难地区城市低保资金专项转移支付的力度；建立健全相关法规制度，加强组织领导，确保城市低保制度落到实处。之后，城市低保制度进入平稳发展时期。

中国农村扶贫开发大致经历了三个阶段。第一个阶段为体制改革推动扶贫阶段（1978—1985年）。家庭承包制的实行、农产品价格的逐步放开，以及乡镇企业的发展，为解决农村贫困问题打开了出路。第二阶段为大规模开发式扶贫阶段（1986—1993年）。中国政府自1986年起在全国范围内开展了有计划、有组织和大规模的开发式扶贫。第三阶段为扶贫攻坚阶段（1994—2000年）。以1994年3月《国家八七扶贫攻坚计划》的公布实施为标志，中国的扶贫开发进入了攻坚阶段[1]。

在经过若干年的开发式扶贫后，农村贫困人口由1978年的2.5亿人，减少到2000年的3000万人，农村贫困发生率从30.7%下降到3%左右[2]。尚存的农村贫困人口大多为残疾、居住条件恶劣、丧失劳动能力、患病的人口或"五保户"。对这些人群，原来的开发式扶贫手段不再适用。农村有"五保户"供养、特困户生活救助、灾民补助等一些传统的救济方式，但覆盖范围有限，而且救助水平也较低。自1993年，中国开始在一些地区试点建立农村低保制度，2007年各省普遍建立农村低保制度。

与城市低保制度相同，农村低保制度也经历了一个从试点到普遍推广的过程。1993—1994年，农村低保制度开始在一些地区试点。

---

[1] 王美艳：《中国最低生活保障制度的设计与实施》，《劳动经济研究》2015年第3期。
[2] 国务院新闻办公室：《中国的农村扶贫开发》，新星出版社2001年版。

第二部分 分论

1995—1996年，一些省份开始推广农村低保制度。1996年民政部办公厅下发的《关于加快农村社会保障体系建设的意见》明确指出："农村最低生活保障制度是对家庭人均收入低于最低生活保障标准的农村贫困人口按最低生活保障标准进行差额补助的制度。"自2003年以来，农村低保制度在北京、上海、浙江、广东、福建、江苏、天津、辽宁等省（直辖市、自治区）得到了快速发展，而其余省（直辖市、自治区）仍以特困户救助为主。2005—2006年，中央文件鼓励有条件、有经济实力的地方尝试建立农村低保制度。2006年，农村低保制度推行的范围进一步扩大。2007年，国务院发布《关于在全国建立农村最低生活保障制度的通知》。通知确定了农村低保的救助对象、救助范围和农村低保的申请和审批程序，明确了各级政府的责任、农村低保的资金来源和农村低保标准的确定方法。通知的颁布，标志着农村低保制度在全国范围内建立起来。

2014年《社会救助暂行办法》对低保制度的救助对象、低保标准的确定和调整方法、低保的申请和审批程序等进行了统一规定，为建立城乡居民统一的最低生活保障制度奠定了基础。国家对共同生活的家庭成员人均收入低于当地最低生活保障标准，且符合当地最低生活保障家庭财产状况规定的家庭，给予最低生活保障。最低生活保障家庭收入状况、财产状况的认定办法，由省（直辖市、自治区）或者设区的市级人民政府按照国家有关规定制定。最低生活保障标准由省（直辖市、自治区）或者设区的市级人民政府按照当地居民生活必需的费用确定、公布，并根据当地经济社会发展水平和物价变动情况适时调整。申请最低生活保障包括三个程序。首先，由共同生活的家庭成员向户籍所在地的乡镇人民政府、街道办事处提出书面申请；其次，乡镇人民政府、街道办事处进行调查核实，并提出初审意见；最后，县级人民政府民政部门进行审批。

《中华人民共和国国民经济和社会发展第十三个五年规划纲要》指出，应统筹推进城乡社会救助体系建设，完善最低生活保障制度，强化政策衔接，推进制度整合，确保困难群众基本生活。为确保符合条件的城乡困难家庭应保尽保，及时将受新冠肺炎疫情影响陷入困境的人员纳入救助范围，切实保障困难群众基本生活，2020年7月，民政部、财政部发布的《关于进一步做好困难群众基本生活保障工作的通知》指出，在坚持现有标准、确保低保制度持续平稳运行的基础上，适度扩大低保覆盖范围。对低收入家庭中的重残人员、重病患者等特殊困难人员，经本人申请，参照"单人户"纳入低保。通知对低收入家庭、重残人员、重病患者进行了清晰的界定，并且指出，低收入家庭及重残人员、重病患者相关对象纳入低保后的待遇水平，由各地结合实际研究制定，并做好与现有低保对象待遇的衔接。

2020年8月，中共中央办公厅、国务院办公厅印发的《关于改革完善社会救助制度的意见》指出，规范、完善最低生活保障制度，分档或根据家庭成员人均收入与低保标准的实际差额发放低保金。其中还提到，综合考虑居民人均消费支出或人均可支配收入等因素，结合财力状况合理制定低保标准并建立动态调整机制；进一步完善社会救助和保障标准与物价上涨挂钩的联动机制；健全社会救助对象定期核查机制。

2021年6月，民政部为规范最低生活保障审核确认工作，印发《最低生活保障审核确认办法》，进一步完善了对低保的申请和受理、家庭经济状况调查、审核确认、管理和监督等方面的相关规定。例如，对共同生活的家庭成员、家庭收入、家庭财产等进行了细致和具体的规定；提出有条件的地区可以有序推进持有居住证人员在居住地申办最低生活保障。

总结起来，中国最低生活保障制度的救助对象，是共同生活的家庭成员人均收入低于当地最低生活保障标准，且符合当地最低生活保障家庭财产状况规定的家庭。对低收入家庭中的重残人员、重病患者等特殊困难人员，经本人申请，参照"单人户"纳入低保，发放最低生活保障金。救助内容是，以家庭为单位，发放最低生活保障金。低保金的发放方式有两种——分档发放，或根据家庭成员人均收入与低保标准的实际差额发放。

（二）特困人员供养

2014年《社会救助暂行办法》对特困人员供养救助制度进行了

| 第二部分　分论

详细规定，标志着中国特困人员救助工作进入新的发展阶段。《社会救助暂行办法》对特困人员的救助对象、救助内容、供养标准的确定方法、供养方式等进行了规定。国家对无劳动能力、无生活来源且无法定赡养、抚养、扶养义务人，或者其法定赡养、抚养、扶养义务人无赡养、抚养、扶养能力的老年人、残疾人以及未满16周岁的未成年人，给予特困人员供养。特困人员供养内容包括提供基本生活条件、对生活不能自理的给予照料、提供疾病治疗、办理丧葬事宜等。特困人员供养标准由省（直辖市、自治区）或者设区的市级人民政府确定、公布。供养形式分为集中供养和分散供养，由特困供养人员自行选择在当地的服务机构集中供养，或者在家分散供养。

2016年2月，国务院印发的《关于进一步健全特困人员救助供养制度的意见》指出，特困人员救助供养坚持托底供养、属地管理、城乡统筹、适度保障和社会参与原则。特困人员救助供养标准包括基本生活标准和照料护理标准。具备生活自理能力的，鼓励其在家分散供养；完全或者部分丧失生活自理能力的，优先为其提供集中供养服务。各地要统筹做好特困人员救助供养制度与城乡居民基本养老保险、基本医疗保障、最低生活保障、孤儿基本生活保障、社会福利等制度的有效衔接。

2016年7月，民政部关于贯彻落实《国务院关于进一步健全特困人员救助供养制度的意见》的通知出台。通知指出，为城乡特困人员提供制度化的基本生活保障和照料护理服务，是完善社会救助体系、编密织牢基本民生安全网的重要内容。通知对健全完善对象认定条件、科学制定救助供养标准、落实审核审批主体责任、优化救助供养形式等进行了具体规定。基本生活标准原则上应不低于当地低保标准的1.3倍；照料护理标准依据特困人员生活自理能力和服务需求分档制定。

为进一步规范特困人员认定工作，确保特困人员救助供养制度公开、公平、公正实施，2016年10月，民政部印发《特困人员认定办法》，对特困人员的认定条件、申请及受理、审核、审批、生活自理能力评估等进行了更加具体的规定。例如，无劳动能力包括四种情形：60周岁以上的老年人；未满16周岁的未成年人；残疾等级为一、二级的智力、精神残疾人，残疾等级为一级的肢体残疾人；省、自治区、直辖市人民政府规定的其他情形。特困人员生活自理能力，一般依据以下6项指标综合评估——自主吃饭、自主穿衣、自主上下床、自主如厕、室内自主行走、自主洗澡。

2020年7月，民政部、财政部发布的《关于进一步做好困难群众基本生活保障工作的通知》强调，落实特困人员救助供养政策，提升照料服务。完善特困人员认定条件，将特困人员救助供养覆盖的未成年人年龄从16周岁延长至18周岁。加强特困人员供养服务机构建设和设施改造，尽最大努力收住有集中供养意愿的特困人员。加强分散供养特困人员照料服务，督促照料服务人员认真履行委托照料服务协议，全面落实各项照料服务，照顾好特困人员日常生活。

2020年8月，《关于改革完善社会救助制度的意见》指出，对特困人员除了提供救助供养外，根据实际需要给予相应的医疗、住房、教育、就业等专项社会救助。综合考虑居民人均消费支出或人均可支配收入等因素，结合财力状况合理制定特困人员供养标准并建立动态调整机制，健全社会救助对象定期核查机制。对特困人员每年核查一次，复核期内救助对象家庭经济状况没有明显变化的，不再调整救助水平。

总结起来，中国特困人员供养制度的救助对象，是无劳动能力、无生活来源且无法定赡养、抚养、扶养义务人，或者其法定赡养、抚养、扶养义务人无赡养、抚养、扶养能力的老年人、残疾人以及未满18周岁的未成年人。特困人员供养内容包括提供基本生活条件、对生活不能自理的给予照料、提供疾病治疗、办理丧葬事宜等。供养形式分为集中供养和分散供养，由特困供养人员自行选择在当地的服务机构集中供养，或者在家分散供养。

（三）受灾人员救助

除了对低保户、特困人员实施基本生活救助，社会救助体系还包括对遇到特定困难的城乡居民实施的专项社会救助，以尽可能覆盖各类困难群众,帮助这些群众脱离困境。2014年《社会救助暂行办法》规定,受灾人员救助制度的救助对象是基本生活受到自然灾害严重影响的人员,旨在保障受灾人员在受灾期间的基本生活,并在灾后恢复和重建中对受灾人员提供救助。救助内容主要是对受灾人员提供食品、饮用水、衣被、取暖、临时住所、医疗防疫等应急救助,对住房损毁严重的受灾人员进行过渡性安置,在住房恢复、重建过程中对补助对象提供资金、物资等救助,为因当年冬寒或者次年春荒遇到生活困难的受灾人员提供基本生活救助。受灾人员救助制度实行属地管理、分级负责。

2020年《关于改革完善社会救助制度的意见》指出,健全自然灾害应急救助体系,调整优化国家应急响应启动标准和条件,完善重大自然灾害应对程序和措施。《意见》还指出,逐步建立与经济社会发展水平相适应的自然灾害救助标准调整机制,统筹做好应急救助、过渡期生活救助、旱灾临时生活困难救助、冬春临时生活困难救助和因灾倒损民房恢复重建等工作。

(四) 医疗救助

医疗救助是专项社会救助的重要内容,旨在减轻困难群众的医疗负担,保障医疗救助对象获得基本医疗卫生服务。2014年《社会救助暂行办法》规定,医疗救助对象主要为最低生活保障家庭成员、特困供养人员、县级以上人民政府规定的其他特殊困难人员。医疗救助标准由县级以上政府根据经济社会发展水平和医疗救助资金情况确定、公布。医疗救助采取两种方式:一是对救助对象参加城镇居民基本医疗保险或者新型农村合作医疗的个人缴费部分,给予补贴;二是对救助对象经基本医疗保险、大病保险和其他补充医疗保险支付后,个人及其家庭难以承担的符合规定的基本医疗自负费用,给予补助。

2020年《关于改革完善社会救助制度的意见》指出,健全医疗救助对象动态认定核查机制,将符合条件的救助对象纳入救助范围,做好分类资助参保和直接救助工作,完善疾病应急救助。在突发疫情等紧急情况时,确保医疗机构先救治、后收费。健全重大疫情医疗救治医保支付政策，确保贫困患者不因费用问题影响就医。加强医疗救助与其他医疗保障制度、社会救助制度衔接，发挥制度合力，减轻困难群众就医就诊后顾之忧。

（五）教育救助

教育救助是专项社会救助的重要内容，其目标是保障教育救助对象基本学习、生活需求。根据《社会救助暂行办法》，国家对在义务教育阶段就学的最低生活保障家庭成员、特困供养人员，给予教育救助。对在高中教育（含中等职业教育）、普通高等教育阶段就学的最低生活保障家庭成员、特困供养人员，以及不能入学接受义务教育的残疾儿童，根据实际情况给予适当教育救助。教育救助内容为根据不同教育阶段需求，减免相关费用、发放助学金、给予生活补助、安排勤工助学等。教育救助标准由省（直辖市、自治区）政府根据经济社会发展水平和教育救助对象的基本学习、生活需求确定和公布。

2020年《关于改革完善社会救助制度的意见》对教育救助方式作了更加具体的规定。《意见》指出，对在学前教育、义务教育、高中阶段教育（含中等职业教育）和普通高等教育（含高职、大专）阶段就学的低保、特困等家庭的学生以及因身心障碍等原因不方便入学接受义务教育的适龄残疾未成年人，根据不同教育阶段需求和实际情况，采取减免相关费用、发放助学金、安排勤工助学岗位、送教上门等方式，给予相应的教育救助。

（六）住房救助

住房救助是专项社会救助的重要内容。2014年《社会救助暂行办法》规定，国家对符合规定标准的住房困难的最低生活保障家庭、分散供养的特困人员，给予住房救助。住房救助通过配租公共租赁住房、发放住房租赁补贴、农村危房改造等方式实施。住房困难标准和救助标准，由县级以上地方人民政府根据本行政区域经济社会发展水平、住房价格水平等因素确定、公布。2020年《关于改革完善社会救助制度的意见》指出，对农村住房救助对象优先实施危房改造，对城镇住房救助对象优先实施公租房保障。探索建立农村低收入群体住房安全保障长效机制，稳定、持久保障农村低收入家庭住房安全。

（七）就业救助

就业救助是专项社会救助的重要内容。2014年《社会救助暂行办法》规定，国家对最低生活保障家庭中有劳动能力并处于失业状态的成员，通过贷款贴息、社会保险补贴、岗位补贴、培训补贴、费用减免、公益性岗位安置等办法，给予就业救助。最低生活保障家庭有劳动能力的成员均处于失业状态的，县级以上地方人民政府应当采取有针对性的措施，确保该家庭至少有一人就业。吸纳就业救助对象的用人单位，按照国家有关规定享受社会保险补贴、税收优惠、小额担保贷款等就业扶持政策。

2020年《关于改革完善社会救助制度的意见》指出，为社会救助对象优先提供公共就业服务，按规定落实税费减免、贷款贴息、社会保险补贴、公益性岗位补贴等政策，确保零就业家庭实现动态"清零"。对已就业的低保对象，在核算其家庭收入时扣减必要的就业成本，并在其家庭成员人均收入超过当地低保标准后给予一定时间的渐退期。

（八）临时救助

临时救助制度突出托底保障功能。2014年《社会救助暂行办法》规定，国家对因火灾、交通事故等意外事件，及家庭成员突发重大疾病等原因，导致基本生活暂时出现严重困难的家庭，或者因生活必需支出突然增加超出家庭承受能力，导致基本生活暂时出现严重困难的最低生活保障家庭，以及遭遇其他特殊困难的家庭，给予临时救助。临时救助的具体事项、标准，由县级以上地方人民政府确定、公布。国家对生活无着的流浪、乞讨人员提供临时食宿、急病救治、协助返回等救助。

2020年7月，民政部、财政部《关于进一步做好困难群众基本生活保障工作的通知》中提出适度扩大临时救助范围，实现"应救尽救"。加强对生活困难未参保失业人员的救助帮扶，适度扩大临时救助范围。坚持凡困必帮、有难必救，对其他基本生活受到疫情影响陷入困境、相关社会救助和保障制度暂时无法覆盖的家庭或个人，及时纳入临时救助范围。对遭遇重大生活困难的，可采取一事一议方式提高救助额度。

2020年8月，《关于改革完善社会救助制度的意见》指出，将临时救助分为急难型临时救助和支出型临时救助。实施急难型临时救助，可实行"小金额先行救助"，事后补充说明情况；实施支出型临时救助，按照审核审批程序办理。采取"跟进救助""一次审批、分阶段救助"等方式，增强救助时效性。推动在乡镇（街道）建立临时救助备用金制度。加强临时救助与其他救助制度、慈善帮扶的衔接，形成救助合力。加强和改进生活无着流浪乞讨人员救助管理。完善源头治理和回归稳固机制，做好长期滞留人员落户安置工作，为符合条件人员落实社会保障政策。积极为走失、务工不着、家庭暴力受害人等离家在外的临时遇困人员提供救助。

（九）社会力量参与

社会力量参与也是中国社会救助体系的重要组成部分。2014年《社会救助暂行办法》规定，国家鼓励单位和个人等社会力量通过捐赠、设立帮扶项目、创办服务机构、提供志愿服务等方式，参与社会救助。社会力量参与社会救助，按照国家有关规定享受财政补贴、税收优惠、费用减免等政策。社会救助管理部门及相关机构应当建立社会力量参与社会救助的机制和渠道，提供社会救助项目、需求信息，为社会力量参与社会救助创造条件、提供便利。

2020年《关于改革完善社会救助制度的意见》对社会力量参与做了更加具体的规定。《意见》指出，发展慈善事业；鼓励支持自然人、法人及其他组织以捐赠财产、设立项目、提供服务等方式，自愿开展慈善帮扶活动；动员引导慈善组织加大社会救助方面支出；引导社会工作专业力量参与社会救助;促进社会救助领域志愿服务发展;推进政府购买社会救助服务。

二 社会救助制度的实施状况和面临的挑战

围绕健全完善社会救助体系,中国牢牢把握高质量发展这条主线,按照保基本、兜底线、救急难、可持续的总体思路,不断推进社会救助制度改革、社会救助体系逐步完善、社会救助事业取得历史性成就。但不可回避的是,社会救助制度实施过程中依然存在诸多问题和挑战,有待于进一步完善。根据世界银行的建议,评价一项社会救助制度,主要从制度目标、救助标准和支付、救助资格认定和瞄准、资金来源和投入、治理框架和管理,以及监测和绩效评估等方面进行[1]。本部分将从这些方面,描述和分析最低生活保障、特困人员供养、受灾人员救助、医疗救助、教育救助、住房救助、就业救助、临时救助等社会救助制度的实施状况,考察社会救助制度实施过程中面临的挑战。

低保制度是中国社会救助体系中的核心制度安排。本部分将首先分析城市与农村低保制度的实施状况,讨论其面临的主要挑战;其次,本部分将讨论特困人员供养、受灾人员救助、医疗救助、教育救助、住房救助、就业救助、临时救助等社会救助制度的实施状况和实施过程中存在的问题;最后将讨论社会救助支出状况。

(一) 低保制度

1. 覆盖面

以1999年《城市居民最低生活保障条例》的颁布为标志,城市低保制度在全国普遍建立起来。之后,城市低保人数迅速增加,2003

---

[1] Grosh, Margaret, Carlo del Ninno, Emil Tesliuc, et al., *For Protection and Promotion: The Design and Implementation of Effective Safety Nets*, Washington, D. C.: World Bank, 2008.

年达到2247万人。从那以后至2009年，城市低保人数为2200万—2300万人。自2010年开始，城市低保人数呈现明显的下降趋势。2021年城市低保人数为737.7万人（见图9-1）。

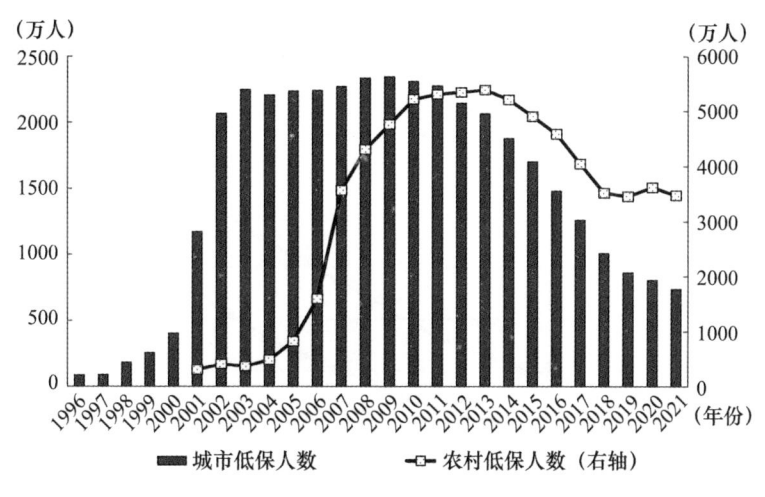

图9-1 城市和农村低保人数的变化

资料来源：民政部网站，http://www.mca.gov.cn/article/sj/。

2007年《关于在全国建立农村最低生活保障制度的通知》的颁布，标志着农村低保制度在全国普遍建立。这一年，农村低保人数有了跳跃性增长。之后，农村低保人数持续增长，2013年达到顶峰。2014年，农村低保人数首次出现下降，此后一直保持下降趋势，2019年降至3455.4万人。2020年和2021年农村低保人数处于波动状态，但与2019年差异不大。

2. 低保标准

城市低保和农村低保的标准仍较低，而且增长速度缓慢。2003年，城市平均低保标准仅为149元；2007年，农村平均低保标准仅为70元。2021年，城市和农村平均低保标准分别为711元和530元。2003—2021年，城市平均低保标准年均增长仅为31元；2007—2021年，农村平均低保标准年均增长仅为33元（见图9-2）。低保标准仍然存在较大的城乡差距，城市平均低保标准一直高于农村平均低保标

第二部分　分论

准。目前仅有个别省份（如北京、天津、上海）采取了城乡一致的低保标准。当然，社会救助项目城乡分割并非中国独有，在低收入和中等收入国家，这是一种普遍现象①。

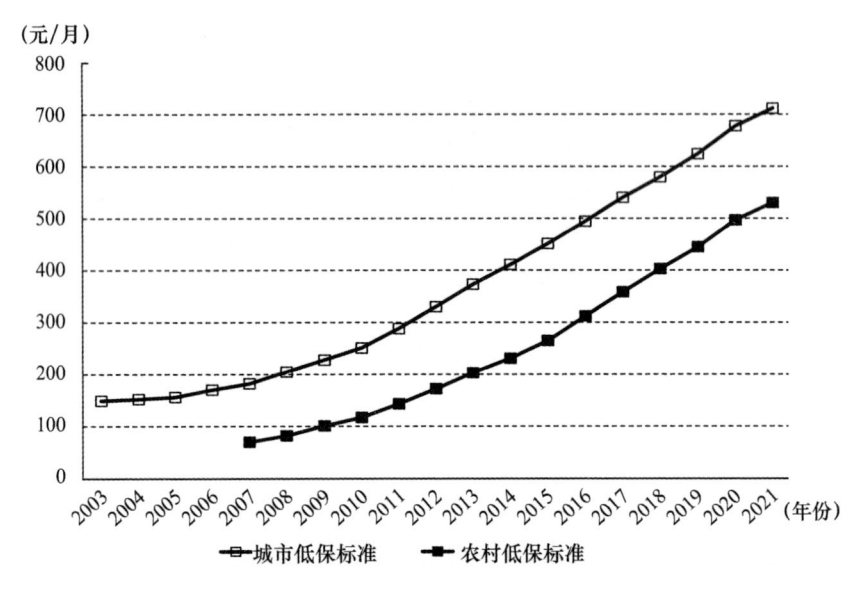

图 9-2　城市与农村低保标准

资料来源：民政部网站，https://www.mca.gov.cn/article/sj/。

根据低保制度的相关规定，低保标准是按照当地居民生活必需的费用确定。2021 年，城镇和农村居民月人均食品消费支出分别为 723 元和 433 元②，城市低保标准（711 元）与城镇居民人均月食品消费支出基本相当，农村低保标准（530 元）为农村居民月人均食品消费支出的 1.2 倍。这种状况表明，低保标准大致只能满足基本的食品消费，无法满足其他类型消费。也就是说，尽管低保制度已有了长足的发展，但目前的救助水平仍然偏低。由于医疗救助、教育救助、住房救助和就业救助等一些专项社会救助制度的救助对象

---

① O'Keefe, Philip：《国际社会救助项目的经验——对中国低保制度的启示》，载都阳主编《城乡福利一体化：探索与实践》，社会科学文献出版社 2010 年版，第 187—196 页。
② 国家统计局：《中国统计年鉴》（2021），中国统计出版社 2021 年版。

锚定低保对象，低保标准偏低也导致社会救助对象整体偏少，降低了社会救助的社会效益。

救助水平高低是社会救助项目的一个基本问题。各国社会救助项目的救助水平存在较大差异，确定方法各不相同[①]。例如，瑞典社会救助项目的补助水平是基于合理的家庭真实生活成本确定；挪威是根据能够让人们过上体面生活的标准确定；丹麦是按照最高失业保险的60%—80%确定；荷兰是根据最低工资水平确定。此外，在一些国家，救助水平随家庭规模和年龄的变化而变化。例如，在爱沙尼亚，家庭中第一个人得到100%的补助，其他人得到80%；在德国，单身成年人得到100%的补助，两个成年人住在一起，每个人得到90%，14岁以上儿童得到80%，14岁以下儿童得到60%[②]。

社会救助项目究竟应多慷慨，迄今为止尚没有明确的答案，也没有成熟的国际经验可供借鉴。研究表明，预算约束经常导致社会救助项目的覆盖水平与救助水平之间难以取舍[③]。设定较低的救助水平可能有助于提高覆盖率，但对救助领取者的意义不大；设定较高的救助水平尽管对救助领取者的意义较大，但可能产生"不工作"的激励，还会带来沉重的财政负担，而且不利于覆盖率的提高。

除了城乡差距，低保标准还存在较大的地区差距（见图9-3）。2021年，城市低保标准最低的为海南省（577元），最高的为上海市（1330元），后者为前者的2倍多。农村低保标准最低的为贵州省（390元），最高的为上海市（1330元），后者为前者的3倍多。大致说来，中国低保标准较低的省份，经济发展水平普遍较低；而低保标准较高的省份，经济发展水平往往较高。

---

① 王美艳：《中国最低生活保障制度的设计与实施》，《劳动经济研究》2015年第3期。

② O'Keefe, Philip：《国际社会救助项目的经验——对中国低保制度的启示》，载都阳主编《城乡福利一体化：探索与实践》，社会科学文献出版社2010年版，第187—196页。

③ Grosh, Margaret, Carlo del Ninno, Emil Tesliuc, et al., *For Protection and Promotion: The Design and Implementation of Effective Safety Nets*, Washington, D. C.: World Bank, 2008.

第二部分 分论

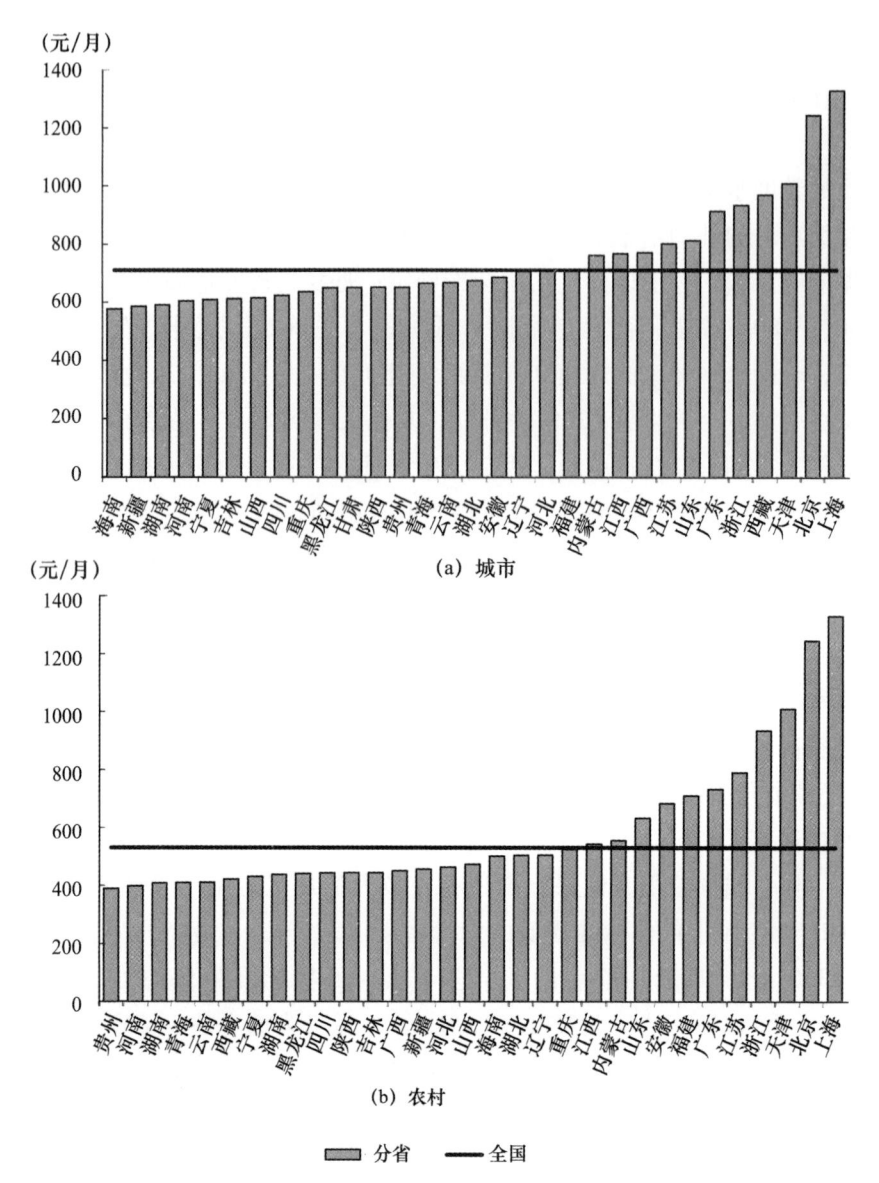

图 9-3 低保标准的地区差距（2021 年）

资料来源：民政部网站，http://www.mca.gov.cn/article/sj/。

我们对分省城市低保标准与人均 GDP、分省农村低保标准与人均 GDP 分别作了散点图，并对二者的关系进行了拟合（见图 9-4）。从中发现，不论是城市低保标准，还是农村低保标准，其与人均GDP的正向关系都非常明显。换句话说，人均GDP越高的省份，低保标准也越高。

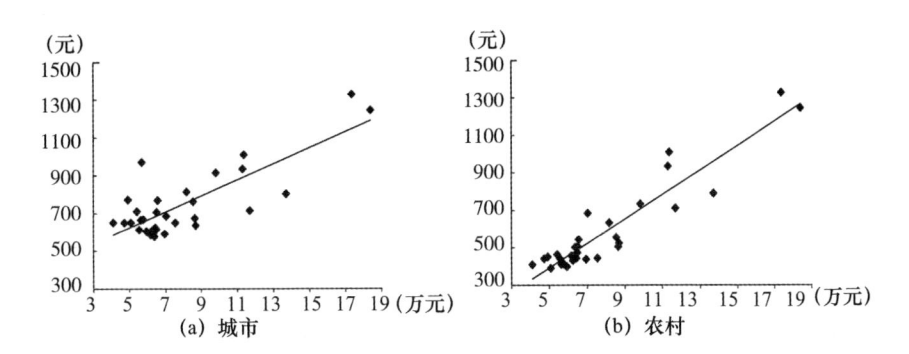

图9-4 低保标准与人均GDP散点图

注：低保标准与人均GDP均为2021年数据。横坐标为人均GDP；纵坐标为低保标准。

资料来源：低保标准来自民政部网站，http://www.mca.gov.cn/article/sj/；人均GDP来自国家统计局网站，https://data.stats.gov.cn/easyquery.htm? cn=E0103。

如前文所述，2014年《社会救助暂行办法》对低保标准的确定和调整做了相关规定。规定指出，最低生活保障标准由省（直辖市、自治区）或者设区的市级人民政府按照当地居民生活必需的费用确定、公布，并根据当地经济社会发展水平和物价变动情况适时调整。2020年《关于改革完善社会救助制度的意见》中进一步指出，综合考虑居民人均消费支出或人均可支配收入等因素，结合财力状况合理制定低保标准并建立动态调整机制，进一步完善社会救助和保障标准与物价上涨挂钩的联动机制。

显然，这些只是原则性的规定，并未明确阐述低保标准的具体确定和调整办法。这可能导致地方政府确定和调整低保标准时具有较大的随意性，不是按照当地居民生活必需并综合考虑人均消费支出或人均可支配收入等因素，而更大程度上是根据地方经济发展水平与财力状况确定低保标准。低保标准与人均GDP之间的正向关系从一定程度上证明了这一点。

| 第二部分　分论

3. 低保资格认定与瞄准

关于低保的资格认定，2014年《社会救助暂行办法》中明确规定，国家对共同生活的家庭成员人均收入低于当地最低生活保障标准，且符合当地最低生活保障家庭财产状况规定的家庭，给予最低生活保障。2021年6月，民政部印发的《最低生活保障审核确认办法》对家庭收入、家庭财产等进行了更加清晰的规定。尽管这种资格认定方法看似简单易行，然而，由于家庭收入的可靠信息通常难以收集，居民自报的收入信息又难以核实，加上居民自报收入可能存在口径差异，因此，低保资格认定是一个复杂而艰难的过程。这给低保资格认定带来了较大挑战。

按照低保的政策目标和资格认定方法，低保制度应该惠及最贫困的人口。根据国际通行的做法，社会救助领取者来自较低收入组的比例越高，表明社会救助项目的瞄准效率越高[1]。我们使用中国城市劳动力调查数据，按收入将全部户划分为五组（低收入户、中低收入户、中等收入户、中高收入户、高收入户）[2]，并估算了城市低保领取者的分布。在城市低保领取者中，84.3%的领取者属于低收入户，11.1%的领取者属于中低收入户，仅有很小比例的低保领取者属于中等收入户（3.4%）、中高收入户（0.9%）或高收入户（0.3%）。

一项跨国研究表明，在若干国家26个社会救助项目中，项目领取者来自低收入人群的比例，最低的值为20%，最高的值为80%；约一半的社会救助项目的比例为20%—40%；另有1/3的项目，这一比例为40%—60%[3]。与其他国家社会救助项目横向比较看，中国城

---

[1] Grosh, Margaret, Carlo del Ninno, Emil Tesliuc, et al., *For Protection and Promotion: The Design and Implementation of Effective Safety Nets*, Washington, D.C.: World Bank, 2008.

[2] 低收入户是指人均可支配收入处于最低20%的家庭，中低收入户是指人均可支配收入处于20%—40%的家庭，中等收入户是指人均可支配收入处于40%—60%的家庭，中高收入户是指人均可支配收入处于60%—80%的家庭，高收入户是指人均可支配收入处于最高20%的家庭。

[3] Grosh, Margaret, Carlo del Ninno, Emil Tesliuc, et al., *For Protection and Promotion: The Design and Implementation of Effective Safety Nets*, Washington, D.C.: World Bank, 2008.

市低保向较高收入人口的渗漏不大，城市低保的瞄准效果较好①。

由于低保瞄准的目标人群是家庭人均收入低于当地低保标准的人口，因此，以上按收入组别分析低保渗漏的信息，尚不足以准确反映低保制度的瞄准效果。可以采用能够更好地衡量社会救助制度瞄准效果的方法，对中国城市低保制度的瞄准效果进行考察。这种方法将一项贫困人口社会救助制度的瞄准结果归纳为四种——贫困人口享受救助、贫困人口未享受救助、非贫困人口享受救助和非贫困人口未享受救助②。其中，贫困人口享受救助和非贫困人口未享受救助是瞄准正确的结果；贫困人口未享受救助和非贫困人口享受救助是瞄准错误的结果。我们使用这种方法，利用中国城市劳动力调查数据对这四种结果所占百分比进行的估算表明，贫困人口享受低保占比为0.87%，非贫困人口未享受低保占比为94.21%，二者合起来，瞄准正确的结果占比为95%。贫困人口未享受低保占比为2.95%，非贫困人口享受低保占比为1.97%，二者合起来，瞄准错误的结果占比为5%③。另有研究表明，中国城市低保被救助对象的瞄准精准度较低④。

城市低保的瞄准效率还可以用漏保率和错保率来衡量。漏保率是指贫困人口中未享受低保的比例，错保率是指享受低保人口中非贫困人口的比例。利用中国城市劳动力调查数据计算中国城市低保的漏保率和错保率得出，漏保率为77%，错保率为69%。也就是说，高达77%的贫困人口未享受低保；享受低保人口中69%为非贫困人口。另一项研究表明，城市低保的漏保率为61%，错保率

---

① O'Keefe, Philip：《国际社会救助项目的经验——对中国低保制度的启示》，载都阳主编《城乡福利一体化：探索与实践》，社会科学文献出版社2010年版，第187—196页；Ravallion, Martin, Shaohua Chen, Youjuan Wang, "Does the Di Bao Program Guarantee a Minimum Income in China's Cities?", in Jiwei Lou & Shuilin Wang eds., *Public Finance in China: Reform and Growth for a Harmonious Society*, Washington, D. C.: World Bank, 2008, pp. 317-334.

② Grosh, Margaret, Carlo del Ninno, Emil Tesliuc, et al., *For Protection and Promotion: The Design and Implementation of Effective Safety Nets*, Washington, D. C.: World Bank, 2008.

③ 王美艳：《中国最低生活保障制度的设计与实施》，《劳动经济研究》2015年第3期。

④ 曹信春：《我国城市"低保"制度的靶向精准度实证研究》，《中央财经大学学报》2016年第7期。

第二部分 分论

为40%①。按照多维审核机制,中国城市低保的漏保率在38.45%—66.28%,错保率在54.59%—69.17%②。尽管如此,与发展中国家同类社会救助项目相比,中国城市低保的瞄准效果仍然是最好的③。

漏保和错保现象存在的原因,除了低保资格认定困难,还有其他一些因素。例如,我们在对低保的漏保和错保进行评估时,通常将收入作为低保资格认定的衡量标准,但低保制度在实际运行中,可能还考虑了一些其他标准,比如家庭财产状况等;一些低保申请者没有得到批准,这其中的原因可能是多方面的,或者是申请者自身不符合享受低保的资格,或者是地方财政能力的限制使其无法满足全部申请者等;低保制度在资格认定上存在的主观判断问题,也值得引起重视④。由于低保人员可以同时享受医疗、教育、住房、就业等一系列救助,漏保的人福利损失更大,错保的人则占用了不该占有的资源。因此,提高低保瞄准效率显得更加重要。

与城市低保相同,表面看来,农村低保的资格认定规则和瞄准程序非常清楚,但实际上,低保的资格认定并不容易。首先,准确的农户收入信息很难得到,从而很难确定申请人的家庭人均收入是否低于当地低保标准。其次,判断低保资格需考虑除收入之外诸如家庭财产等多种因素,给了基层较大的决策空间。一些从收入上满足领取低保条件的家庭被排除在低保之外,相当一部分得到低保的家庭人均收入高于低保标准。研究表明,农村低保的瞄准效率不高⑤。但是,农村

---

① Wang, Meiyan, "Emerging Urban Poverty and Effects of the Dibao Program on Alleviating Poverty in China", *China & World Economy*, Vol. 15, No. 2, 2007, pp. 74 – 88.

② 宋锦、李实、王德文:《中国城市低保制度的瞄准度分析》,《管理世界》2020年第6期。

③ Ravallion, Martin, Shaohua Chen, Youjuan Wang, "Does the Di Bao Program Guarantee a Minimum Income in China's Cities?", in Jiwei Lou, Shuilin Wang eds., *Public Finance in China: Reform and Growth for a Harmonious Society*, Washington, D. C.: World Bank, 2008, pp. 317 – 334.

④ 基层政府尽管对申请者的家庭状况较为了解,但仍然存在较大的主观判断空间,造成潜在的滥用和可信性问题。

⑤ 韩华为、徐月宾:《农村最低生活保障制度的瞄准效果研究——来自河南、陕西省的调查》,《中国人口科学》2013年第4期;易红梅、张林秀:《农村最低生活保障政策在实施过程中的瞄准分析》,《中国人口·资源与环境》2011年第6期。

低保的瞄准效率随着时间的推移呈现出改善的趋势①。最后，由于财政能力的限制，低保资金不足以为所有符合低保领取资格的家庭发放低保金，导致低保的名额有限，可能存在"指标"问题。也就是说，一些符合低保领取资格的人，可能被排除在低保救助之外。

此外，按照《关于进一步做好困难群众基本生活保障工作的通知》的规定，对低收入家庭中的重残人员、重病患者等特殊困难人员，经本人申请，参照"单人户"纳入低保。在此之前，低保制度是以户为单位进行救助的。至此，低保制度形成了按户保和按人保的结合，低保制度的容量得以扩大。但需要注意的是，尽管文件中对低收入家庭、重残人员、重病患者等都有清晰的界定，但实际执行过程中的认定仍然存在诸多问题。

4. 低保治理与行政管理

对于一项社会救助制度而言，如果治理与行政管理工作不力，不仅可能无法实现救助制度的预定目标，而且可能会引发社会矛盾。对低保制度而言，其诸多决策由乡镇人民政府或者街道办事处作出，这为地方政府留下了较大的主观判断空间。与此同时，县级人民政府民政部门配置在低保制度的人力资源不够充足，其核实申请者家庭状况、监管低保支出状况、解决不公平、协调与其他社会救助项目的关系等方面的能力有限。此外，低保制度缺乏有效的监督与监管机制，以及健全的监测与绩效评估体系②。

（二）其他社会救助制度的实施状况

除了最低生活保障制度，特困人员供养、受灾人员救助、医疗救

---

① 韩华为、高琴：《代理家计调查与农村低保瞄准效果：基于 CHIP 数据的分析》，《中国人口科学》2018 年第 3 期；Golan, Jennifer, Terry Sicular, Nithin Umapathi, "Unconditional Cash Transfers in China: Who Benefits from the Rural Minimum Living Standard Guarantee (Dibao) Program", *World Development*, Vol. 93, 2017, pp. 316 – 336; Kakwani, Nanak, Shi Li, Xiaobin Wang, et al., "Evaluating the Effectiveness of the Rural Minimum Living Standard Guarantee (Dibao) Program in China", *China Economic Review*, Vol. 53, 2019, pp. 1 – 14.

② 王美艳：《中国最低生活保障制度的设计与实施》，《劳动经济研究》2015 年第 3 期。

第二部分 分论

助、教育救助、住房救助、就业救助、临时救助等社会救助项目自建立以来也取得了显著进展,在兜底保障各类困难群体方面发挥了重要作用。社会救助水平提升,社会效益明显,救助内容不断拓展,社会救助管理服务进一步规范。

首先来看特困人员供养状况。城市特困人员救助供养人数变化不大,2017年为25.4万人,2021年缓慢增长到32.7万人;城市特困人员救助供养资金有所增长,从2017年的21.2亿元增长到2020年的44.6亿元。农村特困人员救助供养人数呈现下降趋势,从2015年的516.7万人下降至2021年的437.8万人;农村特困人员救助供养资金有较大幅度增长,从2015年的210亿元增长到2020年的424亿元(见表9-1)。

表9-1 特困人员救助供养人数和资金

年份	城市特困供养		农村特困供养	
	救助供养人数(万人)	救助供养资金(亿元)	救助供养人数(万人)	救助供养资金(亿元)
2015	—	—	516.7	210.0
2016	—	—	496.9	228.9
2017	25.4	21.2	466.9	269.4
2018	27.7	29.5	455.0	306.9
2019	29.5	37.0	439.1	346.0
2020	31.2	44.6	446.3	424.0
2021	32.7	—	437.8	—

资料来源:民政部网站,http://www.mca.gov.cn/article/sj/。

其次来看医疗救助状况。关于医疗救助的数据统计较为有限,目前能够找到的最新年份的数据为2017年。根据《2017年社会服务发展统计公报》,2017年医疗救助资助参加基本医疗保险5621.0万人,支出74.0亿元,人均补助水平为131.6元。2017年实施住院和门诊医疗救助3517.1万人次,支出266.1亿元,住院和门诊每人次平均救助水平分别为1498.4元和153.2元。

最后来看临时救助状况。临时救助人次尽管处于波动状态,但总体处于上升态势。2016年临时救助人次为850.7万人次,2021年为1089.3万人次。临时救助资金不断增长,从2016年的87.7亿元增长到2020年的165.7亿元。平均救助水平总体也呈现上升趋势,从2016年的1031.3元/人次增长到2020年的1200.3元/人次。2019年平均救助水平较高,达到1421.1元/人次(见表9-2)。

表9-2　　　　　　　　　　临时救助状况

年份	救助人次(万人次)	救助资金(亿元)	平均救助水平(元/人次)
2016	850.7	87.7	1031.3
2017	970.3	107.7	1109.9
2018	1108.0	130.6	1178.8
2019	993.2	141.1	1421.1
2020	1380.6	165.7	1200.3
2021	1089.3	—	—

资料来源:民政部网站,http://www.mca.gov.cn/article/sj/。

社会救助服务直接面向困难群众,需求多样,类型复杂。近年来,社会救助内容逐步多样化,以适应不同类型困难群众的需要,为各类困难群众提供基本生活条件,社会救助管理服务进一步规范。2017年民政部等四部门联合发布了《关于积极推行政府购买服务加强基层社会救助经办服务能力的意见》,对政府购买社会救助服务的行为进行了规范,推动了基层社会救助经办服务能力建设。

(三)社会救助支出

尽管近年来社会救助事业取得了历史性成就,但社会救助投入仍显不足。2018年,社会救助支出占地方一般公共财政预算支出比例全国仅为1.35%。社会救助支出占地方一般公共财政预算支出比例存在较大的地区差距(见图9-5)。社会救助支出占地方一般公共财政预算支出比例最低的为北京市(0.51%),最高的为甘肃省(2.75%),

第二部分 分论

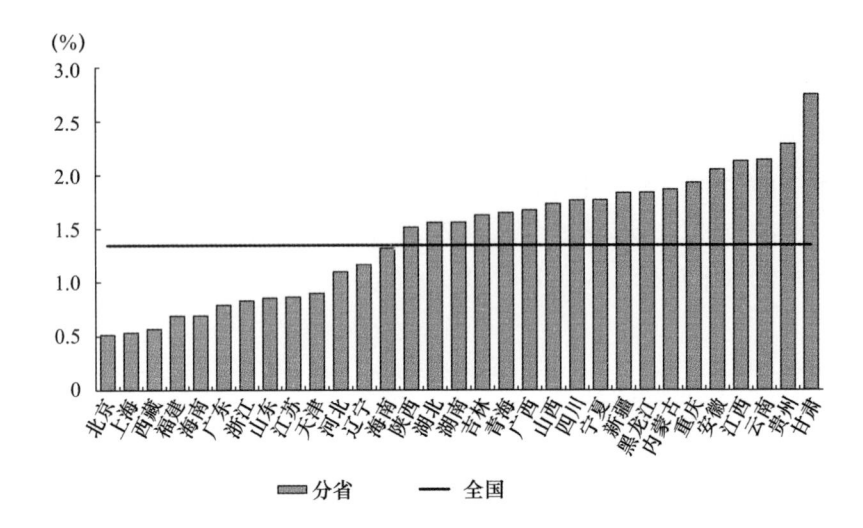

图9-5 社会救助支出占地方一般公共预算支出比例（2018年）

注：社会救助支出数据的最新年份为2018年。

资料来源：社会救助支出来自民政部网站，http://www.mca.gov.cn/article/sj/；地方一般公共预算支出来自《中国统计年鉴》（2019）。

后者为前者的5倍多。这种状况表明，地方政府应该有足够的财政能力支付社会救助资金。

2018年，社会救助支出占地区生产总值的比例全国仅为0.28%。社会救助支出占地区生产总值比例同样存在较大的地区差距（见图9-6）。社会救助支出占地区生产总值比例最低的为福建省（0.09%），最高的为甘肃省（1.26%），后者为前者的14倍。

不同国家社会救助支出占国内生产总值比例存在较大差异。对60多个国家的研究发现，社会救助支出占国内生产总值比例均值为1.9%，中位数为1.4%，约1/4的国家这一比例在1%以下，一半的国家为1%—2%，另有1/4的国家超过2%。经济合作与发展组织（OECD）这一比例的平均水平超过2%[1]。

---

[1] Grosh, Margaret, Carlo del Ninno, Emil Tesliuc, et al., *For Protection and Promotion: The Design and Implementation of Effective Safety Nets*, Washington, D.C.: World Bank, 2008.

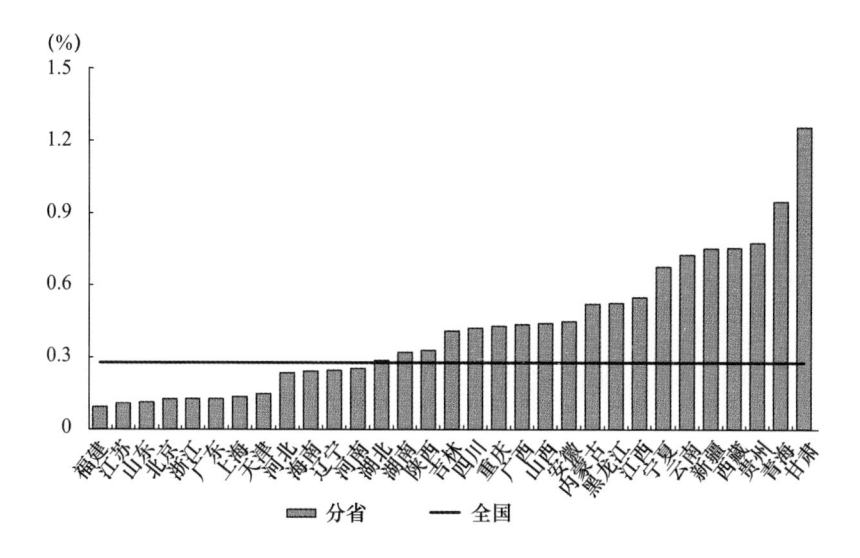

图 9-6 社会救助支出占地区生产总值比例（2018 年）

注：社会救助支出数据的最新年份为 2018 年。

资料来源：社会救助支出来自民政部网站，http://www.mca.gov.cn/article/sj/；地区生产总值来自《中国统计年鉴》（2019）。

各国确定社会救助支出的方法多种多样。有的国家基于历史和制度上的相似性，选择与邻国大致相同的社会救助支出；有的国家考察一些与自身经济发展水平和人口特征相似国家的社会救助支出状况作为参考。大多数对社会救助支出影响因素的研究表明，人均收入越高的国家，在社会救助项目上的支出越多[1]。究竟社会救助支出占国内生产总值多大比例合适，尚没有确切的答案[2]。然而，中国的社会救助支出占国内生产总值比例非常低却是不争的事实。

除了社会救助投入不足外，救助资源在不同社会救助项目之间统筹不足，基本生活救助、专项社会救助和急难社会救助项目的救助对象和救助内容交叉重叠，不同类型困难群众获得的救助资源不均衡。

---

[1] Weigand, Christine, Margaret Grosh, "Levels and Patterns of Safety Net Spending in Developing and Transition Countries", World Bank Social Protection Discussion Paper, 817, 2008.

[2] Grosh, Margaret, Carlo del Ninno, Emil Tesliuc, et al., *For Protection and Promotion: The Design and Implementation of Effective Safety Nets*, Washington, D.C.: World Bank, 2008.

社会救助资源统筹不足，影响社会救助体制运行效率以及兜底保障功能的发挥。

三　完善社会救助制度的政策建议

社会救助是集中体现中国特色社会主义制度优越性的民心事业。习近平总书记十分重视社会救助事业高质量发展，多次发表重要讲话明确指出，要深化社会救助制度改革，形成以基本生活救助、专项社会救助、急难社会救助为主体，社会力量参与为补充，覆盖全面、分层分类、综合高效的社会救助格局；统筹推进城乡社会救助体系建设，使困难群众求助有门、受助及时。《中华人民共和国国民经济和社会发展第十四个五年规划和二〇三五年远景目标纲要》和《"十四五"民政事业发展规划》也对健全分层分类的社会救助体系、构建综合救助格局和改革完善社会救助制度提出了规划。党的二十大报告指出，"健全分层分类的社会救助体系"[①]。针对社会救助制度实施中面临的挑战，为进一步完善社会救助制度，我们提出以下六个方面的建议。

（一）加快推进社会救助立法工作

近年来，中国社会救助事业取得了历史性成就。国务院出台了《社会救助暂行办法》，民政部等部门出台了若干部门规章和规范性文件，一些省份出台了地方性法规和地方政府规章，但总体而言，这些法规、规章和规范性文件虽然明确了社会救助体系的基本框架和主要内容，但无法全面规范社会救助领域的各种制度和关系，无法有效引领和推动社会救助领域综合改革。要加快推进《社会救助法》的立法进程，不断健全社会救助法治体系，解决当前社会救助与社会保险衔接不够、一些地方社会救助标准不科学不明确、财政投入缺乏刚

---

① 习近平：《高举中国特色社会主义伟大旗帜　为全面建设社会主义现代化国家而团结奋斗——在中国共产党第二十次全国代表大会上的报告》，人民出版社2022年版，第48页。

性、社会救助监管部门职权划分不明确、少数人骗取救助资金等问题。

在社会救助立法过程中，要着重考虑以下问题。一是对社会救助进行准确定位，明确救助目标、救助对象和救助标准；二是明确申请者家庭财产和收入核对的程序和规则；三是明确公民在哪些情况下可以申请救助，以及申请社会救助者应该遵循的程序和承担的义务；四是明确各级政府的责任，特别是财政支出责任；五是建立科学的救助管理体制和资金使用机制，使救助资金在基层能够得到充分整合，提高资金整体利用效率；六是建立健全争议解决机制；七是完善社会力量参与机制。通过制定专门的《社会救助法》，能够为健全社会救助体系提供有力法律支撑。

（二）健全社会救助部门协调联动机制

为加强对全国社会救助工作的组织领导，强化部门协作配合，及时解决工作中面临的重大问题，统筹推进全国社会救助体系建设，2013年中国建立了全国社会救助部际联席会议制度。这一制度在中央层面由民政部牵头、20多个部门参加。中国全面建立了县级困难群众基本生活保障工作协调机制，定期研究解决本地区各类困难群众基本生活保障问题。

为了进一步统筹社会救助资源，推进相关部门救助职能协同配合、高效联动，形成救助合力，应进一步健全社会救助部门协调联动机制，强化党委领导、政府负责、民政牵头、部门协同、社会参与的工作机制。要进一步完善社会救助对象认定办法，健全救助对象精准认定机制，加强社会救助家庭经济状况核对机制建设，夯实精准救助基础。要进一步推进核对信息平台全国联网，扩大部门间信息共享与数据比对，提高救助精准度。推进基本生活救助、专项社会救助和急难社会救助等各项社会救助政策系统集成，进一步平衡社会救助资源供给，形成社会救助整体效应。完善县级困难群众基本生活保障工作协调机制，统筹各部门救助资源，综合解决社会救助急难个案。

（三）进一步理顺社会救助和社会保险之间的关系

中国在取得了脱贫攻坚战的全面胜利、完成了消除绝对贫困的艰巨任务后，应把关注重点放在防止产生新的贫困人口和阻止贫困边缘人口陷入贫困。这需要进一步厘清社会救助和社会保险之间的关系，实现这两项制度在救济功能上的协调衔接和优化组合。当前家庭陷入贫困的主要原因之一是"因病致贫"，临时救助的主要对象之一是患大病的困难群众，低保对象中也有相当比例的患大病群众，因此，要重点考虑厘清低保、临时救助、医疗救助和医疗保险之间的关系，对相关资金进行科学整合。同时，要统筹考虑医疗保险和高龄失能的生活困难老年人、重度残疾人照料护理保障问题，努力通过社会保险渠道满足这些群体的照料护理需求。

（四）推进社会救助统筹

社会救助统筹工作任重道远，必须积极推进社会救助统筹，提高社会救助资金的使用效率。在社会救助统筹工作中，主要应从以下三个方面进行。一是统筹城乡社会救助体系；把农村社会救助纳入乡村振兴战略统筹谋划，健全农村社会救助制度。二是推进社会救助的区域统筹，缩小社会救助的区域差距。三是积极推进社会救助的资源统筹，提高社会救助资金的使用效率。中央财政困难群众救助补助资金重点向救助任务重、财政困难地区倾斜，加大重点群体救助力度和重点地区倾斜支持，切实解决社会救助发展不平衡不充分问题，形成系统全面的社会救助制度保障。

（五）实现农村低保制度与扶贫开发的有效衔接

在坚持依法行政、保持政策连续性的基础上，着力加强农村低保制度与扶贫开发政策的有效衔接。民政、扶贫及相关部门要密切配合，加强农村低保和扶贫开发在对象认定上的衔接。尽管目前全国所有的县（市、区）农村低保标准全部超过了国家扶贫标准，但仍需要进一步完善农村低保标准与物价上涨挂钩的联动机制，确保困难群众不因物价上涨影响基本生活。逐步健全社会救助家庭的经济状况核对机制和困难群众监测预警机制，定期开展数据比对，逐一摸排核实，确保符合条件的建档立卡贫困人口全部纳入兜底保障范围。

打赢脱贫攻坚战、全面建成小康社会后，要进一步巩固拓展脱贫攻坚成果，接续推动脱贫地区发展、乡村全面振兴和群众生活改善，实现巩固拓展脱贫攻坚成果同乡村振兴有效衔接。以现有社会保障体系为基础，对农村低保对象、农村特困人员、农村易返贫致贫人口，以及因病、因灾、因意外事故等刚性支出较大或收入大幅缩减导致基本生活出现严重困难等农村低收入人口开展动态监测。充分利用民政、扶贫等相关部门现有数据平台，加强数据比对和信息共享，完善基层主动发现机制，完善农村低收入人口定期核查和动态调整机制，分层分类实施社会救助。

（六）完善治理与行政管理框架

在治理框架与行政管理，以及监测与绩效评估方面，社会救助制度做得还较为薄弱。社会救助制度的管理水平与管理效率尚比较低，从事社会救助工作的人力不够充足，监测与绩效评估基本还处于起步阶段。为了提高社会救助制度的治理、监测与评估水平，要按照社会救助对象数量、人员结构等因素完善救助机构、合理配备相应工作人员，保证从事社会救助工作的人力充足，加强对基层的监督，保证申诉渠道畅通。与此同时，要加强对社会救助工作人员的培训，提升其工作能力。

第三部分　·文献综述和政策概览·

第十章 社会福利体系建设经验及研究综述[*]

本书的核心内容是建设覆盖全民全生命周期的社会福利体系。关于社会福利体系建设，在实践上已经有较长的发展历程，在学术上已经有较为丰富的成果。本章首先在厘清社会福利的内涵、社会福利与社会保障之间的关系以及社会福利制度与社会福利体系的区别后，简述了国际背景下社会福利体系前后历经了前福利国家时代、福利国家时代和后福利国家时代三个发展阶段，主要以欧洲的英国和欧盟、美国、东亚的日本和韩国为例，分别总结其社会福利体系的构建过程及未来发展方向。其次概述了我国社会福利从传统社会福利到现代社会福利的发展历程，着重介绍20世纪90年代末以来我国在京沪粤苏发达地区进行的福利事业的探索实践以及五种代表性的社会福利体系模式，并结合最近一些对我国未来福利体系构建的设想，综合探讨社会福利体系发展的特点和趋势。以期为建设中国特色社会福利体系和共富共享的老龄社会提供借鉴。

一 社会福利相关概念辨析

（一）社会福利与社会保障

社会福利（Social Welfare）作为一个具有宽泛性、复杂性、概括性的外来名词，不同的使用者为其赋予的定义都带上了各自浓厚的文化

---

[*] 本章作者为朱金鸣。作者简介：朱金鸣，中国社会科学院大学博士研究生。

背景与社会价值观。随着社会经济与公共行政的不断发展，社会福利在内涵与外延上也不断扩充，形成了概念上的狭义、广义之分。国外多使用大概念，我国一开始使用小概念。狭义的社会福利概念以政府向贫困者或特殊社会群体提供经济保障为核心内容①，而广义的社会福利概念基本围绕五个含义而展开。一是福利覆盖全体成员的对象广泛性，二是全面涵盖教育保障需求、就业保障需求、住房保障需求等基本民生需求的内容基本性，三是包括货币福利、实物福利、服务福利等福利类型综合性，四是包括政府和非政府的福利供给主体多元化，五是包括社会救助、社会保险、公共福利等福利供给方式多样化②。

与之密切相关的社会保障（Social Security）也存在与社会福利同样的统一界定困难，因为其"内涵和外延不仅与学术传统有关，也与各国社会保障的具体实践过程和特定历史因素有关"③。"国外的社会保障主要是指政府主导的，在社会成员面临风险时，保障社会成员基本生活的社会安全机制"④，是个狭义概念。在国内，很长一段时间广义的社会保障概念占据主导地位，郑功成与多位社会保障学者在专题研讨中达成了基本共识，认为现代社会保障"是国家或社会依法建立的、具有经济福利性的、社会化的国民生活保障系统的统称，包括法定的社会救助、社会保险、社会福利、社会优抚系统和非法定的各种补充保障措施。它遵循公平、正义、共享原则，通过对社会财富分配的国家干预，实现保障民生与改善民生的发展目标"⑤，具有泛化倾向。"中国内地的大社会保障概念与一些西方国家或地区的大社会福利概念，其实是基本相通的。"⑥

---

① 韩克庆：《转型期中国社会福利研究》，中国人民大学出版社2011年版，第3页。
② 毕天云：《大福利视阈下的中国社会福利体系整合研究》，中国社会科学出版社2016年版，第12页。
③ 周进萍：《试析我国社会福利体系的目标层次及其整合》，《江苏社会科学》2007年第S1期。
④ 董克用、孙博：《社会保障概念再思考》，《社会保障研究》2011年第5期。
⑤ 郑功成：《中国社会保障演进的历史逻辑》，《中国人民大学学报》2014年第1期。
⑥ 郑功成：《社会保障学——理念、制度、实践与思辨》，商务印书馆2000年版，第23页。

二者定义的多样性与不确定性，造成在现实使用中经常混用，其中最大的争论在于社会福利和社会保障到底谁是谁的子概念。从概念的狭义、广义之分的视角出发，理论上可将社会福利和社会保障的关系归纳为四类——平行统一论、等同论、小于论、大于论。平行统一论，即当都采用狭义的概念时，社会福利与社会保障相互独立，各有所指。等同论，即当都采用广义的概念时，社会福利与社会保障可以相互替代，等量齐观。小于论，即把社会福利视为社会保障的下属概念，站在大保障、小福利的立场上形成"大社保观"。大于论，即把社会保障视为社会福利的基础组成部分，站在大福利、小保障的立场上形成"大福利观"。

"大社保观"在学界还存在一定争议，而"大福利观"越来越被认同接受。在"大福利观"的视域下，社会福利是比社会保障范围更广、层次更高的概念。社会保障提供物质性福利，属于操作性制度层面，具有现实的预防和保护功能，而社会福利谋求物质与精神生活的幸福，超越现实政策和制度的理念与追求，还着眼于发展人民的福利[1]。陈立行和柳中权在探索我国从社会福利向社会福祉过渡的路径中，指出"社会福利是为了满足人们生存需求而提供的一种物质援助"，社会福祉（Well-being）"通过国家或公共权力对公共资源进行再分配"，"不仅在物质上，更重要的是在精神上""为全体人民提供参与社会生活的权力和能力的保障"[2]。很显然，其采用狭义的角度定义社会福利，而社会福祉的概念相当于广义的社会福利概念，这从侧面印证了我国迎来社会福利体系迈向大福利的新阶段。

（二）社会福利体系与社会福利制度

翻阅现有文献资料，会发现存在社会福利制度和社会福利体系这两个相近概念混淆、指向不清、在表述上前后用词不一致的现象。从

---

[1] 钱宁：《现代社会福利思想》，高等教育出版社2006年版，第6页。
[2] 陈立行、柳中权：《向社会福祉跨越》，社会科学文献出版社2007年版，第5—8页。

词源上看，体系（System）是指若干有关事物或思想意识互相联系而构成的一个整体，强调的是一个完整性和系统性。制度（Institution）是指一定历史条件下的政治、经济、文化等方面的体系，注意此体系与上面介绍的具有整体性意义的体系有所区分，与政治、经济等方面紧密联系，强调的是政策性、管理性、方向性。在此基础上再辨析社会福利体系与社会福利制度，可以从福利责任主体、福利对象、福利内容、供给方式来理解二者的内涵。在责任主体上，政府是制度的制定者，所以社会福利制度的责任主体是政府；而社会福利体系的责任主体除了政府，还有市场、社区、非政府组织等。在福利对象上，社会福利制度的客体对象是该制度覆盖下的全体成员，一般是特殊困难群体；而社会福利体系面向全体公民，再根据福利体系中各子系统福利内容的不同来对社会成员进行分类。在福利内容上，社会福利制度主要提供物质性福利，而社会福利体系除了提供物质，还提供心理、服务等全体社会成员全方位的福利。在供给方式上，福利内容决定供给方式，因此社会福利制度以现金给付、实物发放等制度化方式为主；社会福利体系除此之外还包括服务提供、心理援助、资产建设等[①]。言而总之，社会福利制度是单一的，社会福利体系是多元的。本章站在"大福利"视角理解社会福利概念，对社会福利体系进行系统梳理与初步探讨。

二 国际社会福利体系建构经验

（一）社会福利体系发展历程

现代社会福利制度最早起源于西方，最早可溯源至英国的《济贫法》（1601）。到19世纪80年代，德国以国家立法的形式建立社会保障制度；到20世纪30年代，西方主要国家基本建立了社会保障制度；1942年英国的《贝弗里奇报告》涉及了全方位的社会福利问题，

[①] 周沛、李静、梁德友：《现代社会福利》，中国劳动社会保障出版社2014年版，第9—11页。

着力形成一个完整的福利体系，设计了一整套"从摇篮到坟墓"的社会福利制度，后基本被英国政府所接受，1948年英国第一个建成了福利国家[①]。"社会福利制度的出现与发展必然是回应了某种社会、文化、政治与经济环境，且被此环境所形塑。"[②] 秦莉根据社会福利体系的产生、建构与完善的历史演进过程将其划分为前福利国家时代（19世纪80年代之前）、福利国家时代（19世纪80年代至20世纪80年代）和后福利国家时代（20世纪80年代至今）[③]。

1. 前福利国家时代的社会福利体系

在19世纪80年代德国俾斯麦政府推行以医疗保险计划为基础的"福利国家"建设之前，无论是汉谟拉比统治时期保护妇女和孩子的福利政策，还是希腊和罗马时期给残疾人发放津贴、给需要的人提供粮食和机构照顾等福利措施，都体现了以下四个福利目标追求。一是帮助需要帮助之人；二是把公民权利延伸到社会主流以外的团体组织；三是通过经济和社会资源再分配来促进公共利益；四是通过社会控制管理个体和集体以促进社会稳定。

早期社会福利提供主体多为以血缘关系为纽带的家庭组织，宗教的发展使教会、慈善组织也加入扶困济危，虽然属于非正式活动，但对社会安定起到积极作用。1601年英国政府颁布的《伊丽莎白济贫法》要求政府承担一定的福利责任，这代表着国家参与社会福利行动。该法明确了"应得福利者"（Deserving Poor）和"不应得福利者"（Nondeserving Poor）的区分、"不够格"（Less Eligibility）条件、社会救济带有严格的劳动惩罚措施等基本原则，深深影响了之后现代国家社会福利体系的建构，可以称之为世界上最早的社会保障法。

本阶段的社会福利体系可以概括为一套济贫救济体系，福利领受

---

① 杨敏、郑杭生：《西方社会福利制度的演变与启示》，《华中师范大学学报》（人文社会科学版）2013年第6期。
② 林万亿：《福利国家——历史比较的分析》，（台北）巨流图书有限公司2006年版，第145页。
③ 秦莉：《中国适度普惠型社会福利体系的建构研究》，上海交通大学出版社2016年版，第60页。

者仅针对因社会和经济结构造成的贫困成员，而因个人原因造成的贫穷要求个人自助，主要的福利提供者包括家庭、宗教团体与地方政府，社会救济的管理由中央负责。

2. 福利国家时代的社会福利体系

福利国家既涵盖国家负责福利的思想这一目标，又涵盖该思想在给定的制度与实践中实现这一手段。19世纪80年代德国俾斯麦政府相继颁布了《法定疾病保险》和《伤残养老保险》等一系列以医疗保险计划为基础的法令，为"福利国家"建设带来社会保险制度的萌芽。直到第二次世界大战后，西方国家面临突出的贫困、失业、社会不平等矛盾，英国政府采纳《贝弗里奇报告》中视社会福利的发展是解决繁杂社会问题的主要手段，建议建立全面的社会保障制度的思想思路，于1948年率先建成"福利国家"。其他工业化国家紧随其后效仿英国，逐步建立起围绕社会保险、社会救助、社会服务三大主要内容的社会福利体系。"福利国家"对战后社会维稳和资本主义发展作出了巨大贡献，"福利国家"理念在西方世界得到普遍认同。

与前福利国家时代的社会福利体系相比，本阶段主要呈现以下几个特征。一是在社会福利与社会服务上，由临时性、局部性政策措施变为制度化、全国性政策模式；二是在福利政策的价值基础上，由个人责任、谴责牺牲者转为社会和国家的福利责任；三是在福利政策的目标上，由社会控制、惩罚穷人、强化工作伦理转为社会管理；四是在社会福利体系范围上，覆盖面逐渐扩大，囊括社会生活所有领域和人生各个阶段；五是在福利服务对象上，由丧失劳动能力的弱势群体转为全体公民；六是在主要福利提供者上，由基督教会、民间组织、公民个人扩大到国家、公私企业和各类社区组织；七是在社会福利模式上，由剩余模式转为普及性服务模式；八是在福利需要满足途径上，由市场就业为主转变为国家再分配与市场就业并存共生[1]。虽然各个国家的福利体系划分的类型有所不同，但它们社会福利体系的发

---

[1] 刘继同：《国家与社会：社会福利体系结构性变迁规律与制度框架特征》，《社会科学研究》2006年第3期。

展都享有本阶段的共同特征。

3. 后福利国家时代的社会福利体系

从20世纪80年代开始，为应对沉重的财政负担和持续的经济低迷，西方各国纷纷着手进行福利改革，社会福利体系的发展进入后福利国家时代。尽管因为政治传统、阶级力量等因素的不同导致采取的福利改革战略不同，西方各国的福利改革存在大致趋向，即朝着积极多元的福利体系构建方向发展，强调新的责任机制和新的福利生产方式。从福利责任角度来看，积极福利的实质是进一步调整国家与个人之间的责权关系，国家承担的福利责任从消极转向积极，核心是培养、提升公民个人的生存能力与社会责任感，鼓励公民担负起照顾个人福利的责任。从福利生产方式上看，采取更为多元化、分散化的生产方式，以提高生产效率并更能有效地满足公民多样化的福利需求[①]。

（二）欧洲社会福利体系

1. 英国社会福利体系

英国社会福利体系可以粗略地划分为济贫法时期、社会保险时期、福利社会时期三个阶段，与之相对应的是济贫法体系、社会保险体系、多元福利体系。这里着重介绍处在福利社会时期的英国，如何为了解决社会保护和社会秩序问题而进行福利改革。

作为最早实行福利制度的资本主义国家，英国社会福利体系被誉为"从摇篮到坟墓"的福利体系典范。在运行几十年后，英国也是最早陷入福利制度危机的国家，失业率上升、收入缺乏保障和无家可归的情况不断增加，各种不平等现象仿佛又退回到了19世纪初。资本主义国家与福利制度是既矛盾又统一的复杂体，英国在享受福利制度带来的红利时还得克服福利制度所带来的各种危机。英国政府近年来通过福利改革，将新福利制度下的社会"关怀"与社会"控制"紧密联系在一起，建立了一种"耦合式"的新福利体系，即打破了

---

① 王家峰：《后福利国家：走向积极多元的福利再生产》，《兰州学刊》2009年第9期。

第三部分 文献综述和政策概览

政治制度、经济制度、法律制度等社会子系统之间的界限，采取了一种全新的、综合的、交互的综合治理方式。目前看来这种改革在有损公民自由的情况下，还没有带来显著的社会福利效果。新福利制度改革可能再度创造福利价值，但如何维持持久性呢，恐怕资本主义制度无法给出准确的答案①。

2. 欧盟社会福利体系

2019年出版的《欧洲福利体系手册》详细介绍了所有28个欧盟成员国在过去20年，特别是在经济危机背景下社会福利体系的改革方向和政策变化②。由于篇幅有限，这里主要介绍几个具有代表性的福利国家的福利改革进展，包括表现较好的德国、奥地利、丹麦、爱沙尼亚，与仍然滞后的比利时和保加利亚。

德国社会政策的发展大致可分为两个时期，在第一个时期（1998—2008年），德国福利体系经历了一些变革性的改革，其中包括财政紧缩、私有化措施，以及质的改变。这些影响深远的改革尤其发生在养老金政策、失业保护和劳动力市场政策以及家庭政策等领域。医疗保健（Healthcare）、长期护理和社会援助领域的改革固然重要，但与其他领域的改革不相匹配。第二个时期（2009—2018年）是社会政策相对稳定的时期，德国几乎免于2008年国际金融危机的严重冲击。这种稳定可能是由于执行的连续性和有利的经济环境，也由于前几年的改革使进一步活动的必要性不那么紧迫。

奥地利一直被认为是一个保守的福利国家，社会伙伴（Social Partners）发挥着强大的作用，有着长期的渐进式改革且社会政策具有连续性。对1998—2018年奥地利福利体系发展的研究发现，其福利国家改革仍是渐进式的，不像其他欧洲国家那样离题太远。政策并没有完全按照凯恩斯主义、新自由主义或社会投资导向来制定，而是采用这些内容里的部分观点，如激活（Activation）、成本控制（Cost

---

① 王永茜：《英国福利制度改革："社会关怀"还是"社会控制"?》，《国外理论动态》2019年第1期。
② Blum S., Kuhlmann J., Schubert K. eds., *Routledge Handbook of European Welfare Systems*, 2nd ed., Routledge, 2019.

Containment)、家庭主义（Familialism）、协调（Harmonisation）、正当性（Deservingness）等，并以独特和保守的方式将其结合应用。

丹麦构建的是限制性紧缩的普遍型社会福利体系，二十年的发展出现了日益加剧的不平等，人们仍然关注普遍主义、性别平等和高水平就业，与此同时，尤其是对难民和移民的态度将丹麦福利体系推向了更加本土化的方向。这有助于解释为什么限制性紧缩可以被视为对发展的一种良好描述，因为人们支持国家对长期护理和健康保障（Health Care）进行高度干预，但不支持将转移支付（Income Transfer）给不应得福利者。尽管如此，与欧洲其他国家相比，丹麦在福利方面的支出更多，总体上具有更高的税收和关税水平。

该手册侧重分析了爱沙尼亚社会保护模式（Social Protection Model），回顾了五个主要社会政策领域——老年政策、劳动力市场和失业政策、残疾人政策、健康保障政策（Health Care Policy）以及家庭政策和儿童保育。结论发现尽管社会保护的覆盖率普遍较低，但政府仍然主要负责直接或通过半独立的社会机构和基金提供社会保障。大多数保险计划（Insurance Schemes）在分配中使用团结原则（Solidarity Principles），经济状况调查计划（Means-tested Schemes）所占的比例非常低。爱沙尼亚在过去十年里良好的经济发展对社会政策产生了积极影响。该福利体系本身已经变得更加成熟，定期的调整修改使其在许多情况下变得更加复杂，同时也更加具有灵活性和可持续性。不同社会政策领域的现状是多样化的，比如爱沙尼亚有相当完善的家庭政策，但几乎没有住房政策。

比利时的福利体系面临的首要问题是成本控制。在包括失业者、提前退休人员和病患等在内的福利项目的申请人越来越多，尤其是在经济好转却没有减少申请人数的情况下，这使得控制成本成为必要。与此同时，福利国家为了应对新的社会风险和需求而承担了新职能，比如在工作—生活或人口老龄化领域，这在一定程度上是以维持收入这一原有核心功能为代价的。自21世纪初以来，"激活"在政策讨论中占据了非常重要的地位，但其实施仍然犹豫不决，效率低下。此外，渐进式改革以政策的一致性和透明度为代价，改革步伐仍然太慢，无法确保其能成功适应社会的发展。

1997—2018 年保加利亚福利体系的改革遵循了新自由主义思想，包括减少国家贡献（State Contributions）、减少接受援助的受益者人数、延长劳动力市场上的职业生涯期限以及从社会福利转向激活和社会投资。一开始改革很生硬，因为它们代替了普惠型社会福利体系和国家对资源分配的垄断。自 2008 年以来，社会领域的改革继续以一种更渐进的方式遵循最初的想法。然而在 2019 年，保加利亚与老欧盟成员国在政府社会支出占 GDP 的比重方面仍存在巨大差异，把经济效率放在首位会导致严重的不平等。劳动力市场确保可持续社会包容力的下降，特别是对低学历人群的包容力下降，仍然是社会经济增长的一个障碍。分析表明，社会投资原则在未来应该继续得到应用和发展，而不是只需要最低限度的国家参与的新自由主义范式。

3. 欧洲社会福利体系小结

虽然欧盟各国福利改革的内容、实施的措施有所区别，但从整体趋势上看，欧盟国家是从慷慨型的福利体系往有利于家庭、儿童的方向，或者说是倾向社会投资的福利体系转变，且改革步调是渐进式的。从英国福利改革中我们能意识到资本主义的"私有制 + 社会福利"不可能完全消除社会不平等，即使某一时段能够提升社会平等度，也可能因遭遇经济危机等再次陷入不平等的窘境，因此坚持改革可以暂时进入福利社会，但要实现全体人民共富共享的可能性微乎其微。我国是社会主义社会的"公有制 + 社会保障制"，路径不同带来的效应自然也不同，在数十年间建立了世界规模最大的社会福利体系，还全面建成了小康社会，所以只要正确合理地对福利体系进行完善，必定能够建成共富共享的福利社会①。

（三）美国社会福利体系

与高福利、低市场和制度型的欧洲福利模式相比，美国属于低福

---

① 郑功成：《共同富裕与社会保障的逻辑关系及福利中国建设实践》，《社会保障评论》2022 年第 1 期。

利、高市场和补救型福利模式。从迟到的福利国家到穷人福利国家再到工作福利国家，在西方主要发达国家中，美国的社会福利政策一直最为保守，福利项目实施得最晚，在福利资格、福利范围和福利开支方面也限制得最为严格。表10-1具体展示了美国社会福利体系从免遭匮乏的福利建设，到向贫困开战的福利扩张，再到向福利开战的福利改革历程[①]。

表10-1　　　　美国社会福利体系历史发展一览

时期	主要内容
萌芽时期 （19世纪90年代以前）	社会保障在美国主要是教会、私人慈善组织和地方政府的责任；联邦政府的责任主要限于为内战退伍军人、寡妇母亲等特殊群体提供社会保障
进步时期 （19世纪90年代至 20世纪30年代）	美国迅速跨入工业社会，各州进行福利试验和发展妇女儿童福利
大萧条和新政时期 （20世纪三四十年代）	联邦政府不断提升社会救济和促进就业责任；1935年《社会保障法案》，奠定了美国社会保障体系的制度框架，强化了联邦社会保障机构
第二次世界大战后的繁荣时代与伟大社会时期 （20世纪40—70年代）	美国社会保障体系覆盖范围和福利水平快速扩张并逐步完善阶段；"伟大社会"计划中食品券、老年和残障人士医疗保险和医疗援助最具影响，社会救助联邦化
保守主义、福利紧缩与 市场化时期 （20世纪80年代至 21世纪初）	"里根主义"革命、克林顿医改失败、1996年社会保障改革体现保守主义成为主流理念，联邦社会保障发展趋缓，社会保障重心向州政府倾斜，更加强调个人责任和工作优先
奥巴马改革与保守主义 反弹时期 （2009年至今）	奥巴马政府时期提出并执行"奥巴马医改"，特朗普政府时期共和党尝试废除"奥巴马医改"，拜登上任后签署行政令以重启"奥巴马医改"

资料来源：根据徐晓新等文章与相关新闻整理而成。徐晓新、高世楫、张秀兰：《从美国社会保障体系演进历程看现代国家建设》，《经济社会体制比较》2013年第4期。

[①] 严敏、朱春奎：《美国社会福利制度的历史发展与运营管理》，《南京社会科学》2014年第4期。

第三部分　文献综述和政策概览

2009年奥巴马上任后,在2010年3月签署了旨在实现全民医保的《患者保护与平价医疗法案》(也称《平价医疗法案》,俗称奥巴马医改),实施期间医保的覆盖率提高到了95%。这次"奥巴马医改"打破了美国是唯一没有全民医保的发达国家的历史,重塑了美国社会保障体系,开启了社会保障改革的新阶段。然而特朗普于2017年上任后推出新医保计划、尝试废除奥巴马医改,废除的主要原因是该计划使美国政府财政支出增大,政府负担增重,损害了垄断集团富人阶层及中产阶级的利益。未完全否定奥巴马医改法案、更有利于富人阶层的特朗普医保法案的前景也不容乐观,因奥巴马医改受益的公民以及因特朗普医保法案失去医疗保险的公民,作为新的政治力量反对特朗普政府①。2022年4月5日,现任美国总统拜登签署了《平价医疗法案》的扩展法案,以帮助降低医疗保险成本,同时使无法通过工作获得平价健康保险的人有资格获得保费税收抵免。该法案预计将于2023年1月生效。此举大有推行"奥巴马医改2.0"之趋势,继续向全民医保的方向前行。美国医保体系改革能否顺利继续,能否真正带给美国人福利,仍将是一个长期性的热门政治议题和社会议题。

美国社会福利体系道阻且长的改革过程,让我们充分认识到社会福利体系建设的长期性与艰巨性。我国国情更复杂,社会福利体系的建设更不可能一蹴而就,要有打持久战、艰难探索的思想准备。学者蔡昉提到过去的改革是"帕累托改进",即一定会给某个群体带来好处,同时不伤害其他任何群体。如今这种改革机会几乎很少了,更重要的是看改革的整体收益,用总的改革收益补偿一部分可能在改革中受损的群体,形成"卡尔多改进"。改革的意义就在于形成改革共识,坚定改革决心,选择有利于推进的改革方式②。

医疗改革是美国乃至世界性的难题,美国医改对我国医疗卫生领域的改进有几点启示。一是适当控制医疗成本。医改支出越高,国家

---

① 杨涛:《浅析特朗普为何废除奥巴马医改计划》,《法制与社会》2017年第23期。
② 卢晓平:《从"帕累托改进"走向"卡尔多改进"》,《上海证券报》2014年9月12日第A01版。

财政负担越重，多元化的福利提供方式可以更好地满足人们需求，但注意福利多元化不等于国家减少改革投入，不等于弱化国家福利责任。二是全民共享是民心所向，底线公平是大势所趋。奥巴马医改的重启反映出即使在资本主义市场主导的美国，人民仍旧渴望拥有一个全民医保体系。我国以满足人民日益增长的美好生活需要为根本目的，改革的最终目标是建立一个全民共享的医疗保障体系，从而构建共富共享的福利社会。三是合理兼顾政府管控、市场规律和民众诉求。奥巴马医改存在政府投入过多、市场力量被削弱的问题，特朗普医改存在忽略底层民众的问题，我国需要引以为鉴[①]。

（四）东亚社会福利体系

"东亚福利模式"（East Asia Welfare Model）或"东亚福利体制"（East Asia Welfare Regime）概念是在20世纪90年代后期，通过与西方福利国家模式的比较异同中产生的。东亚福利体制国家和地区一般泛指日本、韩国、新加坡以及中国香港和中国台湾地区。由于目前高龄少子化是中日韩三国共同面临的挑战，这里仅回顾日本和韩国的社会福利体系发展状况，以期为我国福利体系研究提供经验借鉴与新的思路。

1. 日本社会福利体系

整体而言，日本的社会福利从人的生活出发，围绕人本身的生活状况、人与环境、人与人这三个层面，构建的是以功能为中心的社会福利体系。作为世界上老龄化程度最严重的国家，日本又被称为全球最适宜养老的国家，这是因为其通过国民年金、医疗保险和介护保险等制度的支撑与实施促成其在养老保障上的成功[②]。这里以养老保险制度的建立和完善为支线，着重介绍日本社会福利体系中的养老服务领域。

第二次世界大战后日本社会福利体系按照美国福利模式构建，但与日本的政治制度、经济结构、文化传统的不匹配使日本福利界开始

---

① 李俊、李重：《从奥巴马医疗到特朗普医疗：美国医疗改革对我国的启示》，《中国卫生经济》2018年第4期。

② 李青：《日本养老制度发展历程：从"国家福利"到"社会福利"》，《行政管理改革》2019年第7期。

寻找构建适合本国国情的福利体系建设道路。

20世纪五六十年代，日本进入经济高速成长期，国家财政和国民收入均稳固增长，开始注重经济发展与社会福利二者的关系。经济结构带来产业结构的转换，大量劳动力转移到第二、第三产业，带来留守家中的老年人生活问题与劳动力安全供给问题。于是1959年日本出台《国民年金法》，把没有加入或者没有能力加入国民年金的国民全部纳入养老保障体系，且福利年金的费用全部由国家负担。为保障国民养老，日本政府又设立了专门面向公司职员或者公务员的厚生年金作为国民年金的补充，二者成为日本公共年金制度的两大支柱。从实行"救贫""家族扶养优先"等制度到"社会扶养"制度，养老金制度和医疗养老金制度的改革朝着"国民皆保险、国民皆年金"的总目标进行。

从20世纪70年代开始日本进入老龄化社会，日本主管福利事业的厚生省将1970年定为"调适老龄化社会年"，1973年由政府有关省、局组成"老人对策计划小组"。到80年代，针对日益严重的日本人口的老龄化和少子化问题，《长寿社会对策大纲》（1986）希望日本进入真正的长寿社会时能够继续发挥社会和国民的活力，《实现老龄福利社会措施的原则与目标》（1988）又被称为"福利展望"，明确了老人福利政策的方向与施策目标，《促进老人健康与福利服务十年战略规划》（1989）确立了国家对高龄者的"保健医疗福利"服务基本方针。

值得一提的是，日本建立的一个由国家运营，实现医疗、保健、福利三位一体的新的介护保险制度，是老龄化社会的重要保障。目前世界上长期护理保险制度主要有四种典型模式，以美国为代表的市场主导模式、以德国为代表的双轨运行模式、以新加坡为代表的公私合作模式和以日本为代表的全民社会保险模式，其中只有日本真正地建立了一个独立的介护体系。日本《介护保险法》是在人口老龄化、医疗保险的财政压力、家庭小型化和妇女职业化、社会互助的价值观念的推动下于2000年4月正式实施，此后与时俱进进行多次完善，最近一次修订是在2020年并于2021年4月开始实施。其明确表明，护理照顾老年人的责任在于社会，需要由全社会支撑老年人，如规定子女照顾病卧的父母，可以依法领取一定的报酬。构筑了社会参与的家庭养老形式。介护服务实现全国统一,无论老人身在何处都可以在评估完身体状况后得到相应的护理服务和补贴。

当然除了政府运作外,日本社会福利体系的建构也离不开社会运动、民间组织的力量,例如《介护保险法》的推出就是日本妇女为投身工作而积极努力推动的结果,由工会要求或直接出面组织的争取建立车间托儿所的社会运动在成功之后,带来从小区联合保育院的创办到在全国推广的积极影响。日本养老政策法规如表10-2所示。

表10-2　　　　　　日本养老政策法规一览

年份	名称	主要内容
1959	《国民年金法》	20岁以上60岁以下国民皆年金,65岁开始领取
1963	《老人福利法》	倡导保障老年人整体生活利益,推行社会化养老
1983	《老人保健法》1985年正式生效	使日本老年福祉政策的重心,开始转移到居家养老
1986	《高龄者雇用安定法》	旨在为老年人就业提供政策支持
1995	《老龄社会对策基本法》《对策大纲》1996	建立"每个国民都能终生享受幸福的老龄化社会"
2000	《介护保险法》	1995年提出,1997年推出,2000年4月开始实施,2005年修订后每3年修订一次
2001	《社会福祉法》	扩大社会福利事业的范围,加强了对各事业主体的管理
2001	《高龄者居住法》	方便高龄老人的生活、居住和出入
2002	《社会福祉士及介护福祉士法》	致力于培养社会福祉各种服务等级的护理人才
2003	《健康增进法》	对老年人的健康保障作出相应的法律规定
2006	《无障碍法》	保障高龄者及残疾人无障碍移动的法律

资料来源:赵晓征:《日本养老政策法规及老年居住建筑分类》,《世界建筑导报》2015年第3期。

2. 韩国社会福利体系

20世纪60年代初,快速工业化给韩国带来经济上的快速发展,也使人们意识到社会权利的概念,于是韩国开始推行社会保障制度,进入"发展型福利国家"时期。此后虽然政府制定了大量有关社会福利的法律和政策,但一直扮演着监管者角色,直到1997年爆发亚洲金融危机,面对大量失业及贫困人口增加,政府强调加强社会保障体系建设时,韩国社会福利体系才开始发生重要变化,政府承担起更多责任,担当起提供者的角色,韩国迎来社会福利的整合提升期。2000 年公共年金和雇佣保险制度扩大到全体国民;2002 年将重心放在完善社会保险制度和社会扶助制度等重点领域;2007 年加强社会服务领域的制度建设;随着经济低速增长与老龄化的加剧,为满足越来越多元化的国民福利需求,2012 年韩国政府建立起生命周期型社会福利体系。同年修订的《社会保障框架法》定义韩国的社会保障制度由社会保险、公共援助和社会福利服务三部分构成,表 10 - 3 是截至 2018 年的社保具体项目内容。

表 10 - 3　　　　　　　　韩国政府举办的社会保障项目

社会保险	公共援助	社会福利服务
国民年金（1988 年） 公务员年金（1960 年） 军人年金（1963 年） 私立学校教职工年金（1975 年） 国民健康保险（1977 年） 老年人长期护理保险（2008 年） 失业保险（1995 年） 产业灾害补偿保险（1964 年）	国民基本生活保障制度 医疗援助 基础老龄年金 灾害救济 紧急援助 对因正义事业受伤或牺牲的人给予待遇和荣誉	包括提供咨询、康复、护理、信息等方式的多样化项目,保障居民在教育、就业、住房、文化、环境等领域的体面生活

资料来源:刘泰均、胡文秀:《韩国社会保障制度:历史、现状及未来展望》,《社会保障评论》2021 年第 1 期。

韩国学者刘泰均认为目前的社会保障制度主要面临以下三大问题。制度设计与实施上的盲点不断削弱制度的包容性;迅速扩大的社会保障支出日益威胁到制度的可持续性;随着民众福利满意度的不断下降,制度的有效性受到质疑。因此韩国社会福利体系需要向更具包容性、有效性和可持续性的方向发展。首先,认清"低负担、高给付"的福利二元性根本不可能存在,避免掉入伪福利民粹主义陷阱。其次,任何从事定期或不定期创收活动的人都必须视为劳动者,且所有劳动者都必须向社保缴费。重新定义"劳动者"有利于把社会保险转变为真正的全民保险。再次，建立社会服务保险，来保障人们终身享有社会服务的权利。最后，是制定《社会保障筹资稳定特别法案》，根据该法案设定盈余目标和支出上限，使制度免受经济、人口结构变化的影响，维持可持续性①。

任何革新都必须立足现实。近年来韩国面临的严峻现实是低生育率，2020年更是出现了死亡人口首次大于出生人口的现象。为应对低生育率导致的危机，韩国学者李奉柱把"包容性增长"作为低生育社会里福利体系的核心内容，即在包容性增长的理念下最终构建一个机会公平、社会阶层向上流动、中产阶层为主体、增长潜力高的"整合性"社会福利体系。具体政策建议如下。第一，加大对儿童的人力资本投资，包括经济层面和健康成长层面。根据经合组织（OECD）的资料分析，儿童及家庭相关的政府支出占GDP的比重和生育率具有正向关系。韩国是政府投入少、生育率低的典型国家，有必要通过引入儿童津贴等制度来增进儿童福利。相关实证证明了家庭收入与儿童健康发育存在相关性，因此主张实施"Health Start项目"，一个以婴幼儿为对象的家庭访问项目。第二，出台基于就业岗位的生产性福利政策。就业岗位福利的核心在于创造好的就业岗位并通过这些就业岗位实现劳动者自立。韩国女性因生育而退出劳动力市场且再就业动力不足的现象较为明显，在出台防止女性因生育而选择放弃就业的积极政策时，也应该为中断工作的女性更容易回归劳动力市场提供相应的政策支持。此外有必要修改《老龄人雇佣促进法》，营造更适应高龄者的就业环境。通过提高有劳动能力人口的雇佣率，完善针对弱势群体的教育、培训等政策以进一步提升其就业能力，从而形成社会福利与经济增长之间的良性循环。第三，制定以资产为本的社会福利政策。例如针对为提高个人为养老而进行的自主性储蓄，建议将现行的个人税收优惠方式转换为以家庭为单位的税收优惠方式；针对家庭主妇等无收入配偶加入国民年金问题，允许有收入配偶的应税收

---

① 刘泰均、胡文秀：《韩国社会保障制度：历史、现状及未来展望》，《社会保障评论》2021年第1期。

入享受保险费扣除的优惠政策；针对低收入阶层的贷款制度，应积极改进资产拥有标准和支持金额，促进该群体的资产积累；针对低收入家庭的儿童发展账户（Child Development Account）的构建，目前这一政策仅覆盖韩国一部分福利机构内儿童和低收入阶层的儿童，有必要扩大其覆盖范围①。

3. 东亚社会福利体系小结

对于东亚福利模式的主张还未达成共识。支持存在东亚福利模式的依据主要有五个：受儒家传统文化影响、受政治生态制约、受"后发效应"影响、"适应性学习"的结果、第二次世界大战后东亚国家或地区发展战略的相似性。认可不存在一个可以概括东亚各国福利特色的统一模式，原因有三。首先，东亚福利这一概念奠基在与西方体系比较的基础与感性的文化直观基础之上，缺乏科学的理论基础；其次，东亚福利研究尚缺乏可以进行资料充分比较的数据库，导致研究结果缺少一定公信力；最后，东亚福利的发展导向具有动态性，对东亚福利的动态分析常常会对于倡导静态模式比较的主张提出挑战②。

在此争议下，对于中国社会福利体系是否属于东亚福利模式同样很难给出统一答案。在东亚福利模式研究早期，许多学者把经济增长优先于福利发展、家庭在福利供给中占据突出地位、政府福利支出偏低、福利分配的阶层化和职业化归纳为东亚福利模式的共性，当时我国福利体系确实也体现了这些特征。但东亚各国或地区原本就存在的差异，自1997年亚洲金融危机后表现得更为明显③，吴楷楠认为我国社会福利体系属于"东北亚体系下的亚福利体制"，即在经济水平、政治体制等领域与东南亚体系具有较高相似度，但在理念和制度的发展趋向上具有较为明显的东北亚体系特征④。黄晨熹则认为我国社会

---

① 李奉柱、金炳彻：《韩国低生育时代的社会福利模式创新》，《社会保障评论》2017年第4期。

② 林卡、赵怀娟：《论"东亚福利模式"研究及其存在的问题》，《浙江大学学报》（人文社会科学版）2010年第5期。

③ Ramesh M., *Social Policy in East and Southeast Asia*, London: Routledge, 2004, p. 16.

④ 吴楷楠：《东亚福利体制下的中国位置——基于东北亚、东南亚福利体系的分野》，《社会福利》（理论版）2018年第4期。

福利体系的发展有其特殊性，是具有中国特色的社会福利体系[①]。

从大方向上看，为响应日益变迁的政治、社会、经济环境，东亚各国的发展目标是构建更具包容性的社会福利体系。其中日韩两国社会福利体系改革中有三点值得我国关注。一是立法先行，权责明确。日韩社会福利体系的完善均以立法为前提，只有把福利制度建设纳入法治化轨道，才能保障其有效规范地实施。二是福利体系要始终保持适度水平。日韩两国社会福利体系强调个人、企业和家庭的作用。我国作为发展中的人口大国不适合高支出的福利类型，各地政府需要理性地根据自身的财政能力，循序渐进地推动社会福利的发展。三是整合医疗护理资源应对"银色挑战"。日韩经验证明护理保险制度改革不仅是服务的整合，更是资源的整合，特别是整合社会化的居家社区养老服务资源，激活养老服务体系的"神经末梢"。

三　中国社会福利体系发展

本章节简要概述了中国社会福利体系从传统社会福利到现代社会福利的发展历程，特别是20世纪90年代以来，关于建设怎样的社会福利体系，并着重强调中国特色社会福利体系的问题逐渐成为社会福利研究者的讨论热点。这一阶段我国在京沪粤苏进行了积极的福利事业探索实践，提出了适度普惠型社会福利体系、系统型社会福利体系、全民共享的发展型社会福利体系、普遍整合型社会福利体系、公平可持续的社会福利体系五种主流构想。最后综述国内外学者对我国未来社会福利发展的体系构建与框架设计的最新讨论观点。

（一）中国社会福利体系发展历程

中国自古以来对社会福利问题就颇为关注，传统的社会福利思想源自先秦诸子百家，各思想流派不断交流碰撞，历朝统治者不断

[①] 黄晨熹：《中国福利体制的特点、模式及未来走向》，载彭华民、[日]平野隆之《福利社会：理论、制度和实践》，中国社会科学出版社2016年版，第155页。

开展福利实践。大体而论，中国传统福利体系主要围绕着民本思想、仁义忠孝原则、慈善观念和大同目标这一整体价值体系或是某一部分，按照"个人—家庭—宗族—国家"阶梯式递进形成，但这是一个类自然过程的结果而不是理性安排的产物。受时代局限性，中国传统福利体系在保障水平上具有低层次性；在发展中未产生社团概念，且儒家思想一直占据主导地位，具有封闭性；当政者开展福利事业的根本目的是缓和阶级矛盾并维持统治秩序，在运行实践上具有不稳定性和随机性。因此，"传统福利"没法进化成现代意义上的社会福利事业，但其为现代社会福利体系的建构提供了可借鉴延续的思想价值[1]。

新中国社会福利体系70余年的发展通常分为两大阶段，即改革开放前的计划经济时期和改革开放后的市场经济时期。计划经济时期逐步建立了从城镇企业职工劳动保险制度（1951）、公费医疗制度（1952）、企业福利制度（1953）、机关事业单位退休制度（1955）到农村"五保"制度（1956）、合作医疗制度（1962）等制度，形成一种城乡分割的二元福利体系[2]，包括老年人福利、儿童福利、残疾人（精神病人）福利、社会福利生产几个制度板块内容，体现了疗救性、生产性、残补性的特征。市场经济时期社会福利体系从国家化走向社会化、市场化、国际化。特别是随着"社会福利社会化"等制度设计理念的转型，除老年人福利、儿童福利、残疾人福利、社会福利企业有了新的制度内容，还发展出福利彩票等制度板块，体现了多元化、边缘化、普惠化特征[3]。从计划经济时期到市场经济时期，福利模式从补缺型到适度普惠型，从小福利到底线公平的大福利，从照顾弱者到普惠全民的发展型福利[4]，是

---

[1] 曾瑞明：《中国传统福利思想研究：主要议题、学术特点和当代价值》，《社会保障评论》2017年第4期。

[2] 韩克庆：《转型期中国社会福利研究》，中国人民大学出版社2011年版，第9—10页。

[3] 韩克庆：《新中国社会福利制度的发展与变迁》，《社会福利》（理论版）2019年第12期。

[4] 董少龙：《中国社会福利制度的思考》，《社会福利》（理论版）2015年第6期。

一个从工作单位—民政为本福利模式向个人—社区—社会保障式福利模式的转变过程①。

改革开放之后的时期也被多位学者再进一步细分。如景天魁等将其划分为恢复时期（1977—1985年）、改革探索时期（1986—1996年）、全面改革时期（1997年至今）三个阶段，其中全面改革时期对就业保障制度、养老保障制度、医疗保障制度进行改革，如1997年实行的"三支柱"养老模式确立了中国养老保险制度的基本框架，1999年的《失业保险条例》确立了中国现行失业保险制度的基本框架，2002年首次提出下岗职工积极就业政策，2005年首次提出建立公务员保险制度的要求，2008年首次提出"新型农村社会养老保险"概念并加快建立农村社会保障体系等；形成新型工伤保险制度，2004年实行的《工伤保险条例》标志着中国工伤保险制度基本定型；健全完善生活保障制度；进一步发展安全保障制度；全面改革教育福利制度；全面取消福利房制度并全面建立多层次住房保障体系；日臻完善特殊群体的福利制度②。韩克庆指出，1979—1997年属于从计划经济体制向市场经济体制的过渡和衔接时期，1998年至今属于新型社会福利体系建立和完善时期，这一时期体现三个特征：一是管理体制几经调整，国家劳动部在1998年更名为劳动和社会保障部，又在2008年与人事部合并为人力资源和社会保障部；二是各项福利政策密集出台；三是社会福利价值导向从效率优先、补救式保障向公平正义等理念发生根本性转变③。林闽钢和梁誉认为，转型期（1978—1999年）的社会福利逐渐向社区化与社会化方向改革，21世纪以来日渐完善老年人、残疾人与儿童福利项目，快速发展农村社会福利制度，不断优化社会福利的管理体制，逐步形成多元化、普遍化、体系

---

① 刘继同：《中国现代社会福利发展阶段与制度体系研究》，《社会工作》2017年第5期。
② 景天魁等：《当代中国社会福利思想与制度：从小福利迈向大福利》，中国社会出版社2011年版，第22—55页。
③ 韩克庆：《转型期中国社会福利研究》，中国人民大学出版社2011年版，第10—11页。

化的社会福利体系框架①。2006年《中共中央关于构建和谐社会若干重大问题的决定》对社会福利制度的三种表述,表达了公共服务、社会事业与社会保障制度共同构成社会福利体系。2007—2010年,中国社会保障制度一直进行深化改革,各项福利政策井喷式出台并开展试点试行,于是2010年甚至被当作中国老年福利元年②、中国儿童福利元年以及中国社会福利元年③。2014年城镇居民养老保险与农村居民养老保险制度开始进行整合,同年建立了城乡统一的特困人员供养制度,标志着我国城乡特困人员保障工作进入新的发展阶段,次年城镇居民医疗保险与新农合也开启全面整合,之后的精准扶贫、健康中国、乡村振兴、公益慈善等福利供给极大地推动了中国社会福利体系的完善④。由此可见,20世纪90年代末以来我国社会福利在各方面取得突飞猛进的进展,建设怎样的社会福利体系也成了社会福利研究者的讨论热点。

(二) 中国社会福利体系的地方实践

京沪粤苏改善民生福利各有地域特色,构成了地方民生治理创新的经验样本。探讨沿海发达地区的社会福利发展,对全国社会福利改革有重要意义⑤。

北京的探索经验如下。一是推进社会福利城乡一体化。推动基本福利均等化发展,缩小城乡福利差距。在全国率先建立了新型农村社会养老保险制度和城乡无社会保障老年居民养老保障制度,率先启动城镇无医疗保障老年人和学生儿童大病医疗保险制度。二是构建多层

---

① 林闽钢、梁誉:《我国社会福利70年发展历程与总体趋势》,《行政管理改革》2019年第7期。
② 刘继同:《中国老年福利政策议程与老年社会工作战略地位》,《社会福利》(理论版) 2014年第11期。
③ 刘继同:《中国儿童福利时代的战略构想》,《学海》2012年第2期。
④ 岳经纶、程璆:《新中国成立以来社会福利制度的演变与发展——基于社会权利视角的分析》,《北京行政学院学报》2020年第1期。
⑤ 刘敏:《适度普惠型社会福利制度:中国福利现代化的探索》,中国社会科学出版社2015年版,第120—135页。

次大福利制度。促进福利项目整合,初步形成了以就业保障、生活保障、养老福利、医疗卫生福利、教育福利和住房福利为主的多层次大福利制度。三是扩大福利覆盖面。发展"9064"养老服务体系,初步形成了以居家为基础、社区为依托、机构为补充,多元化投资、多层次发展、专业化服务的新型养老服务格局。

上海的探索经验如下。一是夯实综合社会安全网。以保障和改善基础民生、底线民生为重点,发展综合救助和专项救助,完善以基本生活保障为基础,以医疗卫生救助、教育救助、临时救助和综合帮扶为补充的社会救助体系。二是解决"支出型"贫困问题。在全国率先开展支出型贫困救助,建立因病支出型贫困家庭生活救助制度,将"支出型"贫困对象的基本生活纳入最低生活保障制度。在上海各区的不同试点政策,改变了过去仅根据家庭收入判断是否享受社会救助的依据。三是创新多元化福利供给机制。构建官商民三方合作公益平台,推进公益项目创投。

广东的探索经验如下。一是增加民生净福利支出。提出"普惠共享,保障和改善民生",特别是把增加净福利支出作为改善民生的重点。在全国率先公布了第一个省级幸福指标体系,将教育、医疗卫生、住房、社会服务和社会保障等广义社会福利纳入幸福指数的核心指标,以及各级政府绩效考评范围。二是推广政府购买服务。在全国首次发布政府向社会组织购买服务项目目录,将政府购买服务经费纳入政府财政预算。通过政府购买服务的方式,资助社会组织开展公益慈善和社会福利等服务项目。三是发展个人与家庭社会服务。改变以现金和实物为主的传统社会福利,将社会服务从老人、儿童、残疾人服务拓展延伸至教育、医疗卫生、就业、文体、精神慰藉等各个层面,构建个人、家庭、社区三位一体的综合社会服务体系。

江苏的探索经验如下。一是探索老年人适度普惠型福利体系。重点放在突出老年人权益保障、发放高龄老人尊老金、发展养老服务体系等方面。朝着"全面建成以居家为基础、社区为依托、机构为支撑、信息为辅助,功能完善、服务优良、覆盖城乡的养老服务体系"方向努力。二是发展儿童适度普惠型福利体系。重点放在建立困境儿童基本生活保障制度、完善困境儿童医疗卫生和教育等专项救助方面。三是构建残疾人适度普惠型福利体系。重点放在提供残疾人护理补贴、发放贫困残疾人托养服务补贴、促进残疾人积极就业等方面。

综上,从京沪粤苏地区的福利模式探索中总结出以下几点启示。第一,"先福带后福",走增量式福利发展之路(Incremental Approach)。增量式福利发展强调,福利体系要与地方经济社会发展水平相适应,根据经济发展水平渐进式地提高福利投入和标准,实现经济效率与社会公平兼顾、经济增长与民生改善协调发展。这种策略符合我国现有国情,通过"以点带面、分步推广",从试点推向全国。第二,突出弱者照顾,优先发展基本民生安全网。优先照顾弱者,优先发展基本民生,重点发展多层次、广覆盖、保兜底的基本民生安全网,在此基础上逐步建成全民共享的社会福利体系。第三,增支、提标、扩面,提高民生净福利水平。"增支"即增加福利开支,提高福利支出占公共财政支出的比重;"提标"即提高福利标准,提升福利保障水平;"扩面"即扩大福利覆盖面,让更多人分享经济与福利成果。从支出、标准、覆盖三者共同扩大福利总量和规模,提高民生净福利水平。

(三) 中国社会福利体系五种代表性构想

1. 适度普惠型社会福利体系

民政部在2007年首次明确指出,我国未来社会福利事业的发展需由"补缺型"向"适度普惠型"推进转型[①]。次年大连市沙河口区民政局局长韩裕民对适度普惠型福利模式这一新提法作出初步阐释。其认为我国适度普惠型社会福利体系根据现实状况会依次经历三个阶段,从侧重提高福利服务水平的初级适度普惠阶段,到满足民众基本生活需求的中级适度普惠阶段,再到满足全体社会成员更高水平社会福利需求的高级适度普惠阶段[②]。随后越来越多的学者开始对我国适

---

① 民政部:《社会福利事业将转为"适度普惠型"》,《政协天地》2007年第11期。
② 韩裕民:《适度普惠型福利模式探索》,载王振辉、王齐彦、冯晓丽《新时期中国社会福利制度转型理论探索获奖论文集》,中国社会出版社2009年版,第92页。

度普惠型社会福利体系进行研究探索,从不同视角提出各自构想。王思斌主要从责任主体角度比较全面地阐述了构建我国适度普惠型社会福利体系的三个基本要素与五个基本要求。福利观念、政策发展、制度建设是影响体系完善的基本要素,因此需要改进社会权利观,制定与实施适宜的社会政策,以及除了政府责任到位,企业、社会和家庭也要参与承担。政府责任优先、以民众需要为导向、企业的承担社会责任、家庭的支持作用和社会福利机构的培养发展都是建立该体系的基本要求[①]。彭怀民认为,适度普惠型社会福利体系实质上就是按照分需要、分目标、分人群、分阶段四个主要设计原则,建立以普惠型福利为主、以选择型福利为辅、适度普惠的组合式普惠型社会福利体系[②]。曹艳春从财政支出角度展开实证分析,在对目前社会福利所需资金和供给能力进行概算和预测后,提出在适度普惠型社会福利体系中引入绩效管理理论,其建立适度普惠型社会福利绩效评估指标体系的创见具有一定的应用价值[③]。李迎生认为,"基本公共服务均等化"的提出为构建普惠型社会福利制度提供了可行性与操作空间,"整合模式"可以作为普惠型社会福利制度的中国选择[④]。刘敏在总结京沪粤苏等发达地区探索适度普惠型社会福利模式经验启示的基础上,进一步提出"将社会福利普惠化供给与阶梯化供给相结合",逐步构建普惠从低度到高度、从区域到全国、从弱者到全民的阶梯式普惠型社会福利体系[⑤]。秦莉针对我国现阶段社会福利多元供给产生的责任结构归属问题,提出适度普惠型社会福利体系应以家庭

[①] 王思斌:《我国适度普惠型社会福利制度的建构》,《北京大学学报》(哲学社会科学版) 2009 年第 3 期。

[②] 彭华民:《中国组合式普惠型社会福利制度的构建》,《学术月刊》2011 年第 10 期。

[③] 曹艳春:《我国适度普惠型社会福利制度发展研究》,上海人民出版社 2013 年版,第 2—3 页。

[④] 李迎生:《中国普惠型社会福利制度的模式选择》,《中国人民大学学报》2014 年第 5 期。

[⑤] 刘敏:《适度普惠型社会福利制度:中国福利现代化的探索》,中国社会科学出版社 2015 年版,第 196—197 页。

单元、劳动单元、需求单元为基点,从这三个生活场域出发来明晰多元主体的责任边界。与之相对应的体系内容按照基础、核心、提升三个目标层次,分为解决基本生活问题的生活性福利制度、解决人的发展问题的发展性福利制度和解决人的幸福需要问题的幸福性福利制度[1]。张军指出,要实现福利转型需要从公平与效率、生存与发展、稳定与调节、传统与现代这四个维度对福利体系的目标定位进行剖析[2]。

2. 系统型社会福利体系

周沛构建了由政策性、制度化的社会保障,专业化、职业化的社会工作,网络化、多元化的社会服务,政府提供和实施的公共福利四个互相独立又互为补充的子系统组成的社会福利体系[3]。他认为,对现代社会福利体系的理解离不开以下四个维度。一是以保障公民基本生活、提升公民生活质量和社会福利水平为目标;二是追求社会平等和公正;三是福利对象具有全民性;四是以非功利性和服务性为价值取向,这也是最明显的特点[4]。由是观之,我国现代社会福利模式应以体现"大福利""发展型福利""系统性福利"三大特点来构建一个完整的福利体系。其中"大福利"体现在享受社会福利的成员更广泛、福利供给的主体更多元和社会成员获得福利的途径更多样;"发展型福利"强调以综合的视角看待这一福利模式,这是一种整体性的社会政策,其政策目标是发展性的,且从思维到政策实施都是积极的;"系统性福利"要求一个完整的福利体系具有强连贯性和系统性,在福利对象上需要覆盖人的不同生命阶段,在福利内容上需要从

---

[1] 秦莉:《中国适度普惠型社会福利体系的建构研究》,上海交通大学出版社2016年版,第146—147页。

[2] 张军:《我国适度普惠型社会福利制度构建的目标选择》,《学术探索》2022年第2期。

[3] 周沛:《论社会福利的体系构建》,《南京大学学报》(哲学·人文科学·社会科学版)2007年第6期。

[4] 周沛:《社会福利理论:福利制度、福利体制及福利体系辨析》,《国家行政学院学报》2014年第4期。

人的全面发展角度考虑①。李静和龚莹就以儿童期、成年期、老年期三个重要生命阶段的福利供给为着眼点，从人的生命历程视角提供了一个新型社会福利体系架构②。

3. 全民共享的发展型社会福利体系

2009年中国发展研究基金会于北京发布的《中国发展报告》中提出构建全民共享的发展型社会福利体系，整体架构由教育保障、就业保障、基本生活保障、养老保障、健康保障、住房保障、其他保障七个部分组成。这次主题把落足点放在"全民共享"和"发展型"上，"全民共享"表现在三个方面。一是为没有制度保障的社会群体建章立制；二是扩大已有制度安排的社会群体覆盖面；三是逐步提高社会福利的公平性，保证全民享有经济社会发展成果。"发展型"也蕴含三个含义。一是关注人的全面发展，涉及教育扩展、健康促进、就业援助等；二是强调福利体系的渐进发展，与经济发展相适应；三是加强社会福利支出的社会投资功能，与经济发展相互促进③。"全民共享"在范斌的构建复合型社会福利体系描述里已现雏形，他认为福利体系应是多层次的，满足不同群体的社会福利要求，且居民最低生活保障制度、社会救助制度、社会保险制度三大部分有机衔接。发挥居民最低生活保障制度的最后保障作用，最大限度保障弱势群体的基本生活和发展权利，坚持权利与义务基本对等的原则下完善社会保险制度④。燕丽娜从我国社会分层结构指出，"针对不同阶层的特点，采取不同的制度安排，对社会福利体系的完善具有重要的意义"⑤。也有学者从财政视角研究构建一个全民共享的发展型社会福利体系，

---

① 周沛、李静、梁德友:《现代社会福利》，中国劳动社会保障出版社2014年版，第51—52页。

② 李静、龚莹:《生命历程视域下的新型社会福利体系研究——以江苏省为研究对象》，《学术论坛》2011年第8期。

③ 中国发展研究基金会:《中国发展报告2008/09：构建全民共享的发展型社会福利体系》，中国发展出版社2009年版，第1、27页。

④ 范斌:《福利社会学》，社会科学文献出版社2006年版，第262—263页。

⑤ 燕丽娜:《从社会分层看我国社会福利体系的完善》，《兰州学刊》2011年第1期。

需要多少公共财政资金的投入,并估算每个发展阶段的预算①;构建与经济发展水平相适应的发展型社会福利体系尤其需要改革"中国式财政"体制②。

4. 普遍整合型社会福利体系

毕天云针对我国目前社会福利体系存在的面向弱势群体的补缺性、满足社会成员某几项福利需求的片面性、福利具体形态展开的单一性的现状,以及福利提供主体的类型和数量日益增加,福利供给方式走向混合性的趋势,提出我国将建立"普遍型"与"整合型"二者高度统一的普遍整合型社会福利体系。其中"普遍型"包含"社会福利对象的广泛性、社会福利内容的全面性、社会福利类型的综合性、福利提供主体的多元化和福利供给方式的多样性"③。有限福利到普遍福利的进程不可避免带来福利碎片化的弊端,这就需要在普遍性上进行福利整合。"整合型"内含"社会福利管理整合、社会福利制度整合、社会福利政策整合、社会福利类型整合、社会福利主体整合、社会福利机制整合、社会福利经办机构整合、社会保障信息系统整合、社会福利体系城乡整合、社会福利监控机制整合等十个方面"④。整合程度从低到高可分为不同福利制度之间形式上整合的统筹式整合,不同福利制度之间相互融通的衔接式整合,一个制度、多种标准模式下的并轨式整合,一个制度、一种标准模式下的合并式整合四种形式⑤。克服"碎片化",也是郑秉文建议建立大一统社会保障体系的初衷,他认为"大一统"具备实现全覆盖方针、达成全国

---

① 何平、李实、王延中:《中国发展型社会福利体系的公共财政支持研究》,《财政研究》2009 年第 6 期。
② 樊继达:《发展型社会福利体系建设:对中国式财政的挑战及应对》,《中央财经大学学报》2011 年第 9 期。
③ 毕天云:《论普遍整合型社会福利体系》,《探索与争鸣》2011 年第 1 期。
④ 毕天云:《论大福利视阈下我国社会福利体系的整合》,《学习与实践》2012 年第 2 期。
⑤ 毕天云:《大福利视阈下的中国社会福利体系整合研究》,中国社会科学出版社 2016 年版,第 13—14 页。

统筹的终极目标、一定的结果公平等显著优势①。

5. 公平可持续的社会福利体系

由贡森、葛延风、王雄军等专家组成的课题组在对"建立统一的投资性福利体系，实现公平可持续发展"进行全面深入研究后，提出了包含总体性和分领域在内的社会福利体系建设的总体方案。总体性的福利体系建设方案包括四种。一是优化财政支出结构，增加社会福利的财政支持力度；二是改革福利筹资体制，提高中央和省级政府的支出比重；三是建立基本公共服务包，保障底线公平；四是大力推行全国统一、资源整合、功能兼容的社会保障卡。同时在推进义务教育均衡发展的政策方案、医疗保障制度整合和公平享受的政策方案、养老保险制度整合和公平享受的政策方案、社会救助体系的制度整合和平等保障的政策方案上提出建议。总体上侧重于宏观上、框架性的福利体系设计遵循如下的基本理念与总体思路。基本理念包括三个方面：一是保障国民基本权利，促进社会公平；二是促进经济参与、人力资本和提高生产力；三是促进现代国家构建，保障民族团结和国家繁荣。总体思路有四个要点：一是总体水平要适度，财政上具有可持续性；二是制度设计要体现统一性、协调性；三是国家、市场、社会（包括公民个人和家庭等）的责任要合理分担；四是适应中国的国情特点和未来的社会挑战②。这与郑功成提出的以统一性、政府主导与责任承担等为基本原则，沿着公平、普惠、可持续的价值理念方向发展社会保障体系的战略目标不谋而合③。

6. 五种中国社会福利体系构想小结

通过对以上五种代表性的社会福利体系构想的简要综述，可以发现适度普惠是学者关于我国社会福利体系研究的重要建议，多位学者提出要建设适度普惠的中国社会福利体系，阐释其丰富的内涵，提供

---

① 郑秉文、齐传君：《"大一统"：社保改革的未来方向》，《宁波经济》（财经视点）2009 年第 6 期。
② 贡森、葛延风、王雄军等：《建立公平可持续的社会福利体系研究》，社会科学文献出版社 2015 年版，第 42—55 页。
③ 郑功成：《中国社会保障改革与未来发展》，《中国人民大学学报》2010 年第 5 期。

建构的基本思路并积极在地方探索经验。王云斌认为，自 2007 年起，我国进入了适度普惠性型社会福利制度时代①。

我国五种代表性的社会福利体系构想丰富了设计思路，贡献了建设性思想。虽然在侧重点上各有不同，但在本质上都突出了"系统整合""全民普惠（或全民共享）""渐进发展（或分阶段，或阶梯式，或与经济发展相适应）"几个特征，体现了福利模式逐步由人民福利走向全民福利，由保障福利走向发展福利，由补缺型福利走向普惠型福利②。具体而言，在福利资格准入原则上坚持普遍主义，福利资格的确定由"身份本位"转向"需要本位"；在福利资格的公共私人责任的价值上转向公平正义、以人民为中心，政府公共服务职能重新加强；在福利的给付形式上，实物、现金及福利券的社会福利的商品化属性逐渐减弱，但仍面临福利地域差异和碎片化的问题；在个人行为调节上，居民参与福利建设从被动消极参与转变为主动积极参与；在福利提供方式上，由政府一元主导发展成国家、市场、社会组织、私人等多元供给模式；在福利结果上，社会保障覆盖面扩大，整合程度提升，待遇水平提高，但福利水平整体较低，依然存在城乡、地域、群体上的差异③。

各类服务与资源的系统整合有利于实现福利全覆盖的福利目标，福利改革与经济发展同步、实行渐进发展，有利于实现共同富裕的目标。一言以蔽之，我国最终构建共富共享的社会福利体系，建设福利共享、全民共富的福利社会。

（四）中国社会福利体系的未来设想

构建中国特色社会福利体系早在 20 世纪 90 年代初就被提出④，

---

① 王云斌：《中国社会福利制度的历史考察与发展方向》，《社会福利》（理论版）2020 年第 7 期。

② 翟绍果：《福利共享与全民共富：走向福利中国的百年实践与经验价值》，《社会保障评论》2022 年第 3 期。

③ 岳经纶、程璆：《新中国成立以来社会福利制度的演变与发展——基于社会权利视角的分析》，《北京行政学院学报》2020 年第 1 期。

④ 陈良瑾、唐钧：《建立有中国特色的社会福利制度》，《学术研究》1992 年第 3 期。

第十章 社会福利体系建设经验及研究综述

所谓中国特色，就是要在社会福利制度中充分考虑中国元素，包括中国社会福利制度发展演变的脉络和特征，中国传统的福利文化，中国特色的社会主义，中国的发展模式、发展阶段以及政治经济社会现实[①]。对于我国社会福利体系未来的设计与设想，现综合多位学者的最新观点，总结如下。

我国社会福利体系的建构从新中国成立以来都基于实践理性，但多为配套改革或应急管理。所以在未来的福利体系构建中，需要采用长远视野、全局性战略规划的思维主导。每个国家都有其独特的国家、社会、市场关系，福利建设应多思考国家和个人、政府和市场之间关系——制度是否需要给市场留出空间，是否需要给个体留出空间，是否需要给非制度留出空间。最核心的问题是福利的内在机理该如何定位。

解读我国特色社会福利体系时，应结合社会风险变迁背景，从两个维度进行理解。一是过去社会福利体系的建设路径是什么，对当前社会福利体系发展的影响有什么；二是当前建立的社会福利体系，或将要建立的社会福利体系的价值取向以及特色表现是什么。具体而言，对于特色的层次理解应包括三个方面——表面层次（物质和工具性层次）、制度层面的层次、价值取向的层次。其中，制度层面的特色可以表现在主体间的关系——政府、社会、社区以及家庭和个人。西方话语体系中缺乏民生这一板块，因此在设计我国特色社会福利体系的框架中可以融入"福利与民生"，具体可以考虑三点。一是中国特有的纵向社会关系和社会结构；二是中国的文化存在方式会形塑社会福利的递送和服务方式；三是福利层次维度可包括兜底线、保基本、改善型、富裕型四个维度。

要重视中国在世界的话语权，我国福利体系的建构中就需要秉承更多的理论自信和制度自信，使其来源于西方又高于西方，并找到其

---

① 岳经纶：《构建中国特色现代社会福利制度》，《中国公共政策评论》2020年第1期。

新的发展趋势①。总之,福利体系的建构不是一成不变的,顺应时代和公众福利需求的变化来对社会政策进行调整,才能保持社会的整体和谐,其中最关键的是要保持对福利需求的敏感性②。

四 总结与展望

通过介绍我国现有的代表性社会福利体系构想及其在地方实践的探索经验以及对未来福利体系框架设计的设想,结合欧美、日韩的福利国家福利体系的建设,可以总结出以下三个共性的特征及发展趋势。

一是在战略目标上体现全民普惠性。以人为本、以民生为重一直是我国福利体系发展的立足点,"民为邦本,本固邦宁",民富才能国强。保加利亚把经济效率排在人民幸福前面,导致严重的不平等现象,而日本以人为基点的福利体系则满足了民众需求,带来了经济繁荣与社会稳定。按人的发展阶段有针对性地制定制度,构建社会福利体系框架的提出正是从生命历程视角出发。党的十八大以来,以习近平同志为核心的党中央以共享发展作为社会福利建设的价值目标,以保障和改善民生作为福利工作的重点。全民普惠性符合全民共享,社会福利体系的丰富性决定其能实现整体性共享,即社会福利能实现全体成员的普遍共享。社会福利体系的各类子系统决定其能实现差异化共享,即社会福利能实现每个人各得其所的共享。

二是在结构框架上体现系统整合性。社会福利体系是一项涉及福利政策、福利管理、福利主体等方方面面的复杂系统工程,其整合还受制于经济、法制、思想等多种因素,需要全面布局、统筹平衡。通过国际经验也可以看出福利体系的整合和协调是个大趋势。我国完成社会福利体系的整合,总体上需要经过三个历史阶段。在初级阶段基

---

① 程璆:《走向福利中国——"中国社会福利制度发展70年"研讨会综述》,《社会福利》(理论版)2020年第2期。
② 颜学勇、周美多:《社会风险变迁背景下中国社会政策的调整:价值、内容与工具》,《广东社会科学》2018年第4期。

本建成部分整合型福利体系，完成低度整合；在定型阶段基本建成全部整合型福利体系，完成中度整合；在完善阶段全面建成普遍整合型福利体系，完成高度整合。社会福利从碎片型转化为整合型是我国福利体系发展的必然趋势①。

三是在实践过程上体现渐进发展性。福利体系的建立和完善是一个长期而复杂的过程，不是一蹴而就的，而是循序渐进的。比如我国提出的适度普惠型社会福利体系，普惠是适度的普惠，适度普惠是相对的，它相对于社会经济的发展；适度普惠是有弹性的，在不同的经济水平下，普惠的适度程度不一样；适度普惠是目前的社会福利的理想状态，普惠与经济能达到平衡。普遍整合型社会福利体系同样指明福利整合不是一步到位，而是需要"三步走"才能最终完成。欧盟国家社会福利体系发展较好的大多走渐进式的改革道路，比如奥地利，不过值得注意的是渐进发展要求不能贪快，走在经济发展的前头；但也不能过慢，跟不上社会的发展节奏，比如比利时。

综上，归根结底是建构和完善中国特色的社会福利体系，向国际化与本土化结合、理论性与实践性结合、共享性与适度性结合、政府主导与社会辅助结合这"四个结合"的总体趋势渐进式推进。在汲取国外福利研究的养分同时，要根据我国独特的历史、独特的文化、独特的国情，进一步强化创新驱动，做好社会福利体系本土化的框架搭建。由于党中央提出积极应对人口老龄化和增强生育政策包容性等战略政策，社会福利研究热点向一老一小群体集中倾斜，但为了尽快进入资源共享、成果共享等共享发展阶段，福利制度保障涉及的其他群体也不能忽略，真正体现全民共享的价值取向。当然社会福利体系也有适度性要求，不仅表现在寻找福利财政开支与经济增长之间的平衡点，还表现在多元化福利供给主体中政府责任分担的程度占比。不走大包大揽或是完全社会化的极端，而是提倡政府、市场、社会几大主力协调配合。虽然一直强调政府主导，但政府具体在福利体系中介

---

① 毕天云：《大福利视阈下的中国社会福利体系整合研究》，中国社会科学出版社2016年版，第238—246页。

入程度如何,目前讨论还较少。理论需要接受实践的检验,要求福利体系从顶层设计走向具体落实,在有用、能用、管用的基础上解决我国的实际问题。"坐而论道不如起而行之",近年来主要对沿海发达城市在地方性福利体系探索的进展中积累经验成效,整体上制度实施的试点城市较少,导致覆盖范围有限,试点期过长导致各地制度定型,造成分割化和统一难度大,所以制度覆盖面的广度问题与制度之间的衔接整合问题依然是我国社会福利研究未来发展的方向①。

---

① 部分观点受林宝、高培勇的启发。参见林宝《党的十八大以来我国养老服务政策新进展》,《中共中央党校(国家行政学院)学报》2021年第1期;高培勇《归根结底是建构中国自主的知识体系》,《光明日报》2022年6月8日第6版。

第十一章 积极应对人口老龄化相关政策文件概览[*]

（2021年9月至2022年8月）

积极应对人口老龄化是一项战略性、全局性、综合性的宏大系统工程，是我国"十四五"时期乃至未来相当长一段时间内的一项重大战略任务。近年来，随着积极应对人口老龄化国家战略的实施，各项积极应对人口老龄化的政策措施的涵盖范围和力度均有明显提升。去年的报告中我们重点梳理了党的十八大以来积极应对人口老龄化的一些主要措施。过去一年，中央和国家层面继续综合施策，出台了一系列政策文件。为了便于读者跟踪政策发展大势，更好把握中央积极应对人口老龄化的有关精神，特在本章总结了自2021年9月至2022年8月中共中央、国务院及各部门发布的相关政策文件。政策文件按照综合政策与规划、养老服务与养老环境、老年健康和医养结合、社会保障制度、生育支持、经济转型和促进就业、教育和职业培训等七个方面以清单的方式列出。每个文件包含出台时间、名称及与积极应对人口老龄化相关内容的介绍。部分文件中虽然并未明确提出积极应对人口老龄化相关表述，如经济转型和促进就业板块的一些文件，但我们认为实际上与应对人口老龄化也存在较为重要的关系，因此也将其纳入进来，以便读者更全面地了解相关政策，更好地理解积极应对人口老龄化政策框架。各个部分的政策文件排序以发布时间为准。

---

[*] 本章由张妍收集整理。作者简介：张妍，中国社会科学院人口与劳动经济研究所编辑。

第三部分 文献综述和政策概览

一 综合政策和规划

1. 2021年11月，中共中央、国务院发布《关于加强新时代老龄工作的意见》，这是指导我国新时代老龄工作的纲领性文件。《意见》共分八个部分，共24条，主要部署了健全养老服务体系、完善老年人健康支撑体系、促进老年人社会参与、着力构建老年友好型社会、积极培育"银发经济"等方面的老龄工作任务，将满足老年人需求和解决人口老龄化问题相结合，充分体现了把积极老龄观、健康老龄化理念融入经济社会发展全过程的指导思想。

2. 2021年11月，国务院印发《"十四五"推进农业农村现代化规划》（国发〔2021〕25号），明确提出要完善农村养老服务体系，健全县乡村衔接的三级养老服务网络，推进村级幸福院、日间照料中心等建设，推动乡镇敬老院升级改造。发展农村普惠型养老服务和互助性养老，加大居家养老支持力度。落实城乡居民基本养老保险待遇确定和正常调整机制，适时提高基础养老金标准。这为农村居民养老构建了基础保障。

3. 2021年12月，国家发展改革委等21个部门联合印发《"十四五"公共服务规划》（发改社会〔2021〕1946号），这是"十四五"时期促进公共服务发展的综合性、基础性、指导性文件。《规划》首次将覆盖面更广、服务内容更丰富、需求层次更高的非基本公共服务纳入规划，提出普惠性发展方向，推动养老托育、普惠性幼儿园等非基本公共服务实现付费可享有、价格可承受、质量有保障。《规划》从公共服务体系建设的角度，对兜底性养老服务、普惠性养老服务和生活性养老服务进行了分类指导，更加有助于精准满足社会不同层次的养老服务需求。

4. 2021年12月，国务院印发《关于"十四五"国家老龄事业发展和养老服务体系规划的通知》（国发〔2021〕35号），围绕推动老龄事业和产业协同发展、推动养老服务体系高质量发展，明确了"十四五"时期的总体要求、主要目标和工作任务。《规划》部署了9个方面具体工作任务,包括织牢社会保障和兜底性养老服务网,扩大普惠型养老服务覆盖面,强化居家社区养老服务能力,完善老年健康支撑体系,大力发展"银发经济",践行积极老龄观,营造老年友好型社会环境,增强发展要素支撑体系,维护老年人合法权益。同时,《规划》设置了公办养老机构提升行动、医养结合能力提升专项行动、智慧助老行动、人才队伍建设行动等专栏,推动重大战略部署落实落地落细。

5. 2021年12月,国务院办公厅印发《"十四五"城乡社区服务体系建设规划》(国办发〔2021〕56号)。为满足群众新需求,《规划》提出了养老服务、卫生服务、文化服务、法律服务、应急服务等14项提升行动,既指明了场地、设施、人员、服务对象和投入等"硬件"要素,也明确了社区服务项目、活动、载体、机制等"软件"设施要求,强调为民服务、便民服务、安民服务一体化进行推进,为提升老年人的生活质量提供了全方位保障。

6. 2022年2月,全国老龄工作委员会发布《关于印发贯彻落实〈中共中央 国务院关于加强新时代老龄工作的意见〉任务分工方案的通知》(全国老龄委发〔2022〕1号)。《方案》对照《关于加强新时代老龄工作的意见》的五个主要任务,确立了相关职能部门和各级政府的职责分工,要求各省市各单位进一步细化工作措施,抓好贯彻落实,为推动老龄事业高质量发展提供保障。

7. 2022年5月,中共中央办公厅、国务院办公厅印发《关于推进以县城为重要载体的城镇化建设的意见》,提出到2025年,以县城为重要载体的城镇化建设取得重要进展;再经过一个时期的努力,在全国范围内基本建成各具特色、富有活力、宜居宜业的现代化县城。县城位于"城尾乡头",是连接城市、服务乡村的天然载体,推进县城公共服务向乡村覆盖,建立紧密型县域医疗卫生共同体,发展养老托育服务,健全县乡村衔接的三级养老服务网络,对解决农村人口老龄化问题具有重要意义。

8. 2022年5月,中共中央办公厅、国务院办公厅印发《乡村建设行动实施方案》,这是践行乡村振兴战略的具体体现。乡村建设行动的重点任务概括起来就是"183"行动。"1"是制定一个乡村建设规划,确保一张蓝图绘到底;"8"是实施八大工程,加强道路、供水、能源、物流、信息化、综合服务、农房、农村人居环境等重点领域基础设施建设;"3"是健全农村基本公共服务、基层组织、精神文明三个体系,改善农村公共服务和乡村治理。针对农村养老,《方案》中提出要完善养老助残服务设施和机构建设,发展农村幸福院等互助型养老,支持卫生院利用现有资源开展农村重度残疾人托养照护服务。

9. 2022年6月,国家发展改革委印发《"十四五"新型城镇化实施方案》(发改规划〔2022〕960号),明确了"十四五"时期推进新型城镇化的目标任务和政策举措。其中,特别强调要推进城镇公共服务向乡村覆盖,强化基本公共服务供给的县乡村统筹,增加乡村教育、医疗、养老等服务供给;增加普惠便捷公共服务供给,提高公办养老机构服务水平,推动党政机关和国有企事业单位的培训疗养机构转型发展养老服务,支持民办养老机构健康发展,推进医养结合,扩大护理型床位供给。

10. 2022年8月,中共中央办公厅、国务院办公厅印发《"十四五"文化发展规划》,系统谋划了"十四五"时期文化发展的重点目标任务、重要政策举措和重大工程项目。《规划》强调要推进城乡公共文化服务体系一体建设,提高公共文化服务覆盖面和实效性。一是强调以标准化促进均等化,丰富老年人、进城务工人员、农村留守妇女儿童、残疾人的公共文化供给,保障特殊群体的基本文化权益。二是以数字化赋能公共文化服务供给,打通各层级公共文化数字平台。三是以体制机制创新提升效能,推进基层公共文化机构运行与县级融媒体中心建设、新时代文明实践中心建设相衔接。

二 养老服务与养老环境

1. 2021年9月,民政部、市场监管总局联合印发《关于强化养老服务领域食品安全管理的意见》(民发〔2021〕73号),首次将社区老年餐桌、老年食堂等纳入监管范围，要求其应当依法取得食品生产经营许可，依照法律法规和食品安全标准从事食品经营行为，保证食品安全。同时，《意见》要求养老服务机构和为养老服务机构提供餐饮服务的食品生产经营者要全面履行主体职责。民政部门和市场监管部门要进一步强化监督管理责任；要大力推进社会共治，充分发挥"明厨亮灶"作用，借助"互联网+明厨亮灶"，检查供餐单位和养老服务机构食堂的食品安全状况，要求养老服务机构在食品安全管理方面以适当方式听取老年人和家属代表的意见。

2. 2021年10月，民政部办公厅、财政部办公厅联合印发《关于组织实施2021年居家和社区基本养老服务提升行动项目的通知》（民办函〔2021〕64号），确定北京市朝阳区等42个地区为项目实施地区，将为60周岁（含60周岁）以上的经济困难失能和部分失能老年人建设家庭养老床位和提供居家养老上门服务。这项行动以项目实施为契机，来推进本地区基本养老服务体系建设，形成符合本地实际的基本养老服务清单，探索建立居家和社区基本养老服务高质量发展制度机制，为实现2035年全体老年人享有基本养老服务的战略目标打下坚实基础。

3. 2021年10月，国务院办公厅转发国家发展改革委《关于推动生活性服务业补短板上水平提高人民生活品质若干意见的通知》（国办函〔2021〕103号），从9个方面提出了30条任务措施，系统提出了当前和今后一个时期我国生活性服务业发展的重点任务和实施路径，是各地各部门推动生活性服务业高质量发展的重要指导性文件。在养老服务方面，《意见》明确提出要推动大城市加快发展老年助餐、居家照护服务，推进公共服务设施和公共空间适老化改造，建设社区老年教育教学点，构建养老、家政等行业性标杆化服务标准，创建养老、家政等生活性服务业品牌，加快养老、护理、康复等相关人才培养，创新医养结合模式，健全医疗与养老机构深度合作、相互延伸机制。

4. 2021年10月，工业和信息化部、民政部、国家卫生健康委联合印发《智慧健康养老产业发展行动计划（2021—2025年）》（工信

第三部分 文献综述和政策概览

部联电子〔2021〕154号）。《行动计划》围绕科技支撑能力显著增强，产品及服务供给能力明显提升，试点示范建设成效日益凸显，产业生态不断优化完善四大愿景，提出强化信息技术支撑，提升产品供给能力；推进平台提质升级，提升数据应用能力；丰富智慧健康服务，提升健康管理能力；拓展智慧养老场景，提升养老服务能力；推动智能产品适老化设计，提升老年人智能技术运用能力；优化产业发展环境，提升公共服务能力六大重点工作任务，以及智慧健康养老产品供给工程、智慧健康创新应用工程和智慧养老服务推广工程三个专项工程。

5. 2021年10月，国家发展改革委、商务部等15个部门联合印发《深化促进家政服务业提质扩容"领跑者"行动三年实施方案（2021—2023年）》（发改社会〔2021〕1505号），提出到2023年，每个城市培育3家以上品牌化员工制家政企业（员工制家政服务员占比超过50%），社区家政网点服务能力覆盖率达到90%以上，10%的家政从业人员接受过家政相关学历教育的总体目标。这为社区养老向高质量发展提供了强有力的人才队伍支撑。

6. 2021年11月，民政部、住房和城乡建设部、市场监管总局联合印发《关于推进养老机构"双随机、一公开"监管的指导意见》，对养老服务跨部门联合双随机监管作出了系统的制度安排，是监管理念和方式的重大创新。《意见》从编制随机抽查事项清单、建立检查对象名录库和执法检查人员名录库、制定随机抽查工作规范、制定年度抽查计划、强化抽查检查结果公示、依法处置抽查检查发现的问题等六个方面，明确了民政、住房和城乡建设、市场监管部门的职责分工和重点任务。

7. 2021年11月，民政部、国家开发银行联合印发《关于"十四五"期间利用开发性金融支持养老服务体系建设的通知》（民发〔2021〕94号），明确提出支持各地有效利用国家开发银行养老服务体系建设专项贷款，加强居家社区机构养老服务网络建设、智慧养老服务发展、养老服务人才队伍建设等养老服务体系建设重点任务。这为推进养老服务项目的开发提供了有力的财政支持。

8. 2021年12月，最高人民法院审判委员会第1860次会议通过《关于修改〈最高人民法院关于审理非法集资刑事案件具体应用法律若干问题的解释〉的决定》，自2022年3月1日起施行。其中，在第二条增加了一项内容，即以提供"养老服务"、投资"养老项目"、销售"老年产品"等方式非法吸收资金的，应当依照《中华人民共和国刑法》第一百七十六条的规定，以非法吸收公众存款罪定罪处罚。

9. 2022年1月1日，《养老机构服务安全基本规范》强制性国家标准及8项相关行业标准正式实施，这标志着我国养老服务标准化工作又迈出了一大步。此次新发布的8项相关行业标准是对上述强制性国家标准的再落实、再细化，具体包括《养老机构老年人跌倒预防基本规范》《养老机构膳食服务基本规范》《养老机构洗涤服务规范》3项行业标准，以及《养老机构老年人营养状况评价和监测服务规范》《养老机构服务礼仪规范》《养老机构岗位设置及人员配备规范》《养老机构接待服务基本规范》《养老机构康复辅助器具基本配置》5项行业标准。

10. 2022年2月，国家卫生健康委和全国老龄办联合印发《关于开展2022年全国示范性老年友好型社区创建工作的通知》（国卫老龄函〔2022〕35号），提出创建1000个全国示范性老年友好型社区的工作任务，为全国创建发挥典型引路和示范带动作用。老年友好型社区的创建能促进社区服务能力和水平的提升，更好地满足老年人在居住环境、日常出行、健康服务、养老服务、社会参与、精神文化生活等方面的需要，切实增强老年人的获得感、幸福感和安全感。

11. 2022年2月，民政部、财政部、住房和城乡建设部、中国残联4个部门联合印发《关于推进"十四五"特殊困难老年人家庭适老化改造工作的通知》（民办发〔2022〕9号），提出"十四五"时期支持200万户特殊困难高龄、失能、残疾老年人家庭实施适老化改造，巩固家庭养老基础地位，进一步提升老年人居家生活的安全性和便利化。该项政策的实施，将能有效提升老年人的自理能力，消除老年人居家生活的安全风险隐患。

12. 2022年3月，最高人民法院印发《关于为实施积极应对人口

第三部分 文献综述和政策概览

老龄化国家战略提供司法服务和保障的意见》（法发〔2022〕15号），要求各级人民法院要依法妥善审理与老年人生活密切相关的婚姻家庭、遗产继承纠纷、家庭暴力、赡养纠纷、养老服务纠纷、医疗服务纠纷、劳动争议、电信网络诈骗、参与社会文化生活等相关案件。针对老年人身心特点，建立健全便老惠老司法服务机制。该项政策的出台，对推动构建老年友好型社会、加强老年人权益保障、弘扬中华民族孝亲敬老传统美德提供了更加有力的司法服务和保障。

13. 2022 年 5 月，民政部等 9 个部门联合印发《关于深入推进智慧社区建设的意见》（民发〔2022〕29 号）。《意见》对消除数字鸿沟，保障老年人群体权益作出四个方面的规定：一是强化数字技能教育培训服务，助力未成年人、老年人、残疾人共享智慧生活；二是加强社区信息交流无障碍建设，提供适老化和无障碍服务；三是要求医保、社保、民政生活缴费等高频服务事项，应保留线下办理渠道，推广"一站式"服务，为老年人、残疾人提供便捷服务；四是积极扩散数字化支撑下的线下服务功能，支持社会组织、社会工作者、志愿者等为老年人、残疾人提供专业化、特色化、个性化服务。

14. 2022 年 5 月，中共中央办公厅印发《关于加强新时代离退休干部党的建设工作的意见》，这是推进新时代党的建设新的伟大工程的重要内容，是做好老干部工作的重要保证。《意见》重点对离退休干部党员和离退休干部党组织提出要求、作出规定，体现出对所有离退休干部的教育引导、管理监督、关心帮助。

15. 2022 年 6 月，国家卫生健康委和全国老龄办联合印发《关于深入开展 2022 年"智慧助老"行动的通知》（国卫老龄函〔2022〕94 号）。《通知》提出重点围绕运用智能手机查询和出示"健康码"、接收防控信息、采购生活物资、预约挂号、查询交通信息、紧急求助、防止电信诈骗等环节，通过组织开展面对面讲座、手把手教学、老年人之间"传帮带"、家庭成员帮助以及线上课堂等多种方式，帮助老年人提升智能技术运用能力，推动解决老年人在新冠肺炎疫情防控中遇到的实际困难。

16. 2022 年 7 月，民政部、国家发展改革委等 16 个部门联合印发

《关于健全完善村级综合服务功能的意见》(民发〔2022〕56号），提出到2025年村级综合服务设施覆盖率达到80%以上的目标。针对人口老龄化问题，《意见》明确要求：建设日间照料、互助养老服务设施和无障碍设施，完善村养老服务体系；加强老年教育、家长学校或家庭教育等服务站点建设，服务终身教育；深入实施智慧助老行动，提升农村老年人运用智能技术能力；完善村级综合服务设施功能配置，优先满足儿童、妇女、老年人、残疾人等重点群体服务需求，鼓励有条件的地区推进标准化配置、社会化运行。

17. 2022年7月，市场监督总局等16个部门联合印发《贯彻实施〈国家标准化发展纲要〉行动计划》(国市监标技发〔2022〕64号），这为规范养老服务和养老产业发展指明了方向。《行动计划》提出，要加强消费品安全标准制修订，加大儿童用品和适老用品标准供给力度。开展养老和家政服务标准化专项行动，完善标准体系，开展标准化试点，推动标准化纳入家政服务业提质扩容领跑者行动。加强养老机构服务安全强制性国家标准实施宣贯和监督检查，加快建立全国统一的养老机构服务质量等级评价制度。加强婴幼儿和老年人等重点人群健康标准研制，健全中医药标准体系，提升公共卫生健康标准化水平。

18. 2022年7月，国家发展改革委等7个部门联合印发《关于新时代推进品牌建设的指导意见》(发改产业〔2022〕1183号），明确提出要做强做精服务业品牌，推动商贸、健康、养老、托育、文化、旅游、体育、家政、餐饮等生活性服务业向高品质和多样化升级，创新发展体验服务、共享服务、智慧服务等新业态新模式，培育专业度高、覆盖面广、影响力大、放心安全的服务精品，推动形成服务优质、应用面广的在线服务品牌。这为我国新时代的品牌建设指明了方向。

三 老年健康和医养结合

1. 2021年11月，国家卫生健康委办公厅下发《关于开展老年医疗护理服务试点工作的通知》(国卫办医函〔2021〕560号），确定了部分省份作为老年医疗护理服务试点地区先行先试,力争在创新多元化老年医疗护理服务模式,增加多层次老年医疗护理服务供给,加强老年医疗护理从业人员培养培训,开展老年人居家医疗护理服务试点,完善老年医疗护理服务的机制体制和政策体系等方面积累有益经验,发挥典型示范带动作用,以点带面推动全国老年医疗护理服务快速发展,惠及更多老年人。该项政策的落地实施将切实增加老年人的医疗护理服务供给,为老年人办实事。

2. 2021年12月,国家卫生健康委、全国老龄办、国家中医药管理局联合印发《关于全面加强老年健康服务工作的通知》(国卫老龄发〔2021〕45号)。《通知》提出了促进"以疾病为中心"向"以健康为中心"转变的服务理念,明确了做好老年健康服务的具体内容,包括加强老年人健康教育,做实老年人基本公共卫生服务,加强老年人功能维护,开展老年人心理健康服务,做好老年人家庭医生签约服务,提高老年医疗多病共治能力,加强老年人居家医疗服务,加强老年人用药保障,加强老年友善医疗服务,大力发展老年护理、康复服务,加强失能老年人健康照护服务,加快发展安宁疗护服务,加强老年中医药健康服务,做好老年人传染病防控14项内容。

3. 2021年12月,国务院办公厅印发《国家残疾预防行动计划(2021—2025年)》(国办发〔2021〕50号),提出实施残疾预防知识普及行动、出生缺陷和发育障碍致残防控行动、疾病致残防控行动、伤害致残防控行动、康复服务促进行动五大主要行动。其中,针对老年人的工作任务包括加强残疾预防知识普及、加强慢性病致残防控、加强老年人跌倒致残防控和加强长期照护服务等四项内容。这对进一步做好老年人残疾预防,维护其生命安全和身体健康奠定了有力基础。

4. 2022年1月,国家卫生健康委印发《"十四五"卫生健康标准化工作规划》,这是指导今后五年我国卫生健康标准化工作的纲领性文件。《规划》中专门提出要以标准化为手段提高健康养老服务供给水平,完善老年照护、安宁疗护等老年健康服务标准,健全老年社会支持标准和医养结合标准,夯实老年健康基础标准。这将推动我国养老服务、医养结合的标准化和规范化发展。

5. 2022年2月，国家卫生健康委等15个部门联合印发《"十四五"健康老龄化规划》（国卫老龄发〔2022〕4号），坚持健康至上，以老年人健康为中心，提出了9项具体任务：强化健康教育，提高老年人主动健康能力；完善身心健康并重的预防保健服务体系；以连续性服务为重点，提升老年医疗服务水平；健全居家、社区、机构相协调的失能老年人照护服务体系；深入推进医养结合发展；发展中医药老年健康服务；加强老年健康服务机构建设；提升老年健康服务能力；促进健康老龄化的科技和产业发展。同时，提出了"两先两综合"的具体措施，即教育为先，预防为先，综合治病，综合照护。

6. 2022年3月，国务院办公厅《关于印发"十四五"中医药发展规划的通知》（国办发〔2022〕5号）中提出要发展中医药老年健康服务。强化中医药与养老服务衔接，推进中医药老年健康服务向农村、社区、家庭下沉。逐步在二级以上中医医院设置老年病科，增加老年病床数量，开展老年病、慢性病防治和康复护理。推动二级以上中医医院与养老机构合作共建，鼓励有条件的中医医院开展社区和居家中医药老年健康服务。鼓励中医医师加入老年医学科工作团队和家庭医生签约团队，鼓励中医医师在养老机构提供保健咨询和调理服务。推动养老机构开展中医特色老年健康管理服务。在全国医养结合示范项目中培育一批具有中医药特色的医养结合示范机构，在医养结合机构推广中医药适宜的技术。

7. 2022年3月，国家卫生健康委、财政部等6个部门联合印发《关于推进家庭医生签约服务高质量发展的指导意见》（国卫基层发〔2022〕10号），提出对行动不便、失能失智的老年人、残疾人等确有需求的人群，要结合实际提供上门治疗、随访管理、康复、护理、安宁疗护、健康指导及家庭病床等服务。同时，要将老年人、孕产妇、儿童、残疾人等作为签约服务重点人群，优先签约、优先服务。

8. 2022年3月，国家卫生健康委等9个部门联合印发《关于开展社区医养结合能力提升行动的通知》（国卫老龄函〔2022〕53号），进一步增加居家社区医养结合服务供给，提升服务质量和水平。

《通知》明确了五个方面的工作内容：一是提升医疗和养老服务能力，为辖区内老年人提供专业、规范、安全的医养结合服务；二是发挥中医药作用，加强中医药适宜技术推广，发展中医药康复服务；三是加强队伍建设，支持医务人员参与居家社区医养结合服务，扩大服务队伍，加强医务人员继续医学教育；四是提高信息化水平，开展智慧健康养老服务，推动区域医疗和养老信息互通、数据共享，提高服务效率和水平；五是改善设施条件，有条件的社区卫生服务机构、乡镇卫生院或社区养老机构、特困人员供养服务设施（敬老院）等可利用现有资源，内部改扩建社区（乡镇）医养结合服务设施。

9. 2022年3月，健康中国行动推进委员会办公室印发《健康中国行动2022年工作要点的通知》（国健推委办发〔2022〕2号），明确提出，创建1000个全国示范性老年友好型社区，实施老年健康素养促进项目，开展老年失能预防干预、老年心理关爱、老年口腔健康、老年营养改善行动，开展医养结合示范创建活动。

10. 2022年4月，国务院办公厅《关于印发"十四五"国民健康规划的通知》（国办发〔2022〕11号），这是"十四五"时期中国卫生健康领域的总体规划。《规划》确定了七项工作任务：织牢公共卫生防护网，全方位干预健康问题和影响因素，全周期保障人群健康，提高医疗卫生服务质量，促进中医药传承创新发展，做优做强健康产业，强化国民健康支撑与保障。其中，在全周期保障人群健康部分专门提出促进老年人健康，包括强化老年预防保健、提升老年医疗和康复护理服务水平、提升医养结合发展水平等内容。

11. 2022年4月，国家卫生健康委办公厅印发《关于开展第一批全国医养结合示范县（市、区）和示范机构创建工作的通知》（国卫办老龄函〔2022〕128号），提出从2022年至2023年，拟评选出100个左右全国医养结合示范县（市、区）和100个左右全国医养结合示范机构。

12. 2022年4月，国家卫生健康委印发《全国护理事业发展规划（2021—2025年）》（国卫医发〔2022〕15号），明确提出了完善护理服务体系、加强护士队伍建设、推动护理高质量发展、补齐护理短板弱项、加强护理信息化建设、推动中医护理发展、加强护理交流合作等七项主要任务。其中，在补齐护理短板弱项中，重点提出要加快发展老年医疗护理，实施老年医疗护理提升行动，提升基层护理服务能力，加快发展安宁疗护。

13. 2022年5月，国务院办公厅《关于印发深化医药卫生体制改革2022年重点工作任务的通知》（国办发〔2022〕14号），明确了2022年深化医改的总体要求、重点任务和工作安排。总的来说，要以促进优质医疗资源扩容和均衡布局为切入点、加快构建有序的就医和诊疗新格局，以压实地方党委政府责任为重点、深入推广三明医改经验，以健全疾病预防控制网络为抓手、着力增强公共卫生服务能力，以改革协同集成为驱动、统筹推进医药卫生高质量发展。这些任务的贯彻落实将推动优质医疗资源向薄弱地区延伸，实现为网格化管理内的居民提供预防、治疗、康复、健康促进等一体化服务，是积极应对人口老龄化的重要举措。

14. 2022年6月，国家卫生健康委和全国老龄办联合印发《关于开展老年心理关爱行动的通知》（国卫办老龄函〔2022〕204号），对如何关爱老年人的心理健康作出了明确指示。《通知》决定2022—2025年在全国广泛开展老年心理关爱行动，将在全国范围内选取1000个城市社区、1000个农村行政村开展关爱行动，到"十四五"期末原则上全国每个县（市、区）至少一个社区或村设有老年心理关爱点。各地按要求对老年心理关爱点常住65岁及以上老年人开展心理健康评估，重点面向经济困难、空巢（独居）、留守、失能（失智）、计划生育特殊家庭的老年人。

15. 2022年6月，国务院应对新型冠状病毒肺炎疫情联防联控机制综合组下发《关于印发新型冠状病毒肺炎防控方案（第九版）的通知》（联防联控机制综发〔2022〕71号），对老年人群体的疫情防控提出具体要求。包括重点提高60岁及以上老年人群等重症高风险人群的全程接种率和加强免疫接种率，养老院、儿童福利领域服务机构、护理院等监管场所可采取封闭管理、视频探访等措施。

16. 2022年7月，国家卫生健康委、财政部、国家中医药局联合印发《关于做好 2022 年基本公共卫生服务工作的通知》(国卫基层发〔2022〕21 号),明确规定,基本公共卫生服务项目中相应的补助资金可由各地结合本省份实际加强"一老一小"等重点人群服务,加强 65 岁及以上老年人健康管理,各地要优化 65 岁及以上老年人健康体检项目,结合实际开展老年人认知功能初筛服务,结合老年人健康管理和日常基本医疗卫生服务等,动态更新、完善老年人健康档案,结合老年人健康体检大数据分析,优化区域健康管理服务。

17. 2022 年 7 月,国家卫生健康委等 11 个部门联合印发《关于进一步推进医养结合发展的指导意见》(国卫老龄发〔2022〕25 号),这是对我国医养结合政策体系、服务体系、标准体系、人才体系、信息体系的进一步完善,更加明确了发展方向、定位及具体的实施路径。《指导意见》从发展居家社区医养结合服务、推动机构深入开展医养结合服务、优化服务衔接、完善支持政策、多渠道引才育才、强化服务监管 6 个方面提出了 15 条具体措施。同时,将居家社区医养结合工作放到了首位,这是立足于中国国情的一项重要举措。

18. 2022 年 8 月,国家卫生健康委印发《"十四五"卫生健康人才发展规划》(国卫人发〔2022〕27 号),提出了 5 个方面的发展目标,即人才资源总量稳步增长、人才结构和区域分布进一步优化、人才服务能力进一步提高、高端人才集聚水平进一步提升、人才管理制度进一步创新和完善。同时,《规划》专门提出,要加强应对人口老龄化人才队伍建设,鼓励医学院校和职业院校设置老年护理、康复、安宁疗护、老年服务、医养照护与管理等相关专业,加大老年健康和医养结合服务人才培养力度,到 2025 年培训医养结合机构卫生技术人员不低于 10 万人。这是推动我国医养结合高质量发展和优化养老服务供给的重要举措。

四 社会保障

1. 2021 年 10 月,国务院办公厅印发《关于健全重特大疾病医疗保险和救助制度的意见》(国办发〔2021〕42 号),明确了救助对象范围、救助费用保障范围、起付标准和救助比例等。《意见》明确的主要任务是：规范医疗保障托底性制度安排，夯实医疗救助托底功能，健全防止因病返贫致贫长效机制，进一步减轻困难群众重特大疾病医疗费用负担。同时，提出了夯实托底保障的5项具体措施：一是科学确定救助对象范围，二是强化三重制度综合保障，三是夯实医疗救助托底保障，四是健全防范和化解因病致贫返贫长效机制，五是支持社会力量参与救助保障。这是一项加强和改善民生的重要举措。

2. 2021年11月，国家医保局办公室、财政部办公厅联合印发《基本医疗保险关系转移接续暂行办法》的通知（医保办发〔2021〕43号），主要规定了转移接续的适用人员范围、线上和线下申请方式、办理流程、有关待遇衔接等内容。按照《暂行办法》的要求，职工医保参保人员和居民医保参保人员因跨统筹地区就业、户籍或常住地变动，不得重复参保和重复享受待遇，需按照规定办理基本医疗保险关系转移接续。这是适应我国人口流动需要、保障流动人员医保权益的重要制度安排。

3. 2021年11月，国家发展改革委等6个部门联合印发《关于进一步健全社会救助和保障标准与物价上涨挂钩联动机制的通知》（发改价格〔2021〕1553号），扩大了保障对象范围，包括城乡低保对象、特困人员、领取失业保险金人员、享受国家定期抚恤补助的优抚对象，以及孤儿、事实无人抚养儿童、艾滋病病毒感染儿童。同时，进一步缩短了补贴发放时限，且补贴标准不是一个固定的金额，而是与物价上涨幅度挂钩联动。这将有效缓解物价上涨对困难群众基本生活的影响，兜住基本民生底线。

4. 2021年11月，人力资源和社会保障部办公厅、财政部办公厅联合印发《关于畅通失业保险关系跨省转移接续的通知》（人社厅发〔2021〕85号），对失业保险跨省转移接续适用范围、费用计算方法和待遇发放标准、办理流程等做了明确规定。该项政策畅通了失业保险待遇的申领渠道，促进了人才的合理流动，保障了劳动者的合法权益。

5. 2022年1月1日企业职工基本养老保险全国统筹正式实施①。全国统筹制度实施后,将在全国范围内对地区间养老保险基金当期余缺进行调剂,用于确保养老金按时足额发放,特别是困难地区的养老金发放更有保障。这在制度上解决了基金的结构性矛盾问题,有利于发挥基金的规模效应,增强支撑能力。

6. 2022年2月,中国银保监会办公厅印发《关于扩大专属商业养老保险试点范围的通知》(银保监办发〔2022〕13号),规定自2022年3月1日起,专属商业养老保险试点区域扩大到全国范围,在原有6家试点保险公司基础上,允许养老保险公司参加试点。这项工作的推进将使更多消费者接触到具有较强养老功能的专属商业养老保险产品,进一步引导和培育养老金融消费观念;有利于推动试点保险公司深入探索商业养老保险发展经验,促进和规范第三支柱养老保险发展,更好满足人民群众多层次养老保障需求。

7. 2022年4月,国务院办公厅发布《关于推动个人养老金发展的意见》(国办发〔2022〕7号),实施"税收优惠+个人账户制度"模式,推动居民积极参与个人养老金账户的设立。这项政策的出台,确立了我国第三支柱养老保险的基础制度框架,是党和国家从中央层面推动个人养老金发展的有力举措,对于我国构建多层次、多支柱养老保险体系,应对人口老龄化压力,提高全体国民养老金待遇水平,优化资本市场结构等,都具有长远和积极的意义。

8. 2022年4月,人力资源和社会保障部办公厅、国家税务总局办公厅联合印发《关于特困行业阶段性实施缓缴企业社会保险费政策的通知》(人社厅发〔2022〕16号),规定缓缴适用于餐饮、零售、旅游、民航、公路水路铁路运输企业三项社保费(养老、失业、工伤保险)的单位应缴纳部分。这是国家对受新冠肺炎疫情影响的所有困难中小微企业、个体工商户的扶持政策,是稳就业的有力措施。

9. 2022年5月,人力资源和社会保障部、财政部联合印发《关于2022年调整退休人员基本养老金的通知》(人社部发〔2022〕27

---

① 文件未公开发布,但召开了相关新闻发布会。

号),明确从2022年1月1日起,为2021年年底前已按规定办理退休手续并按月领取基本养老金的企业和机关事业单位退休人员提高基本养老金水平,总体调整水平为2021年退休人员月人均基本养老金的4%。此次调整,主要目的是对高龄退休人员和艰苦边远地区退休人员等群体予以重点关怀。

10. 2022年5月,人力资源和社会保障部、国家发展改革委、财政部、税务总局联合印发《关于扩大阶段性缓缴社会保险费政策实施范围等问题的通知》(人社部发〔2022〕31号),将缓缴行业从5个扩大到17个,可申请缓缴三项社保费单位缴费部分,其中养老保险费缓缴实施期限为2022年年底,工伤、失业保险费缓缴期限不超过1年,且缓缴期间免收滞纳金。

11. 2022年6月,国家医保局、财政部联合印发《关于进一步做好基本医疗保险跨省异地就医直接结算工作的通知》(医保发〔2022〕22号),并同步印发《基本医疗保险跨省异地就医直接结算经办规程》,于2023年1月1日起正式实施。《通知》明确了"十四五"末的目标任务,统一了住院、普通门诊和门诊慢特病费用跨省直接结算政策。该项政策着力破解异地就医备案、结算和协同三个难题,是完善医保制度、解决人民群众突出关切问题的重要改革举措。

五 生育支持

1. 2021年12月,国家卫生健康委办公厅印发《关于完善生育登记制度的指导意见》(国卫办人口发〔2021〕21号)。《指导意见》坚持以人民为中心,强调便民利民,主要突出三个重点工作:一是精简登记事项。明确夫妻生育子女的均实行生育登记。精简办理所需材料,能够通过人口健康相关信息系统获取的信息,不再要求申请人提供材料,暂时无法获取信息的可实行承诺制办理。二是突出优化服务。大力推进出生医学证明、儿童预防接种、户口登记、医保参保、社保卡申领等"出生一件事"联办。三是强化人口监测。把生育登记和出生信息统计作为出生人口监测的重要途径,推动健全覆盖全人群、全生命周期的人口监测体系，密切监测生育形势和人口变动趋势。这是我国实施三孩生育政策的配套支持措施之一。

2. 2022 年 3 月，国务院印发《关于设立 3 岁以下婴幼儿照护个人所得税专项附加扣除的通知》（国发〔2022〕8 号），规定自 2022 年 1 月 1 日起，纳税人照护 3 岁以下婴幼儿子女的相关支出，在计算缴纳个人所得税前，按照每个婴幼儿每月 1000 元的标准定额扣除。这是一项普惠性的税收优惠政策，是优化生育政策和积极应对人口老龄化战略的配套支持措施之一。

3. 2022 年 7 月，国家卫生健康委等 17 个部门联合印发《关于进一步完善和落实积极生育支持措施的指导意见》（国卫人口发〔2022〕26 号），从提高优生优育服务水平，发展普惠托育服务体系，完善生育休假和待遇保障机制，强化住房、税收等支持措施，加强优质教育资源供给，构建生育友好的就业环境，加强宣传引导和服务管理等 7 个方面，完善和落实财政、税收、保险、教育、住房、就业等积极生育支持措施，提出 20 项具体举措。这为推动实现适度生育水平、促进人口长期均衡发展提供了有力支撑。

4. 2022 年 7 月，国务院办公厅印发《关于同意建立国务院优化生育政策工作部际联席会议制度的函》（国办函〔2022〕77 号），由国家卫生健康委、外交部、国家发展改革委等 26 个部门和单位组成，国家卫生健康委为牵头单位。联席会议的主要职能为贯彻落实党中央、国务院关于优化生育政策工作的重大决策部署；统筹协调全国优化生育政策工作，研究并推进实施重大政策措施；指导、督促、检查有关政策措施的落实；完成党中央、国务院交办的其他事项。

5. 2022 年 7 月，国家卫生健康委办公厅印发《关于做好托育机构卫生评价工作的通知》（国卫办妇幼发〔2022〕11 号），以保障婴幼儿健康为出发点，制定了《托育机构卫生评价基本标准（试行）》，从环境卫生、设施设备、人员配备、卫生保健制度 4 个方面提出了 14 条基本要求，促进托幼机构规范发展。

6. 2022 年 8 月，国家发展改革委等 13 个部门联合印发《养老托育服务业纾困扶持若干政策措施》的通知（发改财金〔2022〕1356 号），明确了房租减免、税费减免、社会保险支持、金融支持、防疫支持以及其他支持等 26 条纾困扶持措施。该项政策措施既有针对性地推动疏解了养老服务业当前面临的困难和问题，也释放了进一步支持养老服务业发展的积极信号，对地方和行业具有很好的指导意义。

六　经济转型和促进就业

1. 2021 年 9 月，人力资源和社会保障部、国家发展改革委、民政部、财政部联合印发《关于实施提升就业服务质量工程的通知》（人社部发〔2021〕80 号），提出了"十四五"时期开展公共就业服务的总体要求、重点任务、保障措施。五项重点任务包括：提升就业失业管理及其服务覆盖面、提升免费招聘匹配服务供给量、提升重点群体重点企业就业帮扶主动性、提升职业技能培训针对性、提升重大任务专项服务保障力。该项工程的实施将为维护就业形势总体稳定、扎实推动共同富裕、服务新发展格局提供有力支撑。

2. 2021 年 9 月，国务院办公厅印发《关于进一步支持大学生创新创业的指导意见》（国办发〔2021〕35 号），明确提出，要深化高校创新创业教育改革，将创新创业教育贯穿人才培养全过程，建立以创新创业为导向的新型人才培养模式；要加强大学生创新创业服务平台建设，优化大学生创新创业环境；要加强对大学生创新创业的财税扶持和金融政策支持。大学生是大众创业万众创新的生力军，坚持创新引领创业、创业带动就业，提升人力资源素质，实现大学生更加充分、更高质量就业具有重要意义。

3. 2021 年 12 月，国务院印发《"十四五"数字经济发展规划》（国发〔2021〕29 号），这是我国数字经济领域的首部国家级规划。《规划》清晰设定了未来数字经济发展的基本原则和目标，从数据基础、数据要素、产业数字化、数字产业化，到公共服务、治理体系、安全体系、国际合作等诸多方面都提出了明确任务和相关领域内的保障措施，以保证发展目标的顺利实现。在我国优化经济结构、转换增长动力的关键期，数字经济将成为我国社会经济发展的有力助推器和新动能。

4. 2021年12月,国务院办公厅印发《要素市场化配置综合改革试点总体方案》(国办发〔2021〕51号),提出了8个方面的试点任务,包括:进一步提高土地要素配置效率,推动劳动力要素合理畅通有序流动,推动资本要素服务实体经济发展,大力促进技术要素向现实生产力转化,探索建立数据要素流通规则,加强资源环境市场制度建设,健全要素市场治理,进一步发挥要素协同配置效应。《方案》以综合改革试点为牵引,支持具备条件的地区结合实际大胆改革探索,尊重基层首创精神,注重总结经验,及时提升规范,为全国提供可复制、可推广的路径模式。

5. 2021年12月,国家发展改革委、市场监管总局等9个部门联合印发《关于推动平台经济规范健康持续发展的若干意见》(发改高技〔2021〕1872号),坚持发展和规范并重,突出加强和改进监管,引导平台经济向开放、创新、赋能发展方向,推动补齐平台经济发展短板弱项。

6. 2022年3月,人力资源和社会保障部、国家发展改革委等5个部门联合印发《关于做好2022年脱贫人口稳岗就业工作的通知》(人社部发〔2022〕13号),提出要按照稳存量、扩增量、提质量的要求,推动全国脱贫人口(含防止返贫监测对象)务工规模不低于3000万人,将160个国家乡村振兴重点帮扶县和易地搬迁集中安置区作为重点地区,牢牢守住不发生规模性失业返贫的底线。同时,《通知》明确了深化劳务协作、促进就地就近就业、组织开展"雨露计划+"就业促进专项行动三项重点工作。

7. 2022年3月,中共中央、国务院发布《关于加快建设全国统一大市场的意见》,这是今后一个时期全国统一大市场建设的行动纲领。《意见》明确了六项重点任务:强化市场基础制度规则统一,推进市场设施高标准联通,打造统一的要素和资源市场,推进商品和服务市场高水平统一,推进市场监管公平统一,进一步规范不当市场竞争和市场干预行为。建设全国统一大市场,对全面巩固国内经济体系循环畅通,进一步激发和培育国内市场潜力提供了有力支撑。

8.2022年5月，国务院办公厅印发《关于进一步做好高校毕业生等青年就业创业工作的通知》（国办发〔2022〕13号）。《通知》指出，高校毕业生等青年就业关系民生福祉、经济发展和国家未来，要把高校毕业生等青年就业作为就业工作的重中之重。《通知》要求多渠道开发就业岗位；扩大企业就业规模，对招用毕业年度高校毕业生并签订1年以上劳动合同的中小微企业，给予一次性吸纳就业补贴；挖掘基层就业社保、医疗卫生、养老服务、社会工作、司法辅助等就业机会，社区专职工作岗位出现空缺要优先招用或拿出一定数量专门招用高校毕业生；支持自主创业和灵活就业，按规定给予一次性创业补贴、创业担保贷款及贴息、税费减免、社会保险补贴等政策；受新冠肺炎疫情影响严重地区可实施中小学、幼儿园、中等职业学校教师资格"先上岗、再考证"阶段性措施。

9.2022年6月，人力资源和社会保障部办公厅、国家发展改革委办公厅、商务部办公厅、国家乡村振兴局综合司、全国妇联办公厅联合印发《关于进一步加强家政劳务品牌建设的通知》（人社厅函〔2022〕90号），提出六大措施：加强分类指导，壮大提升家政劳务品牌规模；畅通对接渠道，支持家政劳务品牌开展劳务输出；加强技能培训，提升家政劳务品牌质量；加强规范引导，推动家政服务劳务品牌健康发展；加强统筹协调，用足用好相关支持政策；加强推广宣传，不断扩大家政劳务品牌影响力。

10.2022年6月，人力资源和社会保障部等5个部门联合印发《关于加强零工市场建设 完善求职招聘服务的意见》（人社部发〔2022〕38号），明确了加强零工市场建设、完善求职招聘服务等系列重点工作。该项政策对支持大龄和困难人员多渠道灵活就业、实现就业增收具有重要作用。

11.2022年7月，最高人民法院发布《关于为加快建设全国统一大市场提供司法服务和保障的意见》（法发〔2022〕22号），共提出30条具体措施。其中，重点强调要依法保护劳动者权益，妥善审理平等就业权纠纷等案件，推动消除户籍、地域、身份、性别等就业歧视，促进劳动力、人才跨地区顺畅流动；支持提升消费服务质量，严惩预付消费诈骗犯罪,妥善处理住房、教育培训、医疗卫生、养老托育等重点民生领域消费者权益保护纠纷案件,提高群众消费安全感和满意度。

七 教育和职业培训

1. 2021年9月,人力资源和社会保障部、财政部、工业和信息化部、科技部、教育部、中国科学院联合印发《专业技术人才知识更新工程实施方案》(人社部发〔2021〕73号),将在新一代信息技术、生物技术、新能源、新材料、高端装备、新能源汽车、绿色环保以及航空航天、海洋装备等战略性新兴产业领域,开展大规模知识更新继续教育,每年培训100万名高层次、急需紧缺和骨干专业技术人才;依托高等院校、科研院所、大型企业现有施教机构,建设一批国家级专业技术人员继续教育基地。这将为创新驱动发展、乡村振兴、网络强国、数字强国、质量强国、区域协调发展等国家重大战略提供有力的人才支撑。

2. 2021年10月,中共中央办公厅、国务院办公厅印发《关于推动现代职业教育高质量发展的意见》,这是又一项鼓励职业教育发展的指导政策,是应对人口老龄化、适应我国经济建设和社会发展的当务之急,也是长久之计。《意见》共分七个部分,共22条,聚焦产教关系、校企关系、师生关系、中外关系,通过统筹顶层设计和分层对接、统筹制度改革和制度运行,着力固根基、补短板、提质量,大幅提升职业教育现代化水平和服务能力。

3. 2021年11月,人力资源和社会保障部等5个部门联合印发《关于推进新时代人力资源服务业高质量发展的意见》(人社部发〔2021〕89号),提出五大重点任务:大力提升人力资源服务水平,进一步推动创新发展;不断强化人力资源支撑经济高质量发展作用,进一步推动协同发展;健全完善高水平人力资源服务产业园体系,进一步推动集聚发展;着力促进人力资源服务助力共建"一带一路",进一步推动开放发展;抓紧建设高标准人力资源市场体系,进一步推动规范发展。这对促进社会就业、充分发挥我国人力资源优势、服务经济社会发展具有重要意义。

4. 2022年3月，人力资源和社会保障部印发《关于健全完善新时代技能人才职业技能等级制度的意见（试行）》（人社部发〔2022〕14号），明确提出，"十四五"期末，在以技能人员为主体的规模以上企业和其他用人单位中，全面推行职业技能等级认定，普遍建立与国家职业资格制度相衔接、与终身职业技能培训制度相适应，并与使用相结合、与待遇相匹配的新时代技能人才职业技能等级制度。这对畅通技能人才职业发展通道、缓解技能人才短缺问题提供了保障。

5. 2022年4月，第十三届全国人民代表大会常务委员会第三十四次会议通过《中华人民共和国职业教育法》修订，自2022年5月1日起施行。新修订的《中华人民共和国职业教育法》规定职业教育是与普通教育具有同等重要地位的教育类型，实行政府统筹、分级管理、地方为主、行业指导、校企合作、社会参与的管理模式，着力建立健全服务全民终身学习的现代职业教育体系。同时，明确了多元主体办学、深化产教融合、突出就业导向的运行机制。